Vicente Merlo

LA LLAMADA
(DE LA)
NUEVA ERA

Hacia una espiritualidad
místico-esotérica

editorial **K**airós

Numancia, 117-121
08029 Barcelona
www.editorialkairos.com

© de la edición en castellano:
2007 by Editorial Kairós, S.A.

Primera edición: Marzo 2007

I.S.B.N.: 978-84-7245-642-6
Depósito legal: B-9.816/2007

Fotocomposición: Beluga y Mleka, s.c.p. Córcega 267. 08008 Barcelona
Impresión y encuadernación: Romanyà-Valls. Verdaguer, 1. 08786 Capellades.

Quiero dedicar esta obra, con todo mi agradecimiento, a aquellos tres seres humanos cuyas enseñanzas y cuya presencia física y espiritual impactaron mi alma en mi juventud y me mostraron el camino hacia la Luz: Antonio Blay, Vicente Beltrán y Jean Klein.

*Quiero expresar mi agradecimiento a Jaume de Marcos,
Jorge Ferrer, Juan Guijarro, Pawel Odyniec, Agustín Pániker
y María José Portal por su lectura del manuscrito original y
por las observaciones y sugerencias realizadas sobre él.
A Agustín Pániker también por su confianza como editor.
Y a María José Portal, por su paciencia, su comprensión
y su amor.*

SUMARIO

PREFACIO

El título *La llamada (de la) Nueva Era* quiere indicar dos cosas. En primer lugar, se trata de una exposición amplia de algunas de las principales corrientes de ese "movimiento", denominado "Nueva Era", en torno al cual ha habido y sigue habiendo tanta confusión y tanta descalificación rápida y no siempre fundamentada ni justificada. Hay, pues, una presentación de *la llamada Nueva Era*. Ahora bien, en segundo lugar, he decidido mostrar mi compromiso con algunas de las manifestaciones de la *new age*, compromiso teórico y práctico, intelectual y existencial, como se pondrá de manifiesto en las páginas del prólogo, dedicadas a repasar algunas de las principales influencias que he recibido en el campo de la espiritualidad místico-esotérica, tal como me gusta denominar la naturaleza de la Nueva Era. Soy consciente de que tanto el término *Nueva Era* como el de *esoterismo* han sufrido un desgaste tal que resulta poco recomendable su uso, mucho menos si uno muestra una cierta identificación –por crítica que sea– con ellos. No obstante, me siento en deuda con muchos de los que han utilizado tal terminología y –aunque actualmente me cuesta identificarme con cualquiera de estos términos– me parece justo saldar esta deuda y ser fiel a esa terminología de la que tanto he bebido. De ahí que el título refleje también, mediante el paréntesis, hasta qué punto me he sentido llamado por la "filosofía" de la Nueva Era, he escuchado la "*llamada*" de la Nueva Era. Por ello, el prólogo, por fragmentario que sea, creo que resulta esencial para comprender el resto.

Además del prólogo, el libro consta de nueve capítulos y un epílogo, de extensión e importancia desigual para el tema que tratamos de desarrollar. Así, los tres primeros capítulos

13

pueden considerarse preparatorios e introductorios. En el primero se trata de enmarcar el movimiento Nueva Era en el grupo más amplio de los llamados nuevos movimientos religiosos, mostrando la riqueza que dicho término abarca, término que prefiero sustituir por el de Nuevos Movimientos Espirituales. El capítulo segundo, antes de entrar propiamente en la Nueva Era, atiende brevemente al fenómeno del resurgir de los fundamentalismos e integrismos religiosos que se produce al mismo tiempo que el despertar de la Nueva Era, esto es, fundamentalmente en el último cuarto del siglo XX, si bien puede considerarse que estamos en las antípodas del espíritu de la Nueva Era. Tanto en el judaísmo, como en el cristianismo (protestante y católico) y el islam asistimos a una "revancha de Dios" después de los anuncios de su muerte, intentando no ya la modernización de estas tres tradiciones, sino la rejudaización, recristianización y reislamización de la Modernidad. Dado que en otra ocasión me he ocupado del equivalente hindú, no lo hemos incluido aquí, pero sabemos que tanto en la India como en Japón se ha llevado a cabo un notable recrudecimiento de posturas tradicionalistas, fundamentalistas, de manera simultánea al avance de movimientos más próximos a una comprensión postmoderna. El capítulo tres constituye una primera aproximación al fenómeno de la Nueva Era, planteando las dificultades que nos encontramos al abordarlo, insinuando la necesidad de ponerlo en relación con sus raíces en el esoterismo tradicional y esbozando quiénes son sus pioneros y cuáles sus corrientes fundamentales.

A partir de ahí comienza lo que he denominado las tres dimensiones constitutivas de la Nueva Era: la dimensión oriental (capítulo 4), la dimensión psico-terapéutica (capítulo 5) y la dimensión esotérica (capítulo 6). Puesto que de Oriente y especialmente de la India he hablado en obras anteriores, aquí no se trata más que de insinuar la influencia de algunas doctrinas y prácticas orientales en la formación y desarrollo de la Nueva Era, sobre todo de aquellas corrientes hindúes y budistas que pueden considerarse más próximas al espíritu de la Nueva Era o que han influido, siquiera de manera indirecta, en ella. Así, Goenka, Taisen Deshimaru, Thich Nhat Hanh o las distintas escuelas del budismo tibetano, por parte del budismo; o los Hare Krishna, Swami Muktananda, Maharishi Mahesh Yogi, Osho o diversas maestras espirituales como Amma o Mother Meera. Pero, una vez más, el desarrollo más significativo lo ocupa el *vedânta* y Yoga integrales de Sri Aurobindo, autor que, además de constituir una de mis influencias mayores, puede ser considerado uno de los pioneros decisivos en la gestación de un pensamiento como el que encontramos en la Nueva Era.

En el capítulo 5, una vez mostrada la herencia oriental de la Nueva Era, pasamos revista a su dimensión psico-terapéutica, distinguiendo entre sus precursores (W. James, C.G. Jung, R. Assagioli), el amplio espectro de terapias alternativas que surge en este contexto, que comparten una visión holística del ser humano y de la enfermedad, y dos de las corrientes más cercanas a la Nueva Era, como son la psicología transpersonal y la terapia de vidas anteriores. Esta última la tratamos en otra obra, de ahí que nos limitemos a evocarla y remitir a ese otro lugar. En cuanto a la psicología transpersonal, nos hemos atenido a esbozar algunas de las ideas más fecundas de Stanislav Grof y de Ken Wilber, dos de sus máximos representantes, aunque su actitud no se halle exenta de críticas a ciertos aspectos del movimiento analizado.

El capítulo 6, como irá intuyendo el lector a medida que avance en la obra, constituye el núcleo del libro. Efectivamente, desde nuestra interpretación, sin quitar importancia a las dos dimensiones anteriores, cruciales en la gestación de la Nueva Era, el verdadero corazón que hace latir la Nueva Era y otorga su sentido más profundo es su dimensión esotérica. De ahí que el capítulo ocupe por sí solo más de una tercera parte de toda la obra. Comenzamos recorriendo algunos de los hitos del esoterismo occidental tradicional, bajo la denominación de herme-

tismo, sin ignorar que tanto el gnosticismo como el neoplatonismo constituyen partes esenciales de ese complejo proceso
histórico. Tras el recorrido histórico, exponemos –de la mano
en ambas ocasiones de A. Faivre– algunas de las características esenciales del esoterismo occidental clásico, para pasar a
continuación al esoterismo contemporáneo que puede ser considerado –con W. Hanegraaff– un esoterismo secularizado. En
éste, después de abordar la cuestión de la Era de Acuario y la
astrohistoria, así como el tema estrella de la Nueva Era, que
sería el fenómeno de las "canalizaciones" en tanto revelaciones espirituales procedentes de fuentes no-físicas (Seth, Ramtha, Kryon y otros), nos centramos en la corriente que podemos
llamar teosófica en un sentido amplio, incluyendo no sólo la
obra pionera de la teosofía de Blavatsky, sino también la antroposofía de R. Steiner (si bien termina más cerca de una concepción rosacruz que teosófica) y la presentación que prefiero
llamar posteosófica de A. Bailey, V. Beltrán, D. Spangler y
otros. Tres temas han sido seleccionados para representar este
enfoque: el papel central que desempeña el Cristo en la Nueva
Era (deteniéndonos especialmente en la cristología antroposófica de Steiner); la cuestión de los *devas* o ángeles y su colaboración con la evolución humana (privilegiando aquí la obra de
V. Beltrán), y de manera especial lo que denominamos la clave
septenaria, sobre todo a través de la obra de A. Bailey.

El capítulo 7 atiende al desarrollo más reciente de algunas
manifestaciones de la Nueva Era, muy especialmente la reactualización de la sabiduría maya llevada a cabo por J. Argüelles, con una interpretación esotérica del Tzolkin (calendario
maya) y de la procedencia de los mayas (maestros galácticos
del tiempo), así como las enseñanzas presuntamente procedentes de canalizaciones cuya fuente no sería sino algún
miembro avanzado de una civilización perteneciente a las Pléyades (a través de B. Marciniak y B. Hand Clow), Sirio o Arcturus. Todo ello queda enmarcado en un ciclo que comenzaría
con la Convergencia Armónica de 1987 y terminaría en el

2012, fechas que han ido pasando a un primer plano en muy distintos mensajes y enseñanzas (Argüelles, Marciniak, Kryon, Sri Kalki Bhagavan, V. Essene, Maestros Ascendidos, etc.). Por cierto, también los Maestros Ascendidos, relacionados con el movimiento Yo Soy, Saint Germain y la llama violeta, son esbozados como peculiar divulgación estadounidense de las enseñanzas teosóficas que han ocupado y ocupan un espacio destacado en ciertos campos de la Nueva Era. Un último autor queremos destacar de los incluidos en este capítulo por compartir la atención prestada a la cuestión de la Ascensión –individual y planetaria–, tan central, junto a la posible mutación del ADN, en múltiples enseñanzas de las últimas décadas; se trata de Drunvalo Melchizédek.

El capítulo 8, muy breve, constituye una especie de despedida del grueso del trabajo a través de unas palabras procedentes del "canal" esotérico y Nueva Era que más cerca de mi corazón ha estado y que presentamos bajo la denominación de OMnia.

El capítulo 9 entra en diálogo con algunas de las críticas dirigidas contra la Nueva Era. He seleccionado cuatro frentes opositores: el racionalismo ilustrado (tomando como ejemplo el análisis de M. Lacroix), el protestantismo evangélico (de Peretti a Groothuis), el esoterismo tradicionista encabezado por R. Guénon, y, finalmente, al que dedicamos una mayor atención, entrando en un diálogo más detenido que sin duda exige ser continuado, el catolicismo vaticanista.

Un breve epílogo nos ayudará a recapitular el recorrido realizado y a matizar algunas cuestiones, así como a clarificar el sentido de esta obra.

PRÓLOGO:
FRAGMENTOS
DE UNA MEMORIA VIVA

No es mi propósito escribir una autobiografía. Tampoco exponer en detalle las enseñanzas de aquellos que más han influido en la formación de mi filosofía de la vida y mi camino humano. Se trata, más bien, de una serie de "reconocimientos" y de "agradecimientos" en memoria de aquellas personas y aquellas enseñanzas que me han marcado en mi búsqueda de lo esencial. Son, pues, fragmentos, tanto en el tiempo como en lo que respecta a las dimensiones de mi experiencia tenidas en cuenta aquí. Ni los comienzos de mi vida ni los últimos quince años, aproximadamente, están incluidos. Eso hará que en los capítulos siguientes se recojan autores e ideas ausentes en el prólogo, en algunos casos porque su aparición es reciente, en otros porque lo ha sido mi descubrimiento.

La narración de este prólogo cobra sentido, pues, como clarificación de los capítulos que constituyen este libro: *La llamada (de la) Nueva Era: hacia una espiritualidad místico-esotérica*. Dejo fuera, por tanto, aquellas influencias más estrictamente filosófico-occidentales que, sin embargo, tienen que contarse entre mis formadores y maestros del pensar. Al igual que haré más tarde, conviene distinguir entre las enseñanzas aprendidas a través de libros y las enseñanzas transmitidas por un profesor, un instructor o un maestro. En el primer caso tendría que decir: Platón, Descartes, Kant, Hegel, Husserl, Heidegger, Zubiri. No se trata de multiplicar innecesariamente los nombres, sino de evocar aquellos que más han influido en la formación de mi pensar. Entre los profesores de filosofía no me atrevería a mencionar a ninguno que haya cumplido la función de maestro en sentido fuerte, ni siquiera a nivel filosófico. El primer nombre que viene a mi mente, en cualquier caso, es el de J.M. Navarro Cordón, quien me introdujo en los últimos años universitarios a Kant, Hegel y Heidegger. Más tarde, acuden a mi memoria, no sólo como "enseñantes" que han "ilustrado" mi camino filosófico y han ejemplificado para mí la dedicación intelectual seria e íntegra, sino también, y en primer lugar, como amigos, estimuladores y facilitadores en el camino filosófico, Adela Cortina y Jesús Conill. Ambos no tan sólo me han ayudado en mi peregrinaje filosófico, sino que sus enseñanzas y sugerencias han sido muy útiles para no desligarme excesivamente de la actualidad filosófica académica. Gracias a ellos leí con atención a Habermas y Apel, a Zubiri y a A. Renaut, a fenomenólogos y hermeneutas y, sobre todo, me interesé por el campo de la filosofía práctica a partir de la ética dialógica o discursiva, así como por la entonces en auge postmodernidad filosófica

Pero no es mi intención demorarme ahora en ellos. Quiero pasar ya a la faceta que más me interesa y que ha ido marcando cada vez más –desde los últimos años de estudiante en la Facultad de Filosofía– mi pensamiento y mi vida. Junto a la formación filosófica académica occidental a la que antes hacía referencia, hay que destacar y pasar a primer plano mi formación o mi búsqueda espiritual y esotérica. Cobra sentido relacionar esto con mi (relativa) fascinación por Oriente, pues, como se verá, buena parte de las influencias más significativas poseen la fragancia oriental (Merlo, 2002). Distingo –sin separar– entre "espiritualidad" y "esoterismo", ya que en el caso de algunas figuras debe diferenciarse, si bien, en última instancia, mi actitud personal es tratar de unir ambas tendencias y proponer una "espiritualidad esotérica". En el desarrollo de las páginas siguientes se irá clarificando el sentido de ambos términos. De momento comencemos con un cierto orden cronológico que permite comprender mejor la evolución o al menos la transformación de mi pensamiento y mi vida. Mi vida intelectual que se gesta en los dos últimos años de bachillerato, pero comienza a dar sus primeros pasos balbuceantes en los primeros cursos de la Facultad de Filosofía en Valencia.

La educación cristiana católica tradicional recibida, sin grandes entusiasmos ni convicciones, durante los dieciséis o diecisiete primeros años de mi vida, entra en crisis dos años antes de ingresar en la Universidad. Dos años de angustia religioso-existencial, en los que el pensamiento inicia la búsqueda de un camino de comprensión del sentido de las creencias y prácticas religiosas. Asisto al despertar del pensamiento crítico en mí; las dudas y el escepticismo, junto a la conciencia de la dificultad de desembarazarse de las creencias en las que uno ha sido alimentado, abundan y dominan la escena personal. Son los años de las primeras lecturas significativas.

La entrada a la Facultad de Filosofía y Letras, para cursar la especialidad de Filosofía Pura, tras haber acariciado la idea de estudiar Psicología, y concretamente Psicoanálisis, supone un despertar y una iniciación a la vida intelectual. Los dos primeros años, de convulsiones políticas universitarias (estamos en los años 1973-1975), implican un despertar, por ósmosis, de la sensibilidad política y social, al mismo tiempo que una politización de la filosofía. Son los años del inevitable freudo-marxismo: H. Marcuse, W. Reich y la revolución sexual, S. Freud, K. Marx, E. Fromm, M. Harnecker, A. Schaff, Carlos Castilla del Pino, y un largo etcétera de textos que iban circulando entre los aprendices de filósofos que nos habíamos encontrado en esa Facultad, en esos años.

Los intereses y hasta la preocupación religiosa o espiritual habían quedado enteramente abolidos. Filosofía, política y psicología son los tres temas que ocupaban entonces mi atención.

Por esas mismas fechas discuto con mi hermano por sus recientes flirteos con la espiritualidad oriental, a través de Guru Maharaji, el joven hindú que con apenas 16 años lleva tiempo ya sorprendiendo a los auditorios masivos de la India, Estados Unidos y Europa hablando de meditación, de paz interior y del "Conocimiento" que otorga para la realización de todo ello. El escéptico en mí, alejado ya de toda creencia y práctica religiosa o espiritual, contempla con ignorante condescendencia a mi hermano, José, dos años mayor que yo, quien sin dejar sus pantalones acampanados, su larga melena y su amor por Bob Dylan y los Rolling Stones, creo que ha caído en manos de alguna secta con un *guru* jovenzuelo que le debe estar tomando el pelo. Pero, poco a poco, debo reconocer que veo a mi hermano más contento, más feliz, y sobre todo más centrado, más en paz, con más calma, sabiendo resolver o al menos afrontar los conflictos familiares intergeneracionales, con mayor acierto y serenidad. Asisto a una innegable transformación positiva y algo en mi interior, sin que mi mente intelectualizada más superficial cese en sus críticas, tiene que ir reconociendo que alguna cosa valiosa hay tras todo ello, aunque sean unas técnicas de meditación a las que luego se les añada una parafernalia espiritualoide.

En fin, por ese primer toque, esa primera grieta en mi muralla materialista e intelectualista te estaré siempre reconocido y agradecido, hermano.

Son los años en que leí por primera vez el *Dhammapada* y la *Bhagavad-gîtâ*, *La República* de Platón y otros textos. Y sobre todo, sobre todo, supuso el descubrimiento de la obra de Blavatsky, de A. Besant, de Leadbeater, de Jinarajadasa, la concepción teosófica, en una palabra. Tras las lecturas introductorias iniciales: A. Powell, E. Schuré, A. Besant, C.W. Leadbeater, Yogi Ramacharaka, etc., bucée en *La Doctrina Secreta* de H.P. Blavatsky, la revelación fundacional del esoterismo moderno, así como, aunque en menor medida, en su otra gran obra, *Isis sin velo*.

Las enseñanzas teosóficas habían calado en mí hasta tal punto que al terminar la carrera, como tema de mi tesina elegí Platón y la filosofía esotérica, donde esto último significaba Blavatsky y la teosofía. Fue el momento de leer y estudiar despacio tanto a Platón como *La Doctrina Secreta*. Desde entonces me acompaña la firme convicción de la existencia de una Fraternidad Espiritual formada por Iniciados y Maestros de Sabiduría y Compasión. La vida cobra un nuevo sentido desde esta concepción esotérica. Todo ello se profundizaría más tarde con la inmersión en lo que llegó a ser una de las dos enseñanzas que más iban a influirme, las enseñanzas de A. Bailey, recibidas del Maestro D.K. (Djwal Kul), el Tibetano. El descubrimiento de sus libros y mi ingreso en la Escuela Arcana (escuela esotérica fundada por A. Bailey), se produciría algo más tarde. Poco antes acaece otra de las influencias significativas: la iniciación en la Meditación Trascendental de Maharishi Mahesh Yogi

Mi llamada a la meditación oriental encontró pronto dos cauces por los que discurrir: uno de ellos es, justamente, la Meditación Trascendental popularizada por Maharishi Mahesh Yogi, sobre todo a través de la publicidad que los Beatles le habían hecho en su momento. Todo comenzó con una sencilla ceremonia y con la transmisión del *mantra* correspondiente y de la técnica de meditación, sin necesidad de adoptar posturas yóguicas ajenas a la mayoría de los occidentales. Los estudios científicos sobre la meditación, que habían sido impulsados por la Universidad de Maharishi en Ginebra, así como su adaptación a las costumbres occidentales, le daban un aspecto atractivo y moderno. De esta manera me inicié en la meditación. No recuerdo, no obstante, grandes experiencias, aunque fui adoptando el hábito de meditar diariamente, sobre todo al principio. Quizás el *mantra*, cuando no los pensamientos, estaba demasiado presente y el vacío permanecía subyacente sin ser descubierto.

El segundo cauce a través del cual discurrieron mis primeras meditaciones fue el ofrecido por el Centro Aurobindo de Valencia, y concretamente por la persona que lo fundó y lo dirigía, Manuel Palomar. Podemos hablar en este caso de *raja-yoga*, el *yoga* de Patañjali, *yoga* de la mente, en el que la concentración y la meditación desempeñan un importante papel. Manuel llamaba a su centro "Centro Aurobindo", pues dicho *yogui* le había impactado especialmente, al leer sus obras, *La vida divina, La Síntesis del yoga, etc*., aunque no hay ninguna relación con el *âshram* de Sri Aurobindo en Pondicherry ni con la Fundación Sri Aurobindo de Barcelona, instituciones ambas que me sería dado conocer años después. No obstante, en dicho centro fue cuajando un grupito de buscadores que fuimos guiados por el propio Manuel hacia las que se convertirían en dos influencias mayores para casi todos nosotros y en cualquier caso, sin duda, para mí: la obra de A. Bailey, por una parte, y los cursos y los libros de Antonio Blay, por otra.

En fin, con Manuel Palomar, además de todo lo anterior, realicé mi primer viaje a la India y sobre todo, pues fue lo más significativo del viaje, al *âshram* de Sri Aurobindo en Pondicherry. La huella más hermosa de esos dos meses en la India (yo debería tener unos 25 años, allá por 1980) fue nuestra breve estancia en Pondicherry. Recuerdo que en la revista *Solar* escribí un artículo sobre la paz sentida en el *samâdhi* de Sri Aurobindo y Madre. Quizás desde entonces quedó sembrada en mi alma la semilla que me haría volver a Pondy al cabo de unos siete años, para residir allí casi dos y recibir la influencia más importante de mi vida. Por lo demás, en esa ocasión, los tres que viajamos juntos a la India, Manuel, Pepe Muñoz (entonces profesor de Sociología de la Facultad de Filosofía) y yo, volvimos diciendo que jamás volveríamos a la India. Ellos dos lo han cumplido. Calor, comida excesivamente picante de modo al parecer irremediable, tremendas dificultades con el idioma, pues apenas sabíamos inglés ninguno de los tres, incomodidades en el transporte, trenes y autobuses, anhelo desmesurado y un poco infantil de encontrar a nuestro Maestro, suciedad de los hoteles, pues nuestra economía no era de lujo, decepción por lo no-encontrado, todo ello hizo que el viaje se convirtiera en una pesadilla. Queríamos ver demasiadas cosas: Delhi, Bombay, Benarés, Madrás, Pondicherry, Tiruvanamalai-Arunachala, Rishikesh, etc., y sobre todo anhelábamos encontrar al Tibetano, el Maestro D.K., cuyas obras devorábamos por aquel entonces como la máxima revelación esotérica habida hasta el momento. Nuestro sueño secreto era que en algún lugar aparecería, esperándonos con los brazos abiertos, para reconocer nuestra altura espiritual y regalarnos su presencia, su *dharsan*, su mirada, sus palabras, su existencia confirmada. Pero ni apareció el Maestro D.K., ni nos iluminamos en la cueva donde meditaba Ramana Maharshi en Arunachala, ni en Benarés nos cautivó el Ganges, ni en Rishikesh pudimos alojarnos en el *âshram* de Sivananda, ni acertamos en nuestra negativa de ir a ver a un iluminado al que uno de los improvisados guías que con tanta facilidad y en ocasiones sospechosamente aparecen a los occidentales a su llegada a la India nos quería llevar: desafortunadamente, se trataba del entonces desconocido, para nosotros, Sri Nisargadatta Maharaj, por muchos considerado uno de los grandes *jñânis* y realizados más recientes, en la linea del *advaita* más puro. Al menos Manuel se trajo el *I am That*, antes de que aquí se conociera. Frente a todo ello, sólo el remanso de paz de Pondicherry, la ligereza magnética y la luminosidad vibrante de las proximidades del *samâdhi* de Sri Aurobindo y Madre, quedó en mi corazón como algo verdaderamente valioso.

***

A medida que voy escribiendo van saltando recuerdos que piden su inclusión en estos fragmentos de memoria que nacían como una confesión de las influencias mayores que han marcado mi trayectoria humana, espiritual y esotérica. Pero entre todas las influencias recibidas hay que establecer diferencias de grado. Y, como acto de justicia, debe quedar claro desde el principio que tres han sido las grandes influencias recibidas por personas vivientes, de carne y hueso, encarnadas, físicamente presentes: Antonio Blay, Vicente Beltrán Anglada y Jean Klein. Del mismo modo, entre las enseñanzas leídas o escuchadas, hay que destacar de modo muy especial las de A. Bailey (D.K.) y más recientemente las de Pastor-Omnia, éstas con un carácter distinto y quizás más impactante por el hecho de poder escuchar la voz (en grabaciones) y ver al canal (Ghislaine Gaualdi) que transmitía tales enseñanzas, así como presenciar algunas de las inolvidables transmisiones. Un caso aparte, especial por muchos motivos, por la profundidad de su impacto y por el significado que ha tenido en mi vida, es el de Sri Aurobindo (y junto a él, siempre, Mirra Alfassa –*Madre*–), pues si bien no puede hablarse de presencia física, la vivencia en su entorno, en el *âshram* en el que residieron, la presencia prolongada, durante dos años, en su *samâdhi*, en su pensamiento, en su atmósfera, quizás en su Presencia sutil, hacen que ocupe un lugar especial.

Pero, vayamos, de momento, a la figura de Antonio Blay. Su influencia sobre mí (y sobre tantos otros que fui conociendo en sus cursos) ha sido enorme y nunca le agradeceré lo suficiente su ejemplo, sus palabras, su transmisión, su presencia. Con él no se trataba ya de leer o escuchar unas ideas que te convencían o no; no se trataba sólo de una "filosofía", sino de un "estado de ser", de una experimentación con "estados de conciencia", de un descubrir la dimensión estrictamente "espiritual" o "superior" de nuestro ser. "Estar centrado" sería uno de los lemas que podrían caracterizar la actitud de Blay, de Antonio. Fuese o no un Maestro o un Iluminado (aquel que se ha instalado en Brahman, que ha trascendido su ego, que se ha convertido en un canal para la iluminación de otros seres humanos), el caso es que para mí ha desempeñado la función de un maestro no del pensar (maestro del pensar o maestro-filósofo), sino del ser esencial. Esto significa la trascendencia de la filosofía como sentido último, la superación de la reflexión discursiva como valor supremo y actividad predilecta, tal como suele ser el caso en el "intelectual". Esto significa que descubrir, alimentar y vivir-en un "estado de conciencia superior" se convierte en algo más importante que el manipular ideas. Es en presencia de Blay cuando voy –en cada uno de sus cursos con mayor claridad– experimentando lo que significa el silencio mental y la conciencia despierta más allá de las ideas. Esta lucidez de la conciencia brilla ya como la joya que otorga un nuevo sentido a la vida intelectual y a la vida en su conjunto.

Al mismo tiempo estaban sus libros, desde *Creatividad y plenitud de vida* hasta *Caminos de realización*, pasando por los libritos sobre cada uno de los principales "yogas" (*Hatha, Bhakti, Raja, Karma, Mahâ-yoga*, etc.) o el que tenía sobre *Tantra-yoga*, antes de que el *Tantra* se pusiera tan de moda. Y es que Blay ha sido un precursor del *yoga* y de la espiritualidad oriental (o lo que sería más exacto, de una espiritualidad integral) en España, aunque muchos hoy lo ignoren ya, a pesar de la multiplicación de libros que tras su muerte se ha producido (recordemos que uno de ellos lleva justamente el título de *Palabras de un Maestro*).

En algunas ocasiones, cuando venía a dar un curso a Valencia, el grupito yóguico-esotérico reunido en torno al centro Aurobindo íbamos a cenar con él. Para nosotros era todo un acontecimiento.

Una de las cosas más impresionantes de Blay es el carácter integral de su trabajo, integralidad evidente no sólo en el planteamiento de sus enseñanzas, sino sobre todo en su propia persona. Fuerza, amor e inteligencia tienen que ser trabajadas simultáneamente. Aquel aspecto que no desarrollamos nos deja a merced de aquellos que sí lo han desarrollado (aunque no siempre sea del modo correcto). Además, el trabajo psicológico y el desarrollo espiritual conviene que sean integrados. Esta cuestión sería pronto el campo de discusión favorito de algunos de sus alumnos o discípulos al compararlo con Jean Klein, cuando éste comenzó a dar cursos aquí en España. Al margen de esas referencias que a mí me resultan más cercanas, constituye, sin duda, una de las grandes cuestiones en la Búsqueda intensa que cada vez más personas están iniciando o tomándose en serio, una Búsqueda que no se limita a la narcisista satisfacción afectiva personal, al compromiso social y político más o menos ciego, limitado o fanático, o la investigación científica o filosófica, pero en cualquier caso meramente teórica, mental, intelectual. Si Klein representaba –como veremos más tarde– el *advaita* puro, la Realización espiritual que prescinde del trabajo directo sobre lo psicológico, Blay encarnaba perfectamente el trabajo integral psico-espiritual. Qué duda cabe que cualquier generalización es un poco grosera y que cada individuo tiene unas necesidades y una línea propia de desarrollo. Qué duda cabe que algunos logran una cierta experiencia o hasta Realización espiritual, sin profundos trabajos psicológicos. Sin embargo, "la experiencia enseña" –como gustaba decir Blay– que en muchos casos los conflictos psicológicos impiden la estabilización de la conciencia espiritual. Muchos de nosotros hemos podido comprobar suficientemente que es posible gozar de estados de meditación, de éxtasis, de expansión de conciencia, de centramiento, de apertura, de lucidez, etc., pero que luego resulta difícil mantener ese estado, pues el peso de los conflictos psicológicos personales no resueltos nos hace gravitar hacia ellos. Esto Blay lo sabía muy bien, sin duda por propia experiencia, y debido a ello se esforzó por conciliar e integrar el trabajo psicológico de limpieza del inconsciente con el desarrollo espiritual y el acceso a estados superiores de conciencia. Blay firmaba sus libros como "psicólogo" y ofrecía sus enseñanzas bajo la denominación «Curso de psicología de la auto-realización». Y aquí entraba en juego su conocimiento de Oriente, en particular de la India. Le escuché hablar con admiración sobre todo de Anandamayee Ma, de Ramana Maharshi (a propósito del cual hablaba del *mahâ-yoga*) y de Sri Aurobindo.

La auto-realización suponía, pues, la realización del *âtman* o de *brahman* (términos que Blay se cuidaba de no utilizar, pues otra de sus grandezas es la simplificación del lenguaje evitando todo exotismo y tecnicismo innecesario), la Realización del Ser, del Yo profundo. Para ello, y no sólo para poder gozar de puntuales experiencias de lo Superior, sino para integrarlo e instalarse en Eso, es preciso la auto-observación y el trabajo con el ego y con el inconsciente. La lucidez de Blay en el análisis psicológico es, quizás, otro de sus rasgos destacados. Su conceptualización del problema en términos del "yo-idea", el "yo-ideal" y el "yo-experiencia", desenmascarando el papel que el "personaje" que desempeñamos, impulsados por nuestra errónea o limitada y desfigurada "idea del yo" intentando alcanzar el "ideal del yo" o el "yo ideal", es magistral. Sobre todo cuando la clarificación y análisis de cada caso concreto contaba con la fina intuición de su mente iluminada capaz de desvelar los juegos del ego y el personaje. Ni que decir tiene que las raíces del ego, del yo idea y del yo ideal se hunden en el subconsciente. De ahí que Blay propusiera un minucioso trabajo con él. Hablar con el niño interior, como se diría hoy, pero que ya Blay exponía con maestría, hacer del inconsciente nuestro aliado, liberarnos de todo trauma y toda carga que nos impide descubrir las dimensiones superiores de la existencia e instalarnos en ellas, es el trabajo central de Antonio Blay. O mejor dicho, de su primera parte. Recuerdo perfectamente cómo conducía los cursos de tal modo que la primera parte (solían ser cursos de cinco días) se centraba más en lo psicológico, y ahí nos veías a todos hurgando en nuestras heridas y nuestras incomprensiones, enfrentándonos a nuestras oscuridades y traumas irresueltos, algunos hundidos, otros ansiosos por comentar el estado reciente de su problema, otros más receptivos escuchando las dudas de todos sus compañeros, en esas sesiones para "viejos" o "repetidores" en las que ya no había exposiciones largas, sino que se desarrollaban en torno al esquema preguntas-respuestas. En la segunda parte, fuese del curso introductorio o de la continuación, Blay iba guiándonos hacia "lo Superior", la Inteligencia superior, el Amor y el Gozo superiores, la Voluntad superior. Y comenzaba a respirarse una nueva atmósfera. Como si Blay intensificase la lucidez de la conciencia del grupo y pudiésemos disfrutar de un estado de meditación o de centramiento, sin necesidad de hacer ninguna técnica de meditación ni de cerrar los ojos. Sus palabras ya no eran incisivas y desenmascaradoras, sino inspiradoras y elevadoras, clarificadoras y luminosas. Todo ello dentro de una gran sencillez de lenguaje que apenas permitía sospechar, a quienes no lo supieran por otros medios, la riqueza de conocimientos, tanto tradicionales como actualizados, que Blay poseía. Si a él debo haber podido ver a Anandamayee Ma, haber establecido contacto con Sri Aurobindo, o haberme introducido en los libros de A. Bailey, también a él le debo mis primeros conocimientos y estímulos para leer a Dane Rudhyar, primero, dentro de la astrología contemporánea (astrólogo consumado era también Blay), y a Ken Wilber, más tarde, cuando todavía no se había traducido nada de él y me traía de Londres *The Atman Project, Up from Eden*, o *A Sociable God*. Pasarían años para que llegase a España el *boom* Wilber y para que me convirtiera en co-fundador de la Asociación Transpersonal Española. Antonio, gracias, de todo corazón, por todo lo que nos has enseñado, por lo que has significado para nosotros.

***

El impacto espiritual causado por Jean Klein es probablemente el más amplio y hondo de los que persona viviente me ha producido. La presencia de Jean Klein; la profundidad del Silencio por él transmitido o por él facilitado, al menos junto a él vivido, es tan inmensa que todo lo otro parece borrarse ante eso. Al igual que con Blay, una vez lo conocí, fui a cuantos cursos pude de Klein. Creo que durante algún tiempo se superpusieron los cursos de ambos. Recuerdo que tras morir Blay, la voz corrió y algunos de los "huérfanos espirituales" se transvasaron a Klein. Para unos sirvió de sustituto de padre espiritual, de maestro, otros no lograron sintonizar con él, o no les llegaba tanto y echaban en falta a Antonio; otros nos descubrimos ante el oceánico silencio gozoso al que se nos invitaba.

Si al pensar en el trabajo de Blay no resulta fácil hallar referentes comparables por su integralidad (durante un tiempo señalé sus similitudes con el Yoga integral de Sri Aurobindo, pero el sentido de la integralidad creo que es distinto, o al menos el modo de trabajarla, por la ausencia de enfrentamiento directo y estructurado con el inconsciente personal por parte de Sri Aurobindo), aunque el recientemente descubierto "enfoque diamante" de A.H. Almaas me ha sorprendido por sus similitudes, al pensar en Klein es fácil que venga a la mente Ramana Maharshi, o Nisargadatta Maharaj, o incluso Krishnamurti. El caso es que con Klein el término "no-dualidad" (*advaita*) cobró un nuevo sentido para mí, un sentido experiencial, vivencial. Klein utilizaba muy pocas referencias teóricas: Vedânta Advaita, como trasfondo, es cierto, a pesar de que, su filiación más directa parece ser el no-dualismo del shivaísmo de Cachemira, en la línea de Abhinavagupta, aunque Klein no hiciera referencia alguna al *tantra*.

La presencia silenciosa de Klein es difícil de explicar, pues en su caso, digamos al estilo budista o *advaita* radical, la palabra es una herramienta para conducir al silencio que trasciende de toda palabra. Claro que en Blay era utilizada también así, pero todavía había un discurso racional, en el que el pensamiento y las explicaciones tenían un sentido, lo cual, si por una parte permitía una mayor claridad y riqueza de ideas, por otra parte facilitaba el que uno pudiera permanecer a ese nivel de ideas, por más que tratase de aplicarlas o incluso trascenderlas. En Klein, el aferrarse a las ideas era muy difícil, no sólo porque el contenido de su pensamiento fuera menos rico y menos explicativo, sino ante todo por la forma misma de transmisión de la Enseñanza. Cuando llegaba a la sala, se sentaba en silencio y permanecía un buen rato así. En ocasiones dirigía una relajación meditativa antes de comenzar *les entretiens*, conversaciones en las que ya formalmente la mayor parte del tiempo la ocupaba el Silencio. Cuando se le hacía una pregunta, Klein permanecía en silencio durante un buen tiempo. Y toda la sala se cargaba de un silencio luminoso. Como si su irradiación silenciosa fuese incomparablemente más importante que lo que pudiera decir. En realidad, no se trata de "como si", sino que realmente el Silencio se revelaba más importante que la respuesta. No sólo porque toda respuesta terminaba más o menos explícitamente invitando al Silencio en el que toda pregunta tiene que disolverse, sino porque el silencio que envolvía a la respuesta, antes de ella, después y sobre todo durante ésta, impregnaba las pocas palabras que iban siendo como cuidadosamente desgranadas por el Maestro. Para quien no ha tenido la experiencia, o mejor dicho, experiencias similares, la referencia al Silencio resulta hueca y vacía, sin sentido. Cada uno no puede sino interpretar la palabra que remite al Silencio desde su propia experiencia, su propio sistema de experiencias y de creencias. En sí misma, la palabra "silencio" o el remitir al Silencio no dice nada. Silencio, aquí, no significa la mera ausencia de algo, sino la Presencia sublime de algo numinoso, sagrado, experimentado como máximamente valioso. Algo ante lo cual la palabra, cualquier palabra, y el pensamiento, cualquier pensamiento, se tornan prácticamente insignificantes.

Escuchando a Klein, no lo que dice, sino el Silencio que impregna lo que dice y que brilla por igual cuando nada dice, surge una nueva comprensión, una nueva lucidez, un nuevo estado de ser. No hay nada que tenga que ser conocido. Ningún objeto reclama nuestra atención, ningún contenido de nuestra conciencia nos importa. Más bien permitimos que se vacíe de todo contenido, como el cuerpo se libera de toda tensión innecesaria, como el corazón desata todo nudo y todo apego. Ningún objeto exterior nos importa ahora (todos nos importan cuando hayan perdido ya su influjo fascinatorio sobre nuestra conciencia y seamos capaces de una mirada inocente, no aprehensiva, posesiva, interesada), ningún contenido en tanto objeto de la conciencia posee valor y produce apego porque hemos comprendido que se trata más bien de "Ser" el "Sujeto" de todo conocimiento, el Sujeto que no puede, de ningún modo, ser objetivado. El Ser-Sujeto que es libre de todo fenómeno capaz de aparecer ante nuestra conciencia. El Sujeto que es Espacio luminoso, Vacuidad plena, Lucidez silenciosa. Vivir desde allí es el único objetivo prioritario. Klein, instalado allí, sabía conducirnos a ese no-espacio, a ese no-tiempo en el que uno quedaba liberadoramente apresado en una embriaguez impregnada de paz y de *ânanda*, del gozo de ser, de la *joie sans objet*, de la dicha incondicionada, de la alegría espiritual sin objeto, sin razón, sin motivo, con la fragancia de la rosa que no tiene por qué, que florece porque florece.

Eckhart y Heidegger son dos de las escasísimas referencias que recuerdo haber escuchado de labios de Klein. Una más: también R. Guénon.

La presencia de un ser así, que no podía sino exponer su ausencia de "ego", arroja una gran luz sobre los textos sagrados que se refieren a cómo habla un *yogui* establecido en *brahman*, cómo se mueve un iluminado, qué significa la trascendencia del ego, qué supone una mente en calma, en silencio, serena. Todavía recuerdo el primer encuentro con Klein, en Segovia, cuando ante la pregunta «Klein, quién eres, en realidad», respondió: *«personne»*. Nadie. El yo individual se había mostrado ya hace tiempo como una ilusión. Había dejado de ser necesario para el funcionamiento de ese ser que vivía –acaso nos atrevamos a pensar que permanentemente– en la Luz.

Recuerdo también, en una de las pocas referencias personales que pueden leerse en sus obras (siempre transcripción de sus conversaciones en los Cursos), la descripción que él mismo realiza del momento en que se produjo la Liberación definitiva, la Iluminación radical, la trascendencia del ego, la Inmersión en la Luz. Había seguido durante años las indicaciones de su maestro indio, probablemente de la tradición del shivaísmo de Cachemira, cuando un día paseando por Bombay sucedió. El pájaro de fuego voló como el águila, sin dejar rastro.

Desde ese punto adimensional, desde este espacio inespacial por el que nos sentimos solicitados de vez en cuando, como tú nos mostraste, gracias, Klein, por la pureza en la transmisión de la Enseñanza primordial.

***

Con el trabajo integral de Blay y la experiencia *advaita* tan profunda de Klein nos sentíamos afortunados por tener cerca dos instructores de tal talla, por haber recibido enseñanzas tan luminosas y esenciales. Diríase que no hacía falta nada más. Tan sólo llevar a la práctica dichas enseñanzas. En ambos casos, no obstante, lo esencial parecía ser la lucidez, adoptar la actitud del testigo, despertar la conciencia más allá de los mecanismos psicológicos. La vida cotidiana era el campo de entrenamiento, el campo de juego y el campo de batalla. En ocasiones, uno salía de los cursos, sobre todo del de Klein, creyendo que se hallaba cerca de la Realización definitiva. Recuerdo una vez, caminando por las calles del lugar donde se había celebrado el curso con Klein, que sentía tal ligereza, tal felicidad, tal plenitud que uno estaba presto a aceptar la ilusión de que dicha experiencia cumbre se iba a mantener y permanecer para siempre. Ilusiones de principiante que la dureza de algunos aspectos de la vida se encarga pronto de desvelar. No obstante, en tanto que experiencias puntuales, no cabe duda de la significatividad y el alcance de éstas.

Mientras tanto, otra vertiente de mis inquietudes seguía igualmente activa: lo que he denominado antes "la dimensión esotérica de la espiritualidad". Articularé este aspecto en torno a la tercera persona viviente que más me ha influido: Vicente Beltrán Anglada.

Recuerdo haberme comprado en la librería «Isadora» de Valencia sus dos primeros libros: *Los misterios del yoga*, y el que más me impactó y entusiasmó *La Jerarquía, los Ángeles solares y la Humanidad.*

Desde el descubrimiento de la teosofía y la obra de Blavatsky, Besant, Leadbeater, etc., la existencia de la Jerarquía espiritual del planeta, de la Gran Fraternidad Blanca, del Colegio Iniciático de sabios iluminados, había sido el "mito" fundamental de los que compartíamos el fervor esotérico. Parte de ello era la ilusión de ser un Iniciado (para los más pretenciosos o con una mejor autoimagen) o al menos un "discípulo", es decir, alguien que se halla en contacto directo y consciente con alguno de los Maestros de la Jerarquía, con "su" Maestro, justamente. Y como mínimo, uno esperaba ser un discípulo de un grado u otro, secretamente supervisado por alguno de tales Maestros. Si la imagen de uno mismo no daba para más, o en los arrebatos de (falsa o genuina) humildad, uno se conformaba con ser un "aspirante" que al menos hubiese entrado, aunque fuese recientemente, en "el Sendero". Si la Teosofía puso en órbita la idea de los Maestros y el Sendero, de las Iniciaciones y los grados iniciáticos –creando ya ciertos problemas al ser manipulada tal información por egos no suficientemente pulidos– la extensa obra de A. Bailey, el Tibetano presentó un esquema más claro y coherente, más profundo y detallado, más libre de apropiaciones y manipulaciones por parte de escuela y personajes más o menos esotéricos.

Simultáneamente, algunos de nosotros leíamos otras muchas cosas del esoterismo y husmeábamos en otros grupos: Gurdjieff y el cuarto camino, el viejo siloísmo, la gnosis tántrico-alquímica de Samael Aum Weor, los Rosacruces en alguna de sus versiones, la Antroposofía de Rudolf Steiner (otra de las presentaciones esotéricas que más respetables me han parecido siempre), la Orden y la Misión Rama, etc. Pero el hilo conductor y el sistema de creencias básico seguía siendo la obra de Bailey. El Maestro D.K. comenzó presentando su obra (resulta evidente en su dedicatoria a Blavatsky en *Un tratado sobre Fuego cósmico*) como continuación de la obra de Blavatsky. Prefiero hablar de un enfoque posteosófico que se reconoce deudor de la teosofía blavatskyana, pero sabe adoptar también un enfoque crítico con las deficiencias y sobre todo vulgarizaciones tergiversadoras de algunos círculos teosóficos.

En la obra de Bailey, comenzada con *Iniciación humana y solar* en 1919 y terminada justo a mitad de siglo con, entre otras, *La Reaparición de Cristo* o *Los Rayos y las Iniciaciones* –el último tomo de los cinco que componen el magno *Tratado de los siete rayos*–, asistimos a la profundización y clarificación más destacada del esquema teosófico. Constituye, a mi entender, la verdadera fundamentación esotérica de la filosofía de la Nueva Era. Recordemos que algunas de sus obras hacen referencia a dicho término desde su mismo título, así por ejemplo, *El discipulado en la Nueva Era*, o *Educación en la Nueva Era*. Quien no ha buceado en una obra de semejantes características difícilmente imagina su profundidad y alcance.

Volvamos a V. Beltrán, pues la realización del sueño (post)teosófico y el motivo del entusiasmo inicial venían producidos por la convincente confesión realizada por V. Beltrán acerca de su relación consciente con uno de los *âshramas* de la Jerarquía y con uno de sus Maestros. Efectivamente, en *La Jerarquía, los Ángeles solares y la Humanidad*, V. Beltrán contaba con suficientes detalles su ingreso en el *âshrama* al que pertenecía, su composición, su encuentro con el Maestro, algunas de las enseñanzas recibidas cuando por la noche su cuerpo descansaba y su ser interno, sin perder la conciencia, asistía a las reuniones del *âshrama*, y tantos otros datos esotéricos que estimulaban nuestra voraz curiosidad y nuestro sincero interés. Por otra parte, en *Los misterios del yoga* ofrecía una versión esotérica de los principales *yogas* del pasado, así como anunciaba el más adecuado al presente –desde el punto de vista jerárquico– y los *yogas* del futuro. Si el *hatha yoga*, el *bhakti yoga* y el *raja yoga* correspondían esencialmente a épocas pasadas, cuando el centro de la atención del desarrollo de la humanidad estaba respectivamente en el cuerpo físico, el cuerpo emocional y el cuerpo mental, la vanguardia de la humanidad actual, intentando trascender integrando la mente, estaba llamada a realizar un nuevo tipo de *yoga*, lo que V. Beltrán (aunque no sólo él, pues ya antes lo habían hecho, por ejemplo, Nicolás y Helena Roerich) comenzó a llamar "Agni Yoga". En un futuro ya vendría el desarrollo del *devi yoga*. V. Beltrán habló cada vez más del *agni yoga*, así, después del primero de sus libros sobre *Los misterios del yoga*, publicó años más tarde su *Introducción al agni yoga*. En el *agni yoga,* las disciplinas y el esfuerzo cobran un nuevo sentido, no se desechan, pero no se pone el acento sobre ellos. Si hay una clave es la "observación atenta", lo que Beltrán gustaba llamar la "serena expectación". Empleando constantemente la ley de analogía, método esotérico de investigación o al menos de exposición, por excelencia, muestra cómo el *agni yoga* es el cuarto *yoga* fundamental, en correspondencia con el cuarto rayo (el rayo de armonía a través del conflicto) y con el cuarto *chakra* o centro de energía, *anâhata*, el centro del corazón, desde donde puede funcionar no la mente (tercero de los principios de la constitución humana), sino la intuición, desde donde es posible este *yoga* de síntesis que es el *agni yoga*.

Como dije, también Blay mostraba su admiración hacia los libros del Tibetano, aunque había terminado acuñando su propio lenguaje sencillo y directo, a diferencia de V. Beltrán, quien se hallaba terminológicamente más cerca del lenguaje empleado por el Tibetano. Pero no nos engañemos, tras la jerga esotérica y la aparentemente compleja estructura verbal desplegada por V. Beltrán en sus charlas y sus obras, latía una intuición muy afinada y una clarividencia bien entrenada, y sobre todo una experiencia esotérica de primera mano, no sólo en lo que respecta a los *âshramas* y al plan jerárquico, sino también, por ejemplo, al mundo de los *devas* o ángeles, tema al que dedicó una excelente trilogía, en la que, utilizando su propia clarividencia mental y sus contactos directos con varios tipos de devas o ángeles, nos ha expuesto detalles que son difíciles encontrar en otras obras. Tendremos ocasión de ver algo de esto más adelante.

Sin abandonar los temas típicos de esta "tradición esóterica" en la que se enmarca V. Beltrán y de la que tan cerca me he hallado siempre, por un motivo u otro, a través de unos autores u otros (Blay, Escuela Arcana, Beltrán, Meurois-Givaudan, Gualdi/Pastor, etc.), V. Beltrán ha hablado no sólo de la Jerarquía y su estructura, sino también de Shamballa. A ello dedicó uno de sus últimos libros, *Los misterios de Shamballa*, otro de los "mitos" y "símbolos" actualizados y recreados por V. Beltrán, aunque de nuevo no sólo por él (recordemos la versión del budismo tibetano, por ejemplo a través de Chögyam Trungpa o las referencias que veremos en J. Argüelles).

Las dos décadas de máxima creatividad de V. Beltrán son las décadas de los setenta y los ochenta. Pleno auge del movimiento de la Nueva Era. El primero de sus libros ve la luz en 1974 y el último, *Magia organizada planetaria*, que conservo con cariño, pues me lo dedicó a mi vuelta de los dos años de estancia en la India, la última vez que lo ví, antes de pasar él a planos más sutiles, lo terminó en 1987. Sería 1989 cuando le abracé por última vez.

Gracias Vicente por el cariño con que nos enseñabas, tanto en tus charlas, como en las reuniones de los jueves, a las que pocas veces pude asistir, pero que tan significativas fueron. Gracias por habernos ayudado a mantener encendida y viva la llama de la espiritualidad esotérica auténtica, por haber reactualizado y haber compartido con nosotros, con el sabor y la autenticidad que tu presencia transmitía, tantas narraciones esotéricas, tantas enseñanzas *ashrámicas*, tanta sabiduría intuitiva escuchada de labios de tu Maestro, quizás leída-vista con tu clarividencia en los registros *akáshicos*, en el Libro de los Iniciados, en la Memoria de la Naturaleza, tanta experiencia acumulada y transmutada, con *devas* luminosos y con otros seres que no lo son tanto, con seres humanos y con aquellos que han trascendido la etapa humana. Gracias, Vicente.

$$***$$

Me fui a la India con las enseñanzas esotéricas en mi mente, con el trabajo de Blay bien presente y con la experiencia asociada a Klein que nunca olvidaré. Volví con Sri Aurobindo y Madre en el corazón, tras haber vivido importantes experiencias que han marcado mi vida para siempre. He escrito suficiente sobre Sri Aurobindo como para no volver ahora a hacerlo. He de limitarme a evocar algunos de los aspectos más significativos de mis vivencias y mis reflexiones en la India.

Llegué, si la memoria no me falla, en marzo de 1986. Aterricé en Bombay. La beca de investigación para la realización de la tesis doctoral, concedida por el Ministerio de Asuntos Exteriores, tenía como destino el Saint Xavier's College de Bombay. Allí el padre Francesc Macià me recibió con mucha amabilidad como supervisor que aceptaba mi estancia en la India, pero tenía que buscar director de la investigación, pues él no conocía suficientemente el pensamiento de Sri Aurobindo. Había considerado ya la posibilidad de ir directamente a Pondicherry, al *âshram*, pero desde la perspectiva oficial se necesitaba una institución académica. Me puse en marcha, a la búsqueda de un director de investigación, recuerdo sobre todo cuando fui al Elphinstone College, el otro College cristiano de mayor prestigio de Bombay, en esta ocasión no católico, sino protestante. Hablé con un profesor de filosofía, pero justamente entonces se habían acabado las clases y se iban de vacaciones. Me recomendó volver pasados dos meses, aunque también me sugirió ir a Pondicherry. Eso hice, con la idea de permanecer allí uno o dos meses, recoger información y volver a Bombay. Se lo comenté al padre Macià y compré un billete para el tren Bombay-Madrás. No recuerdo exactamente, pero duraba el viaje unas veinte horas o algo así. Los días en Bombay fueron duros. No me habituaba a la comida, siempre demasiado picante para mi paladar y mi estómago. Tampoco a los mosquitos omnipresentes y al excesivo calor. Y sobre todo, la principal barrera era el idioma. Mi inglés no era lo suficientemente ágil como para sentirme cómodo. A decir verdad era bastante deficiente. Había cursado tres años en la Escuela Oficial de Idiomas, es cierto; había leído bastantes libros en inglés, pero en especial la conversación me fallaba por todas partes, tanto la compresión como la expresión. Así que hablaba poco. Podría decirse que se inició un *mauna* forzoso. *Mauna* es la disciplina de silencio, el *tapas* o voto ascético propio del *muni*, especie de *sadhu* o renunciante que dedica su vida a la búsqueda o a la contemplación del Absoluto. Esto seguiría en Pondicherry. Dado que en el *âshram* de Pondicherry se facilita y hasta se estimula una vida de silencio y minimización de relaciones "vitales" (en terminología aurobindiana, que incluye las relaciones sexuales y las relaciones emocionales centradas en la personalidad, invitando así a un centrar la afectividad en lo Divino, como todo el *bhakti yoga* ha propuesto siempre), podían pasar varios días en los que el habla era mínima.

Hice pues las maletas y partí hacia Pondicherry. El viaje fue largo y pesado. Al llegar a Madrás había que buscar la estación de autobuses que conduce a Pondicherry, cuatro horas más para recorrer los 120 km aproximadamente que separan ambas ciudades. En el trayecto se sentó a mi lado un anciano vestido todo de blanco. Me preguntó adónde iba y al responderle que al *âshram* de Sri Aurobindo me dijo que él era un *ashramita*, un miembro del *âshram*, un devoto de Sri Aurobindo y Madre. Al preguntarme, le expliqué cuál era el motivo de mi visita y me recomendó hablar con el profesor Maheshwari. Eso hice al día siguiente de instalarme en la International

Guest House, uno de los hotelitos que tiene el *âshram* para ofrecer alojamiento a los visitantes. El profesor Maheshwari me preguntó cuál era el tema de mi tesis y me recomendó algunas lecturas. Otro de los profesores de filosofía era Arabinda Basu, a quien llegué gracias a M.P. Pandit, uno de los eruditos e intelectuales, escritores y conferenciantes más célebres del *âshram*. Fue él, en nuestra primera conversación quien, tras escuchar mi caso, me recomendó ir a ver al profesor Arabinda Basu, encargado de dirigir trabajos de ese tipo. Arabinda Basu había sido profesor de filosofía en Benarés y en Durham (Inglaterra). Según él mismo me contaría más tarde, hacía muchos años que había conocido la obra de Sri Aurobindo y fascinado por su profundidad había solicitado ingresar en el *âshram*. Estaba casado entonces. Sri Aurobindo le recomendó continuar por algún tiempo en su "vida social". Tendrían que pasar varios años para ser aceptado en el *âshram*. Cuando yo lo conocí, tendría ya sus setenta años o algunos menos. Desde nuestro primer encuentro me ofreció visitarle todos los miércoles por la tarde en su casa «Gaveshana». Y así lo hice, sin faltar ni una semana, excepto las contadas ocasiones que dejé Pondicherry con el fin de viajar un poco, generalmente en busca de algunos de los *gurus* vivientes y conocidos.

Una de las veces que salí del *âshram* fue para ver a Bhagawan Shree Rajhness, más tarde conocido como Osho, cuando uno de los amigos de Bombay que había conocido en el Saint Xavier's College me escribió diciéndome que iba a llegar al *âshram* de Poona. Me había interesado su visión provocativa y novedosa de la espiritualidad, su unión de técnicas psicológicas contemporáneas y prácticas espirituales tradicionales, su presentación del *tantra* de manera revolucionaria y atractiva. Fui a Poona, e hice coincidir el viaje con mi exigida presencia en Bombay ante el Ministerio de la India para dar cuenta de mis progresos en la investigación, quizás de cara a renovar durante un año más mi estancia en la India y prolongar el plazo de mi beca. Era la época del calvario de Osho, tras haber sido expulsado de Estados Unidos y haberle sido negada la entrada en multitud de países.

La segunda escapada del *âshram* de Pondicherry fue a Putapparty, al *âshram* de otro polémico *guru*, en esta ocasión todavía vivo: Satya Sai Baba, "el *guru* de los milagros". Fui con la idea de permanecer allí una semana, pero sólo estuve cuatro días. No fue una experiencia significativa. El clima tan emotivo que había en torno a su persona, el montaje multitudinario en el que se mezclaba la ansiedad por entregarle personalmente una carta y el deseo de ser seleccionado para tener una entrevista, personal o en grupo reducido, con él, así como las medidas de seguridad adoptadas, a partir de un intento de agresión que sufrió en el pasado, convertían su *darshan** en un espectáculo cuyo tono vibracional no me llegaba. Sin duda, hay que tener en cuenta que venía de varios meses de estancia en el *âshram* de Pondicherry, impregnado de la energía de aquel sagrado lugar, de la energía de Sri Aurobindo y Madre, de la conciencia paradisíaca que había descendido sobre mí desde el primer día que llegué. Todo ello influyó en que cualquier otra cosa me pareciera innecesaria y hasta sin sentido. Eso es lo que sentí. Que había abandonado el paraíso en busca de no sabía muy bien qué. De un innecesario turismo espiritual que terminaba defraudándome (haya o no fraude en la "creación" de *vibhuti* y otros milagros asombrosos por parte de Sai Baba). El *âshram*, con miles de visitantes, estaba plagado de sudamericanos devotos de Sai Baba. Lo cierto es que el rosario de experiencias espectaculares con su *guru* era impresionante. Curaciones, logro de excelentes trabajos, regalos y materializaciones de todo tipo, sueños alucinantes, etc. Un clima, todo él, que una parte de mí tendía siempre a interpretar como excesivamente "astral" (en terminología teosófica) o "vital"

---

* *Darshan:* momento en que el Maestro se hace presente entre sus discípulos. (*N. del A.*)

(en terminología aurobindiana). Otro aspecto significativo fue la lectura de algunos de sus libros. Acostumbrado a la altura intelectual y espiritual de las obras de Sri Aurobindo, las palabras de Sai Baba no terminaban de llegarme. En fin, al cuarto día decidí volver a Pondicherry, sin haber sintonizado con Sai Baba. Dos veces más hice el esfuerzo de "encontrarme" con él, libre de prejuicios, pero los resultados no fueron muy distintos. Lo hice por última vez en 1993, cuando volví a la India en verano, ocasión en la que estuve algunos días en el *âshram* de Muktananda en Ganeshpuri. Swami Muktananda (también murió hace pocos años) es otro de los *gurus* influyentes en Occidente, a través, sobre todo, de sus seminarios de fin de semana en los que daba *shaktipat*, una transmisión de *shakti,* de energía espiritual, de poder, capaz de despertar ciertos *chakras* o estimular la *kundalinî* de quien estuviera predispuesto. En esa ocasión tuvimos *darshan* no de él, sino de su sucesora, Gurumayee, hermana de Nityananda, entre quienes hubo ciertos problemas de sucesión en los que no es necesario detenernos ahora. Recuerdo que ya habíamos visitado el *âshram* de Ganeshpuri, cuando fui con Manuel Palomar a la India, en mi primera visita al país, pero aunque entonces todavía estaba vivo Muktananda, se encontraba en su *âshram* de Estados Unidos. Tampoco hubo sintonía ni impacto significativo en ninguno de los dos casos. Actualmente tanto Gurumayee como Nityananda, cada uno por su camino, siguen transmitiendo las enseñanzas del *siddha-yoga* de Muktananda.

La tercera y última salida de Pondicherry, más cerca en esta ocasión, fue para ir a Tiruvanamalai, a la montaña de Arunachala, al *âshram* de Ramana Maharshi, otro de los grandes maestros espirituales de la India del siglo xx. Fue hermoso, pero una vez más la ausencia de la vibración del *âshram* de Pondicherry destacaba más que la presencia silenciosa existente en el destartalado, pero entrañable, *âshram*. Siempre me ha sorprendido ver cómo unas personas se encuentran de maravilla en Arunachala y apenas reciben impacto espiritual signficativo en Pondicherry, y otras experimentan justo lo contrario. Probablemente cada uno, en la medida en que se halle "abierto" y "receptivo" espiritualmente, sintoniza con un tipo de energía, un tipo de rayo, un tipo de enseñanza, un maestro, más que con otros, se produce como un reconocimiento, una armonización, un acorde de vibraciones, dependiendo de un conjunto de circunstancias tanto ambientales como personales y coyunturales. También a Arunachala volvería en dos ocasiones más, con resultados parecidos.

Pero volvamos ya a los primeros días de Pondicherry. Comienza lo indescriptible. Desde el segundo día, una vez hube descansado del viaje, me impregnó una inenarrable paz y una oceánica dicha. Era como si de repente, a medida que uno se aproximaba al recinto del *âshram,* le fuera invadiendo una paz y un silencio luminosos indescriptibles. Especialmente a medida que uno se acercaba al *samâdhi,* el lugar en el que moran los restos mortales de Sri Aurobindo y Madre, en el centro del jardín del *âshram,* protegido por un anciano árbol que dedica una constante ofrenda de flores amarillas sobre la losa que sostiene los cientos de varitas de incienso y de otras flores que permanentemente adornan la tumba de estos dos grandes seres, junto a la cual siempre pueden verse a algunos de sus discípulos, orando, meditando, quizás sintiendo o evocando la Presencia de sus Maestros. Sí, el mismo *samâdhi* que unos siete años antes había dejado en mi alma una huella tan honda y tan hermosa, como si una invisible semilla dorada hubiera sido divinamente sembrada con el fin de hacerme regresar a ese lugar de luz. La sensación anímica de "haber vuelto a casa", de haber retornado a mi hogar espiritual, de haber sido invitado a un oasis de paz profunda, de haber llegado allí con un sentido, era tal que a los pocos días llamé por teléfono al padre John Macià (así le llamaban los indios en Bombay) y le escribí una carta explicándole lo que sucedía. La invitación a quedarme allí era tan firme, el gozo profundo era tan inmenso que estaba dispuesto a permanecer allí independientemente de lo que sucediera con mi tesis y con mi beca. Lo que había respirado, lo que había vislumbrado, lo que estaba viviendo en estos primeros días era tan magnífico que algo dentro de mí me decía que tenía que estar allí. No era una pregunta, era la comunicación de una decisión firme, aunque llevase implícito un ruego, una petición: el poder realizar mi investigación en el *âshram* con su consentimiento oficial. John Macià sonrió, pero consintió. Me permitió quedarme, siempre que le enviase informes de la persona que –según pude decirle ya– había comenzado a dirigirme la investigación. Arabinda Basu no tuvo inconveniente en entrar en contacto con J. Macià y la realización de la tesis fue algo que sucedió "por añadidura". Y digo esto porque, ante la intensidad de la experiencia espiritual, en más de una ocasión dudé respecto a si continuar con la investigación teórica de la tesis o dejarla de lado y dedicar todo mi tiempo a la meditación, pues sentarse en el *samâdhi* era un regalo tan grande que hasta la satisfactoria lectura palidecía ante tamaña dicha. El tiempo mostró que lejos de ser incompatibles, la lectura y la escritura de y sobre el pensamiento de Sri Aurobindo se convertían, de un modo sorprendente, en verdaderas experiencias de intensidad y calidad espiritual desconocidas para mí hasta entonces. Al contrario, la inmersión en el pensamiento de Sri Aurobindo era una parte armónicamente integrada en el resto de la experiencia propiciada por aquel santo lugar, aquel "lugar sagrado", santuario de paz y de luz supramentales.

Es imposible describir qué sucede cuando se instala en la psique una paz, un silencio, una armonía, una felicidad tan poderosos. Cuando el silencio luminoso se torna mucho más real que cualquier serie de procesos psicológicos. El silencio de palabras, casi total, iba unido a un silencio de pensamientos igualmente notable. O más bien, aunque ciertos pensamientos continuasen su ronda, lo hacían ya a otro ritmo, con otra armonía, en otra profundidad. Y sobre todo no impedían la percepción de la presencia del alma. Presencia que se revela acompañada de un sonido encantador, de una armonía sutil, de una vibración tan desconocida como familiar. La *shakti* del lugar parecía vibrar en todo mi ser. El estado en que uno se sentía permanentemente era un estado de Gracia, como una lluvia de bendiciones que no se termina de comprender por qué ni cómo se ha producido.

Así permanecería, sin apenas altibajos, los casi dos años que tuve ocasión de residir en el *âshram* de Pondicherry. Los momentos en los que algún acontecimiento parecía que podía hacer tambalear la paz y el silencio, bastaban unos minutos junto al *samâdhi* o en el *meditation hall* para recobrar la armonía sublime que se había instalado en mi ser. El paseo gozoso por el pensamiento de Sri Aurobindo se producía en la biblioteca del *âshram*, donde podía consultar los 30 volúmenes de sus obras completas, o en mi propia habitación; esto último sobre todo cuando tuve la oportunidad de residir en Golconde, una de las Guests Houses más mimadas del *âshram*, en parte por haber trabajado allí Madre y haber intentado mantener un clima más íntimo, exigiendo ciertos requisitos para poder residir en ella, y en parte también por la originalidad y características de su construcción, encargada por Madre a un arquitecto japonés.

Pronto fui descubriendo la importancia de la figura de Madre. No podía ser de otro modo, pues muchos de los *ashramitas* entonces vivos o no habían conocido a Sri Aurobindo (recordemos que abandonó su cuerpo en 1950), o tan sólo lo habían visto una o dos veces por año durante el *dharsan*. Por el contrario, Madre (*Mother, Mère*) había estado muy cerca de ellos durante todos esos años, hasta 1973 en que pasó también a la otra parte del velo. Al llegar a Pondicherry, en mi mente la talla espiritual de Sri Aurobindo estaba ya clara. Había leído *La Vida divina* y *La Síntesis del yoga*, así como otras obras menores, sabía lo que había significado para Antonio Blay, y estaba acostumbrado a que fuera reconocido en bastantes libros como uno de los Maestros espirituales más destacados de la India del siglo xx. Pero de Madre apenas había oído hablar.

Y poco a poco fue entrando en mi conciencia y en mi corazón, a través de las palabras emocionadas de algunos de los *ahsramitas* que contaban sus experiencias con ella, su altura de verdadera Maestra espiritual. Fui leyendo también algunas de sus obras, sobre todo, al principio, sus *Conversaciones (Entretiens)*, en los 15 volúmenes de sus Obras Completas (que no incluyen los 13 tomos de *La Agenda de la acción supramental sobre la Tierra*). Fui cogiéndole cariño, respeto y admiración. Resultaba obvio, no sólo por los relatos de sus discípulos y por la calidad y sublimidad de sus palabras, sino también por las explícitas afirmaciones del propio Sri Aurobindo, que Madre era parte indispensable en la generación, mantenimiento y sentido del Yoga integral, tanto en su aspecto teórico (por ejemplo, toda la importancia concedida a *l'être psichique, the psychic being,* el alma individual, no sólo por Madre, sino también por Sri Aurobindo), como en su aspecto práctico, ya que desde la experiencia crucial de Sri Aurobindo en 1926, conocida como "el descenso de Krishna" o la conciencia sobremental, él se encerró en su habitación en una intensa *sâdhana* (trabajo yóguico-espiritual), delegando en Madre no sólo las funciones más prácticas de organización del *âshram* –que fue creciendo y sobrepasando las dos mil personas–, sino también la dirección espiritual de los discípulos, su guía directa. Claro que la unión de ambos era tan estrecha a nivel interno, su comunicación anímica era tan transparente, que sus voluntades, sus pensamientos y sus sentimientos diríase que constituían el fluir psíquico de un solo ser. Efectivamente, en los primeros años, en los que algunos discípulos de Sri Aurobindo encontraban difícil aceptar a Madre como Maestra, él mismo salió al paso de tales conflictos afirmando solemnemente que la conciencia de Madre y la suya eran una sola y misma Conciencia encarnada en dos cuerpos distintos para la mejor realización del trabajo que habían venido a llevar a cabo sobre la Tierra y que, por tanto, quien no aceptaba a Madre plenamente, no lo aceptaba a él, ni podía seguir seriamente el Yoga integral.

Creo que no domina en mí "el devoto", que no soy el tipo "bhâkta". De hecho, pese al buen número de Maestros a los que me he aproximado, nunca me he sentido "discípulo" –mucho menos "devoto"– de ninguno de ellos. Las "formas religiosas" han despertado en mí cierto rechazo desde el abandono paulatino de mis costumbres "católicas", y el postrarme o reconocer como Maestro a otro ser humano nunca me ha resultado fácil ni cómodo. Sin embargo, siempre me ha asombrado la facilidad con que miles de buscadores aceptaban a un *guru* u otro como "su" Maestro y se entregaban totalmente a él y a sus enseñanzas. En ocasiones, en momentos de cansancio y desaliento, uno sentía incluso cierta envidia ante el visible "amor al *guru*". Pero, en mi caso, la voluntad de que el corazón y la inteligencia discriminadora marchen unidos, hacía difícil la "entrega" en brazos del Maestro. Y no obstante, por primera vez, y quizás única, en el *âshram*, ante la Presencia invisible de Sri Aurobindo y Madre, en diálogo silencioso con ellos, sentí el gozo de querer merecer ser discípulo de tan grandes seres. Y sentí cómo mi corazón se entregaba a ellos, sin reservas, con pleno reconocimiento y agradecimiento.

***

Finales de 1987. Todavía no se han cumplido los dos años que la prolongación de la beca de investigación me permitía residir en la India. Ciertos acontecimientos imprevistos me llevan a salir de Pondicherry antes de lo esperado. Tras un cierto calvario por Colombo (Sri Lanka/Ceylán) y Katmandú que no viene al caso detallar ahora, mi destino será... no España, como cabría esperar, sino Francia. Permanecí allí durante un año justo y partí de nuevo rumbo a la India, esta vez directamente a Auroville, donde residí durante cuatro meses.

Aunque vivía en una casita en la ladera de una montaña, a pocos kilómetros del pueblecito de Lourmarin –conocido por el castillo en el que residió durante un tiempo Albert Camus–, viajé bastante. Lourmarin se encuentra en la Provenza. De hecho, a unos 30 o 60 kilómetros, no recuerdo bien, se halla Aix-en-Provence, donde iba con frecuencia. Sería, no obstante, el Norte de Francia y la Suiza francesa la región que me deparaba las principales sorpresas y los principales encuentros. El centro catalizador fue la comunidad de Lucinges, creo recordar que en la *Haute-Savoie*. Un activo grupo de miembros procedentes de varios lugares, con diversas influencias, entre las que quizás destacaban las de Findhorn, por una parte, y las de la Escuela Arcana, por otra, sin querer con ello limitar la variedad de influencias recibidas por sus miembros, compartían esa comunidad viva. Fui allí, en primer lugar, a conocer a un célebre astrólogo del que me habían hablado muy bien: Samuel Djan-Gutenberg. Y lo hice coincidir con una conferencia que iban a dar, allí mismo, Anne y Daniel Meurois Givaudan.

Mi conocimiento de ellos se remonta a los últimos meses de Pondicherry, cuando cayó en mis manos un libro suyo, titulado *Voyage à Shamballa*. Su lectura, bebida con intensidad y rapidez, reactivó en mí todas las semillas del esoterismo contemporáneo que habían sido sembradas con anterioridad (Blavatsky, Bailey, Beltrán, etc.) y que, sin embargo, ante la poderosa influencia del Yoga integral de Sri Aurobindo y Madre habían quedado enterradas durante aquella época. La plenitud de la experiencia y la amplitud del pensamiento de Sri Aurobindo, en el cual me hallaba fascinadamente inmerso, habían hecho que dejase bajo el umbral de mi conciencia toda la herencia de estas enseñanzas esotéricas que tanta importancia habían tenido en el período anterior a Pondicherry.

Una vez más, de modo similar a lo que había ocurrido con Vicente Beltrán, me hallaba ante testimonios personales directos, no ante teorías o enseñanzas abstractas, por interés que éstas tuvieran, sino ante narraciones vivas y actuales de sujetos que habían estado en presencia de Guías, Iniciados y Maestros y habían recibido enseñanzas esotéricas de sus propios labios. Anne y Daniel, como pude ir comprobando en otros de sus libros al llegar a Francia y comprarlos, hacía años que habían comenzado a salir espontáneamente de su cuerpo físico, para viajar durante la noche, al modo de los llamados "viajes astrales", por los planos más sutiles que el físico –planos de nuestra propia realidad multidimensional, que constituyen dimensiones desconocidas por la mayoría–. En sus primeros libros, *Relatos de un viajero del astral*, o *Tierra de Esmeralda*, contaron ya todo ello. Pronto, al ir devorando sus libros con gran interés, fui comprobando que la terminología y los problemas, a pesar de presentarse siempre como una investigación personal, libre de escuela determinada, coincidían mucho con la terminología y los problemas por los que tan atraído me había sentido a través de Bailey y de V. Beltrán. En *Wesak*, otro de los libros de los que guardo un recuerdo más bello, en *Vestidos de luz*, en *Aquel que viene*, se iba perfilando cada vez más, aunque siempre de forma nueva y original, la coherencia de su pensamiento. Y ¡cómo no! he aquí que "el Tibetano", el Maestro D.K., hace su aparición, en repetidas ocasiones, en varios de sus libros, como uno de aquellos que camina junto a ellos, se dirige a ellos y comparte con ellos su sabiduría. Wesak es justamente el nombre del festival espiritual cuya importancia D.K. había revelado a través de A. Bailey. Corresponde a la Luna llena de Tauro, en mayo (o finales de abril), y constituye el momento de mayor intensidad espiritual para el planeta Tierra. Es el momento en que el Buda, cumpliendo su promesa de no entrar en el *nirvâna* hasta que el último ser humano no lo haga con él, desciende hasta el plano etérico del planeta irradiando unas sublimes bendiciones, transmitiendo unas poderosas energías extraplanetarias que en tal momento, en la oposición entre el Sol en Tauro y la Luna en Escorpio, la Jerarquía espiritual del planeta, la Gran Fraternidad Blanca, con Cristo como Guía de Maestros y de Ángeles, se encarga de canalizar, reduciendo su frecuencia vibratoria a fin de que sea integrable y provechosa para la Humanidad. Esta ceremonia, paradigma del ritual propio de la Nueva Era, ocurre sobre todo en los planos internos, allí donde los Maestros, Iniciados y discípulos avanzados se reúnen conscientemente con el objetivo de trabajar para y con la Humanidad menos iluminada. No obstante, también en el plano físico se realiza una ceremonia en un valle de los Himalayas, donde acuden físicamente muchos Maestros e Iniciados, para prolongar la cadena de transmisión en la que participan asimismo todos los miembros del Nuevo Grupo de Servidores del Mundo, aquellos cuyas almas despiertas han adoptado un cierto compromiso jerárquico, antes de encarnar en esta vida, de cara a colaborar en el despertar de la humanidad en estos cruciales momentos de cambio de era.

Pues bien, después de haber leído ya tres o cuatro de sus libros, tuve la oportunidad de escuchar varias de las conferencias de Anne y Daniel, la primera de ellas en la comunidad de Lucinges. Recuerdo que en aquel momento estaban especialmente centrados en la sanación esotérica, tal como habían expuesto en su obra *Vestidos de luz*, en la que proponen un método para visualizar el aura (los vestidos de luz que cada uno porta consigo) y para sanar áuricamente ciertos procesos de desarmonía, desorden o malestar profundo. Aunque entonces no se trataba de atender a pacientes, sino de hablar de sus experiencias y luego cenar juntos en Lucinges, al parecer había una mujer bastante enferma a la que accedieron a atender. Coincidió que se hallaba en una habitación contigua a la nuestra y puedo decir que pronto se hizo un silencio y una atmósfera psíquico-espiritual tan luminosa y armoniosa que era fácil entrar en un estado de meditación profunda y gozar sutilmente de ese acto de amor curativo.

Meses después tuve ocasión de escucharles de nuevo, esta vez en Suiza, ante un auditorio de más de trescientas personas, pues a medida que se fueron publicando sus libros, su fama fue creciendo. A mi entender no sin razón, pues no es fácil encontrar quien pueda hablar por experiencia propia de estos temas con la sencillez y la soltura con que ellos lo hacen. Mucha gente queda desconcertada ante la viveza de sus narraciones y la riqueza de detalles que ofrecen y lo tacha de cuento de hadas o de pura fantasía, otros quedan entusiasmados como yo quedé desde el principio. Y debo decir que he mantenido esa fidelidad a sus obras. Siempre me ha parecido que sus narraciones desprendían la fragancia de la autenticidad, pese a la fácil acusación, que muchas veces he escuchado, de que se hallaban "en el astral", expresión frecuente en ciertos medios esotéricos para descalificar a aquellas personas o enseñanzas que se asientan en dicho nivel. Y es cierto que, el título mismo del que me parece que fue el primero de sus libros, *Récits d'un voyageur de l'astral*, puede hacernos pensar en ello. También es cierto que los detalles de sus descripciones pueden verse como pertenecientes al plano astral. En cualquier caso se trataría de un astral sutil, de uno de sus subplanos más elevados y que no se halla exento de cierta realidad, aunque sólo sea como espejo que refleja verdades de planos superiores. A este respecto puede pensarse que su contacto con ciertos Guías sigue igualmente dentro del plano astral y que la presencia de elevados Maestros, como es el caso de D.K., no sería sino la réplica en el astral de su verdadero Ser personal. No estoy seguro de ello, pero una vez más me parece secundario en relación al estado de conciencia que transmiten y propician sus libros, a la información en ellos ofrecida y a la acertada manera de presentarlo. ¡Cuántas veces me había quedado dudando a la hora de recomendar algún libro de introducción al esoterismo, a la concepción de la Nueva Era, a la manera de entender una nueva espiritualidad, y cuántas veces he recomendado posteriormente algunos de sus libros como tal introducción! El caso es que, a través de los libros de Anne y Daniel, y de su presencia, a quienes siento como hermanos del alma, la concepción esotérica ya afianzada en mí por las influencias anteriores ya relatadas, se fue fortaleciendo todavía más: era como un punto de luz más, en esa dirección, sobre todo en los momentos de dudas de la mente.

***

Pero una influencia todavía mayor en este mismo enfoque esotérico tendría su origen también en Francia, en el mismo Lucinges, desde el primer día que llegamos a la comunidad. Todo comenzó con un vídeo que alguno de los miembros de la comunidad puso mientras estábamos dentro de la casa, sin que se tratara oficialmente de verlo. Estábamos caminando y hablando por la casa mientras pasaba el vídeo, y casi como de refilón, de pronto oigo cómo la joven que está dando la conferencia menciona los nombres de Morya y Kuthumi, los Maestros inspiradores de la Sociedad Teosófica, regentes de los *âshramas* de la Jerarquía del 1º y del 2º Rayo, presentes en la obra de Bailey y en la de Beltrán, como hemos visto anteriormente. Pero, aparte de tales nombres, al dirigirse mi atención hacia la charla del vídeo me veo atraído enormemente por todo lo que está diciendo y por la manera de decirlo. Preguntamos quién era y se nos dijo que era Ghislaine, una joven que desde hacía algunos años "transmitía", "canalizaba" o "expresaba a través de la telepatía superior" las enseñanzas de un elevado Maestro. Nos dijeron que de vez en cuando iba a Lucinges a ofrecer una de tales "transmisiones". Me quedé con unas ganas inmensas de asistir a una de ellas. Conservé el programa y no pasarían muchos meses antes de que volviésemos a recorrer los 500 o 600 km que separaban ambos puntos de Francia. Ahora ya no era vídeo, era en vivo. En la sala del pequeño pueblecito de Lucinges estaríamos unas 120 o 140 personas. Ghislaine subió al estrado. Era joven, de unos veintitantos años. En la sala se hizo el silencio. Cerró los ojos durante unos segundos y saludó: «Bon jour». Preguntó cuáles eran las preguntas de la sala. La persona encargada de ello había recogido por escrito las preguntas que la gente quería plantear y comenzó a leer la primera. Dos o tres preguntas bastaron para que durante más de dos horas asistiéramos a un despliegue de conocimientos esotéricos y, sobre todo, de sabiduría para la vida. Al mismo tiempo, la atmósfera psíquica y espiritual de la sala era bellísima. Un silencio gozoso y luminoso facilitaba la comunicación entre el Guía (cuyo nombre no ha sido revelado, si bien ha insinuado que se podría utilizar el término *Pastor* para referirse a él) y la sala. Pues, tal como luego vería con mayor claridad, a partir de las preguntas formuladas, Pastor, abarcando en su conciencia a la sala entera y percibiendo las inquietudes más profundas de todos y cada uno de los allí presentes, desarrollaba justo aquello que resultaba más conveniente para la sala en su conjunto, o en ocasiones para algunos de los presentes de manera particularizada. No exagero al confesar que salí embelesado, con la convicción no sólo de que un Maestro de Sabiduría nos había hablado, sino incluso con el gozo, con la impresión de que había leído lo más secreto de mi corazón y había dado respuesta a ello. Es muy difícil acertar a transmitir estas impresiones, pero tengo que decir que tanto la calidad vibratoria de la reunión (cual si ángeles de luz, de paz y de amor nos envolviesen mientras Pastor hablaba, o como si su poderosa y amorosa aura nos abrazase en su manto de luz) como la altura, belleza y precisión de las enseñanzas dejaron una huella muy profunda en mí. De tal manera que volví en dos ocasiones, una más en Lucinges y otra en Ginebra, lugar de residencia de Ghislaine Gualdi y de la gente que se ha encargado de distribuir las cintas de sus conferencias, bajo la denominación de OMnia.

Desde 1985 a 1994, durante diez años justos, de manera ininterrumpida y abundante Pastor ha hablado a través de G. Gualdi. Al menos de esos años conservamos grabaciones, la primera de ella, del 4 de julio de 1985, la última del 26 de junio de 1994. Tuve la fortuna de conservar la dirección y, años más tarde, pude solicitar algunas de las grabaciones, las cuales han constituido para mí, durante mucho tiempo, uno de los alimentos espirituales más intensos y sabrosos, una de las luces más brillantes y clarificadoras, una de las presencias más embargadoras y familiares, una de las presentaciones de la verdad con las que mayor sintonía he experimentado y experimento.

«OMnia es una joven que practica una telepatía de alto nivel y que acepta responder, con el objetivo de servir, a las preguntas de orden general o espiritual presentadas a Pastor, su Guía cósmico», dice la presentación del índice de grabaciones pertenecientes a los años citados.

De algunos años contamos con 12 o 14 conferencias, de otros hasta 20. En ocasiones de tres y hasta cuatro horas de duración, generalmente de dos o dos horas y media. Durante 10 años supone más de 150 conferencias en cada una de las cuales uno tiene la impresión de asistir a un acontecimiento cósmico. Y es que no es para menos cuando uno tiene la fortuna de escuchar las palabras de un Maestro de Sabiduría. Y en pocas ocasiones la certeza de estar escuchando palabras de semejante altura y autenticidad es tan firme, al menos en mi caso. En bastantes ocasiones, a lo largo de mi peregrinaje espiritual se me ha planteado la duda acerca de la autenticidad o validez, altura o calidad de lo que he escuchado o visto. O incluso cuando no había razones para dudar, el impacto sobre mí no ha sido tan profundo (Ananda Mayee, Anandamurti, Krishnamurti, Sai Baba, Amritananda Mayee, serían ejemplos de ello) como lo ha sido con OMnia/Pastor. Este disfrute espiritual y esotérico, el gozo por poder beber de este agua que sacia y poder compartir esta "espiritualidad esotérica de la Nueva Era", dura hasta el momento presente, pues son muchas las cintas que he ido pidiendo, y cada vez que escucho una de ellas es una bendición que clarifica y fortalece mi visión y mi actitud, mi energía interior y mi pensamiento, mi confianza y mi convicción respecto a la existencia de Maestros de Sabiduría como Pastor. Es quizás el broche final de la cosmovisión esotérica con la que más identificado me he sentido y me siento, la concepción del mundo que despierta en mi interior a través de Blavatsky y el largo equipo de teósofos que comienza con A. Besant y C.W. Leadbeater, pero continúa con A. Powell, E. Schuré, Y. Ramacharaka, Jinarajadasa o Taimni; concepción teosófica algo confusa en su presentación que se profundiza, clarifica y depura con la grandiosa obra de A. Bailey, cobra vida y cercanía con la presencia, el testimonio y las enseñanzas de V. Beltrán, recibe retoques y matices de muchos autores entre los que he destacado a Anne y Daniel Meurois Givaudan, pero de los que podrían citarse otros afines a la presentación posteosófica como Dane Rudhyar o Ciril Scott, y llega a su plena madurez y consumación con la fuerza, flexibilidad y actualización enriquecedora de las palabras de Pastor/OMnia.

No es cuestión de pasar revista a los temas desplegados por Pastor, quien ha insistido, por otra parte, en que no era su propósito ofrecer una "nueva" enseñanza ni una gran revelación, sino transmitir una llama y una confianza, una esperanza y una fuerza anímica, que realmente se despiertan al vibrar con una conciencia tan luminosa y sabia. Digamos tan sólo que se parte de la realidad del momento crucial en que se encuentra la humanidad. Se va a producir un "impasse", una "pausa" –decía Pastor en la última grabación que conservamos de OMnia– sobre todo en los campos de la Economía, las Finanzas y la Política (áreas relacionadas con el 7° rayo, relacionado a su vez con el planeta-arquetipo Urano-Prometeo, regente del signo zodiacal de Acuario, y por tanto en estrecha relación con la Nueva Era de Acuario), pues para pasar a otra civilización hay que esperar a que se derrumben los viejos y gastados edificios, corroídos por la corrupción y la mentira, o mejor dicho, no hay que esperar, sino que al mismo tiempo que tales áreas dejan de recibir energía y atención por parte de la Jerarquía, otras áreas, otros proyectos, un nuevo suelo sobre el que edificar la nueva humanidad, están ya en preparación y recibiendo la atención de los Maestros que conocen el Plan y lo sirven, ayudando de mil modos a la humanidad, sobre todo enviando telepáticamente las ondas que contienen las semillas del futuro, la nueva vibración que ha de implantarse.

Cuántas veces me ha dado la impresión de estar escuchando al mismo Tibetano, al Maestro D.K. (no me extrañaría que fuera él). Por la terminología, por los temas, por las referencias, por las preocupaciones. Pero, al mismo tiempo, de un modo tan nuevo y fresco, tan actualizado, tan variado. Desde temas cosmogónicos, como el papel de los Grandes Devas, Arcángeles y Elohim en su elaboración de los mundos, hasta cuestiones concretas y candentes como las raíces ocultas de enfermedades como el cáncer y el sida, o en su momento la crisis del Golfo Pérsico. Pero lo característico es la amplitud de la visión, la referencia constante a los Maestros de Sabiduría que forman parte de Shamballa y la Jerarquía de nuestro planeta, sin faltar referencias a Jerarquías extraplanetarias, sea en las Pléyades o en Sirio, aunque este "esoterismo galáctico" (como me gusta llamarlo) que recientemente abunda sigue estando en un segundo plano. Es el trabajo interno, la actitud que hay que adoptar ante los problemas cotidianos, la clarificación del sentido de la meditación y el modo de practicarla, la llamada a trascender nuestras ataduras, nuestros conflictos y traumas psicológicos apelando a la fuerza de nuestra alma, lo que abunda en sus conferencias.

En fin, una vez más, desde el fondo de mi corazón y de mi alma, brota con fuerza y reconocimiento un enorme agradecimiento hacia Pastor por todo lo que ha vivificado en mi alma, todo lo que ha clarificado en mi mente, todo lo que ha llenado mi alma, con esa renovada y fortalecida confianza en la existencia del Gran Sentido, por una parte, y de los Maestros de Sabiduría, por otra, pero también y sobre todo en la presencia y luminosidad de nuestra propia alma, como ser de luz que trata de hacerse cada vez más presente en nuestras vidas, pese a las dificultades y crisis de la personalidad que irremisiblemente nos es necesario vivir.

1. INTRODUCCIÓN: NUEVOS MOVIMIENTOS RELIGIOSOS

CUESTIONES CONCEPTUALES E INTENTOS DE CLASIFICACIÓN

Vamos a intentar aproximarnos a lo que se ha llamado "nuevos movimientos religiosos" o "nuevas religiones" y que yo preferiría denominar "nuevos movimientos espirituales". Comencemos analizando qué significa en ellos decir que son "nuevos", por qué llamarlos "movimientos" y denominarlos "religiosos" o "espirituales" y a continuación presentaremos algunos modos de clasificarlos.

J. Martín Velasco (1977) aclara bien nuestra cuestión al apuntar que "nuevos" no significa sólo recientes o actuales, sino que implica una cierta ruptura con las formas religiosas representadas por las religiones ya establecidas. En este sentido no se incluirían movimientos surgidos en el interior de una religión tradicional y que se mantienen en ella aunque la intenten renovar o reformar. Es el caso, en el cristianismo, de los movimientos de renovación carismática, el movimiento neocatecumenal, etc. Por el contrario, los *nuevos* movimientos religiosos reivindican una identidad diferente y exigen de sus miembros algún tipo de conversión.

En este sentido, F. Díez de Velasco afirma: «El término *nuevas* religiones no se puede aplicar a cualquier grupo religioso por el mero hecho de que su fundación se haya producido en los dos últimos siglos, es necesario que el corpus de creencias presente diferencias sustanciales con el de las religiones tradicionales» (Díez de Velasco, 2000:21-22). Por ejemplo, no serían nuevas religiones los Testigos de Jehová (con un mensaje que intenta ahondar en una interpretación literal y exacta de la Biblia), pero sí podría considerarse así La Iglesia de los Santos de los Últimos Días [mormones] que genera una literatura sagrada nueva, adaptada al papel de los Estados Unidos en el marco de la modernidad.

"Movimientos" tiene un sentido amplio, válido para cualquier colectivo incluso si carece de los elementos organizativos, institucionales, dogmáticos o culturales que suelen caracterizar a las formas tradicionales de organización religiosa. Se elimina así la restricción que supondrían términos como "Iglesia", "secta", "denominación" o "culto". Además, algunos de estos, sobre todo "secta"[1] y "culto" (este último designa en general una forma de religión privada, personal, con un cultivo mayor de la experiencia personal y el misticismo), tienen connotaciones fuertemente negativas hoy en día.[2]

"Religiosos". También este término cobra una nueva significación, ya que dadas las dificultades de delimitar el significado de la palabra "religión", hablar de movimientos religiosos hace referencia a un campo de significación, más que a una sig-

1. «Los grupos sectarios –recuerda Martín Velasco– se distinguen por algunos rasgos psicológicos: conciencia de ser los puros y elegidos, seguridad y dogmatismo en sus convicciones, rechazo de todo lo externo al propio grupo y gran espíritu de cuerpo; generalmente también por una utilización fundamentalista de la Escritura confundida con una revelación literal de Dios al propio grupo». O en caracterización clásica que sigue los pasos de M.Weber y E. Troeltsch: «La secta se distingue, en contraposición a los rasgos de la Iglesia, por significar una unidad sociológica, disidente de un grupo mayor, compuesta por un número relativamente pequeño de adeptos voluntarios, pertenecientes generalmente a las capas más desfavorecidas de la sociedad, con un grado grande de dependencia de un líder carismático, lazos interpersonales muy estrechos entre sus miembros dentro de un plano de igualdad, escasa importancia de las doctrinas como medio de identificación y de definición de la pertenencia y un culto en el que predomina lo emocional y que concede gran importancia al fervor afectivo» (Díez de Velasco, 2000:62).
2. Podemos encontrar ejemplos de obras sobre sectas en: Pepe Rodríguez (1989) y Roger Pascual (2003), aunque falta en ellos el rigor y la reflexividad de la obra sobre este tema de Joan Prat (1997).

nificación precisa. De ahí que, a nosotros, nos parezca más adecuada la calificación de "nuevos movimientos espirituales".

Generalmente, la expresión "nuevos movimientos religiosos" se emplea para designar las nuevas manifestaciones de religiosidad surgidas a partir de la II Guerra Mundial, por tanto aproximadamente la segunda mitad del siglo xx, si bien en un sentido más amplio se refiere también a las surgidas en los dos últimos siglos, como recordaba F. Díez de Velasco. De este modo se incluyen movimientos como la Sociedad Teosófica en Estados Unidos, el Movimiento Antroposófico en Alemania, la Fe Bahai en Irán o el Konkokyo en Japón, todos ellos fundados en el siglo xix.

Tenemos, pues, tres círculos concéntricos en los que la expresión cobra sentido. El círculo más amplio abarca los dos últimos siglos, xix y xx; el círculo intermedio abarca tan sólo la segunda mitad del siglo xx, a partir, aproximadamente, del final de la II Guerra Mundial. Y el círculo más estrecho, y el que nos interesa de manera especial, comenzaría a finales de los sesenta y principios de los 70 del siglo xx; si se nos fuerza, la última cuarta parte del siglo xx, momento en que tanto la ola fundamentalista e integrista como la ola Nueva Era cobran una extraordinaria fuerza, pese a las predicciones que anunciaban, después de la muerte de Dios, el eclipse de lo religioso.

Hacia una clasificación de los Nuevos movimientos religiosos (NMR)

Se han ofrecido muchas clasificaciones diferentes. Generalmente desde un enfoque sociológico y teniendo en cuenta la relación con la sociedad en la que nacen. Así, por ejemplo, J. Milton Yinger distingue entre sectas agresivas o revolucionarias que rechazan el mundo; gnósticas o de aceptación del mundo, e introvertidas que lo evitan. No muy distinta es la del Roy Wallis al distinguir entre NMR que rechazan el mundo, otros que lo afirman y otros que se adaptan a él. Por su parte, T. Robbins y D. Anthony distinguen entre: a) "movimientos dualistas" que protestan violentamente contra la cultura y la moral permisiva y relativista, suelen ser grupos rigoristas, neofundamentalistas que interpretan literalmente la Escritura y son de tendencia fuertemente apocalíptica, y b) "movimientos monistas", orientales, que se proponen la obtención de una conciencia universal por la experiencia mística de fusión con el Todo.

J. Martín Velasco (1997), después de pasar revista a dichas distintas clasificaciones, propone una tipología que resulta clarificadora:

a: *NMR surgidos en las religiones autóctonas de pueblos del Tercer Mundo*, como reacción a la cultura y religión de los colonizadores, sobre todo cristianismo e islam. A ellos pertenecen los cultos cargo de la Melanesia y Nueva Guinea, el kimbanguismo del actual Zaire, el movimiento kitawala, el mau-mau, el nkrumahismo (que toma su nombre del antiguo presidente de Ghana, Kwame Nkrumah) y una larga serie que abarca hasta 6.000 movimientos censados sólo en África. Se han designado de modos muy diversos: cultos de crisis, movimientos de acomodación, revivalismos, etc., lo cual no hace sino poner de manifiesto la dificultad de interpretar tales movimientos, incluso de caracterizarlos.

b: *Movimientos de renovación y reforma surgidos en el interior de las grandes tradiciones religiosas*, como consecuencia del contacto con las nuevas condiciones socioculturales de la época moderna.

Hinduismo: Desde el Brahmo Samaj o el Arya Samaj, en el siglo XIX, hasta los más recientes que analizaremos posteriormente.

Budismo: La efervescencia de NMR parece especialmente aguda en Japón, donde podrían distinguirse tres familias: *a*) las influidas por el budismo, como los grupos de Nichiren

Soshu y Rissho Kosei Kai; *b*) las influidas por el shintoismo, como el movimiento Tenrikyo y Konkokyo, y *c*) los grupos neoesotéricos occidentales como Seicho No Te, que une rasgos budistas con elementos de psicología profunda, tendencias ocultas, etc.

Islam: Aquí se encuentran las dos religiones independizadas de la matriz musulmana: el *bab* o *babismo*, fundada por un profeta que se llamó a sí mismo Bab, "la puerta", cuyos adeptos sufrieron terribles persecuciones por parte de las autoridades iranias y de los países musulmanes de Oriente Medio, y el *bahaísmo*, emparentado con la anterior, fundada por Mirza Husaym Ali Nuri (*Bahaullah*), que hoy se presenta como una religión universal que proclama la unidad de todas las religiones.

Cristianismo: Asistimos a un florecimiento de grupos desarrollados con una relación más o menos estrecha con la Iglesia de origen. Por una parte están los *movimientos desgajados de las Iglesias de la Reforma* en Europa y sobre todo en América. Cabe señalar entre ellos: la familia pietista-metodista; la familia pentecostalista; las *Free Churches* europeas y americanas: menonitas y cuáqueros; la familia bautista; la adventista, la Iglesia de Jesucristo y de los Santos de los Últimos Días (mormones); la *Christian Science*; los Testigos de Jehová, etc. Éstos son los grupos a los que más propiamente se aplica el término de "sectas". Otros grupos de origen cristiano son más claramente sincretistas y se asemejan más a la noción de NMR. Son ejemplos de estos, *Jesus People*, los Niños de Dios o la Familia del Amor y la Iglesia de la Unificación (Moon).

c: NMR con raíces emparentadas con las corrientes gnósticas, esotéricas y ocultistas. Ciencia, psicología, curación, potencial humano, llevados más allá de sus enfoques académicos y culturalmente reconocidos suelen mezclarse en ellos. Cabe situar ahí a Nueva Acrópolis, La Gnosis de Carf, la Iglesia de la Cienciología, las Sociedades Teosóficas, los rosacrucianos, etc. Se caracterizan por su filiación con la Gnosis, el esoterismo y la transformación de éste en ocultismo en el siglo XIX. Se ha hablado, en este sentido, de la "nebulosa" o "galaxia" místico-esotérica, así como de "movimientos sincrético-holistas", que pueden hacerse coincidir aproximadamente con la ambigua y abigarrada noción de "espiritualidad Nueva Era", en la que fundamentalmente nos centraremos aquí.

Una clasificación más sencilla y útil en el estudio de los NMR es la que propone Mardones, con tres categorías principales: movimientos fundamentalistas, movimientos de raíz oriental y movimientos sincrético-holistas (Mardones, 1994).

Es preciso comenzar llamando la atención tanto sobre la amplitud como sobre el doble rostro de los movimientos de matriz oriental, ya que unos miran de manera predominante o hasta exclusiva hacia el pasado tradicional y sus fuentes "reveladas", compartiendo en ocasiones los rasgos del fundamentalismo, mientras que otros forman parte más o menos claramente de la "espiritualidad Nueva Era". Aquí nos centraremos sobre todo en estos últimos.

Respecto a la terminología debemos comenzar haciendo dos aclaraciones. Si, por una parte, los movimientos fundamentalistas siguen conservando, junto a la tradición, la noción de "religión", la sensibilidad *new age* suele identificarse más con la noción de espiritualidad que con la de religión y religiosidad. Esto, ciertamente, forma parte del proceso de destradicionalización y des-institucionalización que caracteriza al movimiento Nueva Era (aunque no sólo a él, como es bien sabido). Efectivamente, la sensibilidad Nueva Era se caracteriza por un rechazo más o menos abierto y explícito de las autoridades externas, las instituciones religiosas y las tradiciones cerradas y dogmáticas.

Por otra parte, tal como se va aceptando entre los investigadores del tema (Díez de Velasco, 2000; Estruch, 2004), no emplearemos el término "secta", para evitar así la carga fuertemente peyorativa que ha llegado a tener, constituida ya no en categoría clarificadora, sino en arma arrojadiza y automáticamente descalificadora, y tendremos en cuenta la conveniencia de no distinguir *a priori* entre religiones y movimientos religiosos, como si estos últimos no alcanzasen el alto estatus de que gozan las primeras. De todos modos, aunque resulte legítimo hablar de "religión Nueva Era",[3] preferiremos la expresión "espiritualidad Nueva Era" o "movimiento Nueva Era".[4]

---

3.   Véase el título mismo de una de las obras imprescindibles para esta cuestión, tanto por su planteamiento riguroso y respetuoso –algo extremadamente raro de reunir en este ámbito impregnado de prejuicios "religionistas" a favor o en contra–, como por la riqueza de fuentes manejadas, W.J. Hanegraaff, *New Age Religion and Western Culture,* Nueva York, SUNY, 1998.

4.   Esta última denominación, frecuente, halla una tematización importante en la obra de Paul Heelas, *The New Age Movement,* Cambridge, Blackwell, 1996, contextualizando la Nueva Era en el marco de la Modernidad y considerándola justamente la continuación del movimiento romántico contra-ilustrado.

2. LA OBSESIÓN POR LA ORTODOXIA O EN LAS ANTÍPODAS DE LA NUEVA ERA: FUNDAMENTALISMOS, INTEGRISMOS, TRADICIONALISMOS

De entre los Nuevos Movimientos Religiosos, el primero de los bloques que debería tenerse en cuenta es aquel que recibe la denominación genérica de "fundamentalismo", incluyendo en éste aquello que más propiamente deberíamos llamar "integrismo" o "tradicionalismo". No obstante, dado que vamos a centrarnos en la Nueva Era, no podremos dedicarle más que unas cuantas páginas. La decisión de incluirlo, aunque sea brevemente, se debe a la coincidencia significativa en lo que respecta a las fechas de su desarrollo y auge. En realidad, tal como reza el título, estamos en las antípodas de la Nueva Era y en ocasiones con una verdadera obsesión por la ortodoxia. En lugar de una llamada del futuro, nos hallamos ante una vuelta al pasado, a la tradición, a los fundamentos de la religión, con duras críticas a todo lo moderno.

Juan José Tamayo resume bien esta problemática en el siguiente texto: «El término "fundamentalista" se aplica a personas creyentes de las distintas religiones, sobre todo a judíos ultra-ortodoxos, a musulmanes integristas y a cristianos tradicionalistas. El fenómeno fundamentalista suele darse –aunque no exclusivamente– en sistemas rígidos de creencias religiosas que se sustentan, a su vez, en textos revelados, definiciones dogmáticas y magisterios infalibles. Con todo, no puede decirse que sea consustancial a ellos. Constituye, más bien, una de sus más graves patologías» (Tamayo, 2005:74).

No obstante, la distinción más aceptada es la que reserva el término "fundamentalista" para el marco protestante y el término "integrismo" para el catolicismo. Lo vemos señalado en José Manuel Sánchez Caro: «Mientras que el fundamentalismo es un fenómeno típicamente protestante, el integrismo es un fenómeno específicamente del catolicismo. El fundamentalismo apela a la Biblia contra el peligro de racionalización de la fe y propone un tipo de interpretación directa e inmediata de ella, considerándola como única fuente de revelación y como palabra de Dios inmediata que tiene la solución para cualquier problema sin necesidad de otras mediaciones, como pueden ser las instituciones de la Iglesia y concretamente, en el caso de la Iglesia católica, su magisterio. [...] El integrismo, por su parte, es la aceptación de la tradición de la Iglesia tal como se entiende en un momento determinado, con el fin de defender a esa misma Iglesia de lo que se consideran doctrinas nuevas, generalmente calificadas de racionalistas, que pueden apartarla de su verdadero origen e identidad tradicional» (Sánchez Caro, en Mardones, 1999:61-62) .

Distintos analistas coinciden en indicar que sería a mediados de los años setenta del siglo pasado cuando las raíces plantadas hace tiempo en las distintas religiones dejan ver sus frutos. Efectivamente, como mostró bien G. Kepel (1991), a partir de la II Guerra Mundial daba la impresión de que la religión se había retirado del dominio público y dejaba de inspirar el orden de la sociedad, limitándose al ámbito de la vida privada o familiar. A lo largo de los años sesenta el vínculo entre la religión y el orden de la ciudad pareció aflojarse hasta extremos que los religiosos consideraron preocupante. La atracción hacia el laicismo hizo que muchas instituciones religiosas se volvieran hacia los valores "modernos". El ejemplo más claro fue el *aggiornamento* o puesta al día de la Iglesia católica en el Concilio Ecuménico Vaticano II. También en el islam se hablaba de "modernizar el islam". Los años setenta fueron una década bisagra para las relaciones entre religión y política, con transformaciones inesperadas. Puede decirse que hacia 1975 este proceso comienza a revertirse. Ya no se trata de ponerse al día y modernizarse, sino de una "segunda evangelización de Europa". Ya no de "modernizar el islam", sino de "islamizar la modernidad". Desde entonces, "la revancha de Dios" a través del fundamentalismo ha adquirido proporciones universales, y aunque se ha estudiado el fenómeno especialmente en las tres religiones abrahámicas, monoteístas, es bien sabido que el hinduismo ha sufrido un proceso similar en la India contemporánea y algo parecido puede decirse del shinto en China.

Generalmente, estos movimientos religiosos se oponen o disienten del discurso dominante de la "religión oficial". A los ojos de los nuevos militantes religiosos, esa crisis revela la vacuidad de las utopías seculares –liberales o marxistas–, cuya traducción concreta en Occidente es el egoísmo consumista, y en los países socialistas y el Tercer Mundo, la gestión represiva de la penuria (Kepel, 1991:13-19).

Veamos más detenidamente algunas de las fechas y los acontecimientos más significativos. Comencemos por el protestantismo y el evangelismo norteamericano, remontándonos a comienzos del siglo XX.

2.1. FUNDAMENTALISTAS Y EVANGÉLICOS EN EL PROTESTANTISMO NORTEAMERICANO

Destaquemos algunas de las fechas principales que marcan durante el siglo XX el desarrollo del protestantismo americano, especialmente en sus grupos y figuras más cercanos a la actitud fundamentalista que tratamos de analizar.

En 1910 aparecen los doce volúmenes titulados *The Fundamentals*, que constituyen la declaración inicial del fundamentalismo protestante. Allí se leen fuertes críticas al liberalismo y al modernismo. Un año antes, la Iglesia presbiteriana del Norte declaraba como *Fundamentals* los siguientes cinco principios: la inerrancia de la Escritura (es imposible que ésta se equivoque, dado su origen divino); el nacimiento virginal de Jesucristo; la muerte redentora de Jesucristo; su resurrección física, y su poder de hacer milagros.

Los "evangélicos" (*evangelicals*) surgen como reacción a la unión de los "fundamentalistas" con la extrema derecha y declaran el mensaje evangélico sólo en su aspecto religioso y social (se dirigen al individuo, la familia y la sociedad civil). Sólo a mediados de los setenta se plasmará también en metas políticas.

Después de los preparativos en la primera parte del siglo XX, será a finales de los años sesenta cuando acaece el *boom* de los evangélicos. Así en 1967, por primera vez en dos siglos, las estadísticas reflejan la decepción con las Iglesias liberales protestantes: luteranos, episcopalianos, metodistas, presbiterianos, congregacionalistas, se ven afectados por ello. Poco después, en 1970, la Iglesia católica anuncia también por primera vez el descenso del número de fieles. En el año 1973 se produce la sentencia del Tribunal Supremo que afirma la legalidad del aborto, algo que desatará una lucha encarnizada de los fundamentalistas contra el aborto. El año 1976 es declarado por los semanarios *Time* y *Newsweek* como el "año de los evangélicos"; al menos es la fecha en que la prensa toma conciencia del fenómeno. Como veremos corresponde a los años de la primera ebullición de la Nueva Era, con un carácter marcadamente distinto de este retorno a las fuentes y a la tradición.

Recordemos que Jimmy Carter es candidato del Partido Demócrata y arquetipo del *liberal* y, sin embargo, es también evangélico, por tanto esto último no siempre es identificable con conservadurismo político. Esta identificación se produce de manera más clara con el republicano Ronald Reagan, elegido presidente en 1980 y reelegido en 1984 hasta 1988. Reagan recibió un apoyo decisivo en ambas elecciones de movimientos político-religiosos que se proclaman evangélicos o fundamentalistas (términos que cada vez más tienden a confundirse). El caso más célebre es el de Moral Majority (La Mayoría Moral) de J. Falwell, creado en 1979, pero no menos importante fue el apoyo de otros muchos grupos evangélicos y fundamentalistas, como Christian Voice o Religious Roundtable. En 1985, Jerry Falwell pone en marcha la Liberty University, en Virginia, después de haberlo hecho con el Liberty Baptist College en 1971. Los docentes y los alumnos han de ser *born-again*, "regenerados" que han encontrado a Cristo, y han de creer en la veracidad de la Biblia. De sus aulas saldrán miles de graduados habituados a ver el mundo como Falwell.

Falwell es uno de los más famosos telepredicadores de Estados Unidos, protagonista singular de ese fenómeno llamado "multinacionales de la fe". Entre éstas tiene un relieve especial la Iglesia electrónica, en la que puede verse la extrema mercantilización del hecho cristiano. Puede hablarse, ciertamente, de una *corporación multinacional*. Como nos recuerda Juan Bosch, Harvey Cox vió ya en 1987 el idilio que existe entre la religión conservadora y los medios electrónicos de masas. «Los milagros, las curaciones divinas, los hechos prodigiosos, el éxito económico asegurado, los testimonios de sufrimiento superados por la fe... están ahora al alcance de cualquier televidente –se cuentan a millones–, que por un módico precio podrá experimentar la misma gracia divina que acaba de "presenciar" en el programa de cualquiera de los famosos telepredicadores» (Bosch, en Mardones, 1999:171).

Pero Falwell no es el único personaje destacado entre los televangelistas. Así, por ejemplo, antes que él, ya en 1951 Billy Graham se había lanzado a predicar desde la televisión, hasta el punto de que ha podido decirse que fue él quien transformó el evangelismo en un fenómeno social que implicaba a grandes masas. La influencia que Falwell ejercía sobre Reagan la había ejercido él a su vez sobre Nixon.

No menos famoso llega a ser Oral Roberts, curado milagrosamente de tuberculosis en su adolescencia; en 1936 recibe el bautismo del Espíritu Santo y comienza a hablar en diferentes lenguas en estado de trance, en ocasiones en un idioma desconocido. Desde Oklahoma lanzará sus "Cruzadas por Cristo". A partir de 1954 comienza a comprar espacios televisivos y a curar desde la pantalla mediante imposición de manos con el grito de *Heal!* (¡Cúrate!). No sólo curaciones, más o menos impresionantes, sino también espectaculares exorcismos (Kepel, 1991:160).

Más triste y preocupante es el caso de Jim Bakker, acusado en 1989 de múltiples malversaciones financieras y de un sonado escándalo sexual. Así «en Heritage USA, especie de Disneylandia cristiana, revivía las orgías de Sodoma, mientras en televisión criticaba la homosexualidad» (Kepel, 1991:143). Fue condenado a 45 años de cárcel y, una importante multa, sentencia apelada, revisada en 1991 y reducida a 18 años de cárcel.

Si en otros lugares hemos hablado de la "caída" de los *gurus* orientales, constatamos ahora que otro tanto puede decirse del televangelismo norteamericano. Efectivamente, como señala J. Bosch: «Tres de los más famosos televangelistas, Jim Baker, Jimmy Swaggart y Marvin Gorman, han sido protagonistas de escándalos sexuales y delitos financieros por los que han sido juzgados y condenados a diferentes penas» (Bosch, en Mardones, 1999:171).

2.2. EL INTEGRISMO TRADICIONALISTA EN EL SENO DEL CATOLICISMO. COMUNIÓN Y LIBERACIÓN

El Concilio Vaticano II (1962-1965) parecía haber comenzado la aceptación del mundo moderno y la remisión del dominio católico, pero el pontificado de Juan Pablo II, iniciado en 1978, marca la reafirmación de los valores y la identidad católicos. Desde la misma apertura del Vaticano II y sobre todo con la crisis del mayo del 68 francés, los avances del Concilio pronto parecen insuficientes. Algunos católicos comprometidos con lo social lo consideran un primer paso en el camino hacia la revolución. Muchos católicos se identifican con la posición tomada en América Latina por la teología de la liberación, pero a ojos de la jerarquía aquélla encarna el peligro marxista que amenaza con instrumentalizar la Iglesia y producir un inaceptable giro hacia la izquierda de ésta. Es una ideología que ve el cumplimiento del apostolado cristiano en la construcción del socialismo. Gustavo Gutiérrez, Ignacio Ellacuría, Leonardo Boff destacan, con otros muchos, entre los teólogos de la liberación que sufrieron conflictos y penas de diversa gravedad en su relación con el Vaticano.

Por otra parte, el entonces cardenal Ratzinger, prefecto de la Congregación para la Doctrina de la Fe, representaba a los conservadores. El peligro se centra en la hegemonía de la razón sobre la fe, que según ellos corresponde a un ciclo histórico que se abre con la Ilustración y concluye hacia 1975. Es imperativo luchar por restaurar la Iglesia en cuanto entidad pública. Tal es el objetivo de la recristianización.

El discurso eclesiástico de la "postmodernidad" viene encarnado, además de por Ratzinger, por Jean-Marie Lustiger, intelectual que domina las ciencias sociales del siglo xx, cardenal de París y que acusa a la "soberbia de la razón" de haber desembocado en totalitarismo, sea nazi o estalinista. El origen del mal está en el Siglo de las Luces que diviniza la razón humana impermeabilizándola ante cualquier crítica. Su consecuencia son los totalitarismos (Kepel, 1991:89). Postmodernidad, tardo-modernismo, Nueva Era, distintos modos de encarnar el descontento que parece reinar ante los límites impuestos por un determinado modo de entender la razón ilustrada y la hegemonía de la tecno-ciencia.

El caso de Comunión y Liberación

El movimiento más representativo del integrismo católico es, sin duda, «Comunión y Liberación». Comunión y Liberación hunde sus raíces en la década de los cincuenta, cuando don Luigi Giussani funda en 1954 la «Juventud Estudiantil», cuyo adversario es el laicismo que adultera la conciencia católica y engendra el marxismo ateo. Ilustración y marxismo son también sus enemigos. En el plano intelectual se profundiza el conocimiento de los teólogos a cuya filiación se adscribe el movimiento; en particular dos de ellos, de talla indiscutida: Henri de Lubac y Hans Urs von Balthasar.

A raíz del postconcilio, y sobre todo a partir de 1968, el conservadurismo de los *ciellini* (iniciales en italiano de *Comunione e Liberacione*) entra en crisis y se asiste a escisiones internas. En 1970 funda Comunión y Liberación, y sus verdaderos triunfos vendrían a mediados de esa década. Para ellos no se trata –como para el Vaticano II– de modernizar el cristianismo, sino de cristianizar la modernidad.

De 1974 a 1989, el movimiento pasará a infiltrarse en el sistema político italiano y el entorno del Papa Juan Pablo II, a pesar de que no faltan críticas a la jerarquía católica. A partir de 1990, el movimiento abandonó sistemáticamente el campo político para consagrarse a lo social. La re-cristianización desde arriba había acarreado imprevistas consecuencias negativas, de modo que volvió a hacerse prioritaria la actividad desde abajo.

Principales tendencias dentro del catolicismo

En su análisis del fundamentalismo en el catolicismo, Tamayo recuerda que el término "integrismo" aparece en el pontificado de Pío X (1903-1914) y coincide con su condena del "modernismo". El término se acuñó en Francia y se refiere a los católicos que se autodefinen como "integrales" y afirman defender la integridad de la fe, oponiéndose a los modernistas y su lectura de los datos de la fe desde las ciencias modernas.

Así como en el fundamentalismo hay una voluntad de regresar a la fuente, a la Escritura fundacional, el integrismo pone el acento en la tradición, lo cual supone el recurso a los padres y doctores de la Iglesia, a los concilios, a la autoridad papal, etc.

Ahora bien, el resurgimiento del fundamentalismo acaece –como hemos visto– a mediados o finales de los años setenta del siglo XX. Ya no se trata de la modernización del cristianismo, sino de la cristianización de la modernidad. Es la "nueva evangelización" diseñada por el cardenal Ratzinger y llevada a cabo en el pontificado de Juan Pablo II (1978-2005), con la ayuda de los nuevos movimientos eclesiales restauracionistas, entre los que cabe citar, además de Comunión y Liberación, al Opus Dei, a las Comunidades neocatecumenales, Legionarios de Cristo, Heraldos del Evangelio o Sodalitium.

Podrían distinguirse (Tamayo, 2005:86) cinco tendencias dentro del catolicismo que si no lo son en sentido pleno muestran claras analogías con el fundamentalismo:

La *integrista antimodernista* intransigente, opuesta al liberalismo, que se desarrolló a principios del XX en España y Francia y todavía tiene algunas manifestaciones, aunque minoritarias.

La *tradicionalista lefebvrista*, opuesta a la renovación y la apertura del Vaticano II e instalada en la tradición del rito tridentino.

La *conservadora*, que sitúa la obediencia al Papa por delante del seguimiento de Jesús…

La *sectaria*, que se cierra sobre sí misma creyéndose en posesión única de la verdad y no tiene contacto con el mundo por considerarlo lugar de perdición, ni con otros grupos cristianos por considerarlos alejados del depósito de la fe que debe mantenerse incólume.

La *puritana,* que desprecia el cuerpo por considerarlo ocasión de pecado y valora la castidad y el celibato por encima de otras formas de vida en común no celibatarias.

2.3. A LA SOMBRA DEL CORÁN: EL FUNDAMENTALISMO ISLÁMICO. LOS HERMANOS MUSULMANES

En los países musulmanes de la cuenca mediterránea, en los años setenta los movimientos de re-islamización toman el relevo de los grupos marxistas. Sobre el filo de los ochenta, los marxistas han sido derrotados en casi todas partes y comienza una década de esporádica agitación islamista con momentos difíciles: el asalto a la Gran Mezquita de la Meca (1979), el asesinato de Sadat (1981) o la resistencia afgana a la invasión soviética. Pero la toma del poder sólo se ha materializado en Irán.

Veamos cómo las raíces de la agitación que se desencadena en las décadas de finales de siglo que nos ocupan se remontan a las primeras décadas del siglo XX, algo similar a lo que veíamos en el fundamentalismo protestante. Así, en 1927 nace en la India una asociación pietista, la Jama'at al Tabligh («Sociedad para la propagación del Islam»). A su fundador, Mohammed Ilyas, le preocupaba que los musulmanes minoritarios en el subcontinente índico se dejaran "contaminar" por la sociedad hindú que los rodeaba. En medio siglo se difundió por todo el mundo, proponiendo una forma de vida en la que la imitación de la vestimenta, comida y costumbres de Muhammad eran la clave, hasta que a mediados de los ochenta era la principal organización islámica internacional. Poco a poco, todos los rasgos de la modernidad han ido entrando en el "extravío" criticado por esta Sociedad.

En 1928 se crea la asociación de los Hermanos Musulmanes (HM) en Egipto. En 1952 Nasser sube al poder en Egipto, y los HM tienen ya una red de simpatizantes de un millón y son de los más fervientes adeptos al nuevo régimen. En 1954, cuando Nasser se siente ya seguro políticamente procede a liquidarlos; hasta entonces aliados, ahora se han convertido en su único competidor político preocupante. La represión fue de una brutalidad inaudita. Hasta mediados de la década de los sesenta no se supo nada más de ellos.

En los años 1960, el dominio colonial ha cedido el paso a la creación de Estados independientes (Turquía, Argelia, etc.). La aspiración a un mundo mejor cambia de registro, se traslada del dominio secular al religioso. En 1965, el *rais* (Yaser Arafat) devuelve a los Hermanos Musulmanes a la escena pública denunciando un complot contra él. Es un pretexto para desatar una nueva campaña represiva que culmina con la ejecución del principal ideólogo del movimiento, Sayid Qutb, autor de una crítica radical del régimen nasseriano, redactada mientras estaba en un campo de concentración. Los temas elaborados por él sólo hallarán lectores suficientes y militantes una década después: *Bajo la égida del Corán* (voluminoso comentario del Corán) y *Siguiendo los rastros* (manifiesto del movimiento). Según él ya no existe ninguna sociedad musulmana. El universo sólo es *yahiliya* (período de ignorancia y barbarie anterior a la predicación de Mahoma), término que se emplea ahora para caracterizar a las sociedades del siglo XX, que son, según Qutb, contrarias a la esencia del Islam (Kepel, 1991:40). Su voluntad de romper con el mundo, de "ruptura", es singular, pues la *yahiliya* equivale a idolatría, impiedad, injusticia y despotismo.

En 1966 es ejecutado Qutb, sin ver cómo germinan sus semillas. Nasser contaba con un eficaz aparato represivo, con carisma y prestigio; su legitimidad sólo se pondría en tela de juicio tras la catastrófica derrota árabe ante Israel en junio de 1967. Eso lleva al cuestionamiento radical musulmán de los regímenes surgidos de la independencia.

Hasta octubre de 1973 (el estallido de la guerra árabe-israelí), los portavoces privilegiados de esta línea de ruptura sociopolítica son los grupos de inspiración marxista. Después de ese conflicto, los movimientos de reafirmación de la identidad islámica comienzan a invadir el campo de la revuelta.

En 1977, el régimen de Sadat se opone espectacularmente a los Hermanos Musulmanes. Se detiene a varios adeptos. Chukri Mustafá, en represalia, secuestró y asesinó a un dignatario religioso. A partir de ahí, la secta fue desmantelada y se ejecutó a sus principales dirigentes (Kepel, 1991:49).

En 1979, en febrero, se concretan todas las esperanzas de los movimientos de reislamización "desde arriba": en el Irán chií, el ayatolá Jomeini vuelve a Teherán. Irán era un caso aparte. El Irán del Sha había acumulado fabulosas riquezas, con excelentes infraestructuras. La doctrina chií considera que quien ejerza el poder carecerá de legitimidad hasta el advenimiento del Imán oculto, el Mahdi, cuya llegada aseguran los doctores de la Ley y a quien los chiíes deben obediencia. Esa fue una baza fuerte de Jomeini para llamar a la lucha contra el Sha. Ese mismo año, en noviembre, un grupo islamista tomó por asalto la Gran Mezquita de la Meca. Tras mortíferos combates, los asaltantes fueron sometidos y ejecutados.

En febrero de 1982, en Siria, los Hermanos Musulmanes instigan a sublevarse a la ciudad de Hama, pero la aviación bombardeó los barrios en los que se concentró la insurrección.

La década de los ochenta es especialmente "revolucionaria" y culmina con las tomas de rehenes y una intensa fase de terrorismo islámico (1985-1988), En 1988 estalla el caso Salman Rushdie, última tentativa de Jomeini (morirá en 1989) por relanzar una *yihad* a escala internacional.

En el otoño de 1989 estalla la cuestión del "velo" islámico en Francia, inmediatamente después del caso Rushdie. El islam medía fuerzas con el laicismo. Aunque finalmente se prohibió a las estudiantes musulmanas de Creil concurrir a clase con velo, la cuestión reveló el gran potencial que la reislamización "desde abajo" había acumulado en Francia (Kepel, 1991:67). Han aprendido a negociar reivindicaciones parciales y han encontrado aliados entre la jerarquía episcopal católica y el gran rabinato. Las voluntades de recristianización y rejudaización se unen a las de reislamización.

En 1990, en Argelia obtiene éxito notable con la victoria del Frente Islámico de Salvación (FIS). Es la primera vez que, en elecciones libres, un movimiento de reislamización logra la mayoría en un país musulmán. La humanidad debe convertir-se en *umma*nidad (Kepel, 1991:74).

Con la entrada del siglo XXI, el terrorismo islámico se recru-dece en acontecimientos que están frescos en la memoria de to-dos: el 11 de septiembre de 2001, las televisiones de todo el mun-do convierten en espectáculo mediático el atentado terrorista –que Osama Bin Laden y Al Qaeda protagonizan y reivindican– contra los Torres Gemelas del World Trade Center en Estados Unidos. El 11 de marzo de 2003, en Madrid varias bombas pro-ducen unos doscientos muertos en estaciones de trenes. El 7 de julio de 2005 y días más tarde también, en Londres varias bom-bas hacen explosión en distintas estaciones de metro, causando varios muertos y cientos de heridos. El pánico se reproduce se-manas después ante una fallida repetición. Durante el año 2005 y todavía a comienzos de 2006 se van desmantelando diversas cé-lulas islamistas vinculadas con actividades terroristas.

Por desgracia, el Islam sigue siendo asociado de manera automática y en bloque con fundamentalismo y terrorismo, sin discriminar suficientemente entre las distintas tendencias que habitan en su interior y cayendo en fáciles demonizaciones (mutuas) que tienden a apoyar peligrosamente la idea del "choque de civilizaciones" más que la de la recientemente pro-puesta "alianza de civilizaciones".

2.4. Ultraortodoxia en el judaísmo fundamentalista: Gush Emunim, Lubavich

Quizás sea cierto, como afirma Julio Trebolle, que el estudio del fundamentalismo tiene en el caso judío el mejor paradigma de análisis y que la experiencia judía, en ello, como también en los movimientos revolucionarios y en otros muchos aspectos de la cultura de este siglo, ha sido pionera y paradigmática (Trebolle, en Mardones, 1999:186). Veamos algunas de las ideas, los acontecimientos y las fechas significativas:

Hasta mediados de los sesenta, en Estados Unidos, judíos y negros se habían sentido aliados y enfrentados con el *establishment* blanco, anglosajón y protestante (*wasp*). Los judíos, generalmente más instruidos que los negros, se hacían portadores de sus reivindicaciones. Pero al crecer el *black Power* y los *black Muslims,* todos los blancos comenzaron a ser sospechosos. Paradójicamente, la contracultura y su crítica de la democracia americana y el consumismo, preparó el terreno para la rejudaización. Muchos *hippies* de origen judío abandonan los vaqueros y el LSD y entran en los *yeshivot,* adoptando el traje negro, las patillas y el *kasherut* (la comida ritualmente sana).

El año 1967 es el año 1 de la Redención. Al vencer en la guerra de los seis días, Israel pasa a un estado de euforia. Los ejércitos árabes son vencidos y Cisjordania, Sinaí y el Golán son ocupados. El vencedor es un Estado secular, pero propiciará el resurgimiento de unos valores religiosos que el nacionalismo sionista había eclipsado. El rabí Abraham Yitzhak Hacohen Kook (1865-1935), el primer maestro formado en la tradición ortodoxa de las *yeshivot,* produce la unión del sionismo político con el sionismo religioso. Su hijo, el rabí Zvi Yehuda Kook (fallecido en 1982), sería el intérprete de su pensamiento en el nuevo contexto. El ejército del Estado sionista secular habría ejecutado, sin saberlo, el plan divino. Nablus, Jericó, Hebrón no pueden dejar de ser parte de la Tierra de Israel (Kepel, 1991:217).

El 6 de octubre de 1973, el ejército egipcio cruza por sorpresa el Canal de Suez y penetra en el Sinaí ocupado. Se produce una grave crisis y cuestionamiento del poder laborista que ha gobernado el país desde 1948, año de su creación, con la presión de Estados Unidos para que, a cambio de la paz, ceda territorios.

En febrero de 1974 nace el Gush Emunim (Bloque de Fieles), movimiento político-religioso nacido al final de la guerra árabe-israelí de octubre de 1973, que infligió una profunda herida por la derrota de Israel. Un grupo de discípulos del rabí Zvi Yehuda Kook se reúne en el simbólico Kfar Etzion, al Sur de Belén, sobre la carretera Jerusalén-Hebrón. El Gush se erigió en heraldo de la rejudaización de Israel frente a un Estado y una sociedad dominados por una concepción laica y socializante del sionismo. Gush Emunim destaca por constituir el polo más político y más violento, incluida la violencia terrorista, del más vasto movimiento de rejudaización. El rabino Moshe Levinger es uno de sus dirigentes destacados. La noción jurídica de Estado de Israel es sustituida por la idea bíblica de Tierra de Israel (*Eretz Israel*), legitimando la ocupación de territorios.

Participan del movimiento de *teshuvá*, término que implica el retorno al judaísmo y el "arrepentimiento". Esto se acompaña de una ruptura y estricta separación entre judíos y *goyim* (no-judíos, gentiles) que intenta impedir la asimilación y su riesgo de desaparición del pueblo judío; es, pues, una redefinición de la identidad judía. El Bloque de Fieles colaboró en la apertura de grandes *yeshivot* (institutos talmúdicos) para "arrepentidos". Pese a su distanciamiento del sionismo laico, trata de integrar lo que éste haya aportado de positivo interpretándolo desde su perspectiva mesiánica:

> «La corriente religiosa más celota, representada por grupos como Gush Emunim (Bloque de los creyentes), creado en 1974 tras la guerra de Yom Kippur, o la más extremista de Meir Kahane, no duda en apropiarse los logros del sionismo laico, al que considera como una etapa más en el proceso histórico que conduce a la redención final del pueblo de Israel con la plena independencia de la tierra y del Estado de Israel. Esta corriente celota trata incluso de acelerar los tiempos mesiánicos mediante un agitado activismo político, que no para mientes ante la lucha violenta» [Trebolle, en Mardones, 1999:197].

En 1977, el Likud de Menahen Begin gana las elecciones (por primera vez desde 1948 dejan de gobernar los laboristas). Los apoyos, simpatías y complicidades del Gush crecen mucho más con este Gobierno. Sus colonizaciones son totalmente legitimadas por el Primer Ministro. Al año siguiente, en 1978, aparecen dos libros de autores "arrepentidos" que tendrían gran divulgación: *Ser judío*, de Shimon Hurwitz, judío americano que descubre su identidad a través de una *yeshivá*, y *El camino de regreso*, de Mayer Schiller. Hay en todos ellos una crítica al enfoque de la *Haskalá*, la Ilustración judía, a través de la cual parte de la intelectualidad se había emancipado de la tutela de los rabinos y compartía un "humanismo universal". El sionismo inicial sería hijo de la *Haskalá*.

La luna de miel entre el Gush y Begin duró poco. La visita de Sadat a Jerusalén en el otoño de 1977, pero sobre todo los acuerdos de Camp David y el Tratado de Paz de 1979 fueron vistos como capitulaciones ante las exigencias de los *goyim*. (Kepel, 1991:225)

Desde 1980, algunos dirigentes del Gush se habían volcado al activismo violento, sustituyendo a un Estado que consideran demasiado blando en la cuestión palestina. Es el tránsito al terrorismo. En 1984 la policía israelí detiene a algunos de sus miembros terroristas que intentaban hacer saltar por los aires varios autobuses árabes. Al mismo tiempo, otros planeaban volar las mezquitas de Rocher y Al-Aqsa, situadas en la explanada del Templo de Jerusalén. Dinamitar la "abominación" incitaría a millones de musulmanes a la *yihad*, lo cual pensaban que precipitaría a la humanidad entera a una confrontación definitiva. La victoria de Israel al final de esa prueba de fuego largamente esperada prepararía el camino para la llegada del Mesías. El Estado de Israel, sionista y secular, daría paso a un reino que redimiría a la humanidad entera (Kepel, 1991:229).

El descubrimiento del complot de la explanada del Templo perjudicó la "rejudaización desde arriba". Tras los virulentos ataques de la izquierda y de los medios laicos, los militantes del Gush (unos 50.000) se replegaron temporalmente sobre la resocialización de sus miembros, adaptando técnicas rejudaizantes "desde abajo". De cualquier modo 1974-1984 es la década del Gush.

El judaísmo ortodoxo: Agudat Israel, Shas y el jasidismo

Al entrar el Gush en un período de latencia, otros movimientos de rejudaización ("desde abajo") ocuparon la escena: las sectas, asociaciones y partidos ortodoxos (*jaredim*). En 1990 ejercerán una influencia determinante en el Estado de Israel, controlando las coaliciones gubernamentales. Aunque el mundo *jaredí* viene de lejos, su resurrección a comienzos de los años ochenta es extraordinaria. Auschwitz se interpreta por la ultraortodoxia como un castigo ejemplar de todo proyecto político judío que no se inspire exclusivamente en el estricto respeto a la Torá (Kepel, 1991:241).

Ya en 1912 se fundó una federación de grupos *jaredim* para unificar su discurso y su acción ante el futuro judío. Recibió el nombre de *Agudat Israel* y se acompañó de un «Consejo de los Grandes de la Torá». Pero será a mediados de los ochenta cuando entren triunfalmente en la escena política.

Pero nos interesa especialmente, en este contexto, la figura del Rabí Shlita, Menahem Mendel Schneerson (1902-1994), gran maestro de los jasídicos de Lubavitch, que reivindican la herencia espiritual y carismática de Baal Shem Tov. El jasidismo HaBaD (acrónimo de los términos hebreos *Hojmá, Biná, Daat*: sabiduría, inteligencia, conocimiento) propio de los lubavitch se caracteriza por movilizar también el intelecto del discípulo. También profesan los lubavich una admiración sin límites por su *admor* (acrónimo de *Adonenu, Morenu, Rabino*: «Nuestro Señor, Maestro y Rabino»), cuyos consejos inspirados directamente en Dios son irrecusables. Desde 1950, el Rabí Shlita preside los destinos de los lubavitch. Reúne una educación jasídica y una educación profana (es "ingeniero eléctrico", igual que muchos otros líderes religiosos contemporáneos). Adversario tanto del judaís-

mo reformado como del conservador, propugna la estricta obser-
vancia de los *mitsvot* (mandamientos). Se dedicó a restaurar muchas costumbres obsoletas. Los lubavich cantan constantemente
su esperanza en la llegada del Mesías, repitiendo: «We want
Meshiah now» («Queremos ya al Mesías»), que coronan con la
palabra hebrea *Mamash*. Ésta significa "ahora", pero es también
el acrónimo de Menahem Mendel Schneerson, a quien no dejan
de identificar con el Mesías (Kepel, 1991:257). El grupo practica una endogamia a escala planetaria (como los seguidores de
Moon, también autoproclamado Mesías), una razón más para
fortalecer su estatuto de comunidad emocional definida por ritos
de separación respecto del resto al mundo.

«A partir del año 1990, el movimiento Lubavitch tomó una
orientación mesiánica e hizo del rabino Schneerson el Mesías
esperado. La muerte del rabino en 1994 hundió en la confusión al movimiento, escindido ahora entre la corriente de los
mesiánicos que anuncian la resurrección del rabino y preconi-
zan la política más radical en Israel y una corriente más mode-
rada que se encierra en oraciones y danzas tradicionales jasídi-
cas» (Trebolle, en Mardones, 1999:204).

Como vemos, no sólo en la Nueva Era será frecuente la
cuestión de la reaparición de Cristo o la venida del Avatar de
la Era de Acuario; también en grupos fundamentalistas aparece la idea y la pretensión, en más de una ocasión. Un caso peculiar y estigmatizado como una de las "sectas" más numerosas durante el último cuarto del siglo XX es el de Sun Myun
Moon y la Iglesia de la Unificación.[5]

En las elecciones de 1996, de las que salió el Gobierno de
Netanyahu, los 16 diputados religiosos de la anterior legislatu-
ra pasaron a ser 23 diputados en el nuevo Parlamento. «Hasta

---

5.   El 20 de septiembre de 1974 podía leerse en los titulares de *The New York Ti-
      mes*: «Last Hope for Mankind: The Messiah. Wake up America, Now is the
      Time. Reverend Sun Myug Moon at Madison Square Garden». Para su prin-
      cipales conceptos, véase Young Whi Kim (1974).

la guerra de los Seis Días, los sionistas religiosos se oponían resueltamente al integrismo. El sionismo religioso se presentaba como un movimiento revolucionario destinado a modelar la ley religiosa según las necesidades del tiempo presente [...]. A partir de 1967 y sobre todo después de los ochenta, los sionistas religiosos más extremistas han sufrido un cierto complejo de inferioridad frente a los ultra-ortodoxos, supuestamente más fieles a la tradición judía. De la conjunción de estas dos fuerzas ha surgido la ultra-ortodoxia sionista religiosa, que constituye hoy la corriente mayoritaria en el Partido Nacional Religioso» (Trebolle, en Mardones, 1999:198-199).

2.5. Rasgos principales del fundamentalismo

Veamos a modo de conclusión, después de las anteriores pinceladas históricas sobre los fundamentalismos en el siglo xx, especialmente en sus últimas décadas, aquellas en las que vamos a asistir también al nacimiento de la Nueva Era, algunas de las principales características de esa tendencia religiosa a dirigir la mirada hacia el pasado (Mardones, 1999; Tamayo 2005):

Literalismo e inerrancia de los textos sagrados, considerados revelados, así como, en algunos casos, apelación a una tradición pura y originaria. Las escrituras fundantes se consideran directamente reveladas por Dios, dictadas literalmente, de modo que son infalibles, en ellas no cabe el error, hay una única interpretación, la literal, procedente de una lectura directa. Se llega al extremo de considerar que la autoridad del Texto (Biblia, Corán, Vedas) es definitiva y completa, incluyendo lo que respecta a cuestiones científicas. Este rasgo, quizás el más destacado, es lo que Tamayo caracteriza como «negativa a recurrir a la mediación hermenéutica» (Tamayo, 2005:87).

El lenguaje simbólico, metafórico e imaginativo es suplan-

tado por el lenguaje realista. Niegan la polisemia de los símbolos religiosos, produciendo un empobrecimiento semántico del rico mundo simbólico (Tamayo, 2005:90). Los fundamentalismos se oponen al ecumenismo y se muestran intolerantes con otras concepciones y experiencias que no coincidan con la suya.

Suele ser una ideología religiosa que conlleva un proyecto socio-político, intentando dotar de relevancia pública a la religión (rejudeizar, recristianizar, reislamizar o rehinduizar la sociedad) –Mardones, 1999:40–. Es más, «la actitud fundamentalista se caracteriza por imponer sus creencias, incluso por la fuerza, a toda la comunidad humana en la que está implantada la religión profesada, sin distinguir entre creyentes y no creyentes. De ahí la confusión entre lo público y lo privado y la ausencia de distinción entre comunidad política y comunidad religiosa, entre ética pública y ética privada. La ética religiosa se impone a toda la comunidad como ética pública» (Tamayo, 2005:91). El fundamentalismo religioso ha desembocado con frecuencia en choques, enfrentamientos y guerras de religiones. No pocos textos fundantes del judaísmo, el cristianismo y el islam presentan a un Dios violento y sanguinario, a quien se apela para vengarse de los enemigos, declararles la guerra y decretar castigos eternos contra ellos. Es lo que René Girard ha llamado la sacralización de la violencia o violencia de lo sagrado. El Antiguo Testamento, asegura N. Lohfink, «es uno de los libros más llenos de sangre de la literatura mundial». Hasta mil son los textos que se refieren a la ira de Yahvé que se enciende, juzga como un fuego destructor, amenaza con la aniquilación y castiga con la muerte. El Alla de Muhammad, como el Yahvé de los profetas, se muestra implacable con los que no creen en él (*ibid.*).

El fundamentalismo adopta una actitud hostil frente a los fenómenos socio-culturales de la modernidad que, a su juicio, socavan los fundamentos del sistema de creencias: la secularización, la teoría evolucionista, el progresismo, el diálogo con la cultura moderna y postmoderna, las opciones políticas revolucionarias de las personas y de los grupos creyentes, la emancipación de la mujer, los descubrimientos científicos, los avances en la genética, los movimientos sociales, los métodos histórico-críticos. Todos ellos son considerados enemigos de la religión y en esa medida son combatidos frontalmente (Tamayo, 2005:94). Los fundamentalismos tienen vocación de reconquista y de restauración. Se oponen al pluralismo. Generan actitudes excluyentes y xenófobas. Suelen tener tendencias claramente sexistas y machistas, que vienen a reforzar la organización patriarcal de la sociedad y de las instituciones religiosas (Tamayo, 2005:95). Ahora bien, el rechazo es a la modernidad ilustrada y relativizadora que somete la religión a sospecha crítica, pero no a la modernidad tecno-económica, ampliamente instrumentalizada, como en las multinacionales del espíritu y la Iglesia electrónica (Mardones, 1999:40).

Una característica que define al fundamentalismo, sobre todo al pentecostal de Estados Unidos y de América Latina, es el milenarismo de carácter apocalíptico con tonos beligerantes y en sus aspectos más destructivos. Se distinguen dos esferas perfectamente localizadas: la de los hijos de la luz y la de los hijos de las tinieblas, la del bien y la del mal, ambas enfrentadas y en lucha. La realidad es interpretada de forma catastrofista. Esto suele ir unido a la consideración de la comunidad como lugar de la verdad y de una vida de fe correcta. Lo veremos reaparecer en la crítica de los evangélicos a la Nueva Era.

La absolutización no dialéctica de la tradición desemboca en tradicionalismo. Los fundamentalistas viven una existencia descontextualizada. Garaudy hablaba (refiriéndose al islam) de «*un culto idolátrico a la tradición*, situada a veces por encima de la revelación coránica» (Tamayo, 2005:97).

Dejemos aquí la caracterización de los fundamentalismos, integrismos y tradicionalismos religiosos, pues la función de este capítulo no era sino mostrar cómo durante el último cuarto del siglo xx el retorno de lo sagrado muestra dos rostros, cual Jano bifronte. El uno, diríase regido por el arquetipo planetario Saturno, mira el pasado con nostalgia y el presente con pesimismo e ira castradora. Rígido e intransigente se halla presto a combatir a los hijos de la modernidad ilustrada. El otro, acaso inspirado por el arquetipo planetario Urano, quiere traer el fuego del futuro al presente y no duda para ello en adoptar una actitud revolucionaria en la que la libertad, la libre interpretación y la libre experimentación constituyen ya valores irrenunciables. Esto no debe llevarnos a suponer que todos los miembros de las religiones mayoritarias de las que hemos analizado sus tendencias más severas compartan tales actitudes e ideas. El análisis y el juicio acerca de toda una religión, aunque sea en un período determinado como estas tres décadas aproximadamente, en las que aquí estamos centrándonos, son harto complejos y cualquier generalización es falseadora y desafortunada, por más que puedan indicarse las principales líneas de tensión y, en algunos casos, mostrar las corrientes dominantes, debido al poder religioso y/o político, cultural a veces, que detentan. Vayamos, pues, ya al análisis del fenómeno Nueva Era.

3. LA NUEVA ERA:
PRIMERA APROXIMACIÓN

En el capítulo 1, de carácter introductorio, hemos tratado de enmarcar la Nueva Era en la categoría más amplia de "nuevos movimientos religiosos" (o nuevas religiones), proponiendo denominarlos "nuevos movimientos espirituales" y situándolos en la segunda mitad del siglo XX y de modo especial en su último cuarto de siglo. En el capítulo 2 nos hemos centrado en los grupos denominados fundamentalistas, integristas, tradicionalistas, todos ellos obsesionados por la ortodoxia, defendida de un modo intransigente y fanático, en ocasiones apoyados en la violencia, no sólo verbal, sino también armada. No hace falta insistir en que ninguna de las tradiciones religiosas posee el monopolio del fundamentalismo ni de la violencia, aunque haya grados y matices importantes. Uno de los rostros del retorno de lo religioso mira al pasado, rechazando la dirección que la humanidad ha emprendido desde la modernidad y la Ilustración y reclamando, incluso queriendo imponer, una vuelta a los orígenes, a los textos revelados, a la interpretación tradicional, incluso a un orden socio-político claramente teocrático. A partir de este capítulo analizaremos con más detalle ese otro rostro del retorno de lo sagrado que mira a un futuro inmediato, para algunos ya presente, para otros inminente, y que, de un modo general, hemos querido identificar con la expresión (tan fácilmente criticada) de la Nueva Era. Ahora bien –como pronto veremos– el fenómeno *new age* es complejo y hemos decidido, con el fin de ofrecer un análisis más claro, distinguir tres dimensiones principales. Las hemos llamado: dimensión oriental, dimensión psico-terapéutica y dimensión esotérica. Veremos que, por una parte, pueden analizarse como (relativamente) independientes, pero lentamente se han ido entrelazando para formar esa "galaxia místico-esotérica" que es la Nueva Era, y en ocasiones se hallan inextricablemente asociadas. No obstante, es nuestra intención desembocar en lo que nos gusta llamar "el corazón esotérico de la Nueva Era", por considerar que es su núcleo originador, así como la fuente más honda de su sentido. Comenzaremos, pues, por una sección introductoria que plantea algunos de los problemas generales que se presentan ante el estudio de la Nueva Era y destacaremos también algunos de los aspectos que configuran las tres dimensiones principales a las que nos hemos referido

3.1. ALGUNAS DIFICULTADES EN EL ESTUDIO DE LA NUEVA ERA

El tema que abordamos resulta especialmente espinoso y delicado, pues –como ha señalado bien F. Díez de Velasco refiriéndose en general a las nuevas religiones– se presta a muchas distorsiones y análisis simplistas o sesgados que muchas veces tienden a desacreditar o incluso demonizar a estas «nuevas religiones» (Díez de Velasco, 2000:12-13). Por otra parte es un tema todavía poco estudiado desde una perspectiva académica y rigurosa. P. Heelas ha señalado dos deficiencias importantes en los estudios sobre la Nueva Era: por una parte faltaría una observación participante detallada de la riqueza de cursos, seminarios, prácticas, creencias y valores, generalmente ignorados por los académicos; por otra parte, es un campo que permanece subteorizado, sobre todo poniéndolo en relación con la polémica entre la modernidad y la postmodernidad (Heelas, 1996).

Si analizamos los tipos de textos que circulan sobre los nuevos movimientos religiosos y en especial sobre la Nueva Era, podríamos decir que pertenecen a alguno de estos cuatro grupos principales: 1) Textos periodísticos, sensacionalistas y superficiales, que no hacen más que transmitir clichés y estereotipos generalmente procedentes de prejuicios poco reflexivos; 2) Textos escritos desde una actitud escéptica que suelen ser irónicos e hipercríticos, la mayoría de las veces ridiculizadores y poco objetivos e incluso con escasa información fidedigna; 3) Textos escritos desde una confesión religiosa ajena a lo analizado; muy frecuentemente desde el cristianismo, criticando los grupos orientales o Nueva Era por considerar que atentan contra algunas creencias cristianas consideradas fundamentales, y 4) Textos escritos desde una perspectiva Nueva Era (Hanegraaff, 1998; Heelas, 1996).

Ante el predominio de tales textos resulta de especial relevancia el intento de estudiar seriamente tales movimientos ofreciendo un «marco neutral de análisis que tome conciencia de la distorsión que los modos religiocéntricos de pensar generan en la percepción social del tema» (Díez de Velasco, 2000:13). Neutralidad como ideal reconocido en los *Religious Studies*, tal como Ninian Smart se esforzó en mostrar y es norma actualmente. Así, P. Heelas recuerda que «el estudio académico de la religión *debe* permanecer *neutral* respecto a la cuestión de la verdad última» de los temas estudiados (Heelas, 1996:5-6). Con total claridad lo ha presentado W. Hanegraaff al proponer una metodología empírica que se caracteriza por un "agnosticismo metodológico" que se desmarque tanto del enfoque positivista-reduccionista que parte del carácter ilusorio de toda creencia religiosa, como del enfoque religionista que presupone *a priori* la verdad y la validez de la religión. Más bien debe partirse de la imposibilidad de contestar científicamente la pregunta acerca de la verdad religiosa o metafísica. Por ello se considerará fundamental tratar por todos los medios de hacer justicia a la integridad de la cosmovisión de los creyentes (en una determinada "religión"). En ese sentido será crucial la distinción entre el punto de vista del creyente (*emic*) y el punto de vista del discurso académico sobre el fenómeno religioso (*etic*), tomando prestadas estas útiles categorías antropológicas.

En este estudio tomaré como hilo conductor la reflexión sobre la "espiritualidad Nueva Era", mostrando que, en principio, se sitúa en las antípodas de la tendencia fundamentalista y que ambos polos se desarrollan de manera paralela en el tiempo, encontrando algunas de sus fundamentaciones teóricas durante la primera mitad del siglo xx y logrando su auge social en la segunda mitad del siglo, especialmente gestándose en los años sesenta y alcanzando su culminación entre los años setenta y noventa del siglo xx.

Efectivamente, después de declarada la muerte de Dios y de acentuarse el proceso de modernización secularizadora y desacralizadora, retiradas las religiones cada vez más a la esfera de lo privado y perdiendo su hegemonía cultural, por tantos siglos incuestionada, desde finales de los años sesenta asistimos a un nuevo impulso religioso o espiritual, a un retorno de lo sagrado, a una revancha de Dios, a una resacralización del mundo. Ahora bien, esto puede producirse al modo tradicionalista, fundamentalista, integrista, como intento de rejudaización, recristianización y reislamización de la cultura, la sociedad y la política –por limitarnos al horizonte abrahámico, pues sabemos que en la India y Japón hemos asistido a movimientos similares con el hinduismo y el shintoismo–, como un retorno a los textos revelados en el origen de las religiones correspondientes y al valor de las tradiciones e instituciones históricamente consagradas o, por el contrario, al modo Nueva Era, llevando a cabo una crítica radical del pasado, sobre todo con vientos que impulsan a la des-tradicionalización y des-institucionalización de la religiosidad/espiritualidad, una crítica del carácter autoritario y dogmático de las jerarquías que han detentado el poder espiritual y temporal en las diversas tradiciones y remitiendo ya sea a nuevas revelaciones espirituales (véase el importante tema de las "canalizaciones" en los orígenes y desarrollo de la Nueva Era) ya sea directamente a la propia autoridad personal, característica de la "espiritualidad del yo" o "espiritualidad interior". Por decir esto último con palabras de Heelas: «Esencialmente, por tanto, se trata de un yo que se valora a sí mismo. Al valorar su propia identidad, su propia libertad, su propia libertad de expresión, su propia autoridad, poder y creatividad, su propio derecho a decidir cómo vivir la vida buena, es fácil ver como consecuencia que este yo es crítico de todo aquello cargado de tradición» (Heelas, 1996:160)

Ahora bien, el propio Heelas sabe ver que tales características constituyen condiciones necesarias, pero no suficientes, de la sensibilidad Nueva Era, pues todo ello puede vivirse desde un enfoque puramente "humanista-expresivista" ajeno a cualquier espiritualidad. Lo anterior forma parte de lo que T. Parsons denominó "revolución expresivista" –refiriéndose al giro cultural que se produjo en los años sesenta y setenta–. También Ch. Taylor ha hablado del «giro subjetivo masivo de la cultura moderna». En cualquier caso, la tesis de Heelas es que «la Nueva Era atrae a yoes relativamente destradicionalizados, que buscan una auto-cultura autónoma, que aspiran a fundamentar su identidad en el interior, que quieren ejercer su independencia, su autoridad, su elección, su expresividad» (Heelas, 1966:163).

Efectivamente, todo el esfuerzo de Heelas es el de contextualizar la Nueva Era, poniendo de manifiesto que es una espiritualidad de la modernidad, que constituye, en realidad, una radicalización de los valores típicamente modernos y que no puede entenderse sino como continuación del movimiento romántico contra-ilustrado (pues ni que decir tiene que la modernidad es una realidad compleja en la que intervienen distintos modos de auto-comprensión y que resulta simplista reducirla a alguna de sus modalidades).

Esta consideración de la Nueva Era como "movimiento romántico" (entendiendo el romanticismo como una tendencia universal de la mente humana) la encontramos también en Hans Sebald. Pero veamos hasta qué punto y en qué sentido la Nueva Era es moderna, tal como la interpreta Heelas:

La llamada (de la) Nueva Era

«La Nueva Era es una espiritualidad "de" la modernidad en el sentido de que ofrece una versión sacralizada de valores ampliamente compartidos (libertad, autenticidad, auto-responsabilidad, auto-confianza, igualdad, dignidad, expresividad creativa y, sobre todo, el yo como valor en sí mismo y por sí mismo) y presupuestos relacionados con todo ello (sobre la bondad intrínseca de la naturaleza humana, la idea de que es posible cambiar para mejor, la persona como *locus* primario de autoridad, la desconfianza hacia las tradiciones y la importancia de liberarse de las restricciones impuestas por el pasado, etc.). La Nueva Era pertenece a la modernidad en su tendencia progresista (mira hacia el futuro) y constructivista (más que pensar que las cosas tienen que repetirse continuamente, se piensa que tienen que cambiarse). La Nueva Era pertenece también a la Modernidad por su fe en la eficacia de prácticas específicas» (Heelas, 1996:169).

Esta pertenencia de la Nueva Era a la modernidad puede parecer algo obvio, sin embargo conviene insistir en ello para su mejor comprensión, pues a veces, desde dentro del propio movimiento sobre todo, suele pasarse por alto el factor continuidad y creerse que se fundamenta en revelaciones totalmente novedosas y sin relación con el pasado. También F. Díez de Velasco considera las Nuevas Religiones como productos de la modernidad, de las sociedades industriales y postindustriales, del mismo modo que las sociedades preagrícolas y luego las agrícolas vieron nacer religiones que correspondían a un determinado marco general de producción. Efectivamente, las nuevas religiones se inscriben en el marco industrial y postindustrial, surgiendo de la disolución de la sociedad tradicional y del impacto de los presupuestos ideológicos de la modernidad y más recientemente de la globalización. De ahí también su fuerte carácter individualista y su organización poco compleja, o incluso su tendencia cada vez mayor al funcionamiento en redes.

Especial mención merecen los matices de Hanegraaff, quien ve en la Nueva Era el impacto de la modernidad, ciertamente, pero explicitando y tematizando su relación con el esoterismo. De tal modo que la mediación crucial pasa a ser el proceso de reinterpretación creativa del esoterismo tradicional, en su transformación en esoterismo secularizado. Coincidimos con él cuando afirma que los procesos de "secularización del esoterismo" deberían pasar a ser una prioridad del estudio académico del esoterismo y de los Nuevos Movimientos Religiosos. Eso le lleva a distinguir entre un esoterismo conservador y tradicionalista (tendencia que hallamos en cualquier religión) y un esoterismo secularizado que hace coincidir con la noción de "ocultismo".

En este aspecto de su estudio, Hanegraaff recurre especialmente a las obras de Antoine Faivre[6] para seguir la pista a las transformaciones del esoterismo tradicional, desde su síntesis renacentista de neoplatonismo, hermetismo y kábala (más las ciencias esotéricas tradicionales, sobre todo magia, alquimia y astrología) hasta su secularización moderna bajo la denominación de ocultismo: «El ocultismo puede definirse como una categoría en el estudio de las religiones, que comprende todos los intentos llevados a cabo por esoteristas para habérselas con un mundo desencantado o, alternativamente, por personas en general para dar sentido al esoterismo desde la perspectiva de un mundo secular desencantado» (Hanegraaff, 1998:422).

Así pues, los orígenes del ocultismo habría que buscarlos en E. Swedenborg (1688-1772), en F.A. Mesmer (1734-1815) y en el espiritismo moderno. Y su verdadera constitución en la síntesis teosófica llevada a cabo por H.P. Blavatsky (1831-1891). En este campo, Hanegraaff sigue a J. Godwin (1994) e insiste en el carácter fundamentalmente occidental de la nueva

---

6. La historia del esoterismo occidental está siendo reconstruida de manera crítica y sistemática tan sólo recientemente. Véase las obras de Antoine Faivre (1986; 2002).

teosofía,[7] algo que va contra la opinión generalizada, que suele ver en la teosofía un esoterismo de corte oriental (hindú-budista sobre todo), frente a los esoterismos más claramente occidentales (en especial cristianos, pero también judío-cabalísticos), como el caso de las diversas escuelas rosacruces y de la antroposofía de Rudolf Steiner. Habría que ver hasta qué punto estas diferenciaciones siguen teniendo sentido, justamente a partir de estas nuevas revelaciones de las que quizás hay que destacar no tanto su carácter externamente sincretista, como su espíritu genuinamente sintético, partiendo de principios esotéricos centrales. Veremos que esto sí se manifiesta así en las presentaciones posteosóficas: pienso fundamentalmente en el propio R. Steiner y en la obra de A. Bailey, a mi entender fundamento principal de la tematización esotérica de la Nueva Era. Dos autores que Hanegraaff sólo cita de pasada, aunque no deja de reconocer que constituyen las bases de la «Nueva Era *sensu stricto*». En este estudio tendremos que detenernos en ellos mucho más de lo que Hanegraaff ha realizado, no sin razón, dado que él se centra sobre todo en las dos décadas que van de 1975 a 1995. A partir de la segunda mitad del siglo XX y a través de la popularización de la espiritualidad Nueva Era, asistiremos a un estallido polimorfo de enseñanzas, mensajes y autores que se sitúan en la estela de la llamada Nueva Era. Ofreceremos algunas indicaciones sobre ello, a partir del fenómeno de las "canalizaciones", aspecto destacado de la *new age*.

Veamos algo más despacio algunas de las raíces, de los precursores remotos, de los pioneros inmediatamente anteriores, de los fundadores principales y de sus representantes más influyentes.

---

7. «Su sistema de creencias fundamental era una versión ocultista del evolucionismo romántico desde el principio hasta el final; y el *karma* se adoptó para proveer a este evolucionismo con una teoría de la causalidad "científica"» (Hanegraaff, 1998:472).

3.2. SUS RAÍCES EN EL ESOTERISMO TRADICIONAL

Con Faivre y Hanegraaff buscaremos las raíces profundas de la Nueva Era en el esoterismo occidental, y esto significa, como hemos insinuado ya: gnosticismo en los primeros siglos de nuestra era, y a partir del Renacimiento, con el surgimiento de movimientos esotéricos bien definidos, la influencia del neoplatonismo, hermetismo y kábala, con las ciencias ocultas tradicionales, magia, alquimia y astrología. En el siglo XVII, la teosofía cristiana, y en el XVIII, el iluminismo. Destaca especialmente Jacob Boehme y la corriente "espiritualista" de la Reforma alemana. En el siglo XIX, el Romanticismo asume parte de la herencia esotérica. Pero será la emergencia en el siglo XIX del ocultismo, en tanto esoterismo secularizado, lo que constituirá la raíz más directa del movimiento Nueva Era. La transformación del esoterismo tradicional en ocultismo tendrá como puentes principales a: E. Swedenborg, F.A. Mesmer y el espiritismo moderno (desde los fenómenos de Hydesville con las hermanas Margarate y Kate Fox, hasta Allan Kardec, con antecedentes como el de "la vidente de Prevorst", Friderike Hauffe [1801-1829]).

En el mismo siglo XIX, el estudio de las religiones comparadas constituirá un factor determinante para el enfrentamiento con el cristianismo institucionalizado, desde posiciones no necesariamente materialistas y ateas. En concreto, el renacimiento oriental (que comenzó a influir en el romanticismo alemán, pudiendo hablarse de "indomanía") y el conocimiento que Occidente está teniendo de las tradiciones religiosas y de sabiduría oriental, colaborarán en la génesis de la espiritualidad Nueva Era. En este sentido, como ejemplo de religiones comparadas y de renacimiento oriental, emerge la primera figura y el primer movimiento que puede considerarse directamente precursor y claramente iniciador del esoterismo fundacional de la espiritualidad Nueva Era. Se trata, claro está, de H.P. Blavatsky y la Sociedad Teosófica (1875) –para unos, "nueva teosofía" (Hanegraaff), para otros, "ilustración teosófica" (Godwin, 1994), para otros, "teosofismo" como pseudo-religión (Guénon, 1969)–. Sus tres objetivos programáticos son bien elocuentes: crear un núcleo de fraternidad universal; hacer un estudio comparativo de las distintas tradiciones, y estudiar seriamente los fenómenos ocultos, parapsicológicos, inexplicados. Esta presentación "ocultista" no se encuentra sola y es preciso recordar, en el siglo XIX también, figuras como Eliphas Lévi o Gerard Encausse, más conocido como Papus.

En Estados Unidos es preciso mencionar el trascendentalismo americano, especialmente la figura de Ralph Waldo Emerson, fascinado sobre todo por el hinduismo. También en ese continente destaca el «Nuevo Pensamiento» *(New Thought)* fundado por Phineas Parkhurst Quimby (1802-1866), a través de una nueva interpretación del mesmerismo. Ya él practicó lo que hoy se llama "lectura de auras", noción frecuente en la Nueva Era. También aplicando el Nuevo Pensamiento surge la Iglesia de la Ciencia cristiana (*Christian Science)* de Mary Baker Eddy, aunque su influencia en la Nueva Era no sea demasiado destacable.

J.G. Melton ha insistido en la estrecha relación entre el Nuevo Pensamiento y la Nueva Era, y asimismo en la noción de transformación (individual y social) como preocupación central de la Nueva Era y ha analizado el paso del auge de los gurus orientales a la moda del *channeling* y los *crystals*. Así dice: «Se desarrolló a finales de los sesenta y emergió como un movimiento auto-consciente a comienzos de los setenta. Como movimiento, absorbió los temas del *New Thought* y llegó a los grupos de éste con su mensaje, pero la mayor parte de su inspiración la tomó de la teosofía y el espiritismo y, en menor medida, de las religiones orientales. Brotó no tanto como una nueva religión, sino como un *revivalist religious impulse* dirigido hacia los grupos esotéricos/metafísicos/orientales y a la corriente mística de todas las religiones» (Melton, «New Thought and the New Age», en Lewis & Melton, 1992:18).

3.3. ALGUNOS PIONEROS
INDIRECTAMENTE RELACIONADOS

Hay algunos autores que no encajan perfectamente en lo que hoy llamaríamos Nueva Era, pero que, de un modo u otro, han influido en su desarrollo. En primer lugar cabe mencionar a Alexandra David-Neel (1868-1969), anarquista a los 19 años, librepensadora y feminista militante, quien en 1888 va a Londres y se relaciona con Blavatsky y la teosofía; al volver a París estudia con Sylvain Levi, uno de los indólogos franceses más célebres; posteriormente se introduce en los textos tibetanos y será una de las primeras mujeres occidentales en vivir entre los lamas del Tibet. En 1965 publica *Magos y místicos del Tibet*, del que se ha dicho que es «uno de los clásicos de la era de Acuario».

Una segunda mujer que merece ser tenida en cuenta es Mirra Alfassa (1878-1973), parisina que en 1905 conoce al ocultista Max Theón en Argelia y luego a Sri Aurobindo en Pondicherry, de quien se convertiría en compañera espiritual hasta el final de sus días y con quien elaboraría el "Yoga integral y supramental". En 1968 funda Auroville «uno de los centros nueva-era más célebres» (Heelas).

La Orden Hermética de la Golden Dawn es a finales del siglo XIX y comienzos del XX otra de las influencias mayores. En 1888 abre en Londres «Isis Urania» encabezada por William Westcott, MacGregor Mathers y Woodman. También fue miembro William Butler Yeats. En 1898 fue iniciado allí Aleister Crowley (1875-1947), polémico personaje que tras ser expulsado de ella se unió en 1912 a la «Ordo Templi Orientis» (orden oculta alemana) y en 1922 se convirtió en su director. En 1920 fundó la Abadía de Thelema. Sigue siendo leído, sobre todo en ambientes paganos y atraídos por la magia.

En el campo de la psicoterapia habría que destacar a Roberto Assagioli (1888-1976), creador de la psicosíntesis, uno de los pioneros más significativos de la visión transpersonal.

Con influencias teosóficas, habló del supraconsciente y del Yo superior transpersonal que había que desarrollar.

Hay que mencionar también la polémica figura de Gurdjieff (1866?-1949), nacido en Armenia, que llegó a París con el fin de fundar el Instituto para el Desarrollo Armónico del Ser humano (1922), que dirigió hasta 1933. Según su pensamiento, el ser humano es una "máquina" con tres centros (motor, emocional e intelectual) y ha de trabajar interiormente para alcanzar la autoconciencia y la conciencia objetiva (estado iluminado). Su escritura refleja bien su carácter –su misma imagen lo hace– y sus textos son a veces crípticos y plagados de un lenguaje propio y oscuro (Gurdjieff, 1976, 1977, 1983). En realidad, Heelas lo nombra como una de las tres influencias principales, junto a Blavastky y Jung. Influyó en la Escuela de Ciencia Económica, en la Emin Foundation y en Oscar Ichazo y su Instituto Arica (Nueva York, 1971). Parece muy probable que el eneagrama proceda de él, pese a las aportaciones posteriores de O. Ichazo, C. Naranjo (1996), H. Palmer (1998), H. Almaas (2002) y otros muchos. Resulta curioso no sólo el creciente auge del eneagrama en la Nueva Era, como símbolo capaz de articular una tipología psicológica (de nueve eneatipos) con grandes aplicaciones, sino su éxito en medios católicos –como es el caso de Richard Riso (1990), John Burchill (1987), Suzanne Zuercher (1992) y otros–.

De entre los pensadores orientales, procedentes concretamente de la India, Swami Vivekananda (1862-1902) y Paramahamsa Yogananda (1893-1952) destacan como fundadores de organizaciones que tendrán una enorme influencia en Occidente. El primero con la Vedânta Society (Estados Unidos, 1897), el segundo con la Self-Realization Fellowship (Los Ángeles, 1925), que en los años sesenta del siglo XX dice tener doscientos mil miembros. Oriente comienza a influir en la Nueva Era.[8]

---

8.   Tomo estos seis nombres de Heelas, no sin reparos y situándolos como influencias indirectas.

3.4. EL NÚCLEO ESOTÉRICO DE LA NUEVA ERA

En la línea teosófica, desde una nueva "revelación esotérica" que prefiero llamar "posteosófica", se encuentra la obra que a mi entender constituye la verdadera fundamentación de la espiritualidad Nueva Era: la obra de Alice Ann Bailey, fundadora de la Escuela Arcana, de quien nos ocuparemos con más detalle. Lo mismo sucede, pero la filiación ya no es tan directa, con la obra de Rudolf Steiner, creador de la Antroposofía, a quien tendremos ocasión de estudiar algo más tarde. También en la primera parte del siglo XX, algo olvidados por Hanegraaff, pero reconocidos por Heelas, están los diversos movimientos centrados en las enseñanzas de los Maestros Ascendidos, articuladas en torno a la figura central del Conde de Sant Germain. En primer lugar el «Movimiento Yo Soy», fundado en Estados Unidos por Guy y Edna Ballard en 1930. Algunos afirman que este movimiento ha llegado de manera significativa a más de tres millones de personas. Se ha dicho que representan la difusión popular más grande de los conceptos teosóficos. En la misma línea se hallan las obras de Mark y Elizabeth Clare Prophet, con su Iglesia Universal y Triunfante. Es una nueva fase y una nueva corriente de divulgación del "esoterismo" de la Nueva Era. Recogiendo la idea de la existencia de una Fraternidad o Hermandad planetaria, compuesta por Maestros e Iniciados, sabios y santos de todas las tradiciones (idea divulgada de manera especial por Blavatsky y sistematizada por Bailey), ahora se comienza a hablar de Maestros Ascendidos y de la Ascensión como tema estelar de la Nueva Era (que pasó a ser fundamentalmente estadounidense, como antes lo había sido fundamentalmente inglesa y alemana, a través de Bailey y Steiner, respectivamente). Comienza la lluvia siempre creciente de mensajes de los Maestros Ascendidos, "canalizados" por cientos de "canales", que crecen en número y siguen haciéndolo hasta nuestros días, entrelazados en las últimas décadas con comunicados procedentes de "extraterrestres", especialmente de Sirio, de las Pléyades y de Arcturus.

A lo largo de todo el siglo XX, la incidencia de las distintas escuelas rosacruces forma otro de los hilos influyentes de la vertiente esotérica, en esta ocasión declaradamente "occidental" y "cristiana" o al menos "crística". Muy influyente en un primer momento fue AMORC (Antigua y Mística Orden Rosacruz), así como la «Rosicrucian Fellowship» de Max Heindel, cuyas semejanzas con las ideas de Steiner veremos más adelante. Más recientemente, el «Lectorium Rosicrucianum» o Rosacruz de Oro, de Jan van Rijckenborg, ha pasado a un primer plano con un enfoque gnóstico peculiar.

En la estela de la cosmovisión posteosófica en la que abundaremos luego, podemos situar a una serie de autores destacados como David Spangler, George Trevelyan, Dane Rudhyar, Cyril Scott, Vicente Beltrán o Anne y Daniel Meurois Givaudan.

3.5. LAS CANALIZACIONES COMO "NUEVAS REVELACIONES"

En el campo de las "canalizaciones", en el que nos tendremos que detener algo más, dada su importancia para la Nueva Era, destacan los nombres de Edgar Cayce (1877-1945) como precursor atípico y original y cuya influencia ha seguido creciendo; de Eva Pierrakos (1915-1979) centrada en la sanación y el crecimiento personal; de Sanaya Roman, en quien dominan también estos dos temas; de Ramala, cuyas obras fueron muy leídas en los años ochenta, y de Helen Schucman quien con su obra *Un Curso de milagros* se convierte en una influencia mayor desde su visión cristiana no-dualista y su énfasis en la importancia del perdón sanador. Pero, quizás los tres "canalizadores" más célebres y multitudinarios hayan sido Jane Roberts, J.Z. Knight y Lee Carroll, canalizando respectivamente a Seth, Ramtha y Kryon. Su influencia ha sido y sigue siendo enorme y los encontraremos en páginas posteriores.

Hay otros muchos, como Pat Rodesgast, que canaliza a Emmanuel desde comienzos de los setenta; Mary-Margaret Moore canalizando a Bhartolomew un «campo de energía amplio, viviente, sabio y compasivo» a partir de 1977; Jach Pursel que se hizo célebre en numerosos seminarios en los que canalizando a Lazaris ofrecía una especie de *dharsan* sanador; Ken Carey, de enorme éxito desde 1978-1979, o Ramon Stevens canalizando a Alexander desde 1986 (Riordan, «Channelling: A New Revelation?» en Lewis & Melton, 1992).

Un caso particular es el de David Spangler, aclamado por algunos como el verdadero padre de la Nueva Era, quien además de canalizar a varias Entidades, ha dado muestras de una reflexión no frecuente en la Nueva Era, destacando su relación con Findhorn y su proximidad al enfoque posteosófico de A. Bailey. Es necesario mencionar también, por su capacidad divulgadora –justamente de varios de los canalizadores–, a la actriz Shirley MacLaine (1983, 1985, 1989, 1991), quien ha popularizado muchas ideas de la Nueva Era

3.6. NUEVAS CIENCIAS Y NUEVO PARADIGMA

Otro capítulo necesario en el tratamiento de la Nueva Era, otra dimensión de ésta, si se quiere, es el relativo al Nuevo Paradigma tal como trata de elaborarse a través de las llamadas Nuevas Ciencias, especialmente Física y Biología. Destaca, en primer lugar, el "paradigma holográfico", formulado por David Bohm y Karl Pribram y divulgado por Michael Talbot y David Peat. El Universo sería una especie de holograma, como también lo sería nuestro cerebro; de tal modo que las intuiciones herméticas que afirmaban «como arriba así es abajo, como abajo así es arriba» y las ideas místicas capaces de ver el Todo en la parte y lo Infinito en lo finito, parecen recibir una ilustración perceptible en la realidad del holograma, que como se sabe cumple tal principio.

En segundo lugar habría que recordar la hipótesis Gaia de James Lovelock, sobre todo en distintas reformulaciones o reinterpretaciones que ha ido sufriendo –desde la Tierra como organismo viviente hasta la noción del Logos planetario–. Otra de las ideas más célebres y acogidas con entusiasmo en la Nueva Era es la hipótesis de los campos morfogenéticos de Rupert Sheldrake, que postula la existencia de campos organizativos que operarían a través de cierta "resonancia mórfica". Quizás menos afin con el espíritu de la Nueva Era, pero no menos influyentes en algunos de sus ambientes serían las ideas de Ilya Prigogine o Francisco Varela, con su paradigma de la auto-organización.

Puede resaltarse, en este mismo sentido, la reciente obra de Ervin Laszlo (2004), quien analiza las investigaciones más recientes en cosmología, física cuántica, biología e "investigaciones sobre la conciencia" para formular una "teoría integral de todo" basada en la hipótesis de un "campo akáshico". Recojamos sus propias palabras: «Hemos tenido la sospecha de que el campo misterioso implícito a las correlaciones trascendentales del espacio-tiempo en el cosmos y en el conocimiento puede ser un campo de información en el propio corazón del universo. Esta sospecha se ha confirmado: el campo de punto cero del vacío cuántico no es sólo un campo energético superdenso, sino que es también un campo informativo súper-rico, la memoria holográfica del universo. Este descubrimiento recuerda al concepto de la filosofía hindú de la Crónica Akásica, el registro de todo lo que ocurre en el mundo que permanece trazado en el campo akásico. Tiene mucho sentido denominar al nuevo campo informativo del universo (re)descubierto el "campo A", a partir de la antigua tradición del campo akásico. El campo A ocupa su lugar entre los campos fundamentales del universo, uniéndose al campo G (el campo gravitatorio), el campo EM (el campo electromagnético) y los distintos campos nucleares y cuánticos» (Laszlo, 2004:51). Veremos que la noción de los registros akáshicos resulta clave en buena parte de los investigadores esotéricos.

4. LA DIMENSIÓN ORIENTAL DE LA NUEVA ERA

4.1. INTRODUCCIÓN

En buena parte de las clasificaciones de los nuevos movimientos espirituales, los movimientos de matriz oriental ocupan un lugar propio, con independencia tanto de los fundamentalismos de todo cuño como de los grupos sincrético-ocultistas que se asocian más con la Nueva Era. No cabe duda de que algunas presentaciones del hinduismo, del budismo, del taoísmo o de cualquier otra tradición oriental, ignoran o rechazan mucho de lo que se presenta como Nueva Era y defienden su carácter tradicional, o hasta tratan de preservarlo, evitando cualquier contaminación moderna y novedosa. No obstante, otros enfoques pueden verse como afines a la Nueva Era, y en ocasiones ser invocados como pioneros y precursores de ésta (un caso ejemplar sería Sri Aurobindo) o como claros representantes de su espíritu (quizás el caso de Osho sea el más obvio, como veremos más adelante), pero influyentes han sido, de un modo u otro: Swami Paramahamsa Yogananda, Guru Maharaji, Maharishi Mahesh Yogi, Swami Muktananda, y otros muchos.

Aquí nos centraremos en el budismo y el hinduismo, muy especialmente en este último, por motivos fundamentalmente personales y subjetivos, dado que los conocemos algo mejor que a los restantes, si bien parece cierto, por otra parte, que son estas dos tradiciones las que más han influido en la Nueva Era. Así pues, trataremos el hinduismo con mayor detenimiento y seremos más breves en la consideración del budismo.

Oriente, especialmente sus tradiciones metafísicas (Guénon, 1983, 1984, 1986, 1988) y místico-religiosas, llega a Occidente de manera significativa justo en el período que aquí nos ocupa. No vamos a remontarnos a los primeros orientalistas, ni a los balbuceos de una ciencia de las religiones en el siglo XIX, sino tan sólo a aquellas influencias mayores en la Nueva Era. De todos modos hay que recordar el "renacimiento oriental" que se produjo sobre todo en Alemania, Inglaterra y Francia en cuanto los primeros "orientalistas" comenzaron a traducir algunos textos hindúes y budistas. Max Müller, W. Jones, Anquetil Duperron, Paul Deussen, H. Oldenberg, Th Colebrooke y una creciente pléyade de orientalistas van permitiendo que la India sea construida e imaginada (Inden, 2000; Turner, 2004) como la fuente de la sabiduría antigua, recibiendo la antorcha que hasta entonces portaba el enigmático Egipto antiguo. Esto sucede justamente en pleno romanticismo y da comienzo al estudio académico de las religiones comparadas. En Estados Unidos el impacto oriental será canalizado especialmente, como ya vimos, a través del trascendentalismo americano, con un Emerson admirador del hinduismo.

Hay que reconocer que si bien, por una parte, la construcción de Oriente sirve como lugar de proyección de la sombra de Occidente, de esos aspectos no reconocidos (desde su tendencia mística-irracional hasta la injusticia socio-política del sistema de castas), por otra parte, tiende a presentarse una imagen idealizada de Oriente, tanto en el caso de los orientalistas que se limitan a traducir textos ignorando la India actual y real, como en el caso de los neohinduistas (desde Rammohan Roy a S. Radhakrishnan, pasando por Vivekananda) que explotan la aparentemente recién descubierta grandeza de la India antigua y su sabiduría mística, contraponiéndola al materialismo occidental. La Nueva Era seguirá estimulando dicha idealización, como se ve con claridad en un autor tan influyente en la Nueva Era del nuevo paradigma como F. Capra. Han analizado este aspecto con lucidez, Andrea Grace Diem y J.R. Lewis, quienes concluyen su estudio del siguiente modo: «El estereotipo del Oriente místico –especialmente tal como se utilizó por la contracultura de los sesenta y su sucesor, el movimiento de la Nueva Era– fue el resultado de al menos dos procesos diferentes, uno socio-psicológico y otro histórico. El proceso socio-psicológico, que se muestra tanto en la producción orientalista de una edad dorada de Asia como en la adopción por la Nueva Era de un Oriente idealizado, puede esbozarse así: *a)* rechazo de –o rebelión contra– la propia cultura y la propia sociedad; *b)* formación de –e identificación con– ideas e ideales que representan el opuesto polar del objeto de la rebelión; *c)* proyección de los propios ideales polarizados en una cultura, movimiento o figura muy alejado en el tiempo y el espacio de la propia cultura, y finalmente *d)* utilización de la propia imagen proyectada –en un disfraz tomado en préstamo a otra cultura– en cuanto legitimación, tanto de las propias ideas contraculturales, como de los ataques a la cultura rechazada» (Grace and Lewis, «Imagining India: The Influence of Hinduism on the New Age«, en Lewis & Melton, 1992:57-8).

Es éste un aspecto que habrá que tener en cuenta, pues ha sido determinante de algunos de los espejismos de la Nueva Era más orientalizada, en la primera fase de auge de los *gurus* hindúes, y en la segunda fase de sospechas y acusaciones de abusos y corrupción de todo tipo, por parte de algunos de ellos, como si su "sombra" (inconsciente no aceptado, reprimido y no trabajado, como la relación con el sexo, el dinero y el poder personal) los hubiera devorado.

Poco después, a finales del XIX, la presentación teosófica de las tradiciones orientales, muy especialmente hinduismo y budismo, constituye el primer hito en la introducción de Oriente en el Occidente moderno. Prácticamente al mismo tiempo, Swami Vivekananda (1862-1902) está difundiendo por Estados Unidos el *Vedânta* de Ramakrishna, si bien con toques occidentalizadores y modernizadores, hasta tal punto que la Misión Ramakrishna y la Orden Ramakrishna han de contarse como el segundo vehículo fundamental de transmisión de las "sabidurías orientales", ya a finales del XIX (Halbfass, 1988).

Igualmente importante es la figura de Paramahansa Yogananda y su organización, la «Self-Realization Fellowship», de gran
arraigo en Estados Unidos y, aunque en menor medida, también
en Europa. Su libro, *Autobiografía de un yogui,* no ha dejado de
influir en miles de occidentales. De hecho, a través de uno de sus
seguidores más influyentes, Swami Kriyananda, vio la luz una
de las comunidades oriental/*kriyâ-yoga*/Nueva Era más durade-
ras (más de veinte años) e influyentes de los Estados Unidos. En
efecto Swami Kriyananda (James Donald Walters) fundó Ananda World Brotherhood Village en el Norte de California, en 1969
(aunque ya desde 1967 vivían juntos un grupo de discípulos y
él), y dicha comunidad gozaría de gran éxito durante mucho
tiempo. A ella acudirían, como es característico de la Nueva Era,
los miembros de esa generación nacida entre 1946 y 1964 que en
Estados Unidos han recibido el nombre de *baby-boomers*, por el
boom que supuso y las consecuencias que estaba llamado a tener
el crecimiento imparable y las nuevas condiciones educativas en
las que nacieron los niños llegados al mundo después de la II
Guerra Mundial (Susan Love Brown, «Baby Boomers, American Carccter and the New Age: A Sinthesis», en Lewis & Melton, 1992). Un análisis de dicha generación lo ha ofrecido recientemente Ken Wilber, en su obra *Boomeritis*.

Ya en el siglo XX cabe recordar que en 1930 se funda en
Nueva York el primer Instituto Zen de América, y en 1952 llega Meher Baba a los Estados Unidos. Será a partir de los años
sesenta, justamente, coincidiendo con el despertar masivo de
la Nueva Era, cuando el *yoga*, el *vedânta*, el *tantra*, el budismo tibetano, el Zen, el taoísmo, comiencen a atraer de manera
masiva a los jóvenes occidentales, y se multiplican los viajes a
tierras lejanas en busca de una sabiduría espiritual que parece
haberse ausentado de las Iglesias en que fueron educados tales
jóvenes. En 1959 se funda el Centro Zen de San Francisco, y
ese mismo año se introduce en Hawai la Meditación Trascendental de Maharishi Mahesh Yogi, que pronto se propagará por
Estados Unidos y Europa, poniendo la meditación silenciosa al

alcance de todos los que lo deseen, con un mínimo de parafernalia dogmática y ritual. Aunque Maharishi habla de la ciencia védica, la práctica de la meditación es un proceso simple que no requiere adhesión a creencia alguna ni aceptación de rituales religiosos. Ni siquiera hay que practicar una postura de *yoga* y sentarse en *padmâsana*, una silla normal basta para iniciar la navegación por la propia conciencia, comenzando con la repetición de un *mantra* a fin de desembocar en el silencio gozoso de la conciencia pura. Pronto Maharishi creará universidades y centros de investigación científica que analizarán los correlatos neurofisiológicos de los distintos estados de conciencia alcanzados en meditación (Maharishi, 1981; White, 1976).

Influyente en la introducción del *yoga*, con especial énfasis en la importancia del *hatha yoga*, fue también la Sociedad de la Vida Divina (*Divine Life Society*), fundada por Swami Sivananda Saraswati Maharaj (1887-1963), quien estudió medicina y fue a ejercerla a Malasia. En 1923 vuelve a la India para dedicarse a la vida espiritual. Al año siguiente entró en contacto con su maestro, Sri Swami Vishvananda Saraswati, y tras una vida ascética llena de peregrinajes, funda la Sociedad en 1936, con la sede central en el *âshram* de Rishikesh. En 1950 realiza una gira por toda la India y Sri Lanka con el objetivo de difundir su mensaje, y los discípulos se multiplican y sus libros son traducidos a otros idiomas. Escribió más de 300 libros. Sigue el *vedânta* advaita de Shankara. Practica un "yoga de síntesis" destacando principalmente el *raja*, *bhakti*, *jñâna* y *karma yoga*. Además del *âshram* de Rishikesh (la India), la llegada de Swami Vishnudevananda, especialmente destinado a difundir el *Vedânta* de Sivananda por Occidente, produjo un espectacular crecimiento del número de practicantes de *yoga*. Otros discípulos destacados de Sivananda son Chidânanda y Krishnânanda.

Estamos ya en los años sesenta, la contracultura y los hippies. Se intensifican los viajes a la India de muchos occidentales y comienza la llegada cada vez más frecuente de *gurus* de la India, entre ellos también Guru Maharaji y la Misión de la

Luz Divina, centrada igualmente en la práctica de la meditación, a través de cuatro técnicas tradicionales hindúes, desde una perspectiva *bhakti,* devocional, en la que la figura del maestro iluminado desempeña una función central en el desarrollo espiritual del discípulo.

4.2. LA IRRUPCIÓN DEL BUDISMO EN OCCIDENTE

4.2.1. La presencia de las distintas corrientes budistas en Occidente

También el budismo se introdujo con fuerza en Occidente, justamente a partir de los años sesenta, en especial el budismo tibetano, después de haber sufrido la invasión china y de que cientos de monjes tibetanos se viesen forzados al exilio. Destacaremos tan sólo algunos de los grupos más relevantes, sobre todo aquellos que gozan de alguna característica que pueda hacer que se consideren como "nuevos" movimientos religiosos, aunque en general su fidelidad a la tradición sigue siendo mayor que su participación en el espíritu de la Nueva Era. La relación en cada caso tendría que ser matizada. Hemos distinguido entre las tres principales Vías del budismo: Hînayâna, Mahâyâna y Vajrayâna, para clasificar tales grupos.

Dentro del budismo Hînayâna podría destacarse la labor de Goenka, monje birmano que aprendió la técnica del maestro Sayagi U Ba Khin. Imparte sus enseñanzas desde 1969 y, desde 1982, cuenta con varios ayudantes que contribuyen a su difusión. No se define como una religión, sino como un arte de vivir. Se evita toda especulación y se centra en la vida como flujo de energía en constante cambio. La meditación *vipâssana* se suele practicar en retiros de diez días, en los que no hay que hablar (excepto con el profesor), ni hacer ejercicio físico, ni mantener contactos con el exterior, ni leer ni escribir. Después del curso se recomienda practicar diariamente la meditación, una hora por la mañana y una por la tarde.

En el budismo Mahâyâna, dentro del Zen, ha sido considerable la influencia de Taisen Deshimaru (1914-1982), maestro japonés de la escuela Soto, que llega a Francia en 1967 y abre el monasterio de La Gendronière. Adapta el Zen a la mentalidad occidental, distribuyendo las sesiones en cuatro fases: 25 min de zazen; 10 min de kin hin; 25 min de zazen, y canto del *sutra* de la gran sabiduría (Estruch, 2005:365).

Las sesiones son dirigidas por un maestro o por la persona con mayor experiencia; ella tiene el *kiosaku*, palo de madera que simboliza el consentimiento de la autoridad religiosa para las actividades de un *dojo* (centro de práctica Zen). Periódicamente se organiza una *seshin*, sesiones especiales de meditación de distinta duración.

A la muerte de Deshimaru, sin pasar el *shiho* (transmisión) ni nombrar sucesor, se consulta al monasterio de Eihei-ji, sede central japonesa de la escuela Soto, y confieren la transmisión a tres discípulos europeos: Roland Rech, Stephan Thibaut y Étienne Zeisler. Thibaut abandonó el monasterio con un grupo de discípulos. Hay divergencias más políticas y administrativas que religiosas. Además de la Asociación Zen Internacional, fundada ya por Deshimaru, y dirigida luego por R. Trech y actualmente por Michel Bovay, se crea luego la Asociación Budista Zen Deshimaru, fundada en 1992 por Thibaut.

También dentro del Zen es cada vez mayor la influencia de Thich Nhat Hanh (1926), vietnamita ordenado monje a los 11 años. En 1950 funda un centro de estudios budistas en Vietnam. En los años sesenta visita Estados Unidos. En 1963 funda un movimiento de resistencia no-violenta en Vietnam que le valió el reconocimiento internacional y una nominación al premio Nobel de la Paz a propuesta de Martin Luther King. En 1973 no se le permitió volver a su país y desde entonces vive en el Sur de Francia donde fundó el monasterio de Plum Village.

Perteneciente al budismo Zen, la meditación ocupa un lugar central, aunque el trabajo con las emociones negativas es abordado con lucidez.[9] En relación con esto se presta una especial atención a la vida cotidiana y a los problemas que todo ser humano afronta. No sólo no se trata de huir a un monasterio para buscar la iluminación, sino que Thich Nhat Hanh representa de manera excelente una visión social del budismo Zen. En este sentido destaca la orden creada por él, denominada «Interbeing», en el año 1966. El carácter abierto y no dogmático de su enfoque se pone de manifiesto con frecuencia, como en las "catorce prácticas de conciencia plena" que hay que aceptar para pertenecer a la orden. La primera de ellas dice: «No idolatres ninguna doctrina, teoría o ideología, ni siquiera la budista. Todos los sistemas de pensamiento sirven de guía, pero nunca son verdades absolutas». Y en la tercera leemos: «No fuerces a otro, ni siquiera a los niños, a adoptar tus puntos de vista. Más bien, a través de un diálogo compasivo, ayuda a los otros a abandonar el fanatismo y la estrechez de miras» (Citado en Estruch, 2005:372-373).

Uno de los grupos budistas más polémicos en las últimas décadas ha sido «Soka Gakkai» (1930) (Sociedad para la creación de valores). Surgido en Japón, fue fundado por Tsunesaburo Makiguchi (1871-1944) y su discípulo Josei Toda en 1930 con el nombre Soka Kyokiku Gakkai (Sociedad pedagógica para la creación de valores). Al comienzo era tan sólo una sociedad que promovía una sociedad humanística. Makiguchi fue encarcelado durante la II Guerra Mundial y murió en prisión en 1944. Poco después, Toda adoptó el nombre Soka Gakkai buscando un enfoque más global y más útil para la sociedad en su conjunto. Comenzó a crecer con rapidez y actualmente está presente, según fuentes oficiales, en casi doscientos países, con un total de más de 12 millones de seguidores.

Al principio, la línea budista seguida fue la representada

---

9.   Thich Nhat Hanh (1998).

por Nichiren Daishonin (siglo XIII) y Soka Gakkai se hallaba bajo la autoridad de la orden monástica creada por aquél, y denominada Nichiren Soshu, pero en 1981 fue expulsado de tal orden, desde la cual se afirmaba que Soka Gakkai no seguía principios verdaderamente budistas, ni obedecía a las autoridades monásticas y además ejercía presión sobre sus miembros. La versión de Soka Gakkai, por el contrario, es que la fama y el protagonismo de su Sociedad molestaban a la orden, la cual llegaría incluso a falsificar pruebas para intentar recuperar su liderazgo (Estruch, 2005:377-378).

N. Daishonin afirmaba que la verdad suprema del budismo se hallaba en el *Sutra del loto*, donde se enseña que en toda forma de vida se halla inherente "la naturaleza búdica" y su manifestación facilita una vida de felicidad y compasión. El principal objeto de culto es un *mandala* que sintetiza sus enseñanzas y representa la ley mística que mora en nuestro interior. Recibe el nombre de *Gohonzon*. Dos "novedades" (en Daishonin) son señaladas por sus seguidores como importantes: el hecho de que todo el mundo, hombres y mujeres, pobres y ricos, puede descubrir la naturaleza del Buda y sobre todo el hecho de insistir en la realidad e importancia de la vida cotidiana, animando a asumir una participación activa en la sociedad.

De acuerdo con todo ello, y ya siendo presidente Toda, se fundó el partido político Komeito, abiertamente inspirado en los preceptos de Soka Gakkai, que ha ido creciendo en influencia y poder en la sociedad japonesa.

En 1975 se crea la Soka Gakkai Internacional, con sede en Tokio, que preside actualmente Daisaku Ikeda. La educación sigue siendo su preocupación central: existe una Universidad Soka con centros en Japón, en Estados Unidos, Francia, Brasil y otros lugares, así como multitud de escuelas infantiles.

La "vía diamantina" (Vajrayâna), que no es otra que el budismo tibetano, también conocido como budismo tántrico, puede verse como un desarrollo particular dentro del budismo Mahâyâna. Destaca la importancia de la dimensión ritual y más precisamente el papel desempeñado por la "visualización". El trabajo consciente con la imaginación creadora ocupa un puesto relevante: se visualizan distintas divinidades, identificándose provisionalmente con ellas, para luego disolver toda visualización en la vacuidad luminosa que constituye nuestra verdadera naturaleza.

Recordemos que hay cuatro tradiciones, escuelas o corrientes principales en el budismo Vajrayâna y en cada una de ellas hallamos varios linajes.

1. *Tradición nyingma-pa*: Padmasambhava, llamado también Guru Rimpoche, es su impulsor, al llevar el budismo a Tibet en el siglo IX. El estado natural del ser humano es la budeidad y hay que aprender a eliminar los velos que nos impiden reconocerla. La práctica individual es esencial para vivir desde la vacuidad primordial. A esto apunta el *dzogchen* (la Gran Perfección). La cabeza visible de esta tradición actualmente es Drubwang Penor Rimpoche.

1.1. *Linaje Ripa*: Nace con el místico del siglo XII Pema Deje Rolpa y hoy su maestro principal es Yetrul Jigme Rimpoche, considerado encarnación del *terton*[10] Pema Lingpa. Este linaje se considera partícipe también de la tradición *kagyu*. El monasterio de Panillo (Huesca) pertenece a la tradición *kagyu*, pero constituye asimismo el principal centro de referencia del linaje Ripa en España. El maestro Yetrul Jigme Rinpoche es una de sus figuras más emblemáticas.

1.2. *Linaje Dujom Tersar*: Se origina en el siglo XIX, con el maestro Dujom Lingpa (1835-1904), considerado un gran *terton* que dio a conocer importantes enseñanzas de Guru Rimpoche. Se aprecian de modo especial los textos revelados por Du-

---

10.   Un *terton* es un *lama* que por sus cualidades ha descubierto alguno de los *termas* ocultados por Padmasambhaba para que fueran descubiertos en el momento oportuno. Puede tratarse de objetos o mensajes o bien enseñanzas recibidas en sueños o en visiones.

jom Rimpoche (1904-1987), padre del maestro actual, Dawa Norbu Rimpoche. A este linaje pertenece el Centro Tersar Ling, en Montblanc (Conca de Barberá), fundado en 1992.

2. *Tradición sakya-pa*: Esta orden nace en el siglo XI con Konchon Gyalpo al fundar en Tibet el monasterio de Forum Zimci Karpo (1073). Destaca por la importancia que concede a la dimensión social y cultural. El maestro indio Virupa es uno de sus más destacados representantes tradicionales, siendo hoy su principal autoridad su Santidad Sakya Trizin Ngawang Yunga, figura que ocupa el segundo lugar en el budismo tibetano general, tras el Dalai Lama.

Tanto en los *sakya* como en los *niyngma* existen dos tipos de monjes: unos pueden casarse y vivir en familia, los *ngagpa*; los otros hacen más de 300 votos, entre ellos el de castidad y son los más numerosos y populares, los *tragpa (gelong)*. Se afeitan el pelo y visten hábitos de color amarillo y rojo (los otros monjes le añaden una franja blanca). En Barcelona pertenece a esta orden el monasterio Sakya Tashi Ling, en el Garraf, constituido por monjes *ngagpa*, todos ellos occidentales.

3. *Tradición kagyu-pa*: Nace en el siglo X, en la India, con el maestro Tilopa, quien condensó sus enseñanzas en una serie de *sûtras* y *tantras* con el nombre de *Mahamudra*. Su discípulo Naropa y su sucesor Milarepa dieron un auge enorme a la escuela. Su cabeza suprema recibe el nombre de *Karmapa,* el cual se encarna una y otra vez para guiar a sus discípulos. El actual Karmapa nació en 1985 y reside desde el año 2000 en el monasterio de Gyuto, en la India.

En 1967 dos lamas fundaron en Escocia el hoy famoso centro Samye Ling, y más tarde se crearon otros por toda Europa, bajo la dirección de Lama Akong Turku Rimpoche, quien en 1980 creó la organización internacional Rokpa, caracterizada por adaptar las creencias y rituales budistas de la tradición *kagyu* al pensamiento occidental. Hay menos rituales y más estudio; además destaca la dimensión psicológica y terapéutica del budismo.

4. *Tradición gelug-pa*: La orden de los bonetes amarillos fue fundada por Tsong Khappa (1357-1419), quien elaboró su texto sagrado fundamental, el *Lam Rim*. Es la más conocida ya que la institución del Dalai Lama procede de ella. Efectivamente, el actual Dalai Lama, Tenzin Gyatso, es un monje *gelug-pa*. Tras la invasión de Tibet por China y el exilio de muchos monjes, Lama Thubten Yeshe y Lama Zopa comenzaron a dar conferencias por todo Occidente y a tener discípulos occidentales, a partir de finales de los sesenta. Lama Yeshe se convirtió en director espiritual de muchos centros que en el año 1975 se agruparon bajo la denominación «Fundación para la Preservación de la Tradición Mahâyâna», presente hoy en más de 30 países, con más de 130 centros asociados. Lama Yeshe murió en 1984 y pasó a ser dirigida por Lama Zopa, aunque está llamado a liderarla Osel Hita, joven granadino reconocido como la "reencarnación" de Lama Yeshe.

5. *Nueva tradición kadam-pa*: Esta nueva tradición la fundó en 1991 el monje tibetano Gueshe Kelsan, llegado a Inglaterra en 1977, como otro intento de adaptar el budismo a Occidente.

Es obvio que el budismo tibetano, en sí mismo, no puede considerarse parte de la Nueva Era. No obstante, su influencia en muchos de quienes sí lo son parece indudable, y en ese sentido puede incluirse no sólo como movimiento religioso de matriz oriental, sino como influencia notable en la espiritualidad Nueva Era. Por otra parte, su "pragmatismo espiritual" y su actitud anti-dogmática (algo no siempre fácil de mantener, ni siquiera en sus propias filas) lo han convertido en una de las tradiciones favoritas de la "espiritualidad postmoderna" en la que quizás cada vez más se va convirtiendo la espiritualidad Nueva Era. Quizás si hubiera que destacar algunos nombres de pensadores o maestros budistas cuya influencia en la Nueva Era ha sido mayor, citaríamos a D.T. Suzuki, Chögyam Trungpa (1986, 1989), Thich Nhat Hanh (1992, 2002) y Dhiravamsa (1991, 1992), este último especialmente influyente en nuestro país. Sin que pueda considerarse un maestro budista, no cabe duda de que los libros de Alan Watts, sobre todo de Zen (*El camino del Zen, El espíritu del Zen*), fueron muy leídos y supusieron una invitación al Zen para muchos *new agers*.

Así como se suele hablar de tendencias gnósticas en la Nueva Era, también del budismo se ha hablado y puede hacerse en términos de gnosis. Veamos en qué sentido la tradición budista, en general, puede integrarse en la Nueva Era, en cuanto tradición gnóstica.

4.2.2 La gnosis budista: el recelo del pensamiento y la palabra y la importancia de la práctica meditativa

Ante el desbocamiento especulativo de una razón desconectada de la Fuente y que ha perdido la experiencia de la Paz y del Silencio que trascienden la mente, no hay mejor terapia que la budista. Terapeuta podríamos decir que fue ante todo Gautama Siddhartha, el Buda, interesado no en elaborar discursos argumentativos, sino en transmitir, más allá de las palabras, la iluminación alcanzada, la liberación vivida, la paz interior disfrutada. Su heterodoxia radical, su crítica al rígido sistema brahmánico, tanto a nivel social (el sistema de castas) como religioso (la aceptación de la autoridad de los Vedas como revelación primordial), metafísico (la creencia en la existencia del *âtman*) y ritual (los rituales sacrificiales que incluían la muerte de víctimas animales), resultaban imperdonables y después de varios siglos de creatividad cultural tuvo que salir de su país natal –la India– y emigrar hacia un Oriente más lejano: Sri Lanka, China, Tibet, Japón, Burma, Vietnam, Malasia, etc., donde se entrelazaría con las tradiciones locales (shintoismo, taoísmo, confucianismo, bön, etc.) dando lugar a escuelas influyentes del "gran vehículo" (Mahâyâna), de las que destacaremos, por su influencia actual, el Cha'n en China, introducido en Japón y que acabó convirtiéndose en el *Zen*, y el budismo tibetano tántrico o Vajrayâna.

No nos interesa ahora su desarrollo histórico, sino su actitud central, con la que nace el budismo, actitud de rechazo de la especulación metafísica y centramiento en la paz y el silencio innombrables. Desde el silencio del Buda en su no-discurso ante cientos de *bikkhus* (monjes medicantes de la orden recién fundada), cuando tras el largo silencio y el gesto de elevar una flor ante el auditorio, Mahakassyapa comprendió, compartiendo aquél silencio iluminador, pasando por el atronador silencio de Vimalakirti en la sublime reunión de *bodhisattvas*, y el espejo que no necesita ser pulido de Hui-Neng, hasta la radicalidad del *roshi* Zen que ante cualquier inflación egoica por experiencias "espirituales" y visiones resplandecientes se limita a insinuar: «*makyo*», ilusión, engaño, riesgo de identificación y de pérdida, el budismo se ha mantenido como una de las tradiciones más fieles al espíritu de la meditación silenciosa.

No nos interesan ahora sus "doctrinas metafísicas", que al parecer inevitablemente fue construyendo la mente humana a medida que se desarrollaba el Mahâyâna; no nos interesa ahora si la negación del *âtman* tiene un carácter ontológico fuerte y radical que rechaza tanto el ego empírico-psicológico como la esencia espiritual individual, o más bien se trata de una sabia estrategia pedagógica destinada a evitar la perniciosa identificación y apego con lo «mío»; no nos interesa si *nirvâna* ("extinción") y *shûnyatâ* ("vacuidad") simbolizan la ausencia de todo ser en un sentido nihilista radical y la emancipación es liberación del sufrimiento por simple aniquilación, o si constituyen símbolos transparentes y hábiles de lo indecible, de la realidad más allá del ser y del no-ser, herramientas para deconstruir todo constructo metafísico, tal como la dialéctica nagarjuniana mostró con maestría ya a comienzos de nuestra era.

Nos interesa el budismo como gnosis (*prajñâ*) conjugada con la bodhisáttvica compasión (*karunâ*) que se compromete con el bienestar y la liberación de todos los seres. Gnosis, conocimiento salvífico, sabiduría que ilumina y disipa la oscuridad de la ignorancia metafísica radical, descubrimiento inefable de la naturaleza última de la realidad, omnisciencia de los Budas que desde la multidimensionalidad de su ser abarcan los tres mundos y lo que trasciende todo mundo. Entre el *nirmanakaya* o cuerpo de manifestación y el *Dharmakaya* como Budeidad primordial trascendente, el *sambhogakaya* o cuerpo de gozo, cuerpo sutil que permite actuar en mundos sutiles llevando la luz de la inteligencia despierta, se convierte en una realidad intermediaria reveladora y salvífica.

Gnosis reveladora de la luz infinita de los Budas de compasión, de la luz ilimitada de nuestra (compartida) naturaleza búdica ante la cual cualquier objetivación limitada es *makyo.* *Prajñâ-paramitâ*, sabiduría intuitiva suprema, percepción y acción no-dual que descubre la armonía y la expresa *more taoísta*, en danza sin fin, libre de los extremos del aniquilacionismo y del eternalismo que no hacen sino aprisionar la mente en creencias mentales que atan al sujeto inquieto que lo que necesita es desatarse de cuanto nudo le encadena a su propia mente y a su propio deseo. El mejor guerrero es el que se vence a sí mismo. El mayor tirano es el propio deseo cuando el sujeto queda sujeto a él. El principal enemigo al que hay que vencer es la propia mente desbocada (en trivialidades cotidianas, en habladurías malsanas o en especulaciones metafísicas que no sirvan más que para sembrar la duda, separar a los seres humanos, inflar el ego o alejar de la armonía del Silencio iluminador).

Gnosis meditativa que calma la mente, el corazón y los sentidos. Meditación desidentificadora que alumbra una nueva percepción, una nueva compasión amorosa, una nueva comprensión gozosa.

No cabe duda de que en los tiempos actuales las corrientes menos dogmáticas del budismo –y pocas tradiciones hay tan invitadoras al no-dogmatismo como ésta, desde sus propios orígenes– están participando intensamente en la deconstrucción del viejo mundo que se desmorona y en la reconstrucción del nuevo mundo que nace. En efecto, en toda tradición podemos descubrir corrientes retrógradas, ciegamente atadas a su pasado, aferradas a sus privilegios y encerradas en sus capillas, fosilizadas, junto a corrientes vivas, dinámicas, frescas, comprometidas tanto con la luz de su tradición como con la iluminación de las zonas oscuras del presente. Es éste el budismo que nos parece pieza insustituible del rompecabezas en construcción. Un budismo que se anticipó a aspectos importantes de la postmodernidad y que en muchos sentidos pueden aliarse con eficacia y determinación para deconstruir viejos fósiles que pesan sobre muchas conciencias.

Todo ello no significa ni conceder una prioridad ni un privilegio al budismo –como puede entenderse por todo el contexto en el que esto queda dicho–, ni significa ignorar que no sólo en él hallamos una mística de la ausencia, una teología negativa, una dimensión apofática, sino reconocer que en ocasiones allí se ha presentado y sigue haciéndolo con una pureza y una radicalidad particular. El silencio revelador del Buda, el silencio atronador de Vimalakirti, el silencio de cualquier practicante sincero, nos llama a gritos (Merlo, 1997).

4.3. LA TRADICIÓN HINDÚ:
ACTUALIZACIÓN DEL YOGA Y EL VEDÂNTA

4.3.1. Los Hare Krishna, ISKCON

Los años sesenta del siglo XX, por los que ya nos hemos paseado anteriormente, son también los años en que los Hare Krishna, la Sociedad Internacional para la Conciencia de Krishna (ISKCON), fundada por Bhaktivedanta Swami Srila

Prabhupada (1896-1977) en 1966, amenizan las calles de muchas ciudades occidentales con su indumentaria naranja y sus cánticos de *mantras*, danzando por ellas. Cantar el nombre del Señor (Krishna) es la mejor manera de liberarse de la mente y del ego, de iluminarse y de sentir el amor sublime hacia lo Divino; estamos en presencia de un *yoga* devocional tradicional, en la línea del gran místico hindú medieval Sri Chaitanya.

Nacido en Calcuta, en familia vishnuita, Swami Prabhupada estudió química y se convirtió en activista del movimiento fundado por Gandhi. En 1922 conoce a su primer maestro, Srila Bhaktisiddhanta Saraswati Thakur, quien le encargó la tarea de difundir en inglés el mensaje de Sri Chaitanya, personaje del siglo XV aceptado como *avatar* de Krishna. Es él quien inspira Iskcon. En 1936 inicia la tarea de difusión. En 1944 comienza la revista que todavía se edita: *Back to Godhead*. En 1959 se convierte en *sannyâsin*. En 1966 funda Iskcon en Nueva York y pronto en San Francisco. Su forma de vida fue adoptada por muchos hippies en esa época. Al morir había fundado 180 centros y escrito 50 libros.

Para sus seguidores los libros fundamentales son: *Srimad Bhagavatam* (un *Purâna*) y su resumen, *Krishna, la suprema personalidad de la divinidad*; el *Chaitanya Charitamrita* (del siglo XV, explicando la vida de Chaitanya) y la *Bhagavad-gîtâ*.

Pertenecen a la rama vishnuíta y más concretamente krishnaíta del hinduismo. Su Vedânta es dualista (Dios es un Ser totalmente diferente del ser humano). Creen en muchos avatares, incluidos el Buda y Cristo, aunque conceden una importancia especial a Râma. Su camino es el del *bhakti yoga* y su meta el desarrollo de *prema bhakti*, el amor puro a Dios, modo de salir del ciclo de renacimientos y gozar del paraíso de Krishna.

Tienen unos 300 templos por todo el mundo y unas 40 comunidades rurales.

Joan Prat nos ha ofrecido un interesante "ensayo antropológico sobre las sectas religiosas", en el que pone en cuestión muchos de los clichés que circulan acerca de los procesos de

conversión, de presuntos "lavados de cerebro" y demás oscuridades relacionadas con los grupos religiosos "estigmatiza-
dos" como "sectas". Así, por ejemplo, manifiesta lo siguiente:

> «Debo decir que a pesar de haber conocido y tratado a un nú-
> mero de miembros de organizaciones sectarias –gnósticos,
> devotos de Hare Krishna, niños de Dios, cienciólogos, segui-
> dores de Moon, testigos de Jehová– aún no me he topado con
> los zombis o robots que esperaba encontrar. He conocido,
> ciertamente, a individuos convencidos de sus creencias, con
> ganas de comunicarme su verdad y con capacidad discursiva
> para hacerlo. Tampoco he sabido descubrir la supuesta intole-
> rancia de los sectarios hacia las creencias de los demás y qui-
> zás por el hecho de haber asumido la marginalidad de sus cre-
> encias, en muchos casos me han parecido más dispuestos a
> aceptar la diversidad que el conjunto de personas integradas
> en el sistema convencional» (Prat, 1997:86-87).

Nos interesa ahora su "estudio de campo" con los Hare Krishna, y su planteamiento acerca de los "procesos de conversión".
Como él mismo recuerda, siguiendo a Robbins y Heirich, la
conversión implica una transformación radical de la identidad
y de la orientación vital, al tiempo que supone el tránsito de un
universo discursivo a otro; dicho de otro modo, implica una
reorganización radical de la identidad, del sentido y de la vida
(*o.c.*:105).

Hay conversiones súbitas y conversiones graduales, activas
y pasivas, pero la tipología más completa es la ofrecida por
Lofland y Skonovd, quienes distinguen seis formas de conversión: intelectual (cuando uno descubre por sí mismo una teodicea alternativa), mística (a través de una intensa experiencia
numinosa), experimental (el converso adopta una actitud de
comprobación ante los agentes interesados en convertirlo),
afectiva (en este caso las relaciones previas del converso desempeñan un papel fundamental), revivificadora (los grupos

carismáticos resultan paradigmáticos en este grupo y se caracteriza por el alto grado de excitación de tipo extático que se produce) y coercitiva (que implica la existencia de mecanismos de control mental, de persuasión coercitiva, de modificación del pensamiento y otros conceptos relacionados con el concepto clave de "lavado de cerebro", como forma de violencia encaminada a doblegar la voluntad de las personas (Prat, 1997:106-111).

Con todas las herramientas metodológicas y los modelos antropológicos considerados en los primeros capítulos del libro, Prat utiliza el "material etnográfico" acumulado sobre los Hare Krishna, estructurándolo a través de ocho "historias de vida", reconstruidas a partir de la observación de campo, y repetidas entrevistas a este número de devotos de Krishna. Visitas a la granja-templo que poseen en Brihuega, participación en varios *Rathayatra* y varios festivales del Guru Purnima, así como entrevistas particulares y visitas al templo de Barcelona durante unos cuatro años constituyen el material sobre el que realiza su estudio. No entraremos en las historias de vida ni en la reconstrucción del itinerario de la conversión que suele partir de una cierta "insatisfacción vital", pasando por la "búsqueda de alternativas", llegando en ocasiones "al borde del abismo" hasta alcanzar el "punto de inflexión" y la "conversión" decisiva, a través de la llamada de Krishna. Nos limitaremos a algunas de las conclusiones que nos parecen verdaderamente relevantes, tratándose de un grupo tan polémico y desprestigiado como lo fue Hare Krishna:

> «La teoría de la conversión como lavado de cerebro considera a los sujetos como una especie de zombis incapaces de plantearse ningún interrogante respecto de su nueva situación. Por el contrario, asimilan, obedecen, callan y no piensan. En todo caso, son sus *gurus* y líderes carismáticos quienes piensan por ellos, y la organización tiene la misión de sofocar cualquier razonamiento por tímido y poco lúcido que

sea. Pues bien, en mi experiencia, nada está más lejos de la realidad que esta imagen estereotipada. Mis informantes, después de su golpe de timón, y después de someterse a un largo y arduo proceso de conversión, iniciación y compromiso, están comparando continuamente su presente con su pasado; comparan, asimismo, el dentro (es decir, la vida que han decidido seguir en el seno del grupo) con el fuera (en este caso la vida convencional que habían vivido antes de su transformación vital)" (*o.c.*:167).

No se trata de pintar las cosas de rosa, pues en ocasiones puede detectarse el dogmatismo o exclusivismo a que tan acostumbrados estamos en los ambientes religiosos. Así, por ejemplo. Prat destaca que «en un lugar u otro de las entrevistas, mis interlocutores han manifestado su pleno convencimiento de que la filosofía que siguen no sólo es la correcta sino la única filosofía eterna que existe. Además, han insistido en que el proceso espiritual marcado por ISKCON es el único perfecto entre todas las vías religiosas que se conocen» (pág. 173).

Queremos concluir destacando las reflexiones finales de J. Prat, ya que indican con claridad el resultado de sus investigaciones antropológicas sobre las sectas, alejadas de los prejuicios dominantes. Después de plantear los relatos de conversión como relatos iniciáticos, en los que destaca la importancia del maestro iniciático, termina recuperando uno de los motivos centrales de su libro: «[...] que la impugnación de determinados grupos, instituciones o individuos no está motivada tanto por lo que éstos hagan o dejen de hacer, como por la mirada social, que excluye de las propias fronteras culturales y simbólicas a todos aquellos que son vistos como extraños» (pág. 196).

Haríamos bien en recordar, en una época de tolerancia superficial, las siguientes palabras, referidas a los miembros de muchos nuevos movimientos religiosos: «Al formalizar su entrada en el grupo, queda automáticamente excluido de las fronteras culturales convencionales. No sólo rechaza el *statu quo* que le ofrecía la sociedad dominante, sino que, a través de un aprendizaje absurdo y suicida –siempre desde la ideología externa– se convierte en un miembro de pleno derecho de una institución estigmatizada. Y con la decisión de optar por una alternativa no prevista por el fundamentalismo cultural vigente (V. Stolcke), se convierte –o lo convierten–, simbólicamente, en un "ser del umbral" (V. Turner) crónico, acreedor de las características de ambigüedad, contaminación y peligrosidad. Y la sociedad castiga su desafío imponiéndole una marca: la del estigma del extraño».

Podríamos decir que, de manera paradójica, este movimiento hindú, fundamentalmente tradicional, heredero del *bhakti yoga* de Chaitanya, se convirtió en uno de los símbolos de una Nueva Era, en la que Oriente se hacía ver y oír en Occidente, atrayendo a unos y haciendo sonreir a otros ante el exotismo desconcertante.

4.3.2. Swami Muktananda y la tradición siddha

Grande ha sido también la influencia de Swami Muktananda (1908-1982). Nace el 16 de mayo de 1908 en Mangalore, Sur de la India. A los 15 años se va a peregrinar como renunciante. Veinticuatro años después conoce a su maestro Bhagavan Nityananda, un gran santo (*avadhuta*). Tras nueve años estudiando con él alcanza la iluminación y Nityananda declara que toda su *shakti* (su energía psíquica-espiritual) ha sido transmitida a Muktananda. Antes de morir Nityananda en 1961 le encomienda la tarea de expandir el *siddha-yoga* por todo el mundo. En 1970 realiza su primer viaje a Occidente: Estados Unidos, Italia, Francia, Suiza y Gran Bretaña. Viajes que se repitieron cada vez más. En 1975 crea una fundación con ese nombre «*siddha yoga*» y llegan a existir más de 600 centros de meditación en todo el mundo. Estamos en pleno auge de la Nueva Era.

En 1981, cerca de su muerte, nombra sucesor a Mahaman-
daleshwar Swami Nityananda, pero seis meses después nombra
también a la hermana de éste, Gurumayi Chidvilasananda. A su
muerte, ambos asumen la dirección, pero tres años después sur-
girían problemas relacionados con la dirección del movimiento
en los que no vamos a entrar aquí. Se definen como seguidores
del *Vedânta advaita*. Todo es manifestación de Shiva (no cabe
duda de sus tendencias shivaítas). Aceptan la ley del *karma* y la
reencarnación y los liberados entran en *Siddhaloka*, "mundo de
éxtasis trascendente y de gozo donde viven todos los liberados»,
según Muktananda (Muktananda, 1978; 1993).

El *siddha yoga* se caracteriza por las sesiones en las que el
maestro –sólo los sucesores de Muktananda, después de él, pueden hacerlo– da *shaktipat*, con el objetivo de despertar el poder
de *kundalinî*. En realidad, la iniciación, necesaria para entrar en
el camino del *siddha-yoga*, puede darla el maestro por imposición de manos; mediante la mirada; a través de la palabra; o por
voluntad, por simple deseo del maestro (Muktananda, 1984). La
meditación y el canto devocional son las dos prácticas más características, sobre todo en torno al *mantra om namah shivaja*.
También el estudio de las escrituras religiosas y el servicio *(seva)*
se consideran importantes. La sede de la Fundación está en el
âshram de Gurudev Siddha Peeth en Ganeshpuri (la India). Aunque los últimos años de su vida, Muktananda pasaba más tiempo
en el centro creado en South Fallsburg, Nueva York.

4.3.3. Maharishi Mahesh Yogi y la Meditación Trascendental

Volvamos a la Meditación Trascendental y su difusor Maharishi Mahesh Yogi (1911), nacido en Jabalpur. En 1940 se li-
cencia en Física en Allahabad. Entra en relación con su maestro (durante quince años) Swami Brahmananda Saraswati
(Guru Dev) y al morir éste, Maharishi se retira dos años a una

cueva, donde practica y desarrolla la técnica de Meditación Trascendental (MT).

A partir de 1956 comienza a difundirla, pero con poco éxito, por lo que viaja a Gran Bretaña (1958) y Estados Unidos (1960), donde tiene muy buena acogida entre los hippies, en parte por el interés mostrado por los Beatles, especialmente por Georges Harrison. Abre un *âshram* en Rishikesh, en las laderas del Himalaya, no lejos del de Sivananda.

En 1972, tras siete días de silencio, Maharishi formula su Plan Mundial para llegar al mayor número posible de personas. El enfoque de Maharishi siempre ha sido innovador, así cada miércoles pronuncia un discurso que se retransmite a todo el mundo vía satélite.

En 1975 declara el comienzo de la Era de la Iluminación, que conducirá a una completa regeneración espiritual del mundo. El método con el que tomar conciencia de nuestro vínculo con la divinidad es la Meditación Trascendental que no pretende ser creación novedosa de Maharishi, sino que existe desde los Vedas y es transmitida por sucesivos maestros. El *mantra* no debe revelarlo quien lo ha recibido en una ceremonia de iniciación por uno de los profesores autorizados. Se supone que hay unos 16 *mantras* y el instructor de MT elige uno según las características del meditador.

Más tarde Maharishi creó el Curso de Siddhis, a fin de acelerar los beneficios de la MT. Con él, el practicante se convierte en un *siddha* y tiene que recitar algunos de los *sûtras* de Patañjali

Afirman que hay más de 5 millones de practicantes de MT en todo el mundo y unos 1.200 centros de práctica en 180 países.

El año 2000 Maharishi hizo una reforma profunda de la organización. Dio a conocer su proyecto *Vishwa Shanti Rasthra* (País global de la paz mundial), cuyo propósito es el establecimiento de la paz mundial mediante la MT. Pretende construir "tres mil palacios de la paz" en las ciudades más importantes del mundo y crear un Gobierno mundial (de su organización) con un rey y cuarenta ministros, bajo la autoridad espiritual de Maharishi. El rey ha sido ya entronizado: Su Majestad Vishwa Prashasak Raja Nader Naam, y el Gobierno mundial tiene su sede en Seelisburg, Suiza, donde reside Maharishi, y donde hay también una delegación de la Universidad Internacional Maharishi. Destaca también el *âshram* de Rishikesh y la sede central de la Universidad Internacional Maharishi en Los Ángeles.

Una de sus obras fundamentales es *La ciencia del ser y el arte de vivir*. En ella se traduce a un lenguaje sencillo y libre de connotaciones religiosas hindúes la filosofía *Vedânta* tradicional. Así, el Ser es obviamente la noción de Brahman, Ser puro que es Conciencia pura:

> «Por debajo del estrato más sutil de todo lo que existe en el campo relativo, está el campo absoluto, abstracto, del Ser puro, que es inmanifiesto y trascendental. No es ni materia ni energía. Es Ser puro, el estado de existencia pura (o de conciencia pura). Este estado de existencia pura subyace a todo lo que existe. Todas las cosas son expresión de esta existencia pura o Ser absoluto, que es el constituyente esencial de toda la vida relativa. El único, eterno, inmanifiesto, absoluto, se manifiesta a sí mismo en múltiples formas de vidas y existencias en la creación» (Maharishi, 1981:37):

También la noción del *karma* se introduce apuntando la posibilidad de una acción libre de *karma*, justamente porque surge desde un estado de meditación profunda, cuando la mente está inmersa en el Ser. Eso permite no sólo liberarse del *karma*, sino glorificarlo: «Si llevamos la actividad de la mente a un estado de quietud, y desde ese punto comenzamos la acción, se necesitará el mínimo de energía. La acción se realizará fácilmente y dará máximos resultados. La persona actuará estando establecida en la libertad eterna del Ser y, por tanto, no estará bajo la influencia absorbente del *karma*. Esto es habilidad en la acción. Podemos concluir, por consiguiente, que aunque la naturaleza del *karma* y la naturaleza del Ser son incompatibles, es posible glorificar el *karma* con la bienaventuranza del Ser. Es posible para un hombre vivir en el campo de la acción y, con todo, vivir simultáneamente una vida de libertad eterna en la conciencia de felicidad del Ser absoluto. Es posible que un hombre actúe en el mundo con interés total y además viva simultáneamente en la conciencia divina, uniendo así los valores de la existencia absoluta y relativa. Revelar esto al hombre es el propósito de este libro» (Maharishi, 1981:61).

La sabiduría hindú ha sido siempre ante todo una forma de vida. También aquí Maharishi recrea la posibilidad de vivir la vida cotidiana sin perder la fusión con el Absoluto. Antes al contrario, es esa infusión de la conciencia individual en la conciencia cósmica la que permite desplegar la inteligencia creativa que es connatural al Ser absoluto:

> «El arte de vivir requiere que la mente esté en comunión constante con el estado absoluto de la vida, de forma que, no importa lo que piense o la acción en la que se ocupe, nunca se separe de la influencia directa del Ser eterno, absoluto. El arte de vivir, pues, radica en que la mente cultive dentro de sí misma el estado eterno del Ser absoluto. En este estado la infusión constante y continua del Absoluto en la propia naturaleza de la mente llega a ser la realidad viva de la vida diaria» (Maharishi, 1981:103).

Esa filosofía integral incluye también una "filosofía del pensar" que, no obstante, se desmarca de la creciente tendencia –en ciertos sectores más populares de la Nueva Era– a enfatizar el pensamiento positivo y muestra que se ha de vivir no desde el pensamiento –por positivo que éste sea– sino desde el nivel del Ser puro, de la Conciencia pura: «La filosofía del pensar positivo debe ser reemplazada por la filosofía del Ser. No es la ciencia de la mente la ciencia más elevada y más útil de la vida: es la ciencia del Ser la que tiene la condición suprema entre las ciencias de la vida y del vivir. Vivir con la esperanza de conseguir abundancia y plenitud de vida a través del pensar positivo, simplemente equivale a correr tras espejismos o levantar castillos en el aire» (Maharishi, 1981:124).

De este modo, Maharishi reactualiza con sencillez la sabiduría yóguica y vedántica, invitando a un estado de conciencia "más allá de la mente", desde el cual vivir y actuar en la vida cotidiana. No hace falta insistir en cómo las fechas de su desarrollo corresponden plenamente al amanecer de la Nueva Era, una "Era de la Iluminación", cuyo comienzo hemos visto que declaraba en 1975, exactamente un siglo después de que Blavatsky fundara la Sociedad Teosófica (1875).

4.3.4. Bhagwan Shree Rajneesh (Osho): terapia y meditación

Uno de los casos más representativos de la (post)"modernización" del hinduismo es el de Bhagwan Shree Rajneesh (Osho), nacido en 1931 y fallecido tras polémicas circunstancias en 1990. Osho afirma que alcanzó la iluminación definitiva a los 22 años (el 21 de marzo de 1953), aunque lo mantuvo en secreto hasta 1971, mientras estudiaba filosofía y se convertía en profesor universitario y orador multitudinario en toda la India. Es también en la década de los sesenta cuando empieza su influencia (en 1962 comienza a crear "campos de meditación") y en los setenta cuando crece de manera espectacular; así en 1970 crea las "meditaciones dinámicas" que pasarán a ser una de sus prácticas más innovadoras y célebres. Ese mismo año inicia al primer grupo de "neo-sannyasins", con tales características que supone un abierto desafío a la tradición hindú. El modelo de vida es "Zorba, el Buda", lo mejor de Occidente y lo mejor de Oriente, la meditación y la psicoterapia, a través de técnicas catárticas que permitan la des-represión (también sexual, pero no sólo) y faciliten la posterior meditación. En 1968, cual marcusiano rebelde del mayo francés, ofrece unas conferencias en Bombay (pronto prohibidas por su visión de la liberación sexual al servicio de la experiencia espiritual) que se convertirán al ser publicadas en su libro más vendido: *Del sexo a la superconsciencia*. Osho presentará una versión del *tantra* un tanto personal y polémica –como todo en él, que desde su infancia destaca por su carácter rebelde, provocativo y desafiante–, con la idea central de la sacralidad del sexo, una sacralidad que, en su caso, no implica la abstinencia y el celibato propios del monje y del *sannyâsin* tradicional, sino la superación y trascendencia del sexo sin represión, por vivencia a fondo de éste, y por comprensión de que es posible vivirlo de otro modo, con otro enfoque, con otro sentido, y una vez vivido y conocido, transcenderlo agradeciendo que él nos ha podido mostrar los primeros vislumbres de aquello que posteriormente la meditación podrá ofrecernos. Sea cual sea la opinión que esto nos merezca, lo cierto es que a partir de esa fecha sería conocido como "el guru del sexo" (además del *guru* de los 93 Rolls Royce que realmente llegó a poseer y que tanta polémica ocasionaron).

Nos interesa el caso Rajneesh como ejemplo de esa fusión entre terapias occidentales recientes y meditación como camino de descubrimiento de la conciencia pura. Efectivamente, Osho empleaba en su *âshram* de Poona y en el rancho de Oregón, la terapia primal, terapia Gestalt, grupos de encuentro en los que la desnudez y el contacto de los cuerpos con fines des-represivos se llevaban a cabo, así como meditaciones dinámicas y de *kundalinî*, danzas salvajes, técnicas de bionergética, etc. Pero siempre insistió en que todo ello no era el objetivo, sino la primera parte, necesaria como limpieza y purificación de las represiones e inhibiciones acumuladas durante siglos, preparación para la calma posterior y poder profundizar en la meditación silenciosa, corazón de las enseñanzas de Osho, tanto como de Maharishi Mahesh Yogi, Guru Maharaji y buena parte de los maestros espirituales (o pseudomaestros, no estamos juzgando ese punto ahora) que se han abierto camino en Occidente. Pronto veremos que el Instituto Esalen, en California, estandarte del Movimiento del Potencial Humano y laboratorio experimental de muchas de las actuales terapias innovadoras, estaba funcionando desde 1962. El propio Osho hace referencia, a comienzos de los ochenta a tal centro y trata de mostrar la diferencia que los separa: «Es ahí donde esta comuna difiere de institutos como Esalen. Ellos terminan con los grupos, nosotros comenzamos con los grupos. Donde ellos terminan, ése es el punto en el que nosotros empezamos» (Osho, 2001:274).

La des-tradicionalización que hemos insinuado característica de la Nueva Era la vemos con claridad en muchas palabras de Osho: «Mi trabajo consiste en erradicar las tradiciones, ortodoxias, supersticiones y creencias de tu mente, para que puedas alcanzar el estado de no-mente, el estadio absoluto del silencio, donde, en el lago de tu conciencia, no se mueve ni un pensamiento, ni siquiera una onda» (Osho, 2001:165).

Podría decirse que si la revolución naranja de Rajneesh comienza con el *tantra*, su predilección última mostrará ser hacia el Zen. Ya el último de sus nombres, Osho, procede del Zen japonés. En 1988, sus últimos discursos versan sobre el Zen. Las siguientes palabras son suficientemente explícitas, incluso acostumbrados a la radicalidad abrupta de su decir: «Ésa es la gran diferencia entre todas las religiones de un lado, y el Zen en el otro lado. Todas las religiones excepto el Zen están muertas. Se han convertido en teologías fosilizadas, sistemas filosóficos, doctrinas, pero se han olvidado del lenguaje de los árboles. Se han olvidado del silencio en el que incluso los árboles pueden ser escuchados y entendidos. Se han olvidado de la alegría que produce el ser natural y espontáneo en el corazón de todo ser viviente».[11]

---

11.   La cita continúa con estas palabras: «Llamo al Zen la única religión viva porque no es una religión, sino sólo una religiosidad. No tiene un dogma, no depende de ningún fundador. No tiene pasado, de hecho no tiene nada que en-

Sincretismo y rechazo de las formas e instituciones religiosas autoritariamente jerárquicas pueden señalarse como dos características destacadas de la Nueva Era, ambas compartidas en grado sumo por este provocador maestro de meditación que conoció la gloria de cientos de miles de discípulos que le "adoraban" y la amargura de su paso por seis cárceles estadounidenses –acusando años después al Gobierno de haber sido envenenado con talio en ellas–, y de ser objeto del repudio y las acusaciones más duras por parte del Gobierno Reagan y de predicadores fundamentalistas cristianos que creyeron ver en él al anti-Cristo. Veinte países le negaron la entrada tras ser deportado de Estados Unidos.

Aunque es difícil hablar de una doctrina o de un sistema filosófico en este *guru* rebelde y ante todo crítico, merece la pena recordar algunos de los 21 principios básicos que enumera en *From Unconsciousness to Consciousness*:

1. Ninguna filosofía, ninguna doctrina o religión puede contener toda la verdad. La verdad no se puede reducir a palabras, ideas o conceptos. La vida no es un problema que haya que resolver, sino un misterio que hay que vivir.

2. Todos los seres humanos tienen el potencial suficiente para descubrir su esencia divina. No hace falta ningún intermediario, ningún salvador, ninguna doctrina, ninguna religión.

3. Nadie puede darte tu realización y nadie puede impedírtela. No hay un camino preestablecido. Cada ser humano ha de caminar su propio camino.

5. La duda y la libertad son la base para buscar la verdad. No te conformes con, ni te aferres a creencias que no sean por experiencia propia. Busca la verdad y la libertad por ti mismo.

---

señarte. Es la cosa más extraña que ha sucedido en toda la historia del género humano; extraña porque disfruta del vacío, florece en la nada. En la inocencia se completa, en el no-saber. No discrimina entre lo mundano y lo sagrado. Para el Zen todo lo que hay es sagrado» (*o.c.*:310).

13-14: Mi propuesta es el nacimiento de un *hombre nuevo*... A este hombre nuevo le llamo *Zorba el Buda*. Un ser humano que reúne una actitud afirmativa, alegre y espontánea, capaz de vivir y celebrar los aspectos terrenales de la vida, como Zorba, con las cualidades de Gautama el Buda, un ser que representa el florecimiento del potencial espiritual del ser humano.

15. Sé creativo, por el gozo puro que aporta la creatividad. La creatividad es una fuente de felicidad en sí misma y no tiene nada que ver con la búsqueda de reconocimiento.

19. La muerte es la mayor ficción. Meditar significa entrar en tu inmortalidad, en tu eternidad, en tu divinidad.

20. Mi esfuerzo es procurar unir Oriente y Occidente, ciencia y meditación. La ciencia es la observación y la investigación del mundo objetivo, el mundo de la materia. La meditación es la observación y la investigación del mundo subjetivo, el mundo del espíritu.

21. Mi confianza en la existencia es absoluta. Si hay algo de verdad en lo que os he dicho perdurará. Aquellos que están interesados en mi tarea llevarán la antorcha, pero sin imponer nada a nadie.

Vemos en estos principios la radicalidad liberadora que caracteriza la enseñanza revolucionaria de este ex profesor de filosofía que sigue vivo a través de las abundantes publicaciones de sus discursos; él, que tanto habló, tan poco escribió y tan amante del silencio se mostró. Meditación oriental y terapias psicológicas surgidas del movimiento del potencial humano se funden de modo original y polémico en uno de los más influyentes representantes de una espiritualidad postmoderna, con muchos puntos de contacto con la Nueva Era.

4.3.5. El papel de la mujer como maestra espiritual

Destaquemos finalmente la creciente presencia de la mujer encarnando la figura de la "maestra espiritual" en el sentido más pleno. Si en la primera mitad del siglo XX destacan las figuras de Ma Anandamayi (1896-1982) y de Mirra Alfassa (1876-1973), compañera espiritual de Sri Aurobindo y co-creadora del Yoga integral –a quien ya hemos señalado, con Heelas, como pionera indirectamente relacionada–, en las últimas décadas encontramos varias maestras de enorme influencia, de las que nos limitaremos a destacar tres:

Shri Mataji Nirmala Devi (1923) nace en Chindwara, en el seno de una familia cristiana. Estudia medicina y psicología en Lahore. El 5 de mayo de 1970, en una playa de Nargol, a 150 km de Bombay, tiene la revelación de un método de auto-realización para todo el mundo, para "contactar" personalmente con la Divinidad: ese método es el *sahaja yoga*. Fundará la Escuela de Sahaja Yoga o Vishva Nirmala Dharma.

Ha escrito varias obras, entre ellas, *La era meta-moderna*. Su trabajo se centra en el despertar de *kundalinî* y cabe destacar su insistencia en que cada uno se ha de convertir en su propio maestro. Existen centros en 48 países y afirman que hay unos 100.000 practicantes habituales.

Mata Amritanandamayee (1953), más conocida como Amma, nace el 27 de septiembre de 1953 en la costa sudoeste de la India. Tiene desde la infancia visiones divinas y se le aparece la Madre divina (*Maha Devi*) y siente que su tarea es dar consuelo y bienestar a la humanidad. A los 22 años (1975) comienza a difundir su mensaje por todo el mundo y funda un *âshram* con sus discípulos (en la ciudad de Amritapuri). No ha escrito, pero algunos libros recogen sesiones de preguntas y respuestas; por ejemplo, *Para mis hijos* (1997). Se considera dentro del Vedânta advaita, pero afirma que la esencia de todas las religiones es la misma y que hay un solo Dios. Su mensaje se dirige a todo el mundo y no sólo a los hindúes. Sus prácticas son: *karma yoga*, *japa*, *satsang* y meditación (recomienda meditar dos horas al día).

Son célebres sus *darshan*, en las que Amma –por muchos de sus discípulos considerada una Encarnación de la Madre divina– abraza a los devotos que a ella acuden, durante unos instantes, produciéndose esa "transmisión de Gracia divina" que caracteriza el *darshan* del verdadero maestro/a. En esos momentos se dan los *bhâva darshan*, entendidos como la manifestación de diferentes estados divinos por una encarnación de lo Divino. Amma se dice que encarna en ocasiones a Krishna, otras veces a Devi, la Diosa. Frente a la idea frecuente de que sólo en esos momentos Amma se halla en comunicación o unión con Krishna y Devi, uno de sus biógrafos más autorizados afirma lo siguiente: «Algunos todavía piensan que el Señor Krishna y Devi visitan el cuerpo de Amma tres veces por semana y abandonan su cuerpo al final del *darshan*. Esta creencia errónea procede de una equivocada comprensión de los estados divinos de Amma. Los *bhavas divinos* no son más que la manifestación de su estado de unión constante con el Supremo y no tienen nada que ver con la posesión o la gracia divina tal como se entiende comúnmente» (Amritaswarupananda, 2000:227).

La organización impulsa multitud de proyectos sociales: escuelas, alojamientos para los sin techo, hospitales, residencias de ancianos, una red de distribución de comida gratuita, un sistema de pensiones para viudas y mujeres sin recursos, una escuela para sordomudos, un movimiento de defensa medioambiental, etc.

En los dos últimos Parlamentos mundiales de las religiones ha estado presente de manera destacada, impartiendo conferencias especiales, por ejemplo en el de Barcelona clausurándolo. En el año 2005 se presenta en el festival de cine de Cannes una película sobre ella, titulada *Darshan*.

Madre Meera (1961), disfrutó también desde muy joven de

poderosas experiencias espirituales, que se intensificaron en su visita al *âshram* de Sri Aurobindo y Mirra Alfassa en Pondicherry. A partir de entonces afirma estar en contacto con ellos y seguir su trabajo, hablando ahora de manera especial de «la luz del *Paramâtman*». Hace años que reside en Talheim (Alemania) y acude gente de todo el mundo a recibir *darshan* por medio de una transmisión silenciosa pero potente.[12]

En ella vemos esa constante de la Nueva Era, la afirmación de la intensa transformación en curso que afecta a toda la humanidad:

> «La conciencia de la humanidad está siendo preparada para grandes cambios y descubrimientos. Si es posible se hará de manera suave. Pero algunas cosas tendrán que ser destruidas, pues donde no hay apertura ha de haber destrucción. No obstante, Dios está dando al ser humano una gran oportunidad. Muchas personas divinas están ahora aquí en la Tierra. Estamos mostrando una salida; le estamos ofreciendo la Luz divina, el conocimiento divino. Estamos trayendo a la conciencia de la Tierra la conciencia divina. Ahora le toca elegir al ser humano, que es libre. Dios no obligará a sus hijos a que hagan nada. Él quiere su amor libre. La Gracia y el amor están siempre ahí» (Meera, 1991:9)

Así como Sri Aurobindo se centró en la noción de conciencia-energía supramental, Madre Meera articula su trabajo en torno a la idea de *Paramâtman* –la realidad suprema en la tradición hindú–:

> «*Paramâtman* es la Luz infinita, y es la Fuente de todo, de todo ser, de todo conocimiento, de toda dicha, de toda paz, de

---

12.   He narrado mi experiencia con ella en V. Merlo, «Testigos de la luz supramental», *Savitri*, n° 16, vol. X., Barcelona, Fundación Sri Aurobindo, 1994.

cada *âtman*, de cada alma [...]. Su Luz tiene la cualidad del amor, la gracia, el poder, la dicha, el conocimiento. [...] Yo experimento *Paramâtman* como Luz. Generalmente blanca, pero a veces tiene distintos colores» (Meera, 1991:13-14).

Mucha gente, sobre todo sus discípulos, aceptan su condición de *avatar*, como ya sabemos símbolo para la Encarnación de lo Divino y parte de la filosofía de la historia tradicional de la India y actualmente título proclamado por no pocos "maestros espirituales". Ella misma expone dicha noción: «El Avatar es una encarnación directa de Dios. Cada Avatar tiene una tarea distinta que cumplir...», pero «todos los Avatares y *gurus* tienen el mismo propósito de elevar a la humanidad hacia Dios, aunque los caminos y las técnicas sean diferentes» (Meera, 1991:29).

El *dharsan* que celebra durante los fines de semana carece de todo ritual y toda forma exterior. Ni siquiera la palabra es empleada. Todo ello sucede en silencio. Así lo explica ella misma, ante una pregunta formulada:

Pregunta: ¿Por qué su *dharsan* se realiza de manera tan simple, por ejemplo, sin cantos?

Respuesta: La gente está demasiado activa y rara vez se sientan en quietud. Estando en silencio uno puede recibir más porque todas las actividades están concentradas en un punto, Mi enseñanza consiste sólo en dar la esencia, lo Divino, aquello que se necesita. Yo doy exactamente a cada uno lo que necesita. *Paramâtman* está en silencio. Dios es silencio. Todo procede del Silencio. En el silencio se puede trabajar mejor. La verdadera experiencia de dicha es sin palabras (Meera, 1991:50).

Una de las partes del *dharsan* es *pranam*, el momento en que el "discípulo", o simplemente el buscador que llega a su presencia, se inclina ante ella y luego se levanta para mantener un largo cruce de miradas. Veamos su respuesta cuando se le pregunta qué sucede en esos momentos:

Pregunta: Al hacer *pranam,* miramos a sus ojos en silencio, ¿qué hace usted en esos momentos?

Respuesta: Estoy mirando cada rincón de vuestro ser. Estoy mirando todo lo que hay en vuestro interior para ver dónde puedo ayudar, dónde puedo sanar y dar fuerza. Al mismo tiempo, estoy dando Luz a cada parte de vuestro ser. Estoy abriendo cada parte de vuestro ser a la Luz. Cuando estéis abiertos sentiréis y veréis esto con claridad (Meera, 1991:52).

Ahora bien, este rasgo que hemos señalado en la tradición hindú actual, el auge de la mujer en la dirección espiritual, puede verse y de manera más acusada en todo el campo de la Nueva Era. En efecto, el "movimiento feminista", que junto al ecologista y el pacifista puede verse como una corriente cultural cuyas relaciones con la Nueva Era son más o menos estrechas, puede leerse a la luz de ese despertar espiritual de la mujer que destaca en muchos campos. Por una parte, un buen número de quienes han canalizado las principales enseñanzas de la Nueva Era son mujeres. Baste recordar los nombres de Helena Petrovna Blavatsky, Annie Besant, Alice Bailey, Jane Roberts, Helen Schucman, J.Z. Knight, G. Gualdi, Sanaya Roman, Ruth Montgomery, Barbara Marciniak, Barbara Hand Clow, y tantas otras. Podría pensarse que hay un número similar de varones que canalizan, pero parece claro que entre los más célebres e influyentes el número de mujeres es bastante más elevado. Algunos pensarán que justamente la actitud de "canal" corresponde a la mayor "receptividad" de la mujer y que es en ese campo donde destacan. Creemos que no sólo es así. En cualquier caso, todo el movimiento del despertar la diosa que cada mujer lleva dentro activa un arquetipo muy poderoso en la Nueva Era, y tanto en publicaciones como en cursos vemos la importancia de esta faceta. Baste pensar en las obras de Jean Houston, Jean Shinoda Bolen (1993) o Jennifer Woolger (1987), en una línea que recoge lo que podríamos llamar la herencia Jung/Campbell.

Sobre la importancia de la interpretación –entre junguiana y perennialista– que de la mitología universal hizo Joseph Campbell y su influencia en ciertos ambientes Nueva Era ha llamado la atención Massimo Introvigne (2005) indicando cómo el rechazo de la mentalidad patriarcal ha ido acompañado de la introducción de un modelo femenino "feminista", pudiendo decirse que «la Diosa vuelve del exilio». Un buen ejemplo es la obra de los Woolger (1987) en la que proponen el descubrimiento de los arquetipos de seis divinidades femeninas de la Grecia antigua: «Así, las mujeres de las metrópolis modernas que buscan el éxito profesional se identifican con Atenea; cuando afirman su independencia, redescubren a Artemisa, mientras que la imagen de Afrodita les ayuda a vivir una sexualidad liberada, fuera de las convenciones. Hera, ayuda a las mujeres a ejercer su justo poder, a convertirse de nuevo en "matriarcas". Perséfone, la reina de los muertos, les pone en contacto con el mundo de los espíritus y les guía en las experiencias "transpersonales". En fin, Demeter ayuda a las mujeres a redescubrir su papel de madres sin renunciar al feminismo» (Woolger, 1987; cit. por Introvigne, 2005:186).

En el neopaganismo feminista que tanto éxito está teniendo en Estados Unidos, aunque la relación con la Nueva Era resulta tangencial, hay casos muy llamativos y destacados, como el de Z. Budapest o –sobre todo– Starhawk (Miriam Simos, 1951), estrella de la magia contemporánea desde la aparición de su obra *The Spiral Dance A Rebirth of the Ancient Religion of the Great Goddess* (1979). A sus 28 años se vió lanzada a una fama que no ha hecho sino crecer (algo comparable a K. Wilber, dos años menor que ella, quien también a los 28 años comienza su meteórica carrera con *El espectro de la conciencia* que vió la luz en 1977). En su último libro nos recuerda que «ser una bruja (una practicante de la antigua religión de la Diosa) o una pagana (alguien que practica una tradición espiritual basada en la tierra) es algo más que adoptar una nueva serie de términos y costumbres, y tener un vestuario de vestidos flotantes. Es entrar en un universo distinto, un mundo que está vivo y es dinámico, en el cual todo es parte de una totalidad interconectada, en la que todo está siempre hablándonos, como sabremos si somos capaces de escuchar. Una bruja no sólo ha de estar familiarizada con los planos místicos de la existencia más allá del ámbito físico; debería estar familiarizada también con los árboles y las plantas, los pájaros y los animales de su entorno, saber cómo se llaman, conocer sus hábitos y qué parte desempeña cada uno en el conjunto. Debe entender no sólo los aspectos simbólicos de los ciclos lunares, sino también el funcionamiento efectivo de los ciclos del agua terrestre, de los minerales y de la energía. Debe conocer la importancia del ritual en la construcción de la comunidad humana, pero también entender la función de los micro-organismos del suelo en la comunidad natural en la que la comunidad humana se halla inmersa» (Starhawk, 1965:7).

Toda su obra es una ilustración de la re-valorización y re-sacralización de la tierra, o mejor de los cuatro elementos (fuego, tierra, aire, agua) que tan bien recreados se hallan en esta obra que termina tratando de colaborar en la sanación del planeta *(o.c.*:215-223)

En fin, otros muchos nombres de mujeres destacadas en la Nueva Era podrían citarse, como los de Chris Griscom, Marianne Williamson, Shirley MacLaine, Shakti Gawain, Marilyn Ferguson, Dorothy MacLean, Eileen Caddy (estas dos últimas también canalizadoras, cofundadoras de Findhorn), etcétera.

Después de estas pinceladas por corrientes budistas e hindúes, me gustaría detenerme en un autor que objetivamente ha influido de manera más o menos directa en muchos de los autores que nos ocupan (Rudhyar, Wilber, Grof, Almaas, Trigueirinho, etc.) y que personalmente ha desempeñado un papel crucial, como ya hemos visto, en mi trayectoria particular, así que me permitiré dedicarle algunas páginas, intentando en esta ocasión mostrar algunos paralelismos con el esoterismo occidental tradicional, de modo que su coincidencia significativa con algunos enfoques más precisamente Nueva Era salte a la vista.

4.4. *Del hinduismo clásico de Shankara al neohinduismo de Sri Aurobindo: el anuncio profético de una Nueva Era supramental*

A pesar de los intentos de llevar a cabo un proyecto de "religiones comparadas", a pesar de los esbozos de formulación y desarrollo de una *philosophia perennis*, a pesar de la actualidad de la elaboración de una espiritualidad holística, ecológica y planetaria,[13] lo cierto es que es muy difícil no otorgar cierta prioridad a una determinada tradición, no partir de ella o desembocar en ella, por haber sido formado en ella, por haber bebido de sus fuentes

13.   Véase una muestra de ellos en las últimas obras de Leonardo Boff; por ejemplo, Leonardo Boff, *La voz del arco iris*, Madrid, Trotta, 2003. Intentando caracterizar la espiritualidad y haciéndola surgir de una razón emocional, sacramental y simbólica, dice: «Cuando hablamos de espiritualidad pensamos en una experiencia de base omnienglobante con la cual se capta la totalidad de las cosas exactamente como una totalidad orgánica, cargada de significación y de valor [...]. Espiritualidad es la actitud que pone la vida en el centro, que defiende y promueve la vida contra todos los mecanismos de disminución, estancamiento y muerte. En este sentido, lo opuesto a espíritu no es cuerpo, sino muerte, tomada en su sentido amplio de muerte biológica, social y existencial (fracaso, humillación, opresión). Alimentar la espiritualidad significa estar abierto a todo lo que es portador de vida, cultivar el espacio de experiencia interior a partir del cual todas las cosas se ligan y se re-ligan, superar los compartimentos estancos, captar la totalidad y vivenciar las realidades –más allá de su factibilidad opaca y a veces brutal– como valores, evocaciones y símbolos de una dimensión más profunda» (pág. 123). «La espiritualidad parte no del poder, ni de la acumulación, ni del interés, ni de la razón instrumental; arranca de la razón emocional, sacramental y simbólica. Nace de la gratuidad del mundo, de la relación inclusiva, de la conmoción profunda, del sentimiento de comunión que todas las cosas mantienen entre sí, de la percepción del gran organismo cósmico empapado de huellas y señales de una Realidad más alta y más última» (pág. 124).

de manera más significativa, por condicionamientos histórico-culturales, por causas kármicas o por sintonía personal. Por poner algunos ejemplos, en el caso de L. Boff es bien sabido que es el cristianismo (catolicismo franciscano) su referente último, por más que «el nuevo Pentecostés y el evangelio pueda ser articulado en las incontables lenguas humanas», y se afirme que: «solamente un cristianismo de rostro asiático, africano, indio-afro-latino-americano y occidental pueda expresar el sueño de Jesús como propuesta de sentido y de esperanza para todos los que se abran a él» (Boff, 2003:198). En el caso de H. Corbin, su influencia mayor es la gnosis teosófica de la tradición islámica; en K. Wilber –pese a la riqueza de influencias de diferentes tradiciones– cabe decir que el es el budismo (especialmente el Vajrayâna tibetano) el que constituye el referente último; en el caso de la teosofía de Blavatsky, pese a los intentos de mostrar que su columna vertebral ha sido siempre el esoterismo occidental, secularizado en tanto ocultismo moderno (Hanegraaff), en mi opinión su raíz más profunda se hallaría en la India, a mitad de camino entre el hinduismo y el budismo, especialmente el primero; en la síntesis antroposófica de R. Steiner vemos referencias al hinduismo y al budismo, así como a ciertos esquemas teosóficos, pero no cabe duda de que nos encontramos ante un esoterismo claramente cristocéntrico (rosacruz); en H. Nasr es también el islam, en la lectura esotérica guenoniana; y en el caso del propio Guénon, asistimos de nuevo a múltiples influencias, de las que cabría destacar el cristianismo esotérico (en su juventud), el *Vedânta* hindú shankariano (en su madurez) y el Islam (en su última época, dando la importancia que tiene a su conversión a la última de las grandes religiones).

Nos interesa el caso de Guénon porque sus primeras obras sistemáticas representan una lúcida exposición de un modelo de *philosophia perennis* articulado sobre todo desde "la metafísica oriental", lo cual sabemos que significa en su caso, ante todo, el Vedânta advaita shankariano –quizás con matices procedentes ya de Vijñanabhikshu (Guénon, 1983; 1984; 1988)–.

Pues bien, no puedo ocultar que la tradición más influyente en mi pensamiento ha sido la hindú y concretamente su presentación neo-hindú, y en particular, como influencia mayor, el *Vedânta* integral (*pûrna advaita*) de Sri Aurobindo. Tampoco quiero ocultar que compartiendo el primer lugar con el *Vedânta* hindú mi formación debe mucho a lo que podríamos llamar ya la "tradición teosófica contemporánea" (Blavatsky, Bailey, Omnia, etc.). Sería interesante mostrar en otro lugar, con más detenimiento, hasta qué punto las semejanzas (entre Sri Aurobindo y Bailey, por ejemplo, por dar cita a mis dos influencias principales) son significativas. En cualquier caso, me gustaría simplificar la presentación y hablar en primer lugar desde la tradición hindú (hermenéuticamente reactualizada por Sri Aurobindo) y, en segundo, desde el esoterismo (post)teosófico contemporáneo, para articular una espiritualidad a la altura de nuestro tiempo.[14]

Sin olvidar la impresionante riqueza de la tradición hindú, desde los himnos del *Rig-veda* hace unos treinta y cinco siglos hasta Tagore, Gandhi, Radhakrishnan o Sri Aurobindo en el siglo XX, pasando por las *Upanishads*, las dos grandes epopeyas (*Mahâbhârata* y *Râmâyana*), los *Purânas*, los *Âgamas*, los *Tantras*, los *Sûtras* y los *Bhasyas* (aforismos fundacionales y tratados sistemáticos) de los seis sistemas ortodoxos –*Brahmâ-sûtras*, *Yoga-sûtras*, etc.–, la poesía mística de los Alvars, y tantos otros textos y autores destacados, podemos decir aquí que cabe distinguir dos modelos principales de espiritualidad hindú.[15] Para mayor claridad los denominaré "*Vedânta* shankariano" y "Yoga aurobindiano", en honor de sus dos máximos represen-

---

14. Es interesante llamar la atención sobre la coetaneidad de ambas obras. La obra de A. Bailey acaece desde 1919 hasta 1949, la de Sri Aurobindo desde 1914 hasta 1950.

15. Me he ocupado con mayor detenimiento de la tradición hindú en varias obras anteriores (Merlo, 1996; 1998; 1999; 2001; 2003). Me permito, por ello, realizar aquí grandes generalizaciones que merecerían ser ampliamente matizadas.

tantes: Sri Shankarâcharya (siglos VIII-IX) y Sri Aurobindo (siglo XX). Ambos podrían ser considerados hoy como dos destacados hermeneutas de la tradición hindú: el primero, del brahmanismo ortodoxo clásico, el segundo del moderno neohinduismo evolucionista. Ambos pretenden representar fielmente la tradición hindú, ambos han ofrecido amplios comentarios a los textos fundacionales de su tradición (*Vedas, Upanishads, Bhagavad-gîtâ, Brahmâ-sûtras*), y tanto uno como otro pretenden que su "filosofía" constituye el verdadero sentido del hinduismo. Shankara se quiere fiel a la ortodoxia brahmánica y rechaza cualquier innovación, acorde con su actitud tradicional; Sri Aurobindo se sabe innovador, original y creativo, pero no por ello renuncia a la fidelidad al hinduismo, sólo que concibe la tradición no como la transmisión repetitiva de un conjunto de conocimientos y de rituales, sino como transmisión re-creadora y actualizadora de una sabiduría atemporal que tiene su centro más firme en la Realización espiritual (metafísica, diría Guénon) del sabio-vidente (*rishi*) que ha visto o escuchado el *Veda*, la Palabra primordial, el Sonido creador, el Silencio originario; el *jîvanmukta* (liberado-en-vida) que ha des-cubierto la Realidad última (*Brahman* o *Purusha*), y se ha unido a ella (*yoga*), al modo de comunión personal, o ha recobrado la conciencia de su identidad central, su no-dualidad entre el núcleo de su ser, su yo, su sí mismo (*âtman*) y el Absoluto impersonal o transpersonal (Brahman). La plenitud existencial del *rishi*, del *jîvânmukta*, fácilmente le convierte en maestro espiritual (*guru*), capaz de mostrar el camino al buscador sincero, capaz de conducirle de la oscuridad a la luz, de la ignorancia al conocimiento y de la muerte a la inmortalidad.

4.4.1. El no-dualismo acosmista shankariano

Puede decirse que la versión del no-dualismo shankariano, desde su propuesta de unificación y esencialización de la tradición hindú, se ha convertido en la versión más conocida del hinduismo, hasta el extremo de presentarse en ocasiones como si pudiera representar a todo el hinduismo. Esto no es así. Ni siquiera el *Vedânta* puede identificarse con el no-dualismo acosmista de Shankara. Sin embargo, el orientalismo decimonónico colaboró en ello prestigiando especialmente el *Vedânta* de la India eterna.

Cada vez más estamos aprendiendo a ver en el "orientalismo" inicial una construcción europea de la identidad de la India, motivada por la búsqueda de la diferencia de esa cultura "otra", frente a la cual destacaba en su brillo la propia identidad de la cultura europea, construcción cuya validez y exactitud está siendo duramente cuestionada (King, 2003, 1999; Inden, 2000; Pániker, 2006). Nada mejor para ello que resaltar un pensamiento ajeno a la historia, en el que subyace como criterio de realidad la discriminación entre lo eterno y lo efímero. No sólo la historia y el devenir, el tiempo y una posible evolución son ajenos a esta visión; tampoco la naturaleza y el cosmos manifestado en su conjunto resultan de gran valor, ni siquiera son "verdaderamente reales". Todo ello es lo que indica la equívoca noción de *mâya*. De la raíz *mâ* (medir, delimitar) y etimológica y semánticamente relacionada con "madre", "matriz", toda la "madre naturaleza" (*prakriti*) es des-valorizada y des-prestigiada en esta cultura claramente patriarcal y androcéntrica (como todas las culturas conocidas durante la mayor parte de la historia) en la que el *purusa* (espíritu, pero también y en primer lugar Hombre/Varón) se presenta en ocasiones (desde el famoso *Himno al Purusa del Rig-veda*) como la estructura última de la realidad.

Efectivamente, mucho se juega en el modo de entender la noción de *mâya*. Si se interpreta como "ilusión" e "irrealidad" y se declara que «todo el mundo es *mâya*», esta "gnosis" (una de las traducciones más apropiadas de *jñâna*, el conocimiento liberador y salvífico, la sabiduría máxima en el no-dualismo), esta gnosis acosmista difícilmente puede evitar convertirse en una "religión de huida del mundo", si no en una demonización –típicamente gnóstica– de la creación en su conjunto. Las matizaciones intelectuales del *Advaita* distinguiendo la "(i)realidad empírico-fenoménica" del mundo de la "irrealidad absurda y (onto)lógicamente imposible e impensable" de ficciones como "el hijo de una mujer estéril" o "el cuadrado redondo", pero también de la verdadera realidad (eterna, atemporal, inmaculada, pura), dan la impresión de no ser otra cosa que piruetas de la razón discursiva que no desata el nudo del problema, sino que lo corta de cuajo.[16]

Sea como sea, parece innegable que esta presentación del *Advaita*, que será básicamente compartida por maestros espirituales del siglo XX de la talla de Ramana Maharshi o Nisargadatta Maharaj, termina minimizando la importancia del mundo, de la historia, de la naturaleza, del cuerpo, en suma, de la manifestación en su conjunto. La meta última –y en ocasiones casi única– no tiene nada que ver con este mundo, esta sociedad y este cuerpo, sino más bien, justamente, con la "liberación" de este mundo, del *samsâra*, del ciclo de nacimientos y muertes, kármicamente condicionado, la "reintegración" (posible traducción del sentido del término *yoga*) al Absoluto, con pérdida de la (meramente aparente o ilusoria) individualidad (en última instancia, si real, efímera).

En cualquier caso, también desde el enfoque alternativo, aurobindiano, integral, en la formulación shankariana existe –¡cómo no!– un núcleo impecablemente válido que representa de manera excelente una dimensión básica de la tradición hindú. Se trata de ese "anhelo de liberación" (*mumuksutva*) que lleva a comprometerse radicalmente con la Realización espiritual, mediante una forma de vida que renuncia drásticamente a los valores mundanos (*ârtha, kâma, dharma)* para alcanzar el

16. Véase las críticas de Sri Aurobindo a Shankara en este respecto, en *The Life Divine* (1972) y en *Letters on Yoga* (1972b).

valor supremo (*moksha*). Forma de vida propia del renuncian-te (*sannyâsin*) que ha trascendido las obligaciones sociales y cuyo único interés es la fusión del *âtman* con *Brahman*. Esto no impide que tal renuncia se inscriba en el orden socio-cós-mico brahmánico y se acepte y defienda el sistema de castas, de etapas de la vida y de intereses y valores (*câtur-varna-âsh-rama-dharma*). Efectivamente, Shankara es un decidido de-fensor de la ortodoxia brahmánica y pese a ser su vía la del *jñâni* (el gnóstico, el sabio, el hombre de conocimiento), se ha-lla lejos de la condena del marco institucional de su tradición. La vía de la acción (*karma-mârga*) y la vía de la devoción (*bhakti-mârga*) son inferiores a la vía del conocimiento gnós-tico (*jñâna-mârga*), pero pueden integrarse en ésta como pel-daños en la escalera de la Realización.

La gnosis vedántica consiste, en este caso, en trascender-der toda limitación, toda finitud, y ante todo la identificación con el ego empírico-psicológico (*ahamkâra*), mostrándolo como constructo psico-social transitorio y prácticamente des-preciable, hasta el punto de poder considerarlo el máximo obs-táculo para la Realización. De ahí que las técnicas de recogi-miento, concentración, meditación y contemplación –que encuentran su formulación paradigmática en los *Yoga-sûtras* de Patañjali, en fecha cercana al comienzo de la era cristiana– se reinterpreten con el objetivo de trascender (lo cual no siem-pre implica "integrar", como la psicología transpersonal está mostrando con cuidado) todos los elementos "personales" del ser humano. De ahí que no se trate tanto de cultivar la mente como de aquietarla, de refinar las emociones como de evitar-las, de transformar el cuerpo físico, como de mantenerlo sano para no sufrir mientras se permanezca en la existencia encar-nada. De cualquier modo, todo ello produce una mayor trans-parencia al *âtman*, que constituye la luz interior del Ser, de Dios, del Absoluto (*Brahman*). El místico vedántico queda así fascinado por la contemplación de la Luz cegadora, sumergido en el océano de dicha del Brahman Saccidânanda, liberado de sus limitaciones en el Silencio pacífico de la dimensión propiamente espiritual. Ante la gloria del *âtman*, ante la majestuosidad del *Brahman*, ante la paz indefinible del *nirvâna*, que trasciende toda comprensión, la vuelta a las preocupaciones mundanas después del éxtasis (*samâdhi*), equivale a un aprisionamiento de las limitaciones psicológicas y físicas, a una esclavitud a las obligaciones sociales, a una fácil pérdida de la libertad, de la serenidad, del gozo.

Así pues, para este no dualismo radical, "*âtman* es *Brahman*" y esto se entiende como identidad pura, donde toda diferencia y multiplicidad, toda forma e individualidad es meramente "ilusoria", como las limitaciones del espacio contenido en una jarra, como el reflejo del Sol o la Luna en un estanque. En realidad no hay muchos espacios ni muchos soles, ni muchas lunas. La apariencia es engañosa y tomarla por real es la señal inequívoca de la ignorancia metafísica radical. Hay un solo Espacio, un solo Sol, una sola Luna, un solo *âtman* que es *Brahman*, Ser puro, Conciencia pura, Gozo puro (Brahman Saccidânanda). Todo el camino consiste en recuperar nuestra identidad original, en verdad nunca perdida, descorrer el velo de Mâya y des-cubrir nuestro Rostro eterno. Si no enteramente irreal, a lo sumo el mundo y todo lo que ello implica, es una especie de ilusión, un espejismo, un sueño, en el mejor de los casos un juego (*lîlâ*), el pasatiempo del Absoluto. Un Absoluto, el Uno-sin-segundo (*ekam evadvitîyam*), que incomprensiblemente (*anirvacanîya*), no sabemos por qué (quizás no lo hay y la pregunta es una ingenuidad humana) ni ante quién (no habiendo nadie sino Él/Ello/Ella) parece multiplicarse en un juego de formas inacabable, sin principio ni fin, innumerable, como la cosmología hindú, con sus enormes ciclos de tiempo (*yugas y kalpas*) y sus incontables universos, no ha dejado de reflejar.

Grandiosa la eternidad, pero miserable la temporalidad. Extasiante la visión del Uno por el Uno, pero miserable la existencia de muchos encandenados al *samsâra* y para colmo injustamente tratados, explotados, oprimidos y humillados, todo ello consentido o incluso propiciado por una "ideología" legitimadora, por una teología política que sacraliza el orden social dividido en clases y subclases y lo hace derivar de un orden cósmico –pese a todo divino– reflejado en una Revelación incuestionable por ser de origen no-humano (*apauruseya*). La revelación védica custodiada por la ortodoxia brahmánica constituye así el modelo (diríase platónico) de Orden atemporal, de Religión eterna (*sanâtana dharma*), tal como se concibe a sí mismo el hinduismo *qua* meta-religión, por encima de todas las religiones, sean estas indias (shivaísmo, vishnuismo, shaktismo, etc.) o no-indias y por tanto "extranjeras" (*mlecchas*) y ajenas a tal Orden y Verdad.

Naturalmente, cuando la europeización del planeta llega a las costas del subcontinente índico, asistiremos no sólo a reformas que conservan más o menos lo esencial de la tradición espiritual hindú –como vamos a ver en el caso de Sri Aurobindo–, sino a múltiples relecturas de la tradición hindú que tratan de destacar la dimensión mítica y mística de la India, pero sobre todo la riqueza de su pensamiento heterodoxo y la dimensión argumentativa, ilustrada y científica de esta milenaria tradición. Recientemente contamos con un excelente ejemplo de esto en el premio Nobel de Economía –de nacionalidad india– Amartya Sen (2005).

4.4.2. El yoga vedántico integral de Sri Aurobindo y el neohinduismo contemporáneo

Si la interpretación de Shankara se quiere fiel a la revelación védica y a la tradición brahmánica y sigue extraordinariamente viva en nuestros días, como la sola mención del sabio de Arunachala (Ramana Maharshi) o más recientemente de Nisargadatta Maharaj bastarían para probar, la interpretación de

Sri Aurobindo se reclama no menos fiel al espíritu védico, a las intuiciones upanishádicas, a la integralidad de la *Bhagavad-gîtâ*, y en general a la tradición hindú, integrando incluso la corriente tántrica, no siempre bien vista en medios ortodoxos y con antecedentes como el de la interpretación Vedânta no-dualista "organicista" de Râmânuja (siglos XI-XII), que critica a Shankara (y tras él una pléyade de místicos y filósofos, de santos y poetas que no pueden compartir el "ilusionismo shankariano") y defiende una no-dualidad capaz de acoger, "realmente en serio", la multiplicidad y la individualidad, así como el carácter "personal" –quizás deberíamos decir "transpersonal"– del propio Absoluto.

La espiritualidad de Sri Aurobindo, en su dimensión teórica como *Vedânta* integral y en su dimensión práctica como Yoga integral, ha de enmarcarse en el seno de la tradición hindú y especialmente en el movimiento de "reforma" del hinduismo, generador de ese "renacimiento" de la India que se asocia al término neo-hinduismo. Dentro de éste, no obstante, hay corrientes de muy diverso signo y autores cuyos pensamientos no siempre coinciden entre sí. Desde Rammohan Roy a comienzos del XIX, hasta nuestros días, han transcurrido ya dos siglos, en los cuales el hinduismo ha ido transformándose, sin por ello perder sus características distintivas, ya presentes en las *Upanishads* y en la *Bhagavad-gîtâ*, en el Vedânta y en el *yoga*, como hemos insinuado ya.

Sri Aurobindo (1872-1950) asume la totalidad de la tradición hindú, la interpreta a la luz de su propia experiencia espiritual, rica y profunda, la depura de sus componentes innecesarios para nuestro tiempo y comienza a entablar un cierto diálogo con Occidente, en el que ha vivido catorce años (concretamente en Inglaterra), aunque no puede decirse que en su pensamiento se encuentre de manera significativa otra tradición que no sea la hindú. A lo sumo, hay referencias muy generales al budismo y al materialismo cientificista, pero no un tratamiento, ni medianamente destacable, de esas u otras tradiciones. Es cierto que ello no impide que por ósmosis, por impregnación más o menos inconsciente, a través de sus lecturas –sobre todo de la literatura romántica, en cuyas fuentes bebió, especialmente (Worsdworth, Byron y Shelley)–, algo de la tradición occidental haya pasado a formar parte de su pensamiento.[17] No obstante, no es probable que la influencia del cristianismo haya sido apreciable,[18] por más que su revalorización del cuerpo pueda leerse a esa luz y su evolucionismo espiritual pueda considerarse deudor del evolucionismo decimonónico, si bien traspuesto a una cosmovisión espiritual –que se ha comparado frecuentemente con la de Teilhard de Chardin–, no sin razón, como podremos comprobar.

No se trata de exponer ahora sistemáticamente su pensamiento,[19] sino de resaltar aquello que, desde mi perspectiva, pueda considerarse válido para la espiritualidad integral y planetaria que intentamos vislumbrar. Desde el comienzo hay que tener presente que en la obra de Sri Aurobindo hay una base experiencial importantísima. No caeremos en la tentación de afirmar que se trata de la descripción (libre de supuestos) de puras experiencias espirituales, como si tal cosa existiera con entera independencia de una determinada interpretación histórica y culturalmente condicionada; pues sabemos ya que toda experiencia acaece en un contexto muy concreto y su formulación debe mucho a éste. Sin embargo, sí es necesario enfatizar el fuerte componente experiencial de su pensamiento. Experiencias yóguicas, místicas, espirituales, que jalonan su vida (sobre todo desde su retirada a Pondicherry en 1910) y hallan

17. Es especialmente significativa, en este sentido, su obra *The Future Poetry* (1972c), en la que podemos hallar referencias a algunas de sus principales lecturas literarias.
18. Frente a lo que insinuó hace ya más de medio siglo (en *Religión y religiones*) Raimon Panikkar (1965).
19. Lo hice en varias ocasiones, más ampliamente en Merlo, 1994, y sobre todo en Merlo, 1998, y aspectos más parciales en las otras obras citadas.

una formulación original, creativa, novedosa, producto de una razón supramental o sobremental (por introducir ya dos de sus conceptos fundamentales) que deriva de un "conocimiento por identidad" y se expresa de manera intuitiva (modo de funcionamiento propio de la inteligencia intuitiva, a distinción del modo argumentativo de la razón discursiva). En ese sentido –si tomamos en serio y aceptamos sus propias declaraciones– su obra de madurez (en particular su obra magna, *La vida divina*), podemos decir que es un ejemplo de "inspiración" o "revelación" "religiosa". Tendríamos que acudir a su propia epistemología a fin de matizar estas afirmaciones y mostrar cómo un pensamiento inspirado o revelado puede proceder de fuentes diversas, aunque para merecer tal denominación deba proceder de alguno de los niveles superiores que se hallan más allá de la "mente racional". En su epistemología gnóstica, esto significa que puede proceder desde la mente superior, desde la mente iluminada, desde la mente intuitiva, desde la sobremente o desde la supermente. Parte de la *sâdhana* (trabajo interior, espiritual) de Sri Aurobindo y particularmente a través de su obra poética, en especial *Sâvitri*, consistía en esforzarse por lograr formulaciones de sus experiencias y sus comprensiones desde niveles cada vez más elevados, al mismo tiempo que esto constituía una expresión de su propia "transformación" (significativamente otro de sus conceptos fundamentales, con un sentido técnico que tendremos que ver).

Se entiende mejor a Sri Aurobindo si se tienen presentes aquellos autores o corrientes con los que dialogó más frecuentemente. Y no cabe duda de que en primer lugar está el Vedânta "ilusionista" de Shankara, y en segundo lugar "el budismo", estableciendo una estrecha relación entre ellos, como si las críticas y objeciones formuladas sirviesen para ambos por igual. En tercer lugar se hallaría el "materialismo cientificista" que niega todo lo relacionado con el espíritu, desde su habitual reduccionismo. Le interesa más, no obstante, la negación y el rechazo de la materia llevados a cabo por el "ilusionismo ascético" (el Buda y Shankara), como consecuencia de la doctrina de *mâyâ* (*mâyâvâda*) a la que aludimos anteriormente. Va a ser este el principal objetivo de sus críticas, denunciando el empobrecimiento de la vida cultural y material sufrido por la India, por el hecho de que sus mejores espíritus se hayan embarcado en la travesía acosmista, en una actitud de huida del mundo, hacia la identidad con *Brahman* o hacia la vacuidad del *nirvâna*, vaciando de sentido todos los asuntos del mundo.

Pues bien, como si hubiese respirado los aires del proceso de modernización y secularización que soplaban en Europa desde hacía varios siglos, pero que apenas habían llegado a la India (lo habían hecho de la mano de figuras como Rammohan Roy, Keshab Chandra Sen u otros), Sri Aurobindo imprimió un "giro evolucionista" y una preocupación por la historia y los asuntos mundanos, integrándolos en una cosmovisión global, ambiciosa, enraizada en la tradición hindú (incluidos los primeros himnos védicos, en los que encuentra vislumbres, por parte de los *rishis* védicos, de lo que él conceptualizará como la Verdad-Conciencia supramental o simplemente Supermente), pero al mismo tiempo recreadora y novedosa. Sabemos que una cosa son las intuiciones o las referencias aisladas a un tema, y otra muy distinta la tematización amplia y detallada de ese mismo asunto. Por otra parte, no se trata sólo de un enfoque teórico, de una "espiritualidad especulativa", sino que la exigencia de "transformación", tanto personal como colectiva, psicológica como social, pasa a un primer plano, pues según la nueva visión integral, el objetivo clásico de liberación individual de la esclavitud a este mundo es únicamente el primero de los grandes objetivos, pero no ya la meta última. El liberado, el iluminado, ama la Tierra y el cuerpo, pues ve en ellos el Templo del Espíritu y elementos preciosos de su Plan. Los ama y los valora hasta el punto de comprometerse con la tarea no sólo de iluminar y liberar al resto de seres humanos y seres sintientes, para que puedan dejar en paz esta Tierra, esta encarnación, como el *boddhisatva* budista, sino que la nueva visión de este *rishi* contemporáneo realza la labor hercúlea de "redimir" a la Tierra entera, a la Materia, en cuyo corazón se halla prisionero el Espíritu mismo, el cual se ha sometido a un proceso de Involución en el Cosmos, de inmersión en la oscuridad de la Materia, para desde allí emerger a una luz cada vez más brillante, hasta expresar en un proceso evolutivo "re-creativo" (en su doble sentido) las potencialidades –quizás infinitas– del Infinito de Luz, de Inteligencia, de Belleza, de Amor, de Voluntad, de Armonía, de Libertad.

Obviamente, el carácter "revelado" de su "visión" hace que no se trate de una ocurrencia personal, sino de la desvelación de parte del propósito del Logos, de la Inteligencia cósmica, del Nous, de Dios, o si se prefiere en terminología hindú de *Brahman* o del *Purusha* supremo (*Purushottama*, como gusta llamarle la Gîtâ), de la Conciencia supramental, que no es otra cosa que la Conciencia que el Absoluto tiene de sí mismo y del mundo, una Conciencia que es simultáneamente Voluntad, Energía, Poder (*Shakti*). Y es a través de ese Poder supramental, jamás separado de la Luz supramental (la Madre divina en cuanto Inteligencia creadora, *Shakti* supramental, fundida en abrazo espiritual al "Padre supremo" y actuando como bi-unidad, como pareja primordial siempre ya con infinitos Hijos de la Luz, *jîvâtmans*, mónadas abiertas e inter-relacionados con la Totalidad, espíritus individuales habitantes perpetuos en la Presencia divina) como el cosmos multidimensional sale a la luz.

Sri Aurobindo apenas utilizó el término "esoterismo", pero sí lo hizo, y abundantemente, con el término "gnosis". Habló (en *Síntesis del yoga*) de una "gnosis intuitiva" y de una "gnosis sobremental" (*overmental*), como anticipaciones y destellos de la suprema "gnosis supramental" (*supramental*). Apenas dio muestras de conocer la historia del esoterismo occidental ni en particular de la Gnosis, en sus distintas versiones, o del gnosticismo del siglo II de nuestra era. Utilizaba el término en un sentido lato, como conocimiento supremo y salvífico-liberador, podríamos decir, que le permitía expresar las características de la conciencia supramental, sin ser confundida con ningún tipo de funcionamiento de la razón discursiva o de cualquier saber parcial. Podemos preguntarnos, no obstante, hasta qué punto, o en qué medida, Sri Aurobindo podría considerarse representante de esa "gnosis esotérica", algunos de cuyos hitos en Occidente veremos más adelante. Y de modo más general, podríamos incluso plantearnos si la tradición hindú en su esencia no encaja suficientemente en tal categoría.

Recordemos las seis características del esoterismo occidental propuestas por A. Faivre –que recogeremos con más detalle en el capítulo sobre la dimensión esotérica de la Nueva Era (capítulo 6. apartado 2)– y veamos hasta qué punto participan de ellas la tradición hindú en general y el Yoga integral en particular.

El principio hermético de analogía, basado en un sistema de correspondencias entre las diversas dimensiones o partes del Cosmos –primera de las características propuestas por Faivre– es tan obvio y característico de todo el hinduismo, desde los primeros himnos (piénsese en la correspondencia entre las partes del *Purusha* primordial y las cuatro clases del orden social, entre tantos otros ejemplos), que no es preciso insistir en ello. Por otro lado, la omnipresencia de la astrología como ciencia tradicional en la India es tan destacada que su similitud como ciencia esotérica por excelencia en Occidente no puede dejar de llamar la atención. La obra de Alain Danielou sobre los mitos hindúes (Daniélou, 1992) o sobre el shivaísmo tántrico (Daniélou, 2006) bastaría también para mostrar el extraordinario papel que desempeña la imaginación analógica en el pensamiento hindú.

La segunda característica, la concepción de una naturaleza viva recorrida por un fuego oculto, inmejorable caracterización de la *shakti* y especialmente de la *kundalinî-shakti* o "fuego serpentino" (Woodroffe) que mora en el primero de los sie-

te *chakras*, el *chakra* raíz *(mûlâdhâra)*, y cuyo ascenso armónico por los purificados canales sutiles *(idâ, pingalâ y shu-
sumna)* próximos a la columna vertebral en su contraparte etérica, lo hallamos no sólo en el paracelsismo o en la alquimia
occidental, sino en esa "magia" india que los orientalistas des-
cubrieron que plagaba el *Atharva-veda*, hasta el punto de afirmar que aquello no era tanto "religión" como "magia". De
"magia simpatética" se ha calificado la actitud del *Atharva-
veda* (Keith), lleno de encantamientos, sortilegios, conjuros y
fórmulas mágicas en general. Hay que decir, no obstante, que
es el "tantrismo" la corriente hindú más cercana a una versión
"esotérica" de la espiritualidad. El uso de *mantras* y de *yan-
tras*, la descripción del sistema de fisiología sutil con los *chakras* y los *nâdîs*, así como la invocación a las deidades, que en
el budismo tibetano (tántrico) se convertirá en algo fundamental, habla de una similitud estrecha con el esoterismo occidental (Daniélou, 2006).

Pensemos, efectivamente, en el papel que desempeña el *istha-
devatâ* (deidad favorita) en el hinduismo o las deidades tibetanas
en el Vajrayâna para comprobar hasta qué punto la "imaginación" y las "mediaciones" (elemento diferenciador del esoterismo frente a la mística) se hallan presentes en las tradiciones
indias, si bien es cierto que es en Tibet donde pasan a un primer plano. En este sentido, cabe decir que la corriente Advaita shankariana se halla más cerca de una "mística intelectual"
(gnosis mística más que esotérica), mientras que las corrientes
más tántricas representan mejor la actitud esotérica. Cabe destacar que tanto la visualización como el *tantra* constituyen dos
elementos frecuentes en la Nueva Era.

Otra característica fundamental es la importancia de la
"transmutación". En el esquema occidental, aquí no es la astrología –como en el punto uno–, ni la magia –como en el dos–,
sino la alquimia, la ciencia paradigmática. No cabe duda de que
en cualquier tradición espiritual es necesaria una "transformación" radical. Ahora bien, es preciso determinar qué tipo de

"metamorfosis" está en juego, si se persiguen los mismos objetivos y si se emplean los mismos medios. Diríamos que se tiene en común el que el "hombre viejo" ha de morir y el "hombre nuevo" ha de nacer (un segundo nacimiento, llámese Iniciación, muerte y resurrección, bautismo de agua o bautismo de fuego). Pero no basta con buscar un "cambio" en general; es importante qué tipo de cambio se busca, o mejor todavía, qué tipo de transformación puede mostrar el Iniciado, el Maestro, el *guru*, el "transmisor", sea cual sea la tradición en la que se enmarque.

Destaquemos que es en estos dos puntos, el referente a una "transmutación alquímica" del ser del propio buscador y esto en relación con el valor y el destino de la Naturaleza, en los que más se aproxima Sri Aurobindo a la tradición esotérica occidental y lo que ha provocado reticencias en los más "tradicionalistas" de los hindúes, shankarianos entre ellos. Pues ni la transformación radical de la propia "naturaleza" y "materia" (incluyendo aquí la mente, la vitalidad y el cuerpo físico-material), ni la consideración del valor de la Naturaleza y su capacidad de ser transformada y la materia iluminada se hallan en las corrientes dominantes del brahmanismo ortodoxo hindú, aunque hay que decir que el *tantra* ha apuntado a algo parecido.[20] No en vano Sri Aurobindo afirmaba que su método era vedántico y su finalidad tántrica. Sin duda, Sri Aurobindo puede ser situado no sólo entre los grandes *rishis* contemporáneos, sino también en sintonía con la tradición *siddha*.

Como se sabe, la "alquimia" se ha asociado con la búsqueda de una transmutación tan radical que el cuerpo se metamorfosea en "otra naturaleza" (quizás una especie de transubstanciación), y se acaricia la idea de una mayor "longevidad" e incluso de una "inmortalización" del cuerpo físico. No sólo "leyendas" como la del Conde de Saint Germain (resucitadas hace poco por la li-

---

20.   Un excelente estudio sobre el *tantra* y su re-imaginación occidental lo tenemos en Urban, 2003.

teratura de los "maestros ascendidos") nos hacen pensar en ello, sino que si damos un salto al Extremo Oriente, no es un secreto que los sabios taoístas nos han hablado de una alquimia capaz de lograr la longevidad y quizás la prolongación indefinida del cuerpo físico (Schipper, 2003).

Pues bien, uno de los aspectos más "escandalosos" de la obra de Sri Aurobindo y de su compañera espiritual Mirra Alfassa es su referencia al intento de "inmortalización física", vía supramentalización del cuerpo. Lo cual nos indica ya que la "transformación integral" propugnada por Sri Aurobindo se consuma con la "transformación supramental" –después de haber avanzado suficientemente en lo que él denominó "transformación anímica" y "transformación espiritual"–.

Dicho de la manera más breve posible: la transformación anímica supone que el "ser anímico", nuestra alma individual, hasta entonces velada por el "grosor" de nuestra personalidad poco "transparente", pasa a un primer plano y comienza a regir nuestras vidas. El alma o ser anímico es nuestro verdadero yo en la evolución. Destaquemos dos aspectos fundamentales que diferencian aquí el Yoga integral de Sri Aurobindo del vedânta ilusionista: en primer lugar, el ser anímico (*psychic being, chaitya purusha, soul*) es el polo terrestre de nuestro "ser central" (siendo su polo celeste el *jîvâtman* o "individualidad espiritual" que habita siempre en moradas celestiales fuera de la manifestación espacio-temporal y en constante Presencia, unión y comunión con lo Divino); este ser no puede identificarse con el "ego" empírico-psicológico, el *ahamkâra*, constructo de condicionamientos psico-sociales, ya que el primero trasciende la naturaleza (*prakriti*), es un *Purusha*, un ser espiritual individual; además es el ser, el yo que vive sucesivas vidas, con un sentido evolutivo, en un proceso ascendente de expresión de capacidades divinas recreadas en la Tierra. Nada menos que tres puntos cruciales se reúnen aquí en su diferencia con el Advaita ilusionista: el alma individual, la reencarnación y la evolución espiritual, las tres cosas son verdaderamente reales (es obvio que no constituyen la realidad última, son realidad fenoménica, pero no mera apariencia ilusoria) y han de ser tomadas en serio. Ninguna de las tres posee este alto estatuto ontológico en el vedânta ilusionista. De ahí el rechazo del proceso reencarnacionista por parte del tradicionalismo guenoniano apelando a la célebre expresión de Shankara: «sólo el Señor transmigra», sólo el Uno-sin-segundo es real, la aparente multiplicidad no es sino sucesión ilusoria de formas vacías de significado.

Señalemos, como anticipación a lo que veremos más adelante, hasta qué punto esta concepción del Yoga integral es similar al esoterismo (pos)teosófico secularizado (Blavatsky, Bailey, Omnia), donde dichos tres factores: individualidad espiritual, sentido de la reencarnación y existencia de un proceso de evolución espiritual, hallan su puesto y su importancia –por relativa que ésta sea–.

Así pues, la transformación anímica, supone el descubrimiento de nuestra verdadera identidad individual en la manifestación, y por tanto la experiencia de la paz, la armonía, el amor, la compasión, el gozo y la belleza connaturales al alma. Es una primera "conversión", una primera "iniciación", un "segundo nacimiento" no ya a la vida del cuerpo, sino a la vida del alma. Tras la vivencia del "yo", del ser anímico que soy, dicha noción no admite ya deconstrucción radical, ni reducción a mera "impresión" o "idea". La "idea de yo" no es el yo. El yo, nuestra identidad espiritual, trasciende el plano de la mente y no puede ser pensado. Antes bien, es el pensador que piensa todo lo pensado; es el sujeto que no puede ser objetivado, no puede ser convertido en objeto (para mi conciencia); ni siquiera en objeto y contenido de mi conciencia; es el sujeto de mi conciencia.

El segundo aspecto de la transformación integral es la transformación espiritual. No se trata de un segundo peldaño al que no se pueda acceder sin haber subido primero el anterior –la transformación anímica–, sino de otro aspecto de esa preparación necesaria para que pueda acaecer la transformación supramental a la que apunta el Yoga integral, que por ello mismo cabe denominar de manera más precisa como Yoga supramental. Con el término que ahora nos ocupa, Sri Aurobindo se refiere a la apertura de nuestra conciencia, de nuestro ser, a campos de conciencia-energía superiores a los propios de la mente discursiva. De hecho, los entiende como partes o niveles de la Mente (de la Conciencia mental), no sólo individual, sino cósmica. Efectivamente, la Mente superior, la Mente iluminada, la Mente intuitiva y la Sobremente son los cuatro grados superiores de la Conciencia mental (pudiendo decirse que los otros tres son los pertenecientes al hemisferio inferior de la conciencia mental, es decir, en orden descendente: la mente discursiva, la mente vital y la mente física, de tal modo que nos moveríamos en una clasificación septenaria frecuente no sólo en Sri Aurobindo y anteriormente en los *Vedas*, sino también en buena parte del esoterismo occidental, desde el gnosticismo hasta la teosofía moderna).

Es importante distinguir entre el movimiento de ascenso –a los correspondientes planos o subplanos de conciencia– y el movimiento de descenso. A través del primero descubrimos la existencia de tales niveles onto-epistémicos (pues son simultáneamente niveles de la realidad y del conocimiento) y accedemos a ellos "en su propio plano", podríamos decir. A través del segundo se produce un descenso del correspondiente tipo de conciencia-energía, una integración en el equipo de nuestra personalidad y de este modo una transformación de ésta. Es cierto que si antes era nuestro "corazón anímico" el que pasaba a un primer plano, ahora es más bien nuestra "conciencia mental-espiritualizada" la que se convierte en el centro del campo de trabajo. De tal modo que nuestro pensar habitual, mecánico, condicionado, egocentrado, sufre un salto cuántico y se convierte en un pensar iluminado o intuitivizado. Esto es posible porque se lleva a cabo una transformación en la sustancia misma de nuestro campo mental, una purificación, una sutilización, una flexibilización, una "iluminación". Puede hablarse ciertamente de una "alquimia mental", pues la mente plomiza y plúmbea, pesada, oscurecida, sumida en la Ignorancia *(avidyâ)*, sufre una transmutación tal que se convierte en mente dorada, en mente de luz, en campo de conciencia abierto al gran campo de conciencia cósmica del que puede ahora recibir inspiraciones, intuiciones, vislumbres de la verdad o ráfagas de intuición certera. En una palabra, para decirlo de manera sintética: el desarrollo de la verdadera intuición espiritual (en otra terminología cabría decir "intuición intelectual" frente a "razón discursiva", *nóesis* frente a *diánoia, intellectus* versus *ratio*, etc.) se convierte en algo espontáneo por el cultivo de una conciencia espiritualizada. La duda del filósofo se convierte en la certeza del sabio espiritual, los rodeos del pensador analítico dejan su lugar a la visión directa, recta y correcta ("correcta visión" es uno de los ocho aspectos del Noble Óctuple Sendero del budismo) del pensador iluminado. En suma, se han abierto canales de comunicación que no sólo permiten obtener la "información" necesaria en cada situación, sino que producen la "transformación" necesaria para una espiritualización de todo nuestro ser.

Con ser importantes las dos transformaciones anteriores, la revolución aurobindiana se produce a través de la transformación supramental. En efecto, las dos anteriores han sido aportaciones compartidas por buena parte de las espiritualidades tradicionales: los santos y sabios de todas las religiones, los místicos y los iluminados han sido justamente aquellos que han abierto su corazón anímico y/o su "conciencia espiritualizada", han trascendido su "ego" y han descubierto una identidad más profunda, interprétese ésta como se interprete. Sin embargo, al decir de Sri Aurobindo (y Mirra Alfassa, pues ya sabemos que ambos son co-creadores del Yoga integral y supramental)[21] hasta este período crítico de la humanidad no se

---

21.   Véase la obra de Georges van Vrekhen (2003).

habría introducido el "principio supramental" en la evolución planetaria. Esto hay que comprenderlo en el contexto de su cosmovisión evolucionista-espiritual. Hemos insinuado ya que el Absoluto inició un proceso de inmersión en la Materia/Energía (aparentemente inconsciente), una Involución, a partir de la cual comenzó el lento proceso evolutivo, emergiendo (la) Vida de la Materia y (la) Mente de la Vida. Estos tres principios ónticos o cósmicos aparecieron a través de las diversas "formas de vitalidad" y posteriormente "formas de mentalidad", o dicho de otro modo, de "seres vitales" primero (el mundo vegetal y el mundo animal, después del mundo mineral) y de "seres mentales" más tarde. Igual que en la Escalera del Ser podemos apreciar distintos grados en la Jerarquía de la existencia, en las formas minerales había ya una chispa de conciencia vital latente, sonámbula, dormida ("la conciencia del átomo"),[22] y en las formas vitales, sobre todo las superiores, pertenecientes al reino animal, fue desarrollándose el germen de conciencia mental pre-existente, hasta que el "ser humano" encarnaría de un modo más pleno las posibilidades del principio mental. Es aquí donde la "autoconciencia", articulada en torno a un ego individual, comienza a manifestarse en la evolución. En realidad, la "autoconciencia" sería atributo esencial del "ser anímico", cuyo hogar natal no es el plano físico, sino el plano anímico, justamente. Ahora bien, en la manifestación física, el ser anímico, para expresar sus potencialidades mentales, necesitó de la gestación histórica de seres cuyo cuerpo físico-material, vitalizado y mentalizado, hubiera alcanzado ya un desarrollo suficiente como para servir de canal de expresión de aquella dimensión espiritual. La historia de la humanidad es la historia de la evolución de la mente (en un sentido amplio), de los seres mentales, de los seres humanos identificados con su dimensión instrumental (cuerpo, vida

---

22. Es el título de uno de los libros de A. Bailey.

y mente) e ignorantes de su dimensión esencial. Toda espiritualidad comparte el proceso de descubrir dicha dimensión esencial que trasciende la triple instrumentalidad con la que se ha asociado el ser anímico para formar al ser humano.

No es cuestión de detenernos aquí en los detalles de la antropogénesis. Sri Aurobindo ha dicho algo, aunque no mucho, de ello, pero en la literatura esotérica contemporánea se pueden encontrar abundantes "mitos" o "explicaciones" que se mueven en el mismo horizonte metafísico-espiritual que Sri Aurobindo. Baste pensar en Blavatsky, Bailey, Steiner, Heindel o D. Fortune y tomar nota del "aire de familia" que comparten todas esas visiones esotéricas (sean teosóficas, antroposóficas, rosacruces o hermetistas). La principal aportación de Sri Aurobindo sería, justamente, la visión profética –cual *rishi* del siglo XX– de una posible metamorfosis del ser humano de tal calibre que podría hablarse, en rigor, de una mutación ontológica, de un salto cuántico en la evolución, capaz de producir no ya un "hombre nuevo", sino una "especie" radicalmente distinta a la humana; tan distinta de ésta como el *homo sapiens sapiens* lo es de los pre-homínidos. Téngase en cuenta que la "diferencia esencial" no tendría por qué ser tanto a nivel biológico como a nivel psicológico. El cambio, la transmutación, comenzaría siempre desde el interior, desde el fondo de la conciencia, desde el ser anímico que, en su evolución a lo largo de muchos eones, a través de muchas encarnaciones, ha logrado abrirse a la realización de una posibilidad de ser más alta, canalizando potencialidades espirituales ignotas hasta el presente. En ese sentido, me inclino a creer –algo que me parece que no está totalmente claro en la obra de Sri Aurobindo– que la supramentalización comienza por el ser anímico, consistiendo en una revolución de la conciencia de éste. Sólo entonces sería posible el proceso de supramentalización: de la mente, de los afectos (Sri Aurobindo tiende a situar las emociones en el nivel "vital", aunque menciona y destaca la importancia de los "sentimientos anímicos", como pertenecientes a otro orden radicalmente distinto del ser, el orden anímico-espiritual) y, finalmente, incluso del cuerpo físico.

No es cuestión de detenernos ahora a ver en qué consistiría la supramentalización de la mente, del vital y del físico. Qué duda cabe que mediante lo primero se daría la verdadera consumación de la "sabiduría", justamente una "gnosis supramental" que, en última instancia, consistiría en compartir la *Sophia* divina, la omnisciencia que los jainistas atribuyen a los *jinas*, los budistas a los budas y buena parte del hinduismo al *jîvân-mukta* que se ha identificado con la conciencia bráhmica (de *Brahman*); es decir, el conocimiento no es ya un conocimiento que separa dualistamente entre sujeto y objeto como dos entidades ontológicamente distintas, sino un conocimiento por identidad que se mueve siempre en el campo de la no-dualidad, pues la conciencia supramental sólo es posible en una conciencia universalizada que «se sabe ser toda la realidad» (como Hegel decía de la Razón/*Vernunft* en el desarrollo del Espíritu absoluto), o por decirlo en terminología upanishádica: «ve todas las cosas en el Yo/*âtman* y al Yo/*âtman* en todas las cosas». Mediante la supramentalización de la afectividad y la vitalidad, el verdadero amor transpersonal, la verdadera compasión, el *ânanda* sublime, brotarían del corazón permanentemente y las raíces del deseo egoísta habrían sido arrancadas irreversiblemente. El amor crístico, la compasión bodisáttvica formarían parte de la realización integral.

Es la supramentalización del cuerpo físico el aspecto más llamativo y desconcertante para los habituados a una espiritualidad "des-encarnacionista", a un determinado tipo de gnosis, sea gnosticista pagana, la gnosis (*jñâna*) *advaita* shankariana o la gnosis (*prajñâ*) budista, todas ellas no sólo devaluadoras, sino condenatorias y hasta demonizadoras del mundo y, por ende, del cuerpo. O bien el constructor de este mundo es un ser demoníaco (como el Jehová del pueblo de Israel para algunos gnósticos del siglo II) y el mundo un lugar del que ser salvados, o bien el mundo es *mâya*, una ilusión sin sentido, un sueño del que hay que despertar. Justamente, lo que antes llamábamos la "revolución aurobindiana" –sobre todo en la cosmovisión de la India– pasa por una extraordinaria revalorización del cuerpo, y en conjunto del mundo de la manifestación y del devenir histórico. En ese sentido, es cierto que hay una "similitud" (la influencia es poco clara) mayor con una espiritualidad "encarnacionista" como la del cristianismo, en el que la Encarnación del Logos, el Cristo encarnado y posteriormente "muerto y resucitado" (como en los dramas iniciáticos de las Escuelas de Misterios pre-cristianas), se erige en modelo definitivo que hay que imitar. El mundo creado por Dios no puede verse sino como un bien querido. El cuerpo físico, incluso, puede considerarse elemento esencial de la sustancialidad humana, cuya inmortalidad definitiva se pensará no al estilo desencarnacionista (sea platónico, vedántico o budista), sino como la "unión sustancial" de alma y cuerpo. Dejemos de lado hasta qué punto la cuestión de la resurrección ha quedado sin tematizar de manera comprensible y como puro dogma de fe en la historia del cristianismo y hasta qué punto enseñanzas contemporáneas van ofreciendo interesantes marcos de referencia,[23] no ajenos a la tradición hermética y alquimista occidental o la tradición alquímica taoísta, para ceñirnos al planteamiento de Sri Aurobindo. Salgamos al paso, en primer lugar, de las diferencias con la concepción llamada "integralista" en el cristianismo, que apenas concibe una inmortalidad del alma sin el cuerpo, o la considera un estado imperfecto e incompleto. Más cerca de la tradición platónica en esto, Sri Aurobindo no deja de repetir que la inmortalidad esencial es la inmortalidad del espíritu que no es algo que se ha

---

23.　　Sirvan como ejemplos, Drunvalo Melchisedek 2000 y Omraam Mikhaël Aivanhov 1989. Aprovechamos para dejar constancia de la importancia de este autor (1900-1986) con una amplia obra y claramente representante de una espiritualidad esotérica de la Nueva Era. Pueden verse también Mikhaël 1983, 1986, 1988, 1990, 1993.

de conseguir en el tiempo y mediante la evolución, ya que pertenece a su herencia inalienable no "de nacimiento", sino "de eternidad". El *jîvâtman*, el espíritu individual, no pertenece al espacio y al tiempo, no nace ni muere, su vida es una "vida eterna". Ahora bien, uno de los objetivos de la manifestación pudiera ser la re-creación de esa inmortalidad, hacer que sea "abajo" (en el mundo de la materia) "como es arriba" (en el mundo del espíritu), que el espíritu redima la materia de su oscuridad y su baja vibración –necesarias para el proceso evolutivo en sus orígenes– y haga de ella también un "cuerpo inmortal", al menos de una "longevidad" regida a voluntad por el espíritu que a través de él se manifiesta.

Esto implica una valoración del cuerpo radicalmente distinta a la que es habitual en muchas tradiciones religiosas. Por ello ha de tomarse en serio su cuidado, su salud, su alimentación, su flexibilidad, su fuerza, su preparación para ser capaz de soportar las energías supramentales que hasta él puedan descender y con ellas los cambios que la lenta evolución o una brusca mutación puedan producir. En este terreno es preciso recordar la experiencia de los últimos años de Mirra Alfassa, continuadora del Yoga supramental, a través de lo que ella denominó un "*yoga* de las células", como si el cambio que estuviera llevándose a cabo, después de producirse una suficiente supramentalización de la mente y el vital, afectara incluso al nivel celular.[24] Así pues, la novedad de la visión de Sri Aurobindo se centra en el descenso del principio supramental a la Tierra, con la posibilidad de ser integrado en la estructura biopsicológica de los seres humanos, propiciando una transformación extraordinaria que daría lugar a otra especie, caracterizada no ya por la presencia del principio mental, sino ahora por la presencia actuante del principio supramental. La

---

24.   Véase los 13 volúmenes de *L'Agenda –de l'action supramentale sur la Terre–*, así como la obra de Satprem, quien asistió de cerca a esa época de Mirra Alfassa y ha presentado en distintas ocasiones ese trabajo.

lógica del desarrollo espiritual y supramental muestra que en un primer momento sería uno, dos o una minoría de indivi-duos, especialmente preparados desde un remoto pasado, a través de su larga evolución espiritual, los que conseguirían encarnar en sus realidades personales terrestres, y de este modo anclar en el aura del planeta la luz supramental. En rea-lidad, en la presentación que tanto Sri Aurobindo como Mirra Alfassa han ofrecido se desprende que fueron ellos los encar-gados de realizar tal tarea pionera, con un esfuerzo literalmen-te "sobrehumano", que sólo un *âvatar* (un Descenso o Encar-nación de lo Divino en un cuerpo humano para inaugurar un nuevo ciclo) sería capaz de llevar a cabo. En este caso cabría hablar –como hace G. van Vrekhen– del *âvatar* supramental bi-polar: Sri Aurobindo encarnando el polo o aspecto corres-pondiente al *Purusha* o *Ishvara*, Mirra Alfassa encarnando el aspecto *Prakriti* o *Shakti*. En ese sentido, el símbolo de la "Madre divina" es de especial relevancia en el Yoga integral. No sólo porque activa una dimensión que la tradición tántrica había practicado de manera sistemática, adorando a la Madre divina, sino porque Mirra Alfassa pasó a ser considerada y lla-mada "la Madre", haciendo referencia a dicho aspecto, asu-miendo que se trataba de su Manifestación corporal, y desde entonces el *sadhaka* (practicante, aspirante, buscador) del Yoga integral focaliza su amor, su entrega, su devoción, en Ella y re-cibe de ella, la *Shakti* supramental, la ayuda necesaria. Hay que tener presente que la Madre, en cuanto aspecto de la *Shakti*, re-presenta el poder divino y la acción divina. Tenemos que abor-dar esta cuestión desde un esquema no-dualista, en un sentido similar al que ha expresado el shivaísmo de Cachemira, ha-blando de la bi-unidad *Shiva-Shakti*, simbolizando el primero el Ser inmutable, la Conciencia suprema, y la segunda la Ener-gía creadora, el dinamismo de lo Divino que expresa su no-dualidad primordial a través de esa dualidad fenoménica.

Así pues, quien se siente en sintonía con esa nueva sub-tra-dición del hinduismo, del *Vedânta*, del *yoga*, que es el *Vedânta* y el Yoga integral y supramental en la línea expuesta por Sri Aurobindo y Mirra Alfassa, reconoce en ellos a los pioneros y fundadores de este enfoque, aceptándolos bien como *âvatares* de lo supramental, bien como Maestros espirituales iluminados que han abierto un nuevo camino para la Tierra y para la humanidad y se remite a ellos en su entrega, en su búsqueda, en su aspiración, en su comprensión del trabajo que se ha de realizar. Tengamos en cuenta, que así como el cristianismo ha sido siempre cristocéntrico, el equivalente homeomórfico de esta categoría podríamos decir que es el "gurucentrismo", es decir, la consideración del *guru* propio como el centro alrededor del cual gira la vida del aspirante y el punto de referencia más determinante de sus creencias y de sus prácticas. En este sentido, el mejor modo de acercarse a la propuesta del Yoga integral es teniendo en cuenta la vida del *âshram* por ellos fundado (el "Sri Aurobindo *âshram*" en Pondicherry, al Sur de la India) y por ellos dirigido durante casi medio siglo, siguiendo las directrices que iban ofreciendo, así como analizando las guías prácticas ofrecidas sobre todo en las cartas que Sri Aurobindo contestaba a sus discípulos, buena parte de ellas recogidas en dos volúmenes de sus obras completas con el título *Letters on Yoga*.

No quisiera terminar estas palabras sobre el *yoga* vedántico integral sin recordar los múltiples sentidos de la "integralidad" a que hace referencia la denominación empleada. En un primer sentido, el más directamente implicado en la tradición hindú, hablar de "integral" significa que no se limita a uno de los tipos de *yoga* presentes en su tradición, sino que –como indica el título de otra de sus grandes obras– se apunta, teórica y prácticamente, a una *Síntesis del yoga*. De entre los múltiples tipos de caminos yóguicos frecuentados por la tradición hindú, la síntesis aurobindiana tiene en cuenta de manera especial el "triple *yoga*": de las obras o de la acción (*karma yoga*), de la devoción (*bhakti yoga*) y del conocimiento (*jñâna yoga*) –tal como había esbozado ya la *Bhagavad-gîtâ*, obra tan central en toda la tradición hindú y en el propio Sri Aurobindo–. En cuarto lugar, pero sin el desarrollo que tuvieron los anteriores en su obra, cabría mencionar al *raja yoga*, el *yoga* de la meditación, podríamos decir, tal como quedó formulado por Patañjali en los *yoga-sûtras*. Hay que decir que la meditación desempeña su papel en la obra del Yoga integral y esto se refleja en la vida del *âshram*, con sus meditaciones colectivas diarias, pero no ha sido uno de los aspectos que ha recibido una gran atención teórica. Es como si el estado de meditación se pudiera integrar tan fácilmente en la actividad diaria en la atmósfera del *âshram* –antes con la presencia física de los Maestros, más tarde quizás con su presencia sutil– que no resultaba necesario insistir en ello excesivamente, ni detenerse en la explicación de "técnicas" determinadas. Hay dos modos sencillos de practicar la meditación, recomendados por Sri Aurobindo cuando se le preguntaba: uno es concentrarse en la zona del corazón, relacionada con el despertar del ser anímico; el otro es concentrarse en el espacio encima de la cabeza, relacionado con la apertura a campos de conciencia-energía capaces de transformar la mente y correspondiente a lo que antes hemos denominado la transformación espiritual.

Si cabe hablar de *tantra yoga* como un quinto *yoga* tenido en cuenta, hay que decir que no se refiere tanto a las sofisticadas y prolijas prácticas-rituales de la tradición tántrica, sino a los objetivos fundamentales (no sólo la liberación, *mukti,* como también el disfrute de la existencia, *bhukti*), y a algunos de sus esquemas teóricos básicos (como el papel de la *Shakti*). En cuanto al más conocido aquí en Occidente –desgraciadamente, a menudo disociado de su contexto y su sentido profundo, como forma de vida y de espiritualidad–, el *hatha yoga*, centrado en las posturas y en el control de la respiración, hay que decir que no recibió especial atención, aunque sí lo hizo el trabajo corporal en sus distintas vertientes, practicando multitud de deportes y de atención y conciencia corporal (tenis, natación, artes marciales, atletismo, ocupan un espacio considerable en los programas de las escuelas del *âshram*).

Digamos, finalmente, que la parte más propia del Yoga integral recibió en la *Síntesis del yoga* la denominación de "Yoga de la auto-perfección".

Una segunda significación del término "Yoga integral", quizás la más relevante, es la que afecta a la comprensión del sentido del *yoga*, en cuanto que se destaca el trabajo de "integración" de las experiencias yóguicas vividas. Todos sabemos que ha sido muy frecuente que las experiencias espirituales y la vida espiritual constituyesen una huida del mundo, una búsqueda del éxtasis, como modo de abandonar las dificultades de la existencia corpórea. Hemos visto que determinadas maneras de entender la gnosis justifican o hasta propician este enfoque acosmista, ascético-ilusionista, desprestigiador del mundo y del cuerpo, de la sociedad y de la historia, etc. Pues bien, el Yoga integral quiere no tanto liberarse del mundo y del cuerpo como ser libre en el mundo y en el cuerpo. Esto supone no rechazar ninguno de los dos polos de la existencia: ni el material (como las espiritualidades desencarnadas) ni el espiritual (en los materialismos que rechazan cualquier concepción y sentido espiritual) y vivir lo espiritual en lo material, trayendo el cielo vislumbrado o experimentado "arriba", aquí "abajo", a la Tierra y al cuerpo (la Tierra no siendo sino el Cuerpo planetario del Espíritu, el Logos o la Conciencia planetaria), a la sociedad y a la historia.

Esto último nos lleva a un tercer sentido de la "integralidad", implícito en la concepción del *Vedânta* integral: el objetivo no es sólo la iluminación o la liberación individual. Trascendida la falsa sensación de separatividad, brota la conciencia de Unidad (al menos planetaria, quizás más tarde solar, galáctica o cósmica), de ser a modo de "células conscientes" de un único Cuerpo planetario, "mentes conscientes" de una única Mente planetaria, "almas autoconscientes" de un único Espíritu planetario. A partir de ahí, la preocupación sincera, el respeto y el cuidado de "nuestro" Cuerpo, Mente y Espíritu planetario, de nuestra Naturaleza ecológicamente dañada, nuestra mentalidad colectiva sumida en la ignorancia y el egoísmo hasta extremos que más valdría considerar infra-humanos, se convierten en parte incuestionable del enfoque espiritual. Por eso, el Yoga integral sintoniza y hasta permite una determinada fundamentación de la conciencia ecológica que en las últimas décadas ha despertado en la humanidad. Por esta razón cabe hablar de una espiritualidad planetaria y ecológica. Todo ello abarca no sólo la Naturaleza, sino la Sociedad y la Historia. Ya no es posible una espiritualidad a la altura de nuestro tiempo sin una preocupación y dedicación decidida a la transformación de las condiciones sociales y políticas que impiden, de cualquier modo que sea, la realización integral de los seres humanos. Hay que decir que también aquí la obra, teórica y práctica, de Sri Aurobindo es modélica, pues es conocida su época de activista político, firmemente comprometido con la liberación (asimismo) política de su país, de su "Madre India", así como sus importantes textos sobre la evolución social de la humanidad y sus paradigmas políticos (Aurobindo, 1972e, 1972f).

En ese sentido, nos parece que otra de las exigencias de una espiritualidad integral es no desentenderse de las cuestiones económicas, sociales y políticas. No puede ignorarse, hoy en día, el profundo sentido de la llamada "teología de la liberación", la cual, desde el horizonte cristiano (hoy ya uniéndose a teologías de otros "países altermundistas"), pone de manifiesto la necesidad de una opción prioritaria por los pobres y oprimidos. Son ya varias décadas en las que la teología de la liberación viene luchando por combatir esos "pecados estructurales" que impiden la vida digna a millones de seres humanos y mostrando el "aburguesamiento" de buena parte de las religiones y personas religiosas que parecen no ser conscientes de la gravedad de la situación, ante todo en países del Tercer Mundo. Uno de sus más celebrados exponentes lleva a cabo un lúcido análisis de la radical crisis de civilización de la que estamos siendo testigos y resalta la importancia del enfoque liberador. Efectivamente: «en la era de la globalización –dice Leonardo Boff, uno de los más cercanos al espíritu Nueva Era desde la Teología cristiana de la liberación– las élites del hemisferio Norte están revelando una incapacidad creciente para conseguir que el aumento de la riqueza y la acumulación del capital vengan acompañados de una mejor calidad de vida de todos los ciudadanos de la Tierra como un gran y único ecosistema. Las élites del Sur, mucho menos numerosas, intentan adaptarse, mediante políticas de ajustes estructurales, al mercado mundial aumentando sus privilegios y excluyendo a porciones numerosas de la población. En realidad se ha creado un Norte global (construido por las élites del Norte y del Sur) y un Sur global (por las mayorías pobres del Sur, junto con un número creciente de trabajadores y trabajadoras empobrecidos y excluidos del Norte), aumentando el foso entre uno y otro» (Boff, 2003:193).

¿Pueden las personas e instituciones religiosas permanecer ciegas ante tal situación o incluso, lo que es peor, colaborar, de un modo u otro, en el mantenimiento de esta injusta desigualdad que atenta contra toda dignidad humana? ¿Qué hacen las religiones y las Iglesias? Ante esta cuestión, Boff responde: «Las religiones y las Iglesias fueron en gran parte cooptadas por este sistema avasallador. En los países centrales han perdido su capacidad profético-crítica. En los países periféricos, se ha verificado, como una bendición, que sectores importantes del cristianismo han comprendido el pecado social y estructural de este tipo de orden. Tomaron el partido de las víctimas mediante la opción preferencial por los pobres y recuperaron la memoria libertaria de la práctica de Jesús y de su Evangelio. La Iglesia de la Liberación, cuya base social está constituida por los pobres y marginados del orden vigente, y su correspondiente teología de la liberación expresan el surgimiento histórico de este tipo de cristianismo comprometido con los cambios sociales a escala global" (*ob. cit.*:194).

La Historia nos ha deparado muchas lecciones acerca de la unión entre religión y política. Ciertamente no es que las religiones hayan estado separadas siempre de los asuntos mundanos. Y muchas de esas lecciones son amargas y no deben ser olvidadas. No creo que sea "oriencentrismo" decir que en la historia de Israel y el judaísmo, de Europa/América y el cristianismo, y el Islam en Oriente Medio sobre todo, se nos ilustra más abundantemente de lo que vemos en las religiones orientales, de la funesta politización de la religión y de la unión de creencias dogmáticas y poder político. Por otra parte, el problema no pertenece al pasado y en el presente estamos asistiendo a terribles conflictos político-religiosos. Por tanto, la exigencia de compromiso político es delicada y es necesario un meticuloso análisis para discriminar hacia dónde soplan los vientos que deberían indicar el camino de las nuevas espiritualidades en su participación política. Es preciso un análisis de la situación particular en un ámbito nacional, allí donde cada uno se halle, así como, más general, un análisis de la situación internacional, con el fin de no ignorar ingenuamente la existencia de poderes empresariales, económicos, financieros, que manejan de manera despiadada y cruel los destinos de muchos millones de personas, incluso de países enteros, provocando guerras, imponiendo determinado tipo de monocultivo, patentando bienes originalmente pertenecientes al país colonizado o explotado en el proceso de globalización económica triunfantemente mercantilista. Allí donde el ser humano sea convertido en mercancía, allí donde la humanidad de la mujer y del hombre sea pisoteada por motivos económicos, egoístas, allí está el enemigo de la humanidad, y por tanto de toda persona religiosa y espiritual digna de recibir tal nombre.

En suma, el Yoga integral participa de la insistencia en integrar la preocupación y la acción social y política en el horizonte del esfuerzo por la mejora de la humanidad, tal como la Teología de la Liberación está haciendo con tanta valentía. En fin, el Vedânta y el Yoga integrales de Sri Aurobindo y Mirra Alfassa, sin poder identificarse con los desarrollos posteriores de la Nueva Era, pueden verse como precursores importantes y compartiendo un mismo aire de familia en lo que respecta a la cosmovisión general.

4.5. LA HERENCIA ORIENTAL EN LA NUEVA ERA

Preguntémonos, después de este largo rodeo por la espiritualidad oriental, especialmente el hinduismo y sobre todo Sri Aurobindo: ¿Qué recoge la Nueva Era de las tradiciones orientales, especialmente del hinduismo y el budismo? La figura del iluminado, del liberado, del "maestro espiritual realizado" como modelo que se ha de seguir y como autoridad capaz de guiar en un momento determinado hacia el despertar. La meditación como práctica fundamental de cara al descubrimiento experiencial de nuestra realidad más profunda y como punto de partida para una transformación de la personalidad. Las doctrinas del *karma* y la reencarnación como marco teórico en el que interpretar y dar sentido a muchos fenómenos que de otro modo permanecen como incógnitas irresueltas. El *yoga*, en un sentido amplio, como disciplina ascético-mística, como trabajo interno, como forma de vida espiritualmente exigente. El *tantra*, como un camino para el descubrimiento de la dimensión sagrada de la sexualidad, como un modo de integrar el deseo y las poderosas energías movilizadas por el sexo en el trabajo de realización espiritual.

Ni que decir tiene que todas ellas pueden utilizarse correcta o incorrectamente, pueden ser una inestimable ayuda en el camino espiritual, o pueden corromperse o desviarse. La relación maestro-discípulo puede ser una auténtica apertura a la Gracia, a través del maestro como "canal de Gracia" y como espejo puro capaz de reflejar nuestra naturaleza más profunda y estimular nuestras mejores potencialidades, pero puede también tender a una relación patológica con interminables proyecciones y dependencias psicológicas que perpetúan la infancia espiritual del discípulo y le esclavizan en lugar de mostrarle el camino de la emancipación espiritual. La meditación puede ser el ascensor dorado que nos eleva a las cimas de nuestro ser y de la realidad toda, pero también puede convertirse en un ejercicio de narcisismo complaciente que nos aísla tanto de nuestros propios problemas psicológicos de relación con el mundo, como de los problemas cotidianos de éste y del resto de los seres humanos. Las doctrinas del *karma* y la reencarnación pueden ser herramientas teóricas que colaboran en la comprensión de tendencias y procesos del presente, clarificando puntos oscuros, y pueden ofrecer un marco de sentido capaz de construir una cosmovisión satisfactoria y hasta una "teodicea Nueva Era" en la que la existencia se resacraliza, el mundo vuelve a estar encantado y el individuo se serena en la visión de un orden cósmico-ético que no atenta contra la razón crítica y las exigencias de justicia, que de otro modo pueden conducir a la desesperanza y la desesperación, al absurdo y la pasión inútil "existencialistas", pero pueden también ser esquemas especulativos insuficientes manipulados por la propia comodidad y herramientas capaces de justificar falsamente, como racionalizaciones infantiles, cualquier injusticia, cualquier desgracia, cualquier tendencia, hasta cualquier infamia, sea individual o colectiva, como nos han mostrado tanto la esclerotización del sistema de castas con su legitimación teológico-política kármico-reencarnacionista, como los delirios de algunos círculos apresados en el enigma de las vidas anteriores que nos han conducido hasta ser lo que somos.

En cualquier caso, no cabe duda de que en la fecundación inter-cultural que caracteriza a nuestro mundo y a la Nueva Era, el hinduismo (*yoga*, *Vedânta*, *tantra*) y el budismo (tibetano o Zen), y en menor medida el taoísmo y otras tradiciones de sabiduría espiritual como las de los nativos americanos o los chamanes de distintas culturas, han sido parte constitutiva de la génesis de la Nueva Era.

5. LA DIMENSIÓN
PSICO-TERAPÉUTICA
DE LA NUEVA ERA

5.1. TRES PRECURSORES:
WILLIAM JAMES, C.G. JUNG, R. ASSAGIOLI

En el campo de la psicología, algunos señalan a William James como precursor de la Nueva Era, aunque en mi opinión lo sería sólo muy indirectamente. No deja de ser curioso, no obstante, que uno de los "canales" más influyentes en la Nueva Era, Jane Roberts, atribuya uno de sus libros canalizados al célebre psicólogo. Efectivamente, en 1978, la autora citada, que generalmente canaliza a una entidad llamada Seth, publica *The After-Death Journal of an American Philosopher: The World View of William James*, afirmando que el manuscrito, dictado por W. James, incluía el título y la estructura. En todo caso, la influencia de sus obras, quizás en lo que aquí más nos interesa, *Las variedades de la experiencia religiosa*, está fuera de toda duda. Pocos libros sobre misticismo prescinden de referencias a él. En cualquier caso, en lo que al término respecta puede aceptarse que habría sido el primero en utilizar el término inglés "trans-personal" en 1905, pocos años después de sus célebres *Gifford Lectures* (1901-1902), que darían lugar a la obra antes citada. Allí, W. James insiste en que la conciencia racional no es sino un tipo de conciencia entre otros tipos completamente diferentes. Parece fuera de duda que no sólo sus conocimientos del trascendentalismo americano, de la teosofía, del budismo, el sufismo, el *Vedânta* y el *yoga*, sino también sus propias experiencias con el psicoactivo óxido nitroso

La llamada (de la) Nueva Era

(o gas de la risa), influyeron poderosamente en su apertura a nuevas dimensiones de la conciencia (Daniels, 2005:17).

Algo parecido sucede con Teilhard de Chardin. Sus reflexiones sobre el punto omega y la cristificación hallarán abundantes paralelismos en la literatura de la Nueva Era. Recordemos cómo se ha comparado su visión con la de Sri Aurobindo. Ambos, a mi entender, precursores indirectos.

Más frecuentemente todavía se cita a C.G. Jung entre los precursores de la Nueva Era, así como de la psicología transpersonal, aunque en ambos casos suele ser influencia apreciable aunque indirecta. Su interpretación del gnosticismo y de la alquimia y su pretensión de ser actualización de tales corrientes le sitúan entre los candidatos a figura pionera de una nueva forma de espiritualidad. Hanegraaff lo ha resumido bien:

> «Jung se convierte en un eslabón directo entre las tradiciones esotéricas de la *Naturphilosophie* romántica alemana y el movimiento contemporáneo de la Nueva Era. Su contribución consistió en su habilidad para presentar una cosmovisión esotérica en términos psicológicos, ofreciendo de ese modo una alternativa "científica" al ocultismo. Y lo que es más importante todavía, no sólo psicologizó el esoterismo, sino que sacralizó la psicología, llenándola con los contenidos de la especulación esotérica. El resultado fue un cuerpo de teorías que permitía a la gente hablar de Dios mientras se refería en realidad a su propia psique y sobre su propia psique refiriéndose en realidad a lo Divino. Si la psique es "mente" y Dios es también "mente", analizar uno debe significar analizar el otro. Si los antiguos gnósticos pensaban de este modo o no, está en duda; pero que el movimiento Nueva Era lo hace, es seguro» (Hanegraaff, 1998:513).

Más cercano al enfoque Nueva Era, en la medida en que comparte sus principales postulados esotéricos, es el caso de Roberto Assagioli (1888-1974), quien conoció a Freud y colaboró estrechamente con Jung en Zurich y que terminaría creando su propia psicología, conocida como *psicosíntesis*. En 1926 creó ya su Instituto de Psicosíntesis, el cual muestra desde el comienzo no sólo las influencias psicoanalíticas, sino también las teosóficas, pues ya su madre pertenecía a la Sociedad Teosófica y él se movió en ese ambiente desde niño. Pero quizás el cambio más significativo se produciría a partir de 1932, momento en que entra en contacto con círculos cercanos a A. Bailey, llegando algunos a hablar de una influencia mutua (Introvigne, 2005:113). Lo que más nos interesa aquí es la figura de Assagioli como precursor de la psicología transpersonal que más tarde se desarrollaría y como enfoque más cercano a la Nueva Era. Esto destaca especialmente en su noción del Yo transpersonal como reflejo y parte del Yo universal. Asimismo formuló con claridad la diferencia entre el inconsciente colectivo de Jung –generalmente identificable con la subconciencia– y lo que él denominó la Supraconciencia (Assagioli, 1971). La psicosíntesis de Assagioli inspiró el enfoque psicológico de la Escuela de Astrología fundada en 1962 por Bruno y Louise Huber, escuela que sigue muy viva y participa de una visión esotérica de la astrología.

5.2. Esalen, la psicología humanista y el movimiento del potencial humano: el espectro de terapias alternativas

Hemos dicho ya que en 1962 se funda en California el Instituto Esalen, símbolo de las nuevas terapias, pero también de la fecundación entre las psicologías occidentales y las sabidurías orientales. Fundado por Michael Murphy y Richard Price como un lugar para el crecimiento personal, colaboró en el desarrollo de la psicología humanista y el movimiento del potencial humano, así como más tarde de la psicología transpersonal, sin duda el ala psicológica más próxima a las preocupaciones Nueva Era, entendida en un sentido amplio. A. Maslow, F. Perls, I. Rolf, A. Watts, A. Huxley, A. Lowen, C. Rogers, G. Bateson, entre otros muchos, enseñaron en Esalen. Durante los años setenta su irradiación alcanzó un amplio campo.

Podría decirse que las "terapias alternativas" intentan "sanar" la totalidad de la persona y comparten esa visión holista que constituye uno de los rasgos más característicos de la Nueva Era. No se trata tanto de intentar "curar" una enfermedad determinada desde el paradigma mecanicista vigente en la medicina alopática, sino de buscar el significado de la enfermedad y comprender sus raíces más profundas como desequilibrio de la totalidad de la persona. Homeopatía, acupuntura, flores de Bach, terapia con cristales y minerales, cromoterapia y musicoterapia, masaje de polaridad, terapia nutricional, fitoterapia, terapia regresiva (de vidas anteriores) y una interminable lista de terapias más o menos parciales, más o menos completas, se desarrollan, uniendo psicología y espiritualidad de un modo estrecho. Salud y salvación se religan de nuevo, quizás como pocas veces antes. La enfermedad se considera también como una oportunidad para el crecimiento personal; se ha llegado a decir que éste es la forma que adopta la salvación religiosa en la Nueva Era (Murphy, 1992). Recordemos la importancia del proceso de "sacralización de la psicología y psicologización de la religión" que tuvo en Jung su principal exponente.

Aparte del movimiento del potencial humano y del movimiento de salud holística cabe tener presente la influencia de la sanación chamánica (piénsese en la influencia del antropólogo Michael Harner, convertido en neo-chamán), en esta ocasión conceptualizando la enfermedad como el resultado de intrusiones perjudiciales, energías hostiles, que invaden el cuerpo de una persona y han de ser extraídas por el chamán, con frecuencia utilizando "espíritus ayudantes". En realidad, el enfoque chamánico puede verse más cerca del núcleo esotérico de la Nueva Era que los anteriores enfoques más "psicologistas". No obstante, cabe también una interpretación psicologizante del chamanismo, que traduce los fenómenos asociados al vuelo chamánico y a sus medios de sanación a fenómenos intrapsíquicos, llevando a cabo una lectura "constructivista" de éste. Es quizás la tendencia dominante en J.M. Fericgla, quien, no obstante, ofrece una buena caracterización del chamán: «Podemos acordar que el elemento definitorio del chamán es *el hecho de contactar a voluntad con la dimensión oculta de la realidad por medio de técnicas de modificación del estado ordinario de la conciencia.* El camino habitual para penetrar en tales éxtasis es consumiendo enteógenos, pero también se recurre a ritmos de percusión, ayunos y técnicas de deprivación sensorial. Cada pueblo tiene sus recursos específicos para inducir el trance chamánico (o incluso puede carecer de ellos). El brujo mantiene así su consciencia sincrónicamente despierta a ambas dimensiones de la realidad, la mágica y la ordinaria, y ello es lo que lo diferencia de médiums y posesos. Éstos pierden su voluntad en favor de los espíritus que, según creen, actúan a través de ellos. El chamán viaja activamente hacia los espíritus o personajes que habitan su inconsciente (proyectándolos sobre el mundo externo) para tratar de coordinarlos de acuerdo a su propio interés. No se deja vehiculizar por ellos, aunque en algunas ocasiones se haga difícil la discriminación» (Ferigcla, 2000:72-73).

Hay tres nombres que deberían citarse entre los pioneros influyentes de la Nueva Era, de modo más o menos directo y con un enfoque más o menos cerca de lo terapéutico. Uno de ellos es Aldous Huxley y su noción de *philosophia perennis*. Huxley, miembro de la célebre familia londinense, llega a California en 1937 y en 1945 publica *The Perennial Philosophy*. En 1951 publicaría *Vedânta para el hombre moderno* y en 1954 *Las puertas de la percepción*. Esa bella y sugerente novela que es *La isla* vería la luz en 1962, fecha que venimos señalando como crucial para la emergencia de la Nueva Era. Conviene tener en cuenta que M. Murphy, fundador de Esalen, consultó con A. Huxley antes de embarcarse en tal empresa.

El segundo nombre imprescindible es el de Alan Watts, quien con su ágil pluma, inició y despertó el interés por el budismo y el taoísmo de un modo que pocos han logrado igualar. Baste recordar de su amplia bibliografía obras como *El camino del tao* (1990), *Budismo* (1993), *El futuro del éxtasis* (1982), o en el ámbito de la psicoterapia y su apertura a Oriente, *Psicoterapia del Este, psicoterapia del Oeste* (1973), algunos de ellos con más de siete ediciones en castellano. Menos conocida es una de sus obras más antiguas, pero no menos interesantes en la que su familiaridad con la *philosophia perennis* (no sólo de Huxley, sino también de Coomaraswamy y otros tradicionalistas) le permite ofrecer un sugerente análisis del cristianismo, *Mito y rito en el cristianismo* (1999).

El tercer nombre es J. Krishnamurti (1986; 1991; 1996). Nos interesa aquí no tanto su etapa teosófica, cuando fue descubierto por A. Besant y Ch.W. Leadbeater y aclamado como futuro Mesías, aquel en quien encarnaría el Cristo, Maitreya, sino la etapa posterior, en la que disuelve la Orden de la Estrella y se dedica a compartir su visión en célebres charlas que han sido recogidas en multitud de libros. Puede incluirse como precursor de la Nueva Era, en cuanto a su enfoque espiritual post-religioso, pues si bien es de origen hindú y algunos lo han proclamado como la consumación del budismo (Jehangir Chubb), una de sus características es invitar a prescindir de rituales (incluida la meditación como técnica), de lenguaje religioso y hasta de *gurus* y maestros que impiden el despertar de nuestra propia *inteligencia*. Su llamada a la "libertad primera y última" y sus finos análisis de nuestros condicionamientos psicológicos han influido en cientos de miles de buscadores que comparten más o menos el perfil del *new ager*. Son famosas sus conversaciones con el físico David Bohm (Krishnamurti & Bohm, 1998), el cual se convertiría posteriormente en uno de los principales forjadores del nuevo paradigma y concretamente del modelo holográfico.

Abraham Maslow (1908-1970), fundador de la psicología humanista, ha de mencionarse entre los creadores también de la psicología transpersonal, a partir del encuentro a finales de los años sesenta con S. Grof, A. Sutich y otros, del que surgió el término "psicología transpersonal", en un intento de ir más allá de la psicología humanista, recogiendo asimismo las influencias de las tradiciones espirituales orientales. En 1969 comienza a publicarse el *Journal of Transpersonal Psychology*, y en 1972 se funda la Association for Transpersonal Psychology.

Así pues, desde los estudios de Maslow sobre las *experiencias-cumbre*, la jerarquía de motivaciones y la noción de autorrealización, pasando por la terapia centrada en el paciente de C. Rogers o la terapia Gestalt de F. Perls, con su énfasis en el aquí y el ahora con influencias Zen y evocando el éxito del *boom* de Richard Alpert (Baba Ram Dass) a su vuelta de la India, una vez iniciado por Neem Karoli Baba, *Be Here Now*, la psicología humanista y el movimiento de potencial humano van creando un clima en el que será posible el desarrollo de la psicología transpersonal por autores que se saben deudores tanto de Maslow y Perls como de Huxley, Watts y Krishnamurti, y de las tradiciones orientales.

5.3. LA PSICOLOGÍA TRANSPERSONAL: GROF Y WILBER

Es preciso hacer una breve referencia a la psicología transpersonal como ala teórica de la psicología de la Nueva Era, aunque muchos de sus creadores se hayan ido desmarcando de las corrientes dominantes de la *New Age*. Efectivamente, si algunos de los pioneros compartían una concepción esotérica posteosófica –es el caso de R. Assagioli, creador de la psicosíntesis, y el de Dane Rudhyar, impulsor de la astrología humanista primero y transpersonal después–, éste no es el caso ya en los considerados principales teóricos de la madurez de la psicología transpersonal, especialmente Claudio Naranjo, Ken Wilber y Stanislav Grof. En los tres asistimos a la unión de ciencia (psicológica) occidental y sabiduría (espiritual) oriental. El primero siendo discípulo tanto de F. Perls (en realidad también Naranjo se identifica ante todo con el enfoque Gestalt) como de Tarthang Tulku Rimpoche y otros maestros budistas tibetanos, e integrando Oriente, psicoterapia y meditación (Naranjo, 2003).

Wilber especialmente impactado por el budismo (el Zen en una primera fase, el dzogchen Vajrayâna tibetano en una segunda época), Grof por el *vedânta* hindú, quizás especialmente por Sri Aurobindo, sin olvidar la multitud de influencias que caracteriza a ambos ni sus aportaciones personales. Grof, tras su fructífera experimentación con psicotrópicos con fines médicos, creando la respiración holotrópica para inducir estados de conciencia ampliados (Grof, 1988; 1994; 1997; 2005). Wilber llevando a cabo un esfuerzo titánico por elaborar incansablemente una síntesis de envergadura en clave psicológica, aunque deudora de una determinada manera de entender la *philosophia perennis* (Wilber, 1987; 1988; 1997; 2001), hoy cuestionada en algunos campos de la psicología transpersonal (muy especialmente, Ferrer, 2002, y Heron, 1998). En ambos casos, las explicaciones reposan sobre la ya incuestionable existencia de una variedad de "experiencias transpersonales", de "estados de conciencia transpersonales", desde los cuales la realidad es percibida a otra luz. De hecho, lo transpersonal es término intercambiable con lo espiritual, huyendo de las connotaciones indeseadas que para la mente científica carga este término. Al fin y al cabo –como veremos–, cuando se trata de ejemplificar los niveles superiores de los estados (de realización) transpersonales, los nombres son Echkart o Ramana Maharshi, san Juan de la Cruz o Plotino, Dogen o Sri Aurobindo.

De nuevo, terapia y meditación se dan la mano como complementos necesarios, lo primero para equilibrar, armonizar y desarrollar correctamente, sin reprimir coercitivamente (ahora que nosotros post-freudianos sabemos del inexorable retorno de lo reprimido bajo formas indeseables, si no perversas), antes bien mediante una trascendencia positiva que no rechaza sino que integra lo superior en lo inferior. No sólo en Grof, también en Wilber es perceptible, en este sentido, el reconocimiento a la aportación pionera y brillantemente presentada de la espiritualidad integral de Sri Aurobindo. La espiritualidad de la Nueva Era, acorde con la insistencia que la psicología transpersonal hace en ello, no puede ni quiere ya ignorar, olvidar, menospreciar, minusvalorar las dimensiones inferiores, instintivas, vitales (el cuerpo, la sexualidad), afectivas, mentales, como no quiere ignorar ni descuidar la naturaleza y la historia, la mujer y la dimensión femenina en el hombre. Creo que es justo decir que la psicología transpersonal y la Nueva Era son sensibles a las justas y necesarias reivindicaciones feministas (no las "hembristas"), así como a las ecologistas. Obviamente, la conciencia de los excesos del patriarcalismo, del autoritarismo, del paternalismo, del androcentrismo, es uno de los signos de nuestro tiempo, compartido por muchos más que aquellos que se reconocen bajo la denominación "Nueva Era". Ni que decir tiene que hay diversas maneras de entender qué constituye el núcleo de la Nueva Era y aquí no podemos dejar de optar por una de ellas, al tiempo que tratamos de ofrecer una suficiente representación de las corrientes y concepciones más destacadas.

5.3.1. S. Grof: respiración holotrópica, matrices perinatales y experiencias transpersonales

De Grof cabe destacar su pionero estudio con LSD, financiado durante varias décadas por el Gobierno checoslovaco, así como, al terminar estas subvenciones, a raíz del uso y abuso creciente de los psicotrópicos o enteógenos, su creación de la respiración holotrópica para inducir "estados alterados de conciencia", destacando en éstos, por un parte, su encuentro con lo que llamaría las matrices perinatales y, por otra parte, las denominadas experiencias transpersonales.

Veamos cómo en sesiones con LSD algunos sujetos han tenido acceso a experiencias de todo tipo, tanto biográficas y perinatales, como transpersonales. Un ejemplo de estas últimas sería el de experiencias de encarnaciones anteriores: «Algunos sujetos bajo los efectos del LSD experimentan secuencias ocasionalmente intensas y complejas de otras culturas y otros períodos históricos, dotadas de todas las cualidades de un recuerdo e interpretadas habitualmente por los propios individuos como vivencias de episodios de vidas anteriores. Al desarrollarse dichas experiencias, los sujetos generalmente identifican a ciertas personas de su vida actual como importantes protagonistas de esas situaciones kármicas. En tal caso, las tensiones, problemas y conflictos interpersonales que puedan existir con dichos individuos, frecuentemente se reconocen o interpretan como derivaciones directas de las pautas kármicas destructivas. La revivencia y resolución de esos recuerdos kármicos se asocian típicamente a una profunda sensación de alivio, de liberación de los opresivos "vínculos kármicos", así como a un bienestar y satisfacción supremos por parte del sujeto» (Grof, 1988:67).

Éste, no obstante, no es sino un tipo entre muchos otros posibles –y efectivamente dados– de experiencias transpersonales. Grof las clasifica en tres categorías principales, en un texto que nos permitiremos citar a pesar de su extensión, dado que sintetiza, de manera oportuna, un buen espectro de experiencias y estados no-ordinarios de conciencia:

> «Las experiencias transpersonales pueden dividirse en tres grandes categorías. La primera abarca sobre todo la trascendencia de las barreras espaciales habituales, de las limitaciones del "ego encapsulado en la piel". Aquí se sitúan las experiencias de fusión con otras personas en un estado que puede

llamarse de "unidad dual", la asunción de la identidad de otra persona, la identificación con la conciencia de todo un grupo de personas (por ejemplo, todas las madres del mundo, toda la población de la India, o todos los internados de los campos de concentración), o incluso experimentar una extensión de la conciencia que parece abarcar a toda la humanidad. Experiencias de este tipo se han descrito muchas veces en la literatura espiritual de todo el mundo.

»De manera similar, se puede trascender los límites de la experiencia específicamente humana e identificarse con la conciencia de varios animales, plantas, o incluso con formas de conciencia que parecen asociadas con objetos y procesos inorgánicos. En el extremo, es posible experimentar la conciencia de toda la biosfera, de nuestro planeta o de todo el universo material. Por increíble y absurdo que pueda parecer al occidental inmerso en la ciencia cartesiano-newtoniana, estas experiencias sugieren que todo aquello que podemos experimentar en el estado de conciencia cotidiano como un objeto, posee una representación subjetiva correspondiente en los estados no-ordinarios de conciencia. Es como si todo en el universo tuviera su aspecto objetivo y su aspecto subjetivo, tal como se describe en las grandes filosofías espirituales de Oriente (por ejemplo, en el hinduismo todo lo que existe se considera una manifestación de Brahma, o en el taoísmo, una manifestación del Tao).

»La segunda categoría de experiencias transpersonales se caracteriza fundamentalmente por superar las fronteras temporales más que las espaciales, mediante la trascendencia del tiempo lineal. Ya hemos hablado de la posibilidad de revivir de manera vívida importantes memorias de la infancia o incluso el trauma del nacimiento. Esta regresión histórica puede ir más allá e implicar verdaderas memorias fetales y embrionarias de diferentes períodos de la vida intrauterina. Tampoco es inhabitual experimentar, en el nivel de la conciencia celular, una plena identificación con el esperma y el óvulo en el momento de la concepción. Pero la regresión histórica *no* se detiene aquí y es posible tener experiencias de antepasados humanos o animales, o incluso experiencias que parecen proceder del inconsciente racial y colectivo tal como lo describió Carl G. Jung. Con mucha frecuencia, las experiencias que parecen haber ocurrido en otras culturas y otros períodos históricos se asocian con un sentido de recuerdo personal; en ese caso, la gente habla de revivir memorias de vidas pasadas, de encarnaciones anteriores» [Grof, en Lorimer, 2004].

Grof llama la atención sobre su tercera categoría, la que se acerca a las experiencias místicas de la Realidad última:

«Pues bien, la tercera categoría de experiencias transpersonales es incluso más extraña; aquí, la conciencia parece extenderse hacia ámbitos y dimensiones que la cultura industrial occidental no considera "reales". A esta categoría pertenecen numerosas visiones de seres arquetípicos y paisajes mitológicos, encuentros o incluso identificación con deidades y demonios de varias culturas, y comunicación con seres desencarnados, espíritus-guías, entidades suprahumanas, extraterrestres y habitantes de universos paralelos. Otros ejemplos de esta categoría son visiones y comprensión intuitiva de símbolos universales, como la cruz, la cruz ansata o *ankh*, la esvástica, el pentagrama, la estrella de seis puntas o el signo del *yin-yang*.

»En las experiencias de mayor alcance, la conciencia individual puede identificarse con la conciencia cósmica o la Mente universal, conocida con nombres muy diferentes: Brahmâ, el Buda, el Cristo cósmico, Kether, Allah, el Tao, el Gran Espíritu, y muchos otros. La experiencia definitiva parece ser la identificación con el Vacío supracósmico o metacósmico, la vacuidad y la nada misteriosa y primordial que es consciente de sí misma y constituye la cuna de toda existencia. No tiene contenido concreto, pero contiene todo lo que existe en forma germinal y potencial.

»Las experiencias transpersonales poseen muchas características sorprendentes que hacen añicos los presupuestos metafísicos más fundamentales del paradigma newtoniano-cartesiano y de la concepción materialista del mundo. Los investigadores que han estudiado y/o experimentado personalmente estos fascinantes fenómenos son conscientes de que los intentos que lleva a cabo la ciencia hegemónica de rechazarlos como productos irrelevantes de la fantasía y la imaginación humana o como alucinaciones –productos erráticos de procesos patológicos en el cerebro– son ingenuos e inadecuados. Cualquier estudio –libre de prejuicios– del dominio transpersonal de la psique ha de llegar a la conclusión de que las observaciones representan un reto crucial no sólo para la psiquiatría y la psicología, sino para toda la filosofía de la ciencia occidental» [Grof, en Lorimer, 2004:181-182].

Grof es consciente de las dificultades de dar sentido a todas esas experiencias inusuales desde el paradigma dominante, de ahí la necesidad de transformar éste, tanto como de saber buscar las estrategias necesarias para poder entrar en diálogo con los defensores del paradigma hegemónico.

«No es tarea fácil –sigue diciendo– transmitir en pocas frases las conclusiones y observaciones procedentes de unos treinta y cinco años de investigación en estados no-ordinarios de conciencia y que estas afirmaciones resulten creíbles. No es realista esperar que unas cuantas líneas sean capaces de contrarrestar la cosmovisión culturalmente enraizada de modo muy profundo en aquellos lectores que no están familiarizados con la dimensión transpersonal y que no pueden relacionar lo que digo con su experiencia personal. Aunque yo mismo tuve muchas experiencias de estados no-ordinarios de conciencia y la oportunidad de observar de cerca a un gran número de otras personas, me costó años absorber plenamente el impacto de este *shock* colectivo» [Grof, en Lorimer, 2004:184].

Pero la aportación más específicamente grofiana, junto a las experiencias con LSD y posteriormente la respiración holotrópica, es la referente a lo que llamó "matrices perinatales". Éstas hay que ponerlas en relación con lo que acuñó como "sistemas COEX o sistemas de experiencia condensada", que es –dicho brevemente– una constelación dinámica de recuerdos, ya que los recuerdos importantes no suelen emerger de manera aislada, sino formando constelaciones dinámicas específicas. Estos sistemas de experiencia condensada pueden organizarse en torno a cuatro matrices perinatales básicas (MPB), relacionadas con procesos que tienen que ver con el nivel perinatal del inconsciente.

La MPB1 posee sus bases biológicas en la experiencia de unión original simbiótica del feto con el organismo materno, durante la existencia intrauterina. La apacibilidad del estado intrauterino es su característica más notable, y las perturbaciones de la vida intrauterina se relacionan con imágenes y experiencias de peligros subacuáticos, vías fluviales contaminadas, etcétera.

La MPB2 se relaciona con el inicio del parto biológico. Se perturba el equilibrio original de la existencia intrauterina con las contracciones uterinas. El cuello del útero permanece cerrado todavía y no existe camino de salida. El simbolismo más frecuente relacionado con esta etapa es el del engolfamiento cósmico, caracterizado por una angustia creciente y la alerta ante un peligro vital inminente. Es la experiencia de algo sin salida, del infierno, la sensación de estar atrapado o encarcelado en pesadillas claustrofóbicas, con torturas físicas y psíquicas. Puede inducir a una identificación con prisioneros en mazmorras o campos de concentración, con pacientes en sanatorios mentales o con pecadores en el infierno. Se pueden encontrar figuras arquetípicas que simbolicen la maldición eterna, como el judío errante, el holandés errante, Sísifo, Tántalo, Prometeo, etc. El sujeto tiende a interpretar el mundo en términos paranoides.

La MPB3 tiene que ver con la segunda etapa clínica del parto. Siguen las contracciones uterinas, pero el cuello del útero está ahora dilatado y permite la propulsión del feto hacia el exterior. Esto supone una gran lucha por la supervivencia, pero ahora el sufrimiento parece tener una dirección y un propósito. En simbología religiosa sería no ya el infierno, sino el purgatorio. Es una especie de "éxtasis volcánico", frente al "éxtasis oceánico" de la primera etapa.

La MPB4 se relaciona con el nacimiento propiamente dicho. Llega el alivio y la relajación. Se comienza la existencia independiente, después de cortar el cordón umbilical. Su correspondencia simbólica es la experiencia morir-renacer y por tanto también la muerte del ego, como destrucción despiadada de todos los puntos de referencia. «A esta experiencia de aniquilamiento total y de destrucción cósmica absoluta le siguen inmediatamente visiones de una deslumbrante luz blanca o dorada, de un brillo y belleza sobrenaturales» (Grof, 1988:149). Los elementos biográficos con los que se relaciona son recuerdos de éxitos personales y la conclusión de situaciones peligrosas, el fin de guerras o revoluciones, el sobrevivir a accidentes o recuperarse de enfermedades graves.

Grof llega a establecer ciertas correlaciones entre cada MPB y cierta fenomenología descrita en sesiones con LSD, así como con recuerdos asociados de la vida postnatal, con actividades en las zonas erógenas freudianas y con ciertos síndromes psicopatológicos (Grof, 1988:126-168).

5.3.2. Ken Wilber: filosofía perenne en clave psicológica. Estadios del desarrollo colectivo e individual. Los cuatro cuadrantes. Las etapas transpersonales.

Pocos dudan al señalar que el teórico más destacado y creativo de la psicología transpersonal ha sido, hasta el momento, Ken Wilber. En fechas recientes, él mismo distinguió hasta

cuatro fases distintas en el desarrollo de su pensamiento, llegando a distanciarse tanto de la Nueva Era –como veremos en
texto posterior– como de la propia psicología transpersonal,
prefiriendo hablar de "psicología integral". Sus dos primeros
títulos –antes citados– muestran que el concepto central en sus
investigaciones es el de "conciencia". Poco a poco sus textos
irán adquiriendo un carácter más teórico y filosófico. No es
erróneo decir que estamos más ante una construcción filosófica que ante textos puramente psicológicos, especialmente en el
Wilber IV.

Wilber IV, en un intento de presentar una cosmovisión cada
vez más integral (y de vivir una vida con un desarrollo cada vez
más integral y armónico) termina distinguiendo cuatro cuadrantes que habría que tener en cuenta para toda teoría y toda
práctica integral: dos de ellos son interiores y dos exteriores.
Dos de ellos son individuales y dos colectivos.

El *exterior individual (conductual)* abarca desde los átomos hasta el neocórtex complejo, pasando "holoárquicamente" por moléculas, células, etc. El *exterior colectivo (social)*
abarca galaxias, sistemas solares y planetas, y también, dentro
de nuestro planeta, el desarrollo en cinco etapas evolutivas,
desde el punto de vista tecno-económico: recolectora (tribus),
hortícola (aldeas tribales), agraria (primeras ciudades/impe-
rios), industrial (nación-Estado) e informática (planetaria), a la
que corresponden otros tantos modos de organización (indicados aquí entre paréntesis).

El *interior individual (intencional)* equivale al aspecto psicológico y el esquema evolutivo; abarca tanto los estadios prepersonales, pasando por estadios personales, como aquellos en
los que la conciencia funciona desde un nivel transpersonal
(en los que cabe distinguir el psíquico, el sutil, el causal y el
no-dual). El *interior colectivo (cultural)* atraviesa también distintos niveles, entre los que destacaremos el urobórico, el tifó-
nico, el arcaico, el mágico, el mítico, el racional y el centaúri-
co (a partir de ahí se darán los transpersonales).

La dimensión psico-terapéutica

Denomina "mano izquierda" a los dos cuadrantes interiores (intencional y cultural) y "mano derecha" a los dos exteriores (conductual y social), que más tarde caracterizará como "las dos manos de Dios". Cada cuadrante tiene sus especialistas: Freud; la hermenéutica como ciencia cultural; el conductismo y la psiquiatría biológica, y las ciencias sociales empíricas. Son los "cuatro rostros del Espíritu".

En relación con ello está lo que llama "El Gran Tres", simplificación de los cuatro cuadrantes, con tres lenguajes distintos: el lenguaje del ello, el lenguaje del yo y el lenguaje del nosotros que apuntan respectivamente a la Verdad, la Belleza y la Bondad. Ciencia, Arte y Moral se diferencian o autonomizan con la Modernidad. Esto es buena noticia. Pero se convierte en mala noticia cuando la diferenciación no produce integración entre los tres, sino disociación, y los tres colapsan en el gran uno chato/plano. La misión de la postmodernidad (espiritual) es integrar los tres. El Yo último es el Buda, el nosotros, la *Sangha* y el ello, el *Dharma*, utilizando la terminología budista preferida por Wilber.

Wilber, en un intento de generalización máxima, en su obra *Breve historia de todas las cosas* (Wilber, 2001) establece veinte principios en una concepción claramente holística, de los que destacaremos lo siguiente: Toda la realidad está compuesta de "holones" y organizada "holoárquicamente", lo cual hay que distinguir de "jerárquicamente", sobre todo debido a la confusión de la verdadera jerarquía de autoridad (natural) con las jerarquías de dominio (patológicas). Cada holón tiene cuatro impulsos: dos horizontales, a la individualidad (actividad para seguir siendo una totalidad, un holón) y a la comunión (para seguir siendo una parte de otra totalidad); y dos verticales, a la autotrascendencia (a ascender) y a la autodisolución (a descender).

Los holones van emergiendo en la evolución, según una concepción claramente teleológica. En esa evolución cabe hablar de lo inferior y lo superior, según "niveles de organización estructural" (así la noosfera es superior a la biosfera porque la trasciende y la incluye). Hay que distinguir ente la "profundidad" (por el número de niveles que abarca un holón) y la "amplitud" (por el número de holones que abarca otro holón mayor). Pues bien, la evolución produce más profundidad (que equivale a conciencia) y menos amplitud.

Wilber entiende que su visión es una actualización de la *filosofía perenne*, la cual constituiría «el núcleo de las grandes tradiciones de sabiduría del mundo entero».

Volviendo al desarrollo colectivo, se puede resumir en cinco estadios del desarrollo tecno-económico y cinco correspondientes visiones del mundo:

Sociedad recolectora-cazadora	arcaica
Sociedad hortícola (azada)	mágica (animista)
Sociedad agraria (arado)	mítica
Sociedad industrial (moderna)	racional
Sociedad informática (postmoderna)	existencial

No pretende aquí innovar, sino que sintetiza los resultados de obras como las de Jean Gebser, Robert Bellah, J. Habermas, M. Foucault, P. Berger y otros muchos.

En cuanto a la evolución de la conciencia distingue nueve "estructuras básicas de la conciencia", pues la no-dual no cuenta (*véase* cuadro pag. 197).

Si ésta es la escalera evolutiva, otra cosa es el "escalador", el "yo". Cada paso en el ascenso es un "fulcro", un proceso trifásico (fusión/identificación; diferenciación/trascendencia; integración/inclusión). En cada estadio se da una distinta sensación de identidad (Loevinger), necesidades del yo y una distinta actitud moral (Kohlberg). «El yo observador suele ser llamado Yo (con mayúscula), Testigo, Presencia pura, con-

1. Sensorio-física
2. Emocional-fantasmal
3. Mente representativa
4. Mente regla/rol (conocimiento operativo): acatar reglas y asumir roles
5. Reflexiva-formal (operacional formal)
6. Visión-lógica (global)
7. Psíquica
8. Sutil
9. Causal
No-dual

ciencia pura, un rayo directo de lo Divino que, en opinión de todos los grandes sabios y místicos de todo el mundo, es el Cristo, el Buda o la misma Vacuidad», afirma Wilber. No entraremos ahora en la tendencia wilberiana de identificar un tanto precipitadamente realidades y nociones pertenecientes a lenguajes y tradiciones muy distintas, algo frecuente en los transpersonalistas menos cuidadosos.

Un modo de caracterizar la psicología transpersonal integral es mediante la expresión de Wilber que dice que hay que integrar a Freud (psicología profunda) con el Buda (psicología superior). Si no se hacen las paces con Freud, será muy difícil alcanzar al Buda. Si el yo reprime o disocia ciertos aspectos de sí mismo, dispondrá de menos potencial para la evolución y el progreso posterior, lo cual abocará a un estancamiento del desarrollo. La esencia de la represión consiste en mentirse a uno mismo sobre lo que realmente está ocurriendo en el propio psiquismo.

La etapa anterior a lo transpersonal es la etapa de la visión-lógica o lógico-global. En esa etapa se elaboran "teorías de sistemas objetivos" y a nivel personal se produce una integración de la personalidad. Este yo integral viene simbolizado por el "centauro", se integra el cuerpo y la mente, la noosfera y la biosfera, se configura un yo relativamente autónomo, un yo que ha superado el aislamiento, el atomismo y el egocentrismo, un yo integrado en redes de responsabilidad y de servicio. A este nivel lo denomina también nivel existencial, pues «uno se encuentra a solas consigo mismo» y nace el «yo auténtico» (Heidegger). Esa autenticidad existencial es la antesala de lo transpersonal y su prerrequisito, a fin de entrar libre del lastre de los mitos, las expectativas mágicas o los arrebatos egocéntricos o etnocéntricos, (por el contrario, hay ya una perspectiva mundicéntrica).

Los estadios transpersonales son los dominios supraconscientes del Espíritu-en-acción. ¿De dónde proceden?: «La comparación intercultural, arraigada en la práctica, de todos estos mapas nos ha permitido elaborar un modelo que pueda servir de mapa global de los distintos niveles superiores de conciencia de que disponen los hombres y las mujeres, un mapa de las *estructuras básicas* superiores de la conciencia que se hallan presentes de forma *potencial* en todos nosotros, pero que todavía deben emerger, crecer y desarrollarse» (Wilber, 2001:269). Estos son:

Psíquico	Misticismo de la naturaleza. Yo eco-noético. Sobrealma
Sutil	Misticismo teísta. Unión con Dios. Arquetipos reales
Causal	Misticismo informe. Yo puro, Vacuidad pura, *nirvâna*
No-dual	Misticismo no-dual (no es un nivel, sino el trasfondo de todos)

En *Sexo, ecología y espiritualidad* (Wilber, 1997) –quizás su obra magna–, Wilber ejemplifica cada nivel con las experiencias de uno o varios místicos destacados. El siguiente texto recoge los cuatro seleccionados: «En otras obras he dado las descripciones preliminares de las estructuras profundas (y las patologías) de estos cuatro estadios principales. En vez de repetirme, para esta ocasión he elegido a cuatro individuos que son especialmente representativos de estos estadios y les dejaré hablar a ellos. Son, respectivamente, Ralph Waldo Emerson, santa Teresa de Ávila, Meister Eckhart y Sri Ramana Maharshi. Cada uno de ellos representa el tipo de misticismo propio de cada estadio: el misticismo de la naturaleza, el de la deidad, el misticismo sin forma y el misticismo no-dual» (Wilber, 1997:I, 312).

En Emerson analiza su noción de Sobre-Alma o Yo global. La Naturaleza aparece como la expresión perfecta del Espíritu. Se puede incluir aquí la experiencia de Conciencia cósmica, en cuanto Yo universal. Con santa Teresa llegamos a la experiencia de que «Dios está en todas las cosas por presencia, poder y esencia». Y alude también a san Juan de la Cruz. Es la unión del alma con Dios. En el nivel causal, ilustrado con Eckhart, se trasciende alma y Dios en la identidad previa de la Divinidad o Conciencia pura sin forma, el Yo como Espíritu puro (*Âtman=Brahman*). No hay ya unión sino Identidad suprema. Ramana Maharshi ilustra el nivel no-dual: El Vidente es Vacío puro, pura Apertura. El Yo es el Testigo eterno.

Habría que preguntarse si Ramana Maharshi es el mejor ejemplo de una no-dualidad integral o si habría que recurrir como representante y símbolo más adecuado a "místicos" estilo Sri Aurobindo, tal como hemos visto en la presentación de su pensamiento.

Hemos insinuado ya que Wilber, si bien se le sitúa con frecuencia en las filas de la Nueva Era en sentido amplio, se ha mostrado en diversas ocasiones bastante crítico con ella, al menos con los aspectos que mejor conoce, probablemente con lo que llamaremos la exteriorización del esoterismo fundacional de la Nueva Era. El siguiente texto bastará para ver su postura reciente al respecto. En él comienza considerando desfasadas e incapaces de afrontar adecuadamente los retos del presente a las grandes religiones mundiales:

> «Las grandes religiones del mundo (hinduismo, budismo, cristianismo, islam, etc.) actualmente existentes surgieron en la época general del *imperialismo mítico*, y todas ellas permanecen arropadas en *estructuras superficiales* (y en éticas) que están dos épocas tecnológicas por detrás en el tiempo. Ninguna de estas religiones (ni las religiones tribales previas) han surgido de una cultura global, y por tanto ninguna de ellas puede hablar (ni hablará) a la cultura mundial emergente, por muy importantes que sean sus prácticas específicas (que continuarán siendo importantes). Más bien, a medida que se va creando una cultura global, y a medida que sus estructuras superficiales comiencen a compartir un lenguaje común, entonces, desde dentro de esa cultura global surgirá la(s) nueva(s) religión(es), que hablará en parte este lenguaje global, y trabajará con este discurso común, señalando también más allá de él. La era en que una religión específica (por ejemplo, la cristiana o la budista) se podía introducir en un territorio y simplemente convertirlo (por la fuerza de las armas o por la persuasión verdadera) ha pasado ya hace mucho. No tengo duda de que estará basada en las religiones anteriores, pero no creo que simplemente venga de cualquiera de ellas [...]».

A continuación plantea la polémica posibilidad de una religión mundial, que en ningún caso podrá identificarse con ninguna de las anteriores:

> «No, la nueva religión mundial vendrá de una nueva cultura global y no será algo tomado del pasado. La nueva religión

mundial se sentirá como en casa dentro de la conciencia contemplativa, pero será una conciencia que hablará también de forma natural el lenguaje de los *chips*, y se verá a sí misma de forma igualmente clara tanto en la realidad virtual como interactuando con los elementos naturales; su perspectiva global y su pluralismo universal se darán por hechos, y el Espíritu se moverá por los circuitos de fibra óptica tanto como por la sangre y la carne [...]».

Es ahora cuando explicita su crítica a los movimientos Nueva Era, aunque sin especificar nombres, grupos, autores:

«Los distintos movimientos Nueva Era afirman anunciar esta revolución mundial de la conciencia. Pero creo que estos movimientos fracasan estrepitosamente: les falta una visión-lógica sostenida de las dimensiones internas y externas, les falta una tecnología consistente para acceder a las dimensiones internas superiores, les faltan los medios (incluso la teoría) de la institucionalización social (en otras palabras, tienen fallos en el análisis y en la práctica en los cuatro cuadrantes). Además, la mayoría de los planteamientos Nueva Era y nuevo paradigma, a pesar de su pretensión de postcartesianos, simplemente reproducen el tipo de fenómenos descritos como posibles en el mundo cartesiano; no desafían decisivamente el paradigma fundamental de la Ilustración».

No nos cabe duda de que las observaciones críticas de Wilber son válidas para algunos, quizás muchos, de los grupos que se consideran partícipes de la espiritualidad Nueva Era, pero probablemente Wilber, en su generalización excesiva –uno de sus riesgos desde el comienzo de su carrera–, arroje al bebé junto al agua sucia del baño. De cualquier modo, sus comentarios son oportunos y han de ser tenidos muy en cuenta. En realidad son una aplicación de lo que ya Wilber II llamó "la falacia pre/trans", que consiste en confundir los niveles auténticamente transpersonales con lo que no serían sino manifestaciones prepersonales, por tanto por debajo de la racionalidad mundicéntrica. Recordemos que está la versión reduccionista de la falacia (reduciendo toda experiencia transpersonal al ámbito de lo personal, como en el caso de Freud) y la versión elevacionista, que eleva las experiencias prepersonales al estatuto de transpersonales, como sería la tendencia en Jung y el peligro que ve Wilber en la Nueva Era:

> «Como tales, la mayoría de los movimientos de la Nueva Era no incluyen la visión racional del mundo de forma que pueda ser trascendida e incluida; más bien, la mayoría de ellos acaban retrocediendo a distintas formas de imperialismo mítico (incluso magia tribal). Estos movimientos destacan la autorrealización, que con frecuencia se reduce a egoísmo mágico; y este narcisismo mágico ha sido trabajado y convertido en una mitología de la transformación mundial que apenas esconde su tendencia imperialista» [Wilber, 1996:423-424].

Quizás no sería demasiado arriesgado suponer que las críticas de Wilber se dirigen, en gran medida, a lo que algunos denominan "el ala prosperidad y abundancia" de la Nueva Era, y quizás también a la corriente de los maestros ascendidos tal como la ha presentado el Movimiento Yo Soy, del que luego nos ocuparemos.

Hemos insinuado ya cómo después del dominio casi exclusivo por parte de Wilber de la escena transpersonal, comenzaron ciertas críticas, más o menos duras, hacia aspectos de su obra. La revista *Re-vision* dedicó varios números a un diálogo polemizante entre Wilber y otros representantes de la teoría transpersonal o enfoques afines. Más recientemente, las obras de Michael Washburn, sobre todo *El ego y el fundamento dinámico* (1999), y las ya citadas de J. Ferrer y J. Heron han supuesto un serio replanteamiento de la necesidad de una base *perennialista* para la psicología transpersonal. Se ha cuestionado tanto el rigor del neo-perennialismo wilberiano como su privilegiar un determinado modo de entender el no-dualismo, influido en especial por el *Vedânta* hindú shankariano y por el budismo Zen y tibetano. Y sobre todo, frente a su concepción jerarquizante y esquematizadora se propone un enfoque más pluralista y participativo (Ferrer, 2002), más co-operativo (Heron, 1998).

Pero no vamos a centrarnos en tales críticas –que sin duda los wilberianos estrictos harían bien en leer, si no lo han hecho ya–, sino en el diálogo que se dio entre Wilber y D. Spangler en 1988, cuando el primero comenzó a desmarcarse de la Nueva Era y a realizar críticas del tipo que hemos visto anteriormente. En concreto, en aquella ocasión Wilber se centraba en el presunto narcisismo de los *baby-boomers*, los cuales constituían el grueso de las filas de la Nueva Era. Ante las duras críticas generalizadoras de Wilber a los *new agers*, D. Spangler, argüía, a mi entender con razón, que después de más de treinta años en contacto directo con buscadores que se identificaban con la Nueva Era, no podía aceptar las críticas de Wilber. Nos limitaremos, no obstante, al siguiente texto de Spangler:

«Ken sugiere que los *new agers* están equivocados al suponer que estamos en el umbral de una transformación espiritual, pues a lo sumo nuestra cultura estaría aprendiendo cómo habérselas realmente con el ámbito de la mente y el intelecto. Tiene parte de razón, especialmente cuando afirma que los nuevos paradigmas representan cambios de mente más que nuevas expresiones del espíritu. Sin embargo, al trazar una cosmología más bien lineal en el desarrollo espiritual, me da la impresión de que descuida algunas cosas. A mí me parece que podemos estar experimentando una transformación espiritual colectiva o planetaria, o puede que no sea así, pero en un nivel individual, la meta es justamente una transformación espiritual. Se trata de la reivindicación de una dimensión espiritual y mítica perdida, y constituye una brecha en el terreno de una nueva relación con el espíritu. Esto es lo que he hallado que motivaba más a la gente que he conocido en el movimiento Nueva Era a lo largo de los años: la búsqueda espiritual; puede tener sus etapas narcisistas y banales, pero en su conjunto constituye la invocación de una genuina dimensión espiritual" [Spangler y Thompson, 1991b:32-33].

5.4. El "ala prosperidad y abundancia" de la Nueva Era en Estados Unidos

En los años ochenta y noventa, fundamentalmente en Estados Unidos, y con un sello muy peculiar de dicho país, aunque pronto exportado al resto de ambientes "Nueva Era", va cobrando fuerza la idea de *prosperidad y abundancia* como aspiraciones legítimas y al tiempo manifestación de la armonización personal con el cosmos. Del aire contracultural de los años sesenta y setenta con su crítica al capitalismo y la sociedad de consumo, el "ala prosperidad" de la Nueva Era estadounidense diríase que resucita la idea calvinista de los orígenes del capitalismo y considera el poder y el dinero como valores apreciables y derivables de la propia realización personal. Con la noción de que el Universo nos cuida si nosotros sabemos cuidarnos y de que existe una armonía perfecta entre nuestro desarrollo interior y las circunstancias exteriores, ya que, en todos los sentidos, "creamos nuestra propia realidad", aparecen multitud de libros mostrando el camino hacia la prosperidad y la abundancia espirituales-materiales, dado que serían dos aspectos de la realidad una. En los noventa destacan los éxitos de venta de libros y cursos como los de Sanaya Roman, *Creando dinero* (1988), Anthony Robbins, *Poder ilimitado* (1989), Sondra Ray, *Cómo ser chic, fabuloso y vivir para siempre* (1990), Louise Hay, *El poder está dentro de ti* (1992), Deepak Chopra, *Creando afluencia* (1993), etcétera.

Resulta sorprendente, como señala Heelas, que la oleada de

prosperidad llegue incluso a lugares como Esalen o Findhorn, en sus orígenes alejados de tal enfoque. No sólo allí, también el influyente Erhard, cuyos Erhard Seminars Training (est) a tanta gente había influido en las décadas anteriores –en la línea del "Cuarto Camino" de Gurdjieff–, desarrolló modos de relacionar Nueva Era y negocios. Incluso la Cienciología, algunos *sannyasins* de Osho, la propia Meditación Trascendental, el Subud o seguidores de Gurdjieff participaron en ese movimiento del "ala prosperidad".

Junto a la idea de la ascensión, cada vez más frecuente y asociada a una posible mutación del código genético, del que en ocasiones se afirma que fue manipulado y mutilado en el pasado y ahora podría ser reconstituido o reactivado, comienza a circular la idea de la "inmortalidad física" o al menos de una "longevidad" habitualmente inimaginable. Como es sabido, tanto en la tradición taoísta china, como en la tradición del *kriyâ yoga* y del *siddha* de la India, así como en algunas presentaciones de la alquimia occidental, el horizonte de la inmortalización física se había acariciado, algo que ya en el siglo XX volvían a tematizar Sri Aurobindo y Mirra Alfassa, con su idea de la supramentalización del cuerpo físico, como hemos visto anteriormente. Pues bien, tanto los mensajes de algunos "maestros ascendidos", y los de algunos "extra-terrestres", como la línea de Leonard Orr, comienzan a difundirse a modo de aspiración decisiva en este final de ciclo, como veremos más tarde.

La figura de Leonard Orr ha resultado de considerable importancia en ciertos ambientes de la Nueva Era. Recordemos que en un primer momento trabajó varios años con *est*, la influyente organización fundada por Werner Erhard, y en la que puede apreciarse la influencia tanto de la dianética (cienciología) de Ron Hubbard, como de Gurdjieff, para en 1974 abandonar *est* (su fundador se empeñó en que se escribiera siempre con minúsculas) y crear su técnica de *Rebirthing*, renacimiento espectacular (a veces), a través de ejercicios de respiración

–en un primer momento con saunas y largos baños– que permiten revivir el nacimiento, transformando el dolor primigenio del nacimiento en placer primigenio del fluir de la vida. A partir de ahí, el camino hacia el rejuvenecimiento y más tarde incluso la inmortalidad física ha comenzado. ¡Hasta la muerte seria una secuela del traumatismo del nacimiento –recuérdese la idea original de Otto Rank– que ahora podría eliminarse!

L. Orr, desde la fundación de su centro en San Francisco, dio impulso a un cierto número de discípulos más o menos disidentes, algunos de los cuales tuvieron éxito con sus respectivas escuelas. Entre ellos se encuentran Sondra Ray (fundadora de Relationships Training), Jim Leonard (creador de Vivation) o Bobby Birdsall (creador del Motivational Breathing).

El propio Orr ha comparado el *rebirthing* a una especie de bautismo del Espíritu, a una «experiencia pentecostal científica» (Orr y Ray, 1977:140).

Los más recientes desarrollos del "ala prosperidad y abundancia" de la *New Age* han dado lugar a lo que en algunos países europeos, quizás especialmente Italia, ha comenzado a llamarse la *Next Age*. En efecto, según algunos autores (Introvigne, 2005), la Nueva Era estaría siendo reemplazada por un nuevo fenómeno (o nueva fase de éste) a veces llamado –no en Estados Unidos, pero sí en varios países europeos, sobre todo Italia–, *Next Age*. Así, por ejemplo, el Salón Nueva Era de Milán, desde 1998, se denomina New Age, Next Age.

La idea es que la transformación global, social, planetaria esperada por la Nueva Era, como una era dorada, de paz y felicidad, no se estaría produciendo y las esperanzas milenaristas se habrían truncado, de modo que ahora los antiguos *new agers* se centrarían en la transformación individual, acentuando, de este modo, las tendencias individualistas e incluso narcisistas ya presentes en la Nueva Era (esa «espiritualidad incorregiblemente burguesa», como dice Matthew Fox, uno de los más célebres y polémicos de los "católicos Nueva Era"). Este individualismo existiría, pero sería minoritario en la Nueva Era; ahora en la *Next Age* sería lo mayoritario. Sus raíces estarían en el Pensamiento Positivo y en el Movimiento de Auto-Ayuda. Su precursor podría decirse que fue (reticente en ello, y hoy crítico de estas tendencias) el psicólogo americano Morgan Scott Peck (1978).

Ese giro individualista sería evidente también en dos autores de *best-sellers* que en cierto modo pueden relacionarse con la Nueva Era: en el primero, sin duda puede hacerse, se trata de James Redfield y sus célebres obras a partir de *Las nueve revelaciones* (1993). El segundo, Paulo Coelho (1990), quizás de manera menos evidente, aunque podría aceptarse, si bien su público es mucho más amplio que el de la Nueva Era y su enfoque mucho más difuso (con serlo bastante ya muchas de las presentaciones de la Nueva Era). Estaríamos ante recetas para la felicidad individual, con olvido ya de los intentos de transformación social y colectiva (Introvigne, 2005:18-26).

Podrían considerarse también como representativos de la *Next Age* dos autores extraordinariamente célebres en las últimas décadas: Anthony Robbins (recordemos que entre sus clientes para caminar sobre brasas se hallaban B. Clinton, G. Bush, lady Diana, A. Agassi, etc.) y Deepak Chopra, dirigente de la MT en los años ochenta y cuya deuda con Maharishi Mahesh Yogi ha reconocido, pero prolífico escritor independiente, sobre todo desde que rompió con la Meditación Trascendental en 1993. En él volvemos a encontrar no sólo los consejos para una vida más sana y feliz, a través de la alimentación y la meditación, así como el desarrollo de una "curación cuántica" (Chopra, 1989), sino también el horizonte del rejuvenecimiento y la longevidad, como ha desarrollado en varias ocasiones (Chopra, 1999).

En los confusos tiempos que corren creemos prematuro declarar (quizás se trate de un intento de decretar, por parte de los múltiples críticos y enemigos de ésta, desde posiciones doctrinales muy determinadas y bien distintas, en este caso concretamente desde un catolicismo radical) el declive, la crisis o hasta la muerte de la Nueva Era. En la metamorfosis de lo sagrado que estamos presenciando, también la espiritualidad de la Nueva Era va cobrando nuevas formas, algunas de las cuales irán apareciendo en nuestro estudio.

5.5. LA TERAPIA DE VIDAS ANTERIORES: UNA PSICOLOGÍA Y TERAPIA A MEDIDA DE LA NUEVA ERA

Queremos terminar este apartado con la referencia a una de las terapias que ha experimentado un *boom* en las últimas tres décadas, que puede verse como una de las más típicamente "Nueva Era" y que une la herencia oriental con la herencia terapéutica occidental. Me refiero a la "terapia de vidas anteriores" y su poder sanador mediante la toma de conciencia. Es también en la década de los setenta cuando la expansión se acelera, y ya en 1980 se reúnen 52 terapeutas en California para fundar la Asociación de Terapia de Vidas Anteriores. Poco después comienza a publicarse el *Journal of Regression Therapy* y desde entonces la propagación no ha cesado. Entre la explosión de obras aparecidas nos parecen especialmente destacables las del junguiano Roger Woolger (1991), las de Patrick Drouot (1989; 1991) y las de Helen Wambach (1991). Recordemos cómo la introducción de la idea de reencarnación y su aceptación es casi unánime en la Nueva Era, cómo se halla presente en autores tan influyentes como Edgar Cayce, A. Bailey, R. Steiner, Omraam Mikael, y un largo etcétera, en el que hay que destacar como investigación no esotérica sino científico-empírica la obra de Ian Stevenson (1992). No me extenderé más, pese a su importancia, dado que lo he desarrollado en una obra ya publicada (Merlo, 1998b) y que espera su ya revisada y ampliada reedición (Merlo, 2007).

6. LA DIMENSIÓN ESOTÉRICA
DE LA NUEVA ERA

Hemos hablado de la dimensión oriental y de la dimensión psico-terapéutica de la Nueva Era. Ha desfilado un carrusel de personajes, ideas y prácticas muy distintas, aparentemente sin un principio unificador y dador de sentido a esa abigarrada multiplicidad. Cuando se habla del sincretismo de la Nueva Era puede hacerse en un sentido descriptivo, dado que reúne varias tradiciones diferentes, o en un sentido valorativo-despectivo, como mezcla indiscriminada e incoherente de elementos dispares. Ambas cosas pueden hallarse en la Nueva Era, movimiento que puede presentarse como una "nebulosa", como una "galaxia" o como un conjunto armónico de "estrellas" con luz propia. Sabemos que la perspectiva adoptada y la profundidad de la mirada pueden conducir a percepciones y juicios muy distintos. Aquello que puede interpretarse como caótico por unos, puede ser visto, por otros, como expresión de una armonía oculta; conjunto de manchas ininteligibles para unos, un cuadro puede ser belleza sublime para otros. Quizás con el movimiento Nueva Era, y en general con la interpretación del tiempo presente, por no decir con toda una filosofía de la historia e incluso la cosmovisión entera, suceda lo mismo. Unos pueden interpretarla como confusión perversa, como reacción moderna anti-tradicional, plagada de pseudo-iniciaciones, cuando no impulsada por las contra-iniciaciones (Guénon, 1976; 1983), otros como movimiento neognóstico contrario a los principios cristianos (catolicismo oficial), o en general como un peligroso atentado a la civilización occidental y los valores judeo-cristianos e ilustrados-humanistas (Lacroix, 1996). Son posibles (y existentes) críticas desde otras muchas perspectivas (y en el último capítulo entraremos en diálogo con ellas).

Aquí nos interesa, no obstante, intentar apresar el hilo dorado que impulsa secretamente el movimiento de la Nueva Era, preguntarnos si se trata de un mero "sincretismo" –en el sentido peyorativo, que suele olvidar que todas las religiones son, en su fundación, sincretistas– o, por el contrario, de una verdadera síntesis, la cual, a diferencia del anterior "eclecticismo" no se limita a yuxtaponer elementos de procedencia diversa reunidos desde el exterior, sino que parte de unos principios onto-epistémicos fundamentales (esotéricos), yendo del centro a la circunferencia y sabiendo interpretar los diversos rayos a partir de su centro unificador.[25] Eso implica señalar un "lugar teológico" (quizás deberíamos decir post-teo-sófico) desde el que interpretar adecuadamente la multiplicidad de formas a través de las cuales puede leerse la presencia de una Nueva Era y comprenderse adecuadamente su significado y la coherencia de sus doctrinas. Al mismo tiempo, no podemos ya limitarnos a la unilateralidad de señalar un único autor o escuela que pretendería ser la sola explicación válida del fenómeno o la cosmovisión culminante –algo, sin embargo, tan frecuente en estas lides–. Tampoco basta con señalar la existencia de una "sabiduría antigua" o de una "tradición primordial", pues cualquier presentación actualizada de ella supone una determinada interpretación y tiene que mostrar a través de un lenguaje simbólico su potencia explicativa y su coherencia interna. Pues bien, la opción que aquí apoyamos, en el intento de comprender el fenómeno de la Nueva Era, y por ende el tiempo presente, ve en la tradición esotérica el hilo conductor. Sin rechazar la existencia de una sabiduría antigua y de una tradición primordial, dentro de la familia esotérica pueden señalarse distintos grados de parentesco, o dentro de la "tribu"

---

25.   Véase con claridad la distinción en Guénon (1976:44).

del esoterismo puede sentirse la pertenencia a una u otra familia. En mi análisis, pues, la familia que me parece constituir el núcleo más significativo y con mayores virtualidades hermenéuticas sería la que comienza con la síntesis teosófica de finales del siglo XIX, a través de H.P. Blavatsky (1831-1891), hallando una reformulación y actualización decisiva en la obra de A.A. Bailey (1886-1949), que no tendríamos inconveniente en postular como una de las fundamentaciones esotéricas más sólidas de la Nueva Era y prosiguiendo su influencia a través de autores como Dane Rudhyar, David Spangler, Cyril Scott, V. Beltrán Anglada, Anne y Daniel Meurois Givaudan, Gislaine Gualdi/Pastor (OMnia), por citar unos cuantos autores representativos.

Pero antes de detenernos en la Nueva Era y el esoterismo secularizado que forma su corazón en tanto interpretación posteosófica, conviene mostrar con mayor detalle las raíces de ésta en el esoterismo tradicional, frecuentemente entendido como hermetismo.

6.1. ELEMENTOS DEL HERMETISMO OCCIDENTAL: BREVE RECORRIDO HISTÓRICO

Resulta necesario cuestionar y purificar una serie de conceptos que han sido desprestigiados desde los dos modelos históricamente dominantes en Occidente, el religioso-cristiano-exotérico y el cientificista-materialista. H. Corbin (1971) ha hablado de gnosis, de esoterismo y de teosofía, aplicados a la tradición islámica. Son tres términos ampliamente utilizados por los analistas de la Nueva Era, y es cierto que también por muchos de sus representantes. Convendrá hacer memoria de la génesis y el desarrollo de tales conceptos. El primero fue vapuleado por el cristianismo desde sus primeras polémicas con ese movimiento histórico que fue a comienzos de nuestra era el gnosticismo (Valentín, Basílides, Marción, etc.) y luego ha sido mal visto por los ojos de un cientificismo que justamente niega o descuida cualquier conocimiento suprarracional o metacientífico; el segundo, acuñado más modernamente, ha sido presa de la racionalidad ilustrada, asociándose a supersticiones superadas y más recientemente se ha convertido, a partir de algunas de sus manifestaciones ocultistas más bajas, en blanco de las críticas poco informadas de todo tipo de comentarista cultural y periodista superficial; en cuanto al tercero, es frecuente cometer el error de reducir la teosofía a las doctrinas asociadas a la Sociedad Teosófica (fundada en 1875) y a la obra de H.P. Blavatsky y al mismo tiempo presuponer las críticas despectivas y desprestigiadoras que surgieron, primero, desde un catolicismo decimonónico que se sintió –no sin razón– duramente atacado por esta teosofía orientalizante, y más tarde desde la incisiva pluma de René Guénon que combatió lo que él llamó el "teosofismo", al considerarlo una pseudo-religión (Guénon, 1969).

Sin embargo, no compartiendo la mayor parte de tales críticas, nos parece necesario replantear el significado profundo de tales conceptos, de tales corrientes e incluso recuperar lo que de positivo creemos que hay en ellos, hasta el punto de reclamar la denominación de "una espiritualidad integral, esotérica, gnóstica, mística y teosófica". Hay otros dos términos que merecen ser clarificados, cuando nos introducimos en el resbaladizo mundo del "esoterismo". Uno es el más desprestigiado de todos, el de "ocultismo", que en ocasiones se ha identificado con "esoterismo"; a veces se ha considerado como la praxis derivada de aquél y asociado con la magia ceremonial, y para la mirada poco informada se asocia con los aspectos más tenebrosos e innombrables de la brujería y las artes oscuras –todo ello sin demasiada razón–. El otro es la noción de "hermetismo", especialmente relevante en la historia del esoterismo occidental, como una de sus fuentes principales.

Hace muy poco que el esoterismo ha comenzado a integrarse en los estudios académicos y me parece justo celebrar la creación en L'École Pratique des Hautes Études (en la Sección de Ciencias Religiosas) de una "cátedra de historia de las corrientes esotéricas y místicas de la Europa moderna y contemporánea", ocupada en 1979 por Antoine Faivre. A lo largo de varias décadas, comenzando primero por sus estudios de las corrientes teosóficas e iluministas del siglo XVIII, Faivre ha ido elaborando una cierta historia del esoterismo occidental, al mismo tiempo que trataba de delimitar y tematizar el campo que le es propio con un necesario rigor. Realicemos un breve recorrido para descubrir algunos de sus principales hitos, de la mano de Faivre (1996; 2002).

Desde un punto de visto histórico, aunque pueden señalarse fuentes antiguas y medievales de las corrientes esotéricas modernas, Faivre sitúa el comienzo del esoterismo en el siglo XVI –aunque desde el XIV se iría preparando su surgimiento–, justamente cuando se produce una autonomización del saber respecto a la religión oficial (cristiana). Es importante recordar los efectos de la aceptación de la cosmología aristotélica de Averroes, esto es, la destrucción de los ámbitos angélicos intermedios propios de la cosmología neoplatónica, así como la destrucción por el nominalismo del presupuesto tradicional acerca de la relación analógica y homológica que las leyes y las realidades del mundo sensible mantienen con los mundos divinos o los mundos celestiales superiores. De manera paradójica, fue esta destrucción de la cosmología tradicional la que hizo posible su reconstitución posterior como dominio autónomo bajo el impacto del renacimiento neoplatónico y hermético en el siglo XV. Es aquí donde cabría situar el comienzo del esoterismo occidental en sentido estricto.

Sería, pues, en el Renacimiento cuando se fragua la temática esotérica de una manera coherente. Comienzan a emplearse distintas denominaciones que apuntan a ello: *philosophia oculta, prisca teología o philosohia perennis* (esta última propuesta por Agostino Steuco en 1540). Tengamos presente que la noción de una Tradición (con mayúscula) no se impondría hasta finales del siglo XIX. Algunos de los eslabones más mencionados de esa cadena de "Iniciados" serían: Enoch, Abraham, Noé, Zoroastro, Moisés, Hermes, los brahmanes de la India, los sacerdotes druidas, David, Orfeo, Pitágoras, Platón, etc. Tanto la tradición teosófica de Blavatsky como la referencia a la Tradición primordial de Guénon compartirán este enfoque.

En cuanto a las fuentes antiguas y medievales, habría que remontarse al pitagorismo y platonismo, con sus múltiples reformulaciones, así como al estoicismo, Filón, el hermetismo alejandrino (como veremos, especialmente determinante en el desarrollo del esoterismo occidental), el neoplatonismo pagano (la otra corriente que se lleva la palma en la intensidad y profundidad de su influencia) y el comienzo del esoterismo cristiano. Blavatsky –lo comprobaremos después– se ocupó del esoterismo antiguo en sus dos obras principales, desgranando la cadena de Iniciados en los Misterios, pese al juramento de sigilo que les caracterizaba.

En la Alta Edad Media cabría recordar la dimensión esotérica de las ideas agustinianas, especialmente Boecio y más tarde el Pseudo-Dionisio, Máximo el Confesor y Juan Escoto Erígena; desde el campo judío, el *Sepher Yetzirah,* y en cuanto a la influencia árabe, alcanzará su cenit en el siglo XIV con el averroísmo y el avicenismo. En el siglo XII destaca el desarrollo de la alquimia, los mitos caballerescos, la figura de Joaquín de Fiore y Maimónides. En el siglo XIII encontramos a los cátaros, a los Hermanos del Libre Espíritu y a san Francisco de Asís y san Buenaventura; la teurgia, la astrología y la medicina oculta adquieren un gran desarrollo; en el siglo XIV es preciso evocar la mística renana, sobre todo la figura del maestro Eckhart, pero también G. Palamas, Ramón Llull o Nicolás Flamel. El siglo XV representa el umbral del esoterismo moderno, con la importancia de la Academia florentina auspiciada por Cosimo de Medici y con Marsilio Ficino, Pico della Mirandola, Nicolás de Cusa, y un extraordinario desarrollo de la astrología y la alquimia.

Conviene recordar los principales avatares del hermetismo. La unión de éste con el neoplatonismo se produjo alrededor de 1460, cuando desde Macedonia llegó a Florencia, en manos de un monje, un manuscrito griego del *Corpus Hermeticum*. Traducido por Ficino en 1462, en 1471 se publica el *Pimander*. Se pone de moda, entonces, la creencia en una tradición primordial de sabiduría conocida como *prisca theologia*, presuntamente derivada de Hermes y Zoroastro, heredada por Platón, quizás a través de los egipcios; a partir de ahí, la idea de una genealogía antigua de sabios inspirados se convirtió en algo central en la tradición esotérica. Ahora bien, si hasta 1614 nadie dudaba de que el *Corpus Hermeticum* había sido escrito por Hermes Trismegistos mucho antes de la era cristiana, en esa fecha Isaac Casaubon publicó una crítica de una obra en la que se demostraba con evidencia estilística interna que tales obras no podían haberse escrito antes de la llegada del cristianismo. Desde entonces no se han refutado sus argumentos y se asume que el *Corpus* se origina entre los siglos I y III de la era cristiana. Aunque el hermetismo renacentista continuó muy vivo, lo cierto es que su respetabilidad intelectual había sido decisivamente minada y su declive había comenzado.

Recordemos también que si el neoplatonismo y el hermetismo constituyen las dos corrientes filosóficas principales del esoterismo occidental, las tres "ciencias ocultas" más destacadas son la astrología, la alquimia y la magia (las tres susceptibles de un uso mundano y secundario o de un uso espiritual y gnóstico, siendo este último el que nos interesa aquí); además hay que mencionar la medicina oculta (que emplea las propiedades de ciertas piedras y plantas recogidas en el momento oportuno, y tiene en cuenta las influencias astrológicas, siendo Paracelso una de sus figuras paradigmáticas)[26] y la aritmosofía

---

26. Como sabemos, algunas de las terapias alternativas, asociadas a la Nueva Era, retoman esa herencia: la fitoterapia, las flores de Bach, la gemoterapia, la curación con cristales, etc., se basan en ello.

o ciencia de los números. Cornelio Agripa, Giordano Bruno o John Dee encarnan la imagen del mago, en un momento en que magia y esoterismo se consideran prácticamente sinónimos.

Quizás la tercera corriente de mayor relevancia sería la kábala, en su origen judía, y posteriormente integrada y desarrollada en el interior de la religión cristiana y de la magia hermética. El más influyente de los cabalistas cristianos, y según algunos incluso el primero de ellos, fue G. Pico della Mirandola, cuyas 900 tesis sobre la concordancia de todas las filosofías contenían 72 conclusiones kabalísticas.

Un capítulo especialmente relevante en el esoterismo occidental es el de la teosofía cristiana (pre-blavatskyana), comenzando por J. Boehme y siguiendo –ya en plena Ilustración alemana– por E. Swedenborg, F.C. Oetinger, Michael Hahn y K. von Eckharthausen, o en Francia por Martines de Pasqually o Louis-Claude de Saint-Martin, ejemplo de esoterista con acusada tendencia mística, muestra de que ambas tendencias no tienen por qué ir separadas; como ejemplo de mística con grandes dosis de esoterismo encontramos a santa Hildegarda. También en el siglo XVIII destacan Lavater, Jung-Stiling o Antoine Fabre D'Olivet, y personajes con una aureola mítica como el conde de Saint Germain, Cagliostro o Mesmer.

Los siglos XVII y XVIII, por otra parte, son también los siglos de la aparición de la primera Rosacruz, con los textos fundacionales: *Fama Fraternitatis* (1614), *Confessio Fraternitatis* (1615) y las *Bodas Químicas* (1616), así como los diversos sistemas masónicos y paramasónicos.

Del siglo XIX hay que destacar tres movimientos de gran importancia: en primer lugar, el Romanticismo, con los esfuerzos por elaborar una *Naturphilosophie:* Herder, Schelling, y desde una perspectiva más propiamente teosófica, Franz von Baader (1765-1841), figura que –a decir de A. Faivre– «domina desde su alta estatura el esoterismo romántico y el de todo el siglo XIX» (Faivre, 2002:80). En segundo lugar, a mediados del siglo, se articula el espiritismo, sobre todo a través de las obras de Allan

Kardec y el ocultismo, con nombres como Eliphas Lévi, Papus o Saint-Yves d'Alveydre. Es también el siglo que ve la formación de la Sociedad Teosófica de Blavatsky, Olcott, Besant, Leadbeater y tantos otros teósofos que colaborarán en la difusión de Oriente en Occidente y en la gestación del esoterismo contemporáneo, así como de la Sociedad Antroposófica, con la importante obra esotérica de Rudolf Steiner, el cual si bien al comienzo tuvo ciertas influencias de la teosofía, su propia investigación esotérica le llevó a distanciarse (y a separarse definitivamente a partir del caso J. Krishnamurti, al ser presentado éste como aquel a través del cual iba a manifestarse Maitreya-el Cristo) y a presentar un esoterismo cristiano muy próximo a las corrientes rosacruces, igualmente vivas a finales del siglo XIX, y entre las que cabe destacar la obra de Max Heindel. De ambos nos ocuparemos más tarde. También en el siglo XIX, aunque buena parte de los aquí mencionados terminan sus vidas en las primeras décadas del siglo XX, hay que mencionar la polémica figura de Gurdjieff y su destacado discípulo Ouspensky, así como la multiforme Sociedad de la Golden Dawn, con la que el esoterismo vuelve a presentarse fundido con la magia ceremonial.

En el siglo XX, la proliferación de autores, escuelas y corrientes en el campo del esoterismo es tal que resulta imposible e innecesario siquiera pretender mencionar a muchos de ellos. Hay que decir que la astrología experimenta un renacimiento importante (Alan Leo, Marc Edmund Jones, Dane Rudhyar, A. Barbault, Bruno y Louise Huber, etc.) y la alquimia y el tarot no están ausentes (Fulcanelli, Canseliet). Puede hablarse de una teosofía cristiana (Berdiaev, Mouravieff, Valentin Tomberg) y de estudiosos de la kábala (R. Abellio, D. Fortune), así como de nuevas escuelas que hablan en nombre de la Fraternidad Rosacruz (AMORC, Lectorium Rosicrucianum, etc.). El esoterismo islámico atrae la atención de muchos estudiosos, sobre todo a partir de la obra de H. Corbin y de S.H. Nasr. Aparecen multitud de escuelas próximas al anuncio de una Nueva Era (Gran Fraternidad Universal de Serge Reynaud de la Ferriére,

Gran Fraternidad Blanca de P. Deunov y Omraam Mikhaël, la Gnosis de Samael Aun Weor, etc.). Pero si hubiera que destacar dos obras teóricas, dos autores que han creado escuela, en sentidos distintos, estos serían, en primer lugar, René Guénon y los guenonianos a los que ya hemos hecho referencia (Coomaraswamy, Schuon, Evola, Nasr, etc.) y que formarían lo que Faivre denomina la "vía purista y severa de la Tradición", caracterizada por considerarse la única poseedora de la Tradición primordial, por una especie de mística intelectual y por su rechazo radical de la Modernidad –frente a las otras dos vías, por él denominadas vía "ecléctica" la una y vía "humanista-alquímica" la otra–. Sea como sea, incluso para los que no compartimos todas sus tesis y no sintonizamos con el estilo y la actitud intransigente, es preciso reconocer la valiosa tarea intelectual llevada a cabo por esta corriente en el campo de la metafísica esotérica y de las religiones comparadas.

En segundo lugar, Alice Ann Bailey, fundadora de la Escuela Arcana, con una de las obras más ricas y profundas del esoterismo contemporáneo y que puede considerarse de orientación teosófica (o como prefiero denominarla, "posteosófica"), ya que surge como continuación y profundización de la obra de Blavatsky, aunque ofrece aportaciones radicalmente novedosas. En realidad, la obra de Bailey puede considerarse, a mi entender (también para Hanegraaff y otros), como la fuente más importante y temprana en la fundamentación y tematización de la espiritualidad Nueva Era *sensu stricto*. La obra de Bailey acaece entre los años 1919 y 1949. Sin embargo, autores posteriores, inspiradores más directos y populares del movimiento Nueva Era, mostrarán una clara sintonía con, si no dependencia de, la presentación de Bailey. Es el caso de David. Spangler, Ramala, G. Trevelyan, V. Beltrán, G. Gualdi, etcétera.

Otro enfoque en ciertas corrientes esotéricas de las últimas décadas ha proporcionado un decidido salto, desde la colocación en el centro del interés a la Jerarquía planetaria (o todo lo más "solar") hasta los discursos acerca de la Jerarquía galáctica,

todo ello en estrecha relación con los comunicados, canalizaciones y contactos con presuntas civilizaciones extra-terrestres.
Un tema hasta el momento pocas veces abordado con rigor,
pero que exige ser tomado en serio y analizado desde una actitud libre de prejuicios. No basta con sonreír irónicamente y ex-
clamar con desprecio que se trata de las locuras típicas de la
New Age. Desde Adamski hasta J. Argüelles, Solara o el Círculo Sedona, pasando por Barbara Marciniak, Barbara Hand Clow
o Sheldon Nidle y Virginia Essene, la existencia de hermanos
del espacio, sea en Ganímedes, Siro o las Pléyades, creo que
merece una mayor atención y algo acerca de ellos tendremos
que decir más adelante.

6.2. Intento de delimitación del campo del esoterismo occidental

Sea suficiente este rápido repaso por la historia del esoterismo occidental, por algunos de sus nombres más representativos y las corrientes más destacadas, para poder pasar posteriormente a un planteamiento más temático y sistemático, en
el que sean las ideas y no los nombres los que ocupen nuestra
atención. Nos parece necesario, no obstante, dada la actualidad (por ser reciente, no por estar de moda) del estudio académico riguroso de un campo tan maltratado como el del esoterismo. Justamente una de las aportaciones más interesantes de
la obra de A. Faivre creemos que es su intento de delimitar con
rigor el campo del esoterismo y de clarificar los términos que
se emplean en relación con éste (en especial: ocultismo, teosofía, gnosis y hermetismo).[27]

27. Un resumen de éstos es el siguiente. **Ocultismo:** Se atribuye la creación del
sustantivo a Eliphas Lévi (1810-1875), derivado de la *philosophia occulta*,
en el sentido de Agrippa (1533), y se refiere a un conjunto de investigaciones
y prácticas centradas en "ciencias" como la astrología, la magia, la alquimia,

Faivre propone cuatro componentes del esoterismo occidental moderno –como forma de pensamiento– que considera necesarios para que pueda hablarse de esoterismo, y otros dos frecuentes, pero no imprescindibles.

1. La existencia de *correspondencias* –simbólicas y reales– entre todas las partes del universo. Parte del principio hermético de analogía o correspondencia: «Como arriba, así es abajo, como abajo, así es arriba». Es la idea de la correspondencia analógica entre el macrocosmos y el microcosmos. Obviamente, las correspondencias están veladas y hay que descifrarlas, ya que todo en el universo es un signo que respira misterio. Pueden distinguirse dos tipos de correspondencia: *a)* entre la naturaleza visible y la naturaleza invisible, por ejemplo cuando se habla de siete planetas, siete metales, siete partes del cuerpo, del carácter, de la sociedad, etc. La astrología, jus-

---

la kábala. Se emplea en dos sentidos: *a)* toda práctica relacionada con esas ciencias (en este caso se habla del esoterismo como forma de pensamiento y del ocultismo como forma de acción que extraería su legitimidad de aquél), y *b)* corriente aparecida en la segunda mitad del XIX con E. Lévi y cuyo apogeo se produce con el cambio al siglo XX. **Teosofía:** Forma de hermenéutica ejercida sobre textos proféticos o revelados, sobre mitos fundadores o sobre visiones. Escruta los misterios de la divinidad y del universo (a veces se habla de *pansophia*). La imaginación activa y el símbolo son dos de sus herramientas fundamentales. No se reduce a la teosofía de la Sociedad Teosófica (1875). En inglés, éstos son *theosophist*, los otros, *theosopher*. En francés no existe el primero. [En castellano, el primero se suele asociar al empleo despectivo de Guénon al hablar de teosofismo como pseudo-religión y por tanto de teosofistas.] **Gnosis:** Modo de conocimiento al que permite acceder la teosofía, como actividad intelectual e espiritual. Es un saber totalizante, captación de las relaciones fundamentales pero menos evidentes entre los diversos niveles de la realidad. A una metafísica estática del ser, la gnosis opone una metafísica dinámica y genética. Abole la distinción entre fe y conocimiento y posee una función soteriológica. El gnosticismo como conjunto de movimientos históricos es un subconjunto de la Gnosis. **Hermetismo:** Este término puede designar: *a)* al esoterismo en general; *b)* la alquimia y *c)* los textos griegos de comienzos de nuestra era atribuidos a Hermes Trismegistos. Este tercero es el más estricto y el que se emplea aquí. De ahí se derivan los términos "hermético" y "hermetista".

tamente, se funda en la aplicación sistemática del método sim-
bólico-analógico,[28] y *b)* entre la naturaleza o incluso la Historia y los textos revelados. En este caso se practica una hermenéutica esotérica, espiritual, en la que destaca la kábala,
exponiendo un concordismo inspirado.

2. Una concepción de la Naturaleza como *naturaleza viva*,
«habitada o recorrida por una luz o un fuego oculto que circu-
la a través de ella». Eso es lo que posibilita y explica la *magia*,
como conocimiento de las redes de simpatía que unen las cosas de la Naturaleza, así como la puesta en acción de esos conocimientos. La alquimia, Paracelso y la *Naturphilosophie* se
enmarcan y cobran todo su sentido en esta concepción. Hay
que destacar la idea de que también la Naturaleza (no sólo el
ser humano) sufre y gime, esperando su salvación. La materia
también ha de ser redimida y salvada. He aquí una diferencia
digna de resaltar, por su separación de determinadas versiones
del no-dualismo oriental (o espiritualismo monista) que igno-
ra o menosprecia a la Naturaleza. Esta idea de la redención de
la materia la veremos tanto en Bailey y V. Beltrán como en Sri
Aurobindo a través de la idea de supramentalización.

3. La existencia de realidades intermedias (*mediaciones*
entre Dios o la realidad última y el ser humano) y el valor de
la *imaginación*. Las dos nociones van muy unidas y se com-
plementan, pues la idea de las correspondencias llama a que la
imaginación descifre y utilice las mediaciones de todo tipo
(imágenes simbólicas, *mandalas*, rituales, espíritus intermediarios). Mediadores entre lo divino y lo humano son los ángeles (o toda la serie de jerarquías angélicas), pero también
todo tipo de "transmisor", "iniciador", guía, maestro o *guru*.
La importancia concedida a las mediaciones –y a la imagina-

---

28.   Un ejemplo moderno destacado del esquema septenario en la astrología eso-
       térica puede verse en A.A. Bailey, *Astrología esotérica*, Buenos Aires, Lucis
       Trust/Kier, 1967. Esta obra forma parte del *Tratado de los siete rayos*, obra
       magna en cinco volúmenes.

ción creadora como facultad capaz de establecer contacto con ellas y de producir efectos a través de la magia ritual: ***magia, imaginatio, imago, magneto***– constituye una de las diferencias fundamentales entre mística y esoterismo (o gnosis): «De manera un poco simplificadora, podría considerarse que el místico –en un sentido muy clásico– aspira a la supresión más o menos completa de las imágenes y de los intermediarios, porque se convierten en obstáculos para su unión con Dios. Mientras que el esoterista parece interesarse más en los intermediarios revelados a su mirada interior gracias a su imaginación creadora» (Faivre, 2002:17-8).

En terminología utilizada con frecuencia (Guénon, Abeillo, etc.) podemos recordar que la mística es lunar, mientras que la "gnosis esotérica" es solar; la primera tiende a la unión final, la segunda concede gran importancia a la comunicación y relación con las mediaciones. El siguiente texto lo muestra con claridad:

> «La gnosis no es la mística, no obstante, en toda mística hay siempre un poco de gnosis. La mística, más nocturna, cultivaría deliberadamente la renuncia; la gnosis, más solar, observaría el desapego y practicaría la puesta en estructura (aunque el místico encuentre a veces en su propio recorrido las mismas entidades intermediarias que las del gnóstico). Pero, mientras que el gnóstico busca sobre todo el conocimiento iluminador y salvífico, el místico limita el número de ellas todo lo que puede y aspira ante todo a unirse a su Dios (una unión que, en las tres religiones abrahámicas, mantiene la separación ontológica entre el hombre y Dios). Con el esoterismo, comprendido de este modo, se relacionan procedimientos o rituales que intentan provocar la manifestación concreta de algunas de estas entidades; en eso consiste la teurgia» [Faivre, 2002:21].

Ejemplos de esta unión entre imaginación creadora y realidades intermediarias los vemos en el *Corpus Hermeticum*, en la

Cábala, en Paracelso, en Ibn Arabî (Corbin, 1993) y podría decirse que en Jung, no por azar estudioso del gnosticismo y la alquimia, considerado uno de los últimos gnósticos y en el cual el empleo de la "imaginación activa" se convirtió en una de las prácticas más importantes de la psicología analítica (Merkur, 1973).

4. *La experiencia de la transmutación*. Así denomina Faivre la dimensión práctica del esoterismo, sin la cual no pasaría, ciertamente, de ser una espiritualidad especulativa. Describir esta metamorfosis, este "segundo nacimiento", sería el objetivo principal de buena parte del corpus alquímico, al menos desde finales del XVII, con sus tres fases: *nigredo* (muerte, decapitación –de la materia primera o del hombre viejo–), *albedo* (la obra al blanco) y *rubedo* (obra al rojo, la piedra filosofal). Tres fases que pueden hacerse corresponder con las tres etapas de la vía mística tradicional: purgativa, iluminativa, unitiva. Hemos visto en el Yoga integral de Sri Aurobindo el alcance de su triple transformación (anímica, espiritual y supramental) que desemboca en una transfiguración de toda nuestra personalidad.

Dos características frecuentes en el esoterismo, pero que no siempre se hallan presentes son:

5. *La práctica de la concordancia*: Tarea que comenzaría no antes de los siglos XV-XVI, con el surgimiento de la *philosophia perennis,* y que cobra vuelo definitivamente a mediados del siglo XIX con el estudio de las religiones comparadas. Se trata básicamente de establecer denominadores comunes entre dos o más tradiciones distintas (a veces una occidental y una oriental, por ejemplo cristianismo e hinduismo; otras veces se trata de las tres religiones abrahámicas: judaísmo, cristianismo, islam; y en los casos más ambiciosos, como vemos ya entrado en el siglo XX y cada vez más en nuestros días, entre un buen número de ellas, generalmente de las consideradas

"grandes tradiciones". Esto es lo que vemos en los tres tipos de perennialismo actual que nos gustaría destacar: el teosófico, el tradicionalista y el transpersonal, tres corrientes que, a mi entender, deben ser tomadas en serio, si se trata de elaborar una espiritualidad integral, holística, planetaria, teórica y práctica, que abarque Oriente tanto como Occidente, las sabidurías antiguas tanto como las ciencias contemporáneas –críticamente analizadas a la luz de la "gnosis esotérica" y sin pretender fáciles matrimonios de conveniencia–. Esto lo vemos ya en autores que no admiten encuadrarse cómodamente en una u otra tradición, bajo un rótulo u otro.

El rigor en la transmisión: Apuntado anteriormente en el apartado de las mediaciones y los mediadores, merecería tratamiento por sí sólo, pues en muchos casos se convierte en un aspecto de la máxima importancia. En efecto, la enseñanza esotérica ha de transmitirse de maestro a discípulo. Además de la relación típicamente oriental *guru-shiksa*, en Occidente se hace hincapié en que el canal transmisor, persona o escuela, respete un camino tradicional ya transitado que garantice, de algún modo, la autenticidad de la filiación esotérica y la "regularidad" de los transmisores. Algunos, como Guénon, han insistido en el riesgo de las pseudo-iniciaciones e incluso de las contra-iniciaciones, algo que constituye, qué duda cabe, una tarea importante y necesaria en este resbaladizo terreno. En las presentaciones más "teosóficas", la cuestión de la Iniciación y de los Maestros esotéricamente legitimados para impartirlas remite a la idea de un Colegio Iniciático o una Fraternidad planetaria, y las iniciaciones mundanas, exotéricas (pues no hay que olvidar que hay un exoterismo del esoterismo y un esoterismo del exoterismo), impartidas por las escuelas "mesotéricas" exteriorizadas serían secundarias frente a las genuinas Iniciaciones planetarias cuyas ceremonias se llevarían a cabo no en el plano físico, sino en dimensiones más sutiles, donde acaecen estas y otras acciones trascendentes (Bailey, 1974).

Realizado este breve repaso, abordemos ya algunos temas centrales de la Nueva Era con el fin de ilustrar cómo podría llevarse a cabo una lectura esotérica posteosófica de éstos.

6.3. LA ERA DE ACUARIO Y LA ASTRO-HISTORIA

La denominación "Nueva Era" posee, en principio, un origen astronómico, con fuertes connotaciones astrológicas. Recordemos que la base astronómica se halla en el período de 25.760 años que tarda el equinoccio vernal en dar una vuelta completa alrededor de la eclíptica. Ésta se divide en doce constelaciones, cada una de ellas con una duración de 2.146 años. Es el tiempo correspondiente a cada signo del Zodíaco y a cada Era astrológica. Hay que observar que a través del simbolismo astrológico es posible elaborar toda una filosofía de la historia, justamente lo que lleva a cabo la "astro-historia". Así, por ejemplo, la era de Tauro habría comenzado hacia el -4.300 y terminado sobre el -2.150. Recordemos que el toro fue en muchas de las grandes civilizaciones de la época emblema privilegiado de lo divino, como en Egipto, Asiria, Caldea o Creta. Después habría tenido lugar la Era de Aries (téngase presente que debido a la precesión de los equinoccios, la dirección es la contraria a la del orden habitual del Zodíaco, de Aries a Piscis), en la cual el pueblo judío recibe el mandato divino de no adorar el becerro de oro, pasando el carnero, símbolo de Aries, a primer plano. Con el nacimiento de Cristo, aproximadamente, terminaría la Era de Aries y daría comienzo la de Piscis, en la que los peces se convierten en importante símbolo. Pues bien, estaríamos ahora en las proximidades de una Nueva Era que sería la de Acuario, regida por Urano (como Tauro lo era por Venus, Aries por Marte y Piscis por Neptuno –por Júpiter en la astrología tradicional, antes de descubrirse los planetas trans-saturninos–), planeta impulsor de la investigación científica (frente a la fe y creencia religiosa, la devoción con riesgo de exclusivismo y fanatismo, características de la Era de Piscis) y de la libertad en todos los ámbitos (simbólicamente es significativo que Urano se descubra cuando los aires de la libertad de la Revolución francesa están soplando, encarnados, entre otros, por el revolucionario uraniano Robespierre). Urano simboliza también la fraternidad y el paso de la razón discursiva a la intuición suprraracional y rige especialmente la revolución electrónica e informática.

En la actualidad disponemos de un excelente estudio astrológico de los ciclos planetarios y su correspondencia con los acontecimientos históricos y culturales, sobre todo desde la Revolución francesa y el descubrimiento de Urano, que está llamado a convertirse en piedra de toque para el replanteamiento de la seriedad de la astrología. Resulta difícil calcular el alcance y la repercusión que tendrá esta obra de madurez astrológica, que hace gala tanto de amplitud y rigor filosófico-hermenéutico, como de riqueza histórica, y de profundidad psicológica. Me refiero a la obra de Richard Tarnas, *Cosmos and Psyche. Intimations of a New World View* (Tarnas, 2006). Con tan sólo unos cuantos elementos fundamentales de la astrología, centrándose muy especialmente en los tránsitos planetarios, Tarnas ha ido acumulando y ofreciendo tal cantidad de datos sobre las correspondencias significativas entre los movimientos de los planetas y los modelos de experiencia humana, en lo que respecta a las biografías humanas y a la historia cultural, que puede terminar afirmando: «He hallado que la perspectiva astrológica arquetípica, debidamente entendida, es un enfoque capaz de iluminar las dinámicas internas tanto de la historia cultural como de la biografía personal. Ofrece una extraordinaria comprensión de patrones cambiantes profundos de la psique, tanto individual como colectiva, así como de la naturaleza complejamente participativa de la realidad humana» (Tarnas, 2006:490).

Si bien Tarnas no se centra en la noción de "Nueva Era", desde el punto de vista astrológico sus análisis pueden aplicarse a nuestro tema, pues el núcleo de su obra se sitúa en los ciclos de Urano-Plutón, por una parte, y de Urano-Neptuno, por otra. Hay que tener en cuenta que la conjunción entre el primer par de planetas indicado sucede tan sólo cada 150 años aproximadamente, y la del segundo par, cada 170 años. A mitad de ese ciclo se da la oposición entre ambos planetas, punto de máxima tensión entre los arquetipos planetarios representados por ellos, y segundo aspecto tenido en cuenta por Tarnas (aunque también lo hace, en menor medida, con la cuadratura). Pues bien, la última conjunción Urano-Plutón se produjo (aplicando un orbe de 15°) entre 1960 y 1972 (ocurriendo la conjuncion exacta en los años 1965-1966), fechas éstas, como hemos visto, que bien podrían considerarse la primera fase de la Nueva Era. Por otro lado, la última conjunción Urano-Neptuno acaeció entre 1985 y 2001 (con su momento más exacto en 1992-1993), algo que podría hacerse corresponder con la segunda fase de la Nueva Era.

Como hemos dicho ya, Urano es el planeta regente de Acuario (recordemos que Nueva Era significa, en muchas ocasiones, Era de Acuario, Era en la que estaríamos entrando), y junto a Neptuno y Plutón forma el grupo de los tres planetas trans-saturnianos, desconocidos por la astrología tradicional, ya que se descubren, respectivamente, en 1781, 1846 y 1930. Rudhyar habló de ellos como de "embajadores galácticos", representantes de una nueva energía que hasta entonces la humanidad no habría sido capaz de integrar conscientemente. Se trataría de los "planetas transpersonales", pudiendo interpretarse Urano como la inteligencia intuitiva (octava superior de la mente concreta, racional que sería Mercurio), Neptuno como el amor-compasión transpersonal (octava superior del amor personal simbolizado por Venus) y Plutón como la voluntad transpersonal (octava superior de Marte, planeta que rige el impulso, la energía, la combatividad).

Pues bien, Urano (arquetipo planetario relacionado por Tarnas con Prometeo) (Tarnas, 1995), asociado con la libertad, la rebelión, la revolución, los cambios súbitos, la originalidad, la creatividad, la invención tecnológica, la inteligencia intuitiva, entraría en conjunción con Plutón al comienzo de la Era de Acuario, produciendo los cambios bruscos, las revoluciones, el anhelo de libertad, la ruptura con estructuras que se consideran caducas, y esto de modo violento, explosivo, como correspon-de a la influencia, por él activada, de Plutón. Efectivamente, Plutón –el Hades griego–, dios del mundo subterráneo, asocia-do con el principio dionisíaco, con el "ello" freudiano, con la voluntad de poder nietzscheana, simboliza la profundidad y la intensidad, el instinto libidinal y agresivo, destructivo, regene-rativo, catártico, volcánico. Es un fuego purificador que que-ma y consume, pero también regenera y permite la resurrec-ción. Plutón –como el signo Escorpio al que rige– tiene que ver con los ciclos de nacimiento y muerte, con todos los ins-tintos básicos (Eros tanto como Thanatos). Si unimos ambos planetas y sus significados arquetípicos comprenderemos me-jor muchos de los explosivos acontecimientos de la década de los sesenta, desde la revolución sexual hasta el mayo del 68 francés, pasando por los cientos de eventos que en los distin-tos escenarios de la cultura mundial va analizando Tarnas.

Quizás ahora sorprenderá menos saber que en la década de la Revolución francesa, poco después del significativo descu-brimiento de Urano, Urano y Plutón se hallaban en oposición, exactamente desde 1787 hasta 1798. La siguiente conjunción entre estos planetas se dio entre 1845 y 1856, período que cualquier historiador reconocerá que se vió sacudido por una oleada de acontecimientos revolucionarios, de París a Berlín, pasando por Praga o Roma.

Para no extendernos excesivamente en ello, digamos tan sólo cómo la conjunción Urano-Neptuno sucede entre 1985 y 2001. Veremos más tarde la importancia concedida a la Conver-gencia Armónica, acaecida en 1987, evento que podría hacerse corresponder con el comienzo de la segunda fase de la Nueva Era (véase capítulo 7), en la cual el arquetipo planetario Urano activaría un nuevo ciclo conjunto con el arquetipo planetario Neptuno. Neptuno, dios de los mares y los océanos, regente del signo de agua Piscis, se asocia con lo sutil, lo intangible, la imaginación, lo trascendente, lo espiritual, el misticismo, la compasión universal, aunque, por otra parte, en sus manifestaciones inferiores se asocie a la ilusión (el agua es símbolo también del plano astral, de las emociones), el auto-engaño, la confusión, la fantasía, la huida del mundo. Por decirlo con el propio Tarnas: «En cierto sentido es el arquetipo de la propia dimensión arquetípica, el *anima mundi*, el Pleroma gnóstico, el ámbito platónico de las Ideas trascendentes, el dominio de los dioses, los Inmortales. En términos míticos y religiosos, se asocia con la matriz omni-abarcante de la Diosa y con todas las divinidades de la unión mística, el amor universal y la belleza trascendente; el Cristo místico, el Buda de la compasión, la unión *Âtman-Brahman*, la unión de Shiva y *Shakti*, el *hieros gamos* o matrimonio sagrado, la *conjunctio oppositorum*; el Vishnu dormido (sobre la serpiente Sesha en las aguas primordiales), *mâyâ* y *lîlâ*, el Narciso que se contempla a sí mismo, lo divino absorto en su propio reflejo, Orfeo, dios de la inspiración artística, las Musas; la Sophia cósmica cuya belleza espiritual y cuya sabiduría todo lo impregna» (Tarnas, 2006:97).

Así pues, en los 90 (recordemos que la conjunción exacta se da durante 1992-1993) se produce un resurgir de la multiplicidad de caminos espirituales, una ambigüedad y fluidez tan postmoderna como neptuniana, una disolución de las barreras y rigideces reinantes, ahora ya no tanto de una manera explosiva, plutoniana, como en los sesenta, sino por impregnación, por ósmosis, sigilosamente. Es el momento de la *perestroika* y la *glasnost*, la caída del muro de Berlín en 1989. Es el auge del ciberespacio, del hiperespacio, de los ordenadores personales, del móvil (manifestaciones del arquetipo uraniano); del resurgir de movimientos religiosos (pentecostales, evangélicos, carismáticos, revivalistas), de difusión del budismo, el *yoga*, el taoísmo, de fusión de tradiciones (expresiones del arquetipo neptuniano).

Basten las anteriores pinceladas para insinuar la riqueza hermenéutica de una astro-historia como la que esboza magistralmente Tarnas en la obra indicada. Vayamos ya a la cuestión de los comienzos de la Era de Acuario.

Es cierto que no hay un acuerdo en las fechas referentes al comienzo de la Era de Acuario. Los más prudentes hablan de una transición relativamente larga, abarcando varias décadas, aunque situándolo en torno al cambio de siglo; al igual que en la astrología psicológica, un signo hace sentir su influencia desde unos grados antes de su comienzo. Otros han indicado un año muy preciso, ofreciendo todo tipo de consideraciones. Así, por ejemplo, Serge Reynaud de la Ferriére, fundador de la Gran Fraternidad Universal, señalaba el año 1953 como comienzo de la Era de Acuario; Mirra Alfassa, compañera espiritual de Sri Aurobindo, afirmará que en febrero de 1954 se produjo por primera vez «el descenso de la conciencia supramental a la Tierra»; Samael Aun Weor, fundador de un movimiento gnóstico contemporáneo, la Gnosis de CARF, hacía ver cómo a comienzos de febrero del año 1962 hasta siete planetas se hallaban transitando por el signo de Acuario, interpretando que esto era señal decisiva para marcar su comienzo. Recuérdese que en ese año surgen dos comunidades tan representativas de la Era de Acuario como Esalen y Findhorn, y generalmente se acepta que es la década en que comienza la manifestación cultural de la Era de Acuario, alcanzando su pleno auge entre los setenta y los noventa, siendo quizás los ochenta su cumbre más alta. Por su parte, David Spangler señaló la Navidad de 1967 como fecha del nacimiento de la Nueva Era –recordemos que Spangler es reconocido por Hanegraaff y otros como «el padre-fundador de la Nueva Era en sentido estricto»–. En una primera etapa su obra presenta un carácter claramente teosófico, y siguiendo una evolución que nos parece de gran interés, en una segunda etapa, más holista y menos jerarquizadora, se tornaría muy crítico con algunas manifestaciones de la Nueva Era, como el narcisismo dominante, la trivialización de las canalizaciones, el jugueteo infantil con la idea de las vidas anteriores, etc. Otra fecha altamente simbólica sería la correspondiente a la llamada "Convergencia Armónica" (16-17 de agosto de 1987), propagada por José Argüelles y reconocida posteriormente en buena parte de la literatura esotérica (por ejemplo, Caroll/Kryon 2005; Essene 1995) como fecha crucial en el despertar de la humanidad. Algunos retrasan todavía más la fecha de inicio, así por ejemplo, Seth, canalizado por Jane Roberts, como veremos en el siguiente apartado, afirma que no comenzará hasta el año 2075.

En cualquier caso, no cabe duda de que la primera fase de la Nueva Era fue claramente milenarista, apocalíptica y mesiánica. Clarifiquemos brevemente estos términos que hablan del clima de expectación creado en torno a la llegada de la Era de Acuario. Tendrían en común la esperanza de un mundo nuevo después de una gran catástrofe. Ahora bien, puede entenderse por *milenarista* la visión que acentúa el carácter terrestre del nuevo mundo, un mundo transformado en el que reinan la paz y la justicia y en el que el sufrimiento ha terminado. Por su parte, el polo *apocalíptico* acentúa la muerte de este mundo, generalmente con tintes más catastrofistas, pudiendo llegar al cataclismo total para ser sustituido por otro mundo cualitativamente distinto, en otra dimensión, en otros planetas, en otras esferas. En cuanto al *mesianismo*, algunos autores, por ejemplo Hoynachi, prefieren distinguir dos tipos: en el primero el mesías o los mesías son seres humanos que logran un cierto grado de divinización en su función salvífica, ya sea aclamados por sus seguidores o auto-proclamados, sin dejar de reconocerse su carácter de visionarios humanos carismáticos y de líderes espirituales destacados; en el segundo tipo, el mesías o los mesías son salvadores divinos que aparecen procedentes de otras dimensiones, sea del mundo trascendente de las divinidades, desde otros planos de la existencia en nuestro planeta, o desde otros planetas, sistemas solares o galaxias, como en ciertos movimientos ufológicos, considerados por algunos como precursores de la Nueva Era en los años cincuenta y caracterizados por un apocalipticismo moderado, en el que los grandes cataclismos suponen un período de purificación y limpieza que permite la inauguración de la Nueva Era en un planeta regenerado, pero que sigue siendo nuestro mismo planeta Tierra.

El mesianismo suele ir unido al milenarismo y, en muchas ocasiones, al apocalipticismo. La mayoría de las veces la frontera entre lo humano y lo divino, entre los dos tipos de líderes carismáticos, no es nada clara. Es el caso de muchos maestros espirituales orientales más o menos divinizados, como Sri Ramakrishna, Sri Aurobindo, Satya Sai Baba, Madre Meera, Sun Myung Moon o Sri Kalki Bhagavan considerados *avatares* (manifestaciones o encarnaciones de lo Divino de modo pleno).

Volviendo a la astro-historia, ésta ofrece una perspectiva que supone el reconocimiento tanto de la influencia de los astros sobre la vida terrestre y sobre el curso de la historia humana, como la existencia de un Plan divino pautado a través del movimiento armónico de los astros e interpretable desde una "astrología esotérica" capaz de desvelar la relación entre las Eras astronómicas, los signos zodiacales, los planetas regentes de cada signo y cada era, los signos astrológicos a los que pertenece cada nación, etc. De modo que la historia puede leerse, a una nueva luz, como el despliegue temporizado del Propósito divino. Justamente en cada cambio de Era, un *avatar*, un mensajero divino, un gran profeta "descendería" (de los "cielos") o aparecería entre los hombres para instaurar una era nueva, para imprimir un nuevo ritmo en la humanidad y el planeta, para dar una nueva enseñanza, para aportar un nuevo tipo de conciencia y de realización humana, para impulsar la evolución de la humanidad (la evolución espiritual es una de las afirmaciones básicas de la Nueva Era, frente a visiones más tradicionalistas).

Hay que tener presente que pese a las diferencias en las presentaciones de la Nueva Era, destaca muy notablemente la figura del Cristo, de «Aquel que ha de venir», por segunda vez, a inaugurar ahora la Nueva Era. Esto ha de relacionarse con la presentación de la existencia de una Jerarquía espiritual del planeta, de una Gran Fraternidad Blanca, de una ciudad dorada, organizada en otra dimensión de la existencia (Shamballa, Agartha, etc.), en los planos sutiles (probablemente en el mental superior), en los que habitan los maestros de sabiduría y compasión, los sabios y santos de todas las épocas, regidos todos ellos por Aquella gloriosa Entidad espiritual conocida como el Cristo, que en su aparición anterior se expresó a través del cuerpo físico del Maestro Jesús y que en esta ocasión podría hacerlo de modo muy variado: sea como Presencia crística universalizada en el corazón de todos los hombres capaces de despertar a Ella, sea como Conciencia crística expresada en mayor o menor medida por todos sus verdaderos "discípulos", miembros de la verdadera Iglesia invisible, sea a través de un cuerpo físico, bien prestado por algún avanzado Iniciado, bien construido para la ocasión, bajo la forma de un *mâyâvirupa*, como los Maestros avanzados saben hacer, con la ayuda de los ángeles y *devas* que colaboran en su construcción.

Esta diferencia entre la Persona divina Cristo y la persona humana Jesús es una distinción muy frecuente en la Nueva Era, entre autores tan distintos en otros aspectos como A. Bailey, Max Heindel o Rudolf Steiner –también D. Spangler y otros muchos–, por más que a la mentalidad formada en los dogmas tradicionales del cristianismo suene a herejía combatida de antaño. Lo desarrollaremos con mayor detenimiento más adelante.

No es necesario entrar en la complejidad y variedad de las presentaciones que del Cristo se han hecho en la literatura Nueva Era contemporánea –aunque sólo sea por evitar la peligrosa sensación de vértigo–, pero cabe tener presente que su autoría suele reclamarse en muchos de los mensajes "canalizados" a través de algunos de quienes se han convertido en referentes importantes en la Nueva Era. Baste mencionar el caso del exitoso libro *Un Curso de milagros*, "canalizado" por Helene Schuc-man,[29] la obra de Virginia Essene, *New Teachings for an Awake-ned Humanity*, igualmente canalizada, o también Ken Carey; también se atribuyen al Cristo algunos de los mensajes canali-zados por Jean-Claude Genel (Genel, 1999). Esto nos conduce a la necesidad de analizar la cuestión de la canalización.

6.4. LAS NUEVAS REVELACIONES Y LA NOCIÓN DE "CANALIZACIÓN"

Un fenómeno menos conocido para quien no ha buceado sufi-cientemente en la problemática de la Nueva Era es la cuestión de aquellas obras que se consideran "reveladas" o "inspira-das", por tanto de origen no-humano, independientemente de hasta qué punto se considere condicionante la personalidad del "canal" a través del cual se transmite el mensaje. La noción de "canalización" procedería también de los años sesenta del si-glo XX; una vez más los orígenes del despliegue de las inquie-tudes de la Nueva Era. No obstante, aquello que está en juego en las llamadas "canalizaciones" ha constituido probablemen-te una constante en la historia humana y, en cualquier caso, en lo que ahora nos interesa, en los orígenes y fundamentación del esoterismo que proponemos se halla detrás de la explosión *new age*.

Probablemente, la obra clave para el análisis del fenómeno sigue siendo la de Jon Klimo (1998), *Channeling: Investiga-tions on receiving information form paranormal sources*, en la que se presentan tanto los antecedentes históricos en las más variadas culturas, como las cuestiones fundamentales plantea-das por el fenómeno de las "canalizaciones", y ante todo se

---

29. En el mismo texto podemos leer: «El nombre de Jesucristo como tal no es más que un símbolo. Pero representa un amor que no es de este mundo [...]. Este curso procede de Él».

ofrece una abundante muestra de las posiblemente decenas de miles de personas actuales que se consideran "canalizadores". Sólo en California afirma que hay –cuando se escribe el libro (la primera edición es de 1987)– cientos de ellos. No cabe duda de que el número no ha hecho sino crecer desde entonces. Tomemos como punto de partida la definición que ofrece el mismo Klimo de *canalización*: «La canalización es la comunicación de información a (o a través de) un ser humano físicamente encarnado, desde una fuente que afirma existir en algún otro nivel o dimensión de la realidad distinta de la física tal como la conocemos, y que no se trata de la mente (o el yo) normal del canal». (Klimo, 1998:2). Hay que tener presente que la variedad de tipos de fuentes a las que se atribuyen las canalizaciones es enorme: ángeles, *devas*, extraterrestres, maestros ascendidos, Cristo, Dios, etc. Lo iremos viendo en cada caso. También el modo de canalizar es variado: en ocasiones es a través de un "trance canalizador", en otras mediante automatismos de distinto tipo (por ejemplo, escritura automática), y otras veces –pareciéndonos éstas las más relevantes– mediante "clariaudiencia" (que puede incluir clarividencia –en cuyo caso se da una visión de la Entidad canalizada– o no incluirla) o mediante una especie de "telepatía superior" (no astral-emocional, ni siquiera mental inferior, conceptual, sino intuitiva), como vemos en A. Bailey o G. Gualdi. En cualquier caso, podría considerarse la canalización como perteneciente a la clase de las "inspiraciones religiosas", aunque Hanegraaff prefiere hablar de "revelaciones articuladas", en cuanto subgrupo de las revelaciones religiosas explícitas. En fin, Hanegraaff concluye que «la canalización es un término *emic* empleado en el contexto Nueva Era para referirse a la categoría *etic* general de "revelaciones religiosas"» (Hanegraaff, 1998:27). Tanto Hanegraaff como Klimo se detienen en las canalizaciones más célebres de la Nueva Era, pero nos parece de especial interés mostrar que también las obras fundacionales del esoterismo teosófico y posteosófico pueden enmarcarse en tal categoría, aunque ni Blavatsky ni Bailey empleasen el término.

Efectivamente, las dos obras claves de la "revelación teosófica" moderna: *Isis sin velo* (1877) y *La doctrina secreta* (1888), cuatro volúmenes la primera y seis la segunda, se presentan como dictadas telepáticamente a Blavatsky por varios *mahâtmas* de Tibet, concretamente aquellos adeptos de la Jerarquía espiritual planetaria conocidos en la literatura teosófica como Morya, Kuthumi y Dwjahl Khul. A su vez, la no menos impresionante obra de A. Bailey, justamente presentada como continuación desveladora y actualizadora de aquélla, dictada telepáticamente entre 1919 y 1949, tendría como autor al último de aquellos tres, conocido también, en ocasiones, como "El Tibetano" o Maestro D.K., quien tematizaría, a mi entender por primera vez de manera amplia, coherente y fundamentada, la noción de la Nueva Era. No cabe duda de que, si bien el término no fue empleado por ellos, y a la vista de las connotaciones que ha llegado a tener tras su uso y abuso quizás sería preferible evitarlo, lo cierto es que la obra de Blavatsky y la de Bailey han de aceptarse como "canalizadas" en un sentido amplio, aunque luego sea importante matizar los tipos de canalización y las fuentes posibles. Y no sólo ellas, sino que otras obras igualmente importantes en el esoterismo de primera parte del siglo XX, como la de Max Heindel, de carácter rosacruz, o la de Dion Fortune (especialmente *La doctrina cósmica*, que data de 1933), proceden de "los Hermanos mayores" o "los Invisibles", como en el caso de Stuart Edward White, por no hablar de *El libro de Urantia*, recibido durante la década de los treinta mediante escritura automática y que ofrece en sus más de 2.000 páginas un despliegue cosmológico impresionante, o el célebre *Un curso en milagros*, al que ya nos hemos referido.

Una excepción entre las grandes obras esotéricas del siglo XX, al no presentarse como canalizada y procedente de otra fuente distinta del escritor, sino fruto de la larga "investigación espiritual" personal, encaminada a fundar una "ciencia espiritual", es el caso de Rudolf Steiner, creador de la Antroposofía e igualmente influyente en ciertos círculos de la Nueva Era; aunque sin duda Steiner y sus seguidores se desmarcaron de ciertas ideas teosóficas (especialmente en el caso Krishnamurti y en general por la importancia concedida a Cristo y el cristianismo) y se desmarcan de ciertas presentaciones de la Nueva Era. No puede olvidarse que pese a las relaciones iniciales con la Sociedad Teosófica (incluso uno de sus libros fundamentales lleva por título *Teosofía*) y su lenguaje inicial teosófico, Steiner, como resultado de sus propias investigaciones clarividentes e intuitivas, terminó mucho más cerca de un esoterismo cristiano de corte rosacruz, situando su compleja y fascinante cristología en el centro de su cosmovisión antroposófica y ensalzando el acontecimiento del Gólgota como punto de inflexión de la historia humana, defendiendo firmemente que la venida de Cristo a través de Jesús fue única, que no volverá a venir en cuerpo físico y que su categoría espiritual no puede identificarse con la de otros maestros espirituales ni siquiera avatares, tal como la teosofía insinuó en algunas ocasiones (algo que hemos visto no es ya así en las presentaciones posteosóficas en las que el Cristo desempeña un papel central como guía de la Jerarquía espiritual y Maestro de maestros). Pero tendremos ocasión de volver a R. Steiner con mayor detalle.Veamos ahora algunas de las más célebres canalizaciones "nueva-erianas".

6.4.1. J. Roberts/Seth

Si volvemos ya a las canalizaciones que se producen en cascada a partir de la década de los sesenta, podría comenzarse –como hace Klimo– con la obra de Jane Roberts, cuya fuente recibe el nombre de Seth y que se fue convirtiendo en una de las obras más influyentes en lo que podríamos denominar la "Nueva Era exotérica", a diferencia de los fundamentos esotéricos de la Nueva Era (Blavatsky, Bailey, Steiner, Gualdi, etc.).

La canalización se inició en 1963 y terminó en 1984, al morir Jane Roberts (nacida en 1929), aunque los libros comenzaron a circular y tener éxito en los setenta. Si hay una constante llamativa en la obra de Seth es la idea de que «creamos nuestra propia realidad» mucho más de lo que habitualmente se piensa. Justamente nuestras creencias terminan materializándose, dado que entre los pensamientos, las emociones y la realidad física no hay discontinuidad. Incluso la forma del cuerpo, las enfermedades, las situaciones exteriores se producen matemáticamente según nuestras ideas y creencias, nuestras emociones.

> "Vuestra forma física, vuestro entorno corpóreo personal, es la materialización física de vuestros pensamientos, emociones e interpretaciones. Literalmente, el "ser interno" forma el cuerpo transformando mágicamente pensamientos y emociones en su homólogo físico. Vosotros hacéis crecer vuestro cuerpo, de tal modo que su condición refleja en todo momento vuestro estado subjetivo. Usando átomos y moléculas, construís vuestro cuerpo, y con estos elementos básicos configuráis una forma que llamáis propia» [Roberts, 1998:73].

Según Seth, somos "seres multidimensionales" y el cuerpo físico, nuestra identidad consciente en este mundo, es sólo una de las facetas de dicho ser multidimensional. Ser multidimensional cuya individualidad es glorificada y perpetuada, oponiéndose firmemente a las versiones impersonalistas, de raíz oriental, que terminan disolviendo la individualidad en el Todo. Este carácter multidimensional del ser que somos desde siempre y para siempre tiene consecuencias para la concepción de la reencarnación que presenta Seth. Ya sabemos que la reencarnación es una de las ideas compartidas de manera casi unánime en la Nueva Era; ahora bien, lo que no era frecuente es la idea de que estamos viviendo simultáneamente varias vidas y de que podemos influir desde el presente tanto en nuestro pasado como en nuestro futuro.

«Por supuesto, ahora os parece que vosotros sois la única parte consciente de vuestro ser, porque os identificáis con el actor de esa producción concreta. Sin embargo, también lo son otras porciones de vuestra personalidad multidimensional que actúan en esas otras obras de reencarnación. Y, debido a que sois una conciencia multidimensional, "vosotros" también sois conscientes en otras realidades. Vuestra personalidad multidimensional, vuestra verdadera identidad, vuestro yo real es consciente de sí mismo, por sí mismo, en cada uno de esos papeles» (Roberts, 1998:85).

«Cuando pensáis en la reencarnación, suponéis que se trata de una serie de progresiones, en lugar de comprender que las distintas vidas brotan de la esencia de vuestro ser interno […]. Vuestra conciencia no está restringida a una sola vida tridimensional, ni tampoco está restringida a una sola existencia tridimensional» (Roberts, 1998:86).

Afirmaciones desconcertantes para muchos, incluso para los habituados a ciertas enseñanzas esotéricas contemporáneas ya "clásicas", pero que pasarán a ser cada vez más frecuentes y familiares. Basten estas breves referencias a Seth/Jane Roberts a fin de destacar la importancia que la obra de Seth ha tenido en ciertos ambientes de la Nueva Era, algo que sabe bien Hanegraaff.

6.4.2. J.Z. Knight/Ramtha

Otra de las obras canalizadas más influyentes en la "Nueva Era exotérica" es la de Ramtha, canalizada por J.Z. Knight. Es un caso de canalización en completo estado de trance y se hizo famoso, especialmente en Estados Unidos, a raíz de sus apariciones en televisión y por los libros de Shirley MacLaine, famosa actriz cuyas obras tanto han influido en la Nueva Era exotérica. Veamos sus propias palabras en uno de sus textos más célebres:

> «Yo soy Ramtha, una Entidad soberana que vivió hace mucho tiempo en este plano llamado Tierra. En aquella vida yo no morí, sino que ascendí, porque aprendí a controlar el poder de mi mente y a llevarme mi cuerpo a una dimensión invisible de vida. Al hacer esto, me di cuenta de la existencia de una libertad, una felicidad y una vida ilimitadas. Otros que vinieron después de mí también ascendieron. Ahora soy parte de una hermandad invisible que ama grandemente a la Humanidad. Nosotros somos vuestros hermanos que oímos vuestras plegarias y vuestras meditaciones, y observamos vuestros movimientos» [Ramtha, 1998:1].

El anuncio milenarista es evidente, como vimos que era frecuente en la Nueva Era: «Yo traigo a vuestro planeta los vientos del cambio. Yo, y aquellos que me acompañan, estamos preparando a la humanidad para un gran evento que ya se ha puesto en marcha […]. Es hora de que el hombre se dé cuenta de la divinidad e inmortalidad de su ser, y deje de arrastrarse y sobrevivir en este plano […]. Está a punto de llegar la Era de Dios […]. Estos son los tiempos más grandes en toda vuestra historia. Aunque son tiempos difíciles y desafiantes, vosotros elegisteis vivir en esta época por la culminación que os traerá […]. Veréis emerger un reino magnífico, y llegar civilizaciones de cuya existencia no teníais ni la más remota idea. Soplará un viento nuevo, y el amor, la paz y la felicidad agraciarán este bendito lugar, la esmeralda de vuestro universo y la morada de Dios» [Ramtha, 1998:2-3].

Si tuviéramos que destacar una sola idea del mensaje de Ramtha, con tantas similitudes compartidas con Seth y otros –como por ejemplo la antes vista del poder creador de la imaginación, del pensamiento y del sentimiento–, sería la idea de la ascensión, uno de los temas-estrella de la Nueva Era exotérica, como muestra la abundancia de canalizaciones atribuidas a multitud de "maestros ascendidos", tal como comenzó a realizar Guy Ballard, fundador del movimiento Yo Soy, y continuaron haciendo Mark y Ellizabeth Prophet y su Iglesia Triunfal Universal, entre otros muchos. Podría decirse, incluso, que actualmente el mayor volumen de mensajes canalizados se atribuyen a los "maestros ascendidos", y quizás en segundo lugar a ciertos "extraterrestres", entre los que se llevan la palma los Pleyadianos y los de Sirio. En todos ellos, la idea de la "ascensión", individual y en ocasiones planetaria, es recurrente y central. Veámoslo ahora en Ramtha:

> «Cuando vuestra pituitaria está en pleno florecimiento, dejáis de morir; dejáis de envejecer. Cualquier cosa que le digáis al cuerpo que haga, éste la hará. Podéis decirle al cuerpo que acelere su frecuencia vibratoria y se elevará a otra dimensión. Podéis incluso resucitar vuestro cuerpo de la muerte [...]. A medida que sabes más, y tu cuerpo experimenta más esa frecuencia, aumentan sus vibraciones, hasta que se vuelve más y más ligero. Hasta que un día, cuando hayáis amado y abrazado la totalidad de la vida y el alma haya satisfecho todas sus experiencias aquí, ese mismo conocimiento y esa misma vibración aumentarán un millón de veces, y volviendo al cuerpo invisible se lo llevará lejos de este lugar. Es entonces cuando trascendéis el ciclo de vida tras vida» [Ramtha, 1998:198]

Tendremos ocasión de volver al tema de la ascensión. Digamos aquí tan sólo que la evolución del estilo y contenido de los mensajes de Ramtha levantaron cierta polémica en algunos ambientes de la Nueva Era, pues algunos percibieron un cambio en el tono y una acentuación de los rasgos catastrofistas, llegando a insinuarse –entre ellos se encontraba D. Spangler– si era la misma entidad la que ahora canalizaba J.Z. Knight.

6.4.3. Virginia Essene

Excelente acogida tuvo la obra de Virginia Essene, *Nuevas enseñanzas para una humanidad que despierta*, originalmente aparecida en 1986, pero con interesantes mensajes adicionales en las ediciones posteriores a 1994-1995, años en que son recibidos tales mensajes. El momento crítico del planeta constituye una de sus constantes; la meditación –individual y en grupo–, como modo de establecer contacto con el alma, es recomendada vivamente y considerada el instrumento fundamental de la Nueva Era; la influencia sutil pero poderosa de los pensamientos y las emociones es desarrollada; la importancia del silencio para establecer comunicación con la propia alma y con los ámbitos divinos es tal que se recomienda se incluya en cualquier rito religioso; no faltan referencias a naves espaciales de lejanas civilizaciones que vigilan el desarrollo de estos cruciales momentos de la humanidad –recuérdese que la misma V. Essene había publicado anteriormente un célebre libro junto con S. Niddle, *You are becoming a Human Galactic,* cuya autoría se presenta como extraterrestre–. Encontramos también sugerencias destinadas a los científicos y a los militares, a los padres y a los educadores; pero si tuviéramos que limitarnos a una sola idea, ésta sería la desarrollada en torno a "la alquimia de la ascensión", justamente en los capítulos añadidos en 1994-1995. Allí se dice que nuestro ADN fue víctima de malévolas manipulaciones genéticas efectuadas en la mayoría de los seres humanos hace entre 10.000 y 13.000 años, en lo que toda la literatura esotérica denomina la Atlántida, y se anuncia una corrección inminente, de manera que podamos recobrar la conciencia plena que entonces llegamos a poseer.[30] Esa mutilación deliberada del material genético supu-

---

30.   Utilizo la traducción al francés, Virginia Essene, E*nseignements nouveaux à une humanité qui s'éveille*, Ariane, Québec (Canada), 1995, pág. 267.

so una "caída" de un estado de conciencia elevado en el que la unidad de los seres humanos, y de éstos con Dios, era constante.

Pero la mirada al pasado se lleva a cabo para mejor comprender el presente y el futuro, pues se trata ahora de ofrecer un método de resurrección (o de ascensión), a través de una energía de aceleración que transmuta la materia en luz. Se habla de la posibilidad de una ascensión en masa de una parte de la humanidad (aquéllos suficientemente purificados y alineados con lo divino). Un rápido despertar de la humanidad se habría producido desde el final de la II Guerra Mundial y de manera muy especial a partir de 1985-1986, cuando la Tierra habría recibido una especie de infusión de energías espirituales superiores. Es éste uno de los lugares en los que se hace referencia a la Convergencia Armónica: «En 1987, lo que habéis llamado la Convergencia Armónica ha intensificado el despertar interdimensional [...] y ha impulsado un nuevo ciclo de unidad y de integralidad" *(o.c.*:276). Dicho acrecentamiento de las energías espirituales disponibles para la humanidad se habría intensificado notablemente a partir del 23 de abril de 1994, con la intervención especial del arcángel Miguel –figura muy frecuente en la literatura esotérica, al igual que lo es, por ejemplo, el ángel Metatron–, por medio del cual se habría abierto un potente vórtice de energía lemuriana. En realidad se afirma que es todo el sistema solar el que estaría elevándose a un nivel vibratorio superior gracias a una especie de llegada de una nueva frecuencia vibratoria cósmica. En resumen, en lo que a nosotros respecta, se trataría de prepararnos para la liberación de la muerte física mediante la ascensión a la conciencia plena *(o.c.*:299). En fin, terminemos recordando las referencias hechas, también desde este texto, a los maestros ascendidos y al proceso de ascensión:

«Os animo, pues, vivamente a aprender una técnica de meditación para la ascensión, con el fin de acelerar la curación de vuestro cuerpo y establecer un disco luminoso de energía cristalina de 55 pies (o más) alrededor de vuestro cuerpo que pueda ser acelerado hasta lo que llamáis la velocidad de la luz. Yo llamo a esta experiencia "aproximarse a la transfiguración" o "dotarse de un vestido de luz", pero otras enseñanzas identifican un proceso similar con la llamada meditación Merkaba. Estas meditaciones son una manera de utilizar la pureza del amor, ciertas secuencias respiratorias, *mudras* (posturas de las manos) y diversos movimientos oculares, así como visualizaciones, con el fin de aumentar la frecuencia vibratoria de las células en una aceleración atómica de luz (ligereza). Sólo entonces vuestro cuerpo físico podría abandonar con toda seguridad la tercera dimensión, sin pasar por la muerte, y conservar plena conciencia» [Essene, 1995:341].

Si el texto de Ramtha nos había desconcertado con la referencia a su ascensión en el pasado; si las referencias a los maestros ascendidos, de quienes tantos mensajes se reciben, nos dejaba perplejos, ahora quedamos mudos ante esta aparente "conspiración", en la cual la ascensión pasa a desempeñar un papel fundamental, en relación, por otra parte, con una mutación en nuestro código genético.[31] No sin reparos, uno se atreve a decir que las palabras anteriores, canalizadas por Virginia Essene, se atribuían al mismo Cristo. Sin duda, en muchas personas basta este mismo hecho para que sean escuchadas con

---

31.   Uno de los maestros ascendidos nos ha brindado un informe completo sobre la Ascensión, a través de Mark Prophet. Véase Serapis Bey, *Dossier on the Ascensión*, Los Ángeles, Summit University Press, 1979. También allí, como en la mayoría de los libros de Mark y luego de Elizabeth Prophet, se menciona al conde de Saint Germain, uno de los más celebrados maestros ascendidos, regente del séptimo rayo, y por tanto de la entrante Era de Acuario, regida por Urano; el trabajo con la llama violeta, abundante en ciertos círculos de la Nueva Era procede de estas enseñanzas. Se nos dice allí que ascendió en su última encarnación, cuando fue el asombro de Europa, debido a sus sorprendentes apariciones aquí y allá (*cf.* pág. 177).

desconfianza y sospecha –si es que llegan a escucharse–. Pues bien, también el Cristo –dícese– se expresa a través de otro de los autores más leídos en la Nueva Era, Ken Carey. En una de sus obras, *Visión*, leemos –en palabras justamente de 1985–: «Algunos me conocen como Cristo; otros no. Pero allá donde los corazones estén abiertos a dejar las cargas en beneficio de la verdad, allá donde la gente esté abierta a ver las cosas con los ojos del amor, allí entro Yo. Para bendecir. Para sanar. Y para renovar todas las cosas» (Carey, 1990:40).

Algo que llama la atención es la referencia al año 2012 (*o.c.*:48), fecha en la que ha insistido mucho José Argüelles en su interpretación del calendario maya, y más recientemente otros muchos, por ejemplo Calleman, Kryon o Sri Kalki Bhagavan en la India. En fin, también la expectación del tercer milenio está presente, con previsiones de la tarea que se ha de realizar durante todo el próximo milenio: «El tercer milenio será testigo de expediciones humanas a los planetas del sistema estelar, pero éstos no serán viajes espaciales, sino *una nueva creación biológica* que supondrá el culmen de la Nueva Era. El Despertar que acaecerá en el siglo XXI en el interior de la familia humana significará el comienzo del episodio final de mil años de mi desarrollo en el seno de la atmósfera de la Tierra. Durante ese milenio de paz y cooperación planetaria, la biosfera terrestre florecerá en una explosión de vida nueva sin precedentes» (Carey, 1990:87).

6.4.4. Lee Carroll/Kryon

Otro de los eventos canalizadores más célebres e influyentes todavía hoy, pues sigue en marcha, es el de Kryon. Éste es el nombre de esa Entidad Angélica, ese Ángel amoroso –como le llama el propio Carroll– que se expresa a través de su canal Lee Carroll. Hasta la fecha (2006) tenemos diez volúmenes de charlas canalizadas. El primero de ellos, *Los tiempos finales*, fue canalizado en 1989 y en él Kryon aborda directamente la situación crítica de la Tierra en el momento actual y el potencial espiritual y evolutivo que encierra, así como la limpieza kármica que está produciéndose. En el volumen VII, *Cartas desde el hogar*, aborda directamente la noción de "Nueva Era" y además tematiza la cuestión de la "canalización", explicando el proceso que se lleva a cabo entre él y Carroll. Respecto a lo primero, el propio Carroll afirma: «La verdadera Nueva Era no es evangelizadora. Es una filosofía –no una religión– que explica de alguna manera por qué la Nueva Era no tiene ninguna organización, iglesia ni doctrina escrita. En su lugar, abarca todo tipo de fe y les invita a recibir información actualizada, permitiéndoles llegar a ser más fuertes potencialmente en sus experiencias espirituales a través de ello» (Carroll, 2005:41).

Kryon es uno de los que comenzó a hablar de los "niños índigo". Algunos de los niños nacidos en las últimas décadas vendrían a la encarnación con potencialidades humanas y espirituales muy destacadas que asombrarían a quienes se relacionasen con ellos, ya que su intuición estaría muy despierta y su fuerza interior resultaría evidente en su carácter y en su comportamiento (Carroll/Kryon VIII, 2002). Recientemente leemos sobre ellos: «Los *niños índigo* están llegando al planeta sin atributos kármicos de vidas pasadas. Están "limpios" de este *karma* y también tienen una configuración muy diferente. Todavía tienen una línea de vida potencial y portan información sobre experiencias de vidas pasadas y la sabiduría de lo que aprendieron, pero también son conscientes de que pueden crear un cambio en ese contrato inicial» (Carroll/Kryon X, 2005:317).

Dos de los temas desarrollados por Kryon, coincidiendo en ello con otras muchas fuentes canalizadas, son el de la ascensión y el de las propiedades magnéticas del ADN, ambas cuestiones estrechamente relacionadas, como puede verse en el siguiente texto:

«Ésta es la definición de *ascensión*: una nueva capa espiritual que es tan profundamente distinta de la energía con la que nacisteis en este planeta que parece como si fuera, y a menudo lo es, otra vida. *La ascensión es pasar a otra vida sin morir.* Vosotros no "vais" a ningún sitio. Permanecéis donde estáis (hablando de la Tierra). Sin embargo, todo lo que os rodea cambia. Vuestras pasiones cambian, quienes sois cambia. La realidad dimensional en la que trabaja vuestro ADN cambia. Cambia tanto que incluso algunos ¡parecéis diferentes! Muchos medirán sus vidas completas como "un antes y un después" de este cambio, siendo muy conscientes de quiénes son ahora, comparado con quiénes eran antes» [Carroll, Kryon X, 2005:55].

En relación con todo este proceso planetario y el trabajo especial de Kryon con el cambio de la "rejilla (o parrilla) magnética" que rodea a la Tierra, se hallan algunas fechas destacadas de modo muy especial por él. En primer lugar, volvemos a encontrar la Convergencia Armónica de agosto de 1987, fecha a la que se refiere en muchas ocasiones como el 11:11. Kryon afirma que muchos encontraron su camino a partir de esos años. Dos años después comenzarían las canalizaciones de Kryon. Una segunda fecha denominada Concordancia Armónica es el 8 y 9 de noviembre del año 2003. Días después ofrecía Kryon una nueva canalización en East Rutherford, Nueva Jersey, y afirmaba que en ese momento «cambiaron las energías cristalinas que son la fuerza de vida misma de quienes sois vosotros». Y continuaba: «Sólo dos o tres veces en la historia espiritual de la Tierra han sido alterados la Cueva de la Creación y el Registro Akáshico. Ésta fue una de ellas. La Rejilla Cristalina de la Tierra está comenzando a ser reescrita y realineada. Por tanto, así lo serán los cristales que tienen vuestra fuerza de vida y vuestro linaje y vuestros registros del alma en este planeta. Ellos también cambiaron. Tiene que ser así. Llega el momento en que lo esotérico también es la física. Es un sistema que tiene

La llamada (de la) Nueva Era

que ser actualizado, porque los Humanos están cada vez más próximos a ser ángeles» (Carroll/Kryon X, 2005:260).

Vimos en V. Essene el trabajo conjunto que estaba dándose entre el arcángel Miguel y el ángel Metatrón, en ocasiones identificados, como ha recordado H. Bloom en *Presagios del milenio*. Pues bien, también Kryon habla de ellos, es más, afirma que la energía de Metatrón se hace presente en alguna de sus canalizaciones y afirma que tanto él (Kryon) como Metatrón pertenecen a la misma familia espiritual, que es la del arcángel Miguel (Carroll/Kryon X, 2005:140).

No faltan referencias a los Pleyadianos, con quienes tendremos que encontrarnos más adelante en este texto, dada la multitud de canalizaciones que se presentan como procedentes de seres inteligentes de las Pléyades, constelación que siempre ha desempeñado un papel importante en las enseñanzas esotéricas (por ejemplo en Bailey y V. Beltrán). Allí se hablaba de la intervención de la Energía Femenina de las Siete Hermanas (las Pléyades) y la Energía Masculina de Sirio como componentes fundamentales para la creación de nuestro sistema solar. El siguiente texto habla de los Pleyadianos en relación con nuestro ADN, del cual Kryon había dicho ya desde sus primeras canalizaciones que había sido alterado por energías extraterrestres; los Pleyadianos nos habrían ayudado ya entonces:

> «El ADN mitocóndrico es el que tiene las simientes estelares en él. Y recordad, sólo vino de Eva (en vuestro ejemplo –sic–). Esa energía es femenina. Ahí es donde encontrarán los atributos de los Pleyadianos. Ésta es la realidad de vuestra herencia biológica. Tampoco es algo poco común en el universo que una forma de vida ayude a otra. En vuestro caso, lo necesitabais para desarrollaros» [Carroll/Kryon X, 2005:300].

Volvemos a tener otra muestra de lo que me gusta llamar el paso del esoterismo planetario, o a lo sumo solar, al esoterismo galáctico, algo que se produce justamente en este período

en el que analizamos la difusión de la "filosofía *new age*".
Volveremos a darnos cita con los Pleyadianos.

Terminemos con la respuesta a una pregunta que se le formuló a Kryon y que sintetiza muy bien lo que él considera esencial. La pregunta versaba sobre la información que Kryon consideraba más necesaria que tuviéramos. Él respondió:

> «Lo que necesitas saber en este momento es cómo crear una energía alrededor de ti que te mantenga equilibrado y feliz sin que importe lo que pase en tu vida o en el mundo. ¿Puedes ver las cosas en una luz sagrada? ¿Puedes enviar luz a los lugares que más la necesitan, permitiendo la libre elección? ¿O te revuelcas en el drama de la política? Lo más importante que estás aprendiendo en este momento es cómo volverte interdimensional en estas cosas. Aprende a ver lo apropiado…el panorama completo…y entonces ponte a trabajar, envía la luz a los lugares más necesitados en la Tierra: Oriente Medio, África, y los lugares de liderazgo y gobierno. Envíales luz con integridad espiritual, no tendenciosa. Ilumina sus áreas, dales una mejor elección para ver las cosas que nunca vieron antes. Sé como el faro que permanece en la roca y ayuda a dirigir los barcos hacia un puerto seguro. No te pongas de parte de nadie. No juzgues el sistema de creencias de los barcos. Sólo mantén la luz y el ancla. Deja que el Espíritu haga el resto» [Carroll/Kryon X, 2005:332-333].

6.4.5. Jean-Claude Genel

Un fenómeno frecuente en el mundo de las canalizaciones es la presencia no de uno, sino de varios Maestros que son canalizados por la misma persona física. Es el caso, por ejemplo, de Jean-Claude Genel. Muy activo en la década de los noventa y comienzos del siglo XXI, en sus sesiones se suceden varios maestros cuyo nombre permanece velado, para finalmente pasar la palabra al Buda, el Cristo y la Madre divina. Puede percibirse en ellos una denuncia de la oscuridad subyacente a muchas investigaciones científicas ocultas para el gran público (en 1998 se hablaba del riesgo de nuevos virus maléficos creados en laboratorios), así como una crítica al enfoque de la mayoría de los medios de comunicación y una constatación de la sequía creativa de la mayoría de los políticos y de las mafias que se instalan por todas partes. Pero junto a la oscuridad del tiempo presente, se señalan constantemente los elementos de una nueva "aurora espiritual", de un despertar de la humanidad, de una transformación intensa, de una mutación insospechada: «Los años que vienen forman parte de un 'tiempo nuevo', deseado y necesario. En realidad, es una época de mutación para la humanidad, un despertar totalmente diferente del actual» (Genel, 1999:40).

El Buda y el Cristo hablan uno a continuación del otro, con referencias mutuas, comentando el primero el auge actual de las enseñanzas asociadas a su nombre y reconociendo que todo ello forma parte de un plan para la reconstrucción del verdadero camino crístico.

Entre los escándalos a los que se hace referencia con frecuencia, algunos de los cuales se anuncia que serán desenmascarados, podemos mencionar el caso del suicidio colectivo de la Orden del Templo Solar. Llega a decirse que se ha tergiversado y ocultado la realidad, que lo cierto es que se trató de un asesinato desde el exterior, «porque habían decidido hablar y poner en cuestión a ciertas personas pertenecientes a los medios tanto políticos como religiosos del mundo entero a causa de su participación en sucesos de pedofilia y en negocios de armamento» (Genel, 1999:35).

Podría seguirse indefinidamente con retazos de canalizaciones procedentes de Maestros Ascendidos o de Guías extraterrestres, pero lo anterior es suficiente como muestra, con toda seguridad desconcertante, de la literatura relacionada con la

Nueva Era a través de la canalización, generalmente mediante clariaudiencia o telepatía superior,[32] aunque más que multiplicar los ejemplos conviene pasar a la reflexión.

6.5. ¿DISEMINACIÓN SINCRETISTA O SÍNTESIS UNIFICADORA? LA NECESIDAD DE INTERPRETAR

Si desde dentro de la visión Nueva Era la diversidad de perspectivas, de ideas, de prácticas, de mensajes canalizados, puede provocar un éxtasis de alegría ante la aparente confirmación por múltiples vertientes, para quien se sitúa en el exterior de dicha sensibilidad, el éxtasis puede ser más bien de vértigo, de descentramiento y confusión. Los problemas se multiplican, pues la pluralidad de autores, de ideas y de prácticas es tal que está en cuestión, ya para empezar, si es posible hallar una mínima unidad, si es posible hablar de la Nueva Era de manera coherente. Entre los estudiosos de la Nueva Era que han negado la existencia de unidad y coherencia se halla Christopher Bochinger, enfatizando –a mi entender desmesuradamente– su carácter gnóstico y panteísta (dos dianas constantes para los dardos de los "anti-Nueva-Era" cristianos) y rechazando cualquier

---

32. Otro amplio corpus de "nuevas revelaciones", de cariz posteosófico, lo forman las publicaciones a cargo del Centro Lusitano de Unificaçao Cultural. Muy activo en los años ochenta y noventa, un grupo de canalizadores anónimos transmiten mensajes de varios maestros ascendidos y de varios Avatares cósmicos, como el Avatar de Síntesis o el Espíritu de la Paz. También Saint Germain y Kuthumi, Morya, Jesús, Lanto, Djwahl Khul, el Cristo Maitreya y un largo etcétera emiten mensajes en torno a la Nueva Era. Destacan cuatro volúmenes de *Las nuevas escrituras*, entre 1988 y 1996, así como *En el templo del Espíritu Santo*, o *Luces de lo oculto*. Es imposible reflejar la riqueza esotérica de observaciones y reflexiones que tales libros contienen. El lector posteosófico se halla como en casa en la terminología y la temática, con innovaciones interesantes.

pretensión de coherencia, mucho más la de una cosmovisión completa. Entre quienes ven en ella un movimiento romántico y un claro sincretismo religioso que, no obstante, podría dar lugar a una nueva religión mundial, se encuentra Hans Sebald. Más cerca de nuestra interpretación se hallan J. Gordon Melton y W. Hanegraaff. El primero considera la Nueva Era como una manifestación contemporánea de lo que él denomina "religión oculta/metafísica", situando sus antecedentes en el swedenborgismo, el mesmerismo, el trascendentalismo, el espiritismo, el nuevo pensamiento y la teosofía moderna, como ya vimos. Para él se iniciaría a comienzos de los setenta y la figura de Baba Ram Dass resulta particularmente relevante en sus orígenes (Melton, «New Thought and New Age» en Lewis & Melton, 1992). El segundo, W. Hanegraaff, como ya hemos indicado, ve en la Nueva Era un movimiento de crítica de la cultura occidental basado en un esoterismo secularizado. Escuchémoslo de un modo más matizado en sus propias palabras:

> «Toda la religión Nueva Era se caracteriza por el hecho de que expresa su crítica de la cultura occidental moderna presentando alternativas derivadas de un esoterismo secularizado. Adopta del esoterismo tradicional un énfasis en la primacía de la experiencia religiosa personal y en tipos de holismo "este-mundistas" (como alternativas al dualismo y el reduccionismo), pero generalmente reinterpreta las tesis esotéricas desde perspectivas secularizadas. Dado que los nuevos elementos de "causalidad", el estudio de las religiones, el evolucionismo y la psicología son componentes fundamentales, la religión Nueva Era no puede caracterizarse como un retorno a cosmovisiones pre-ilustradas, sino que ha de considerarse como un sincretismo cualitativamente nuevo de elementos esotéricos y seculares. Paradójicamente, la crítica Nueva Era de la cultura occidental moderna se expresa en buena medida con premisas de esa misma cultura» [Hanegraaff, 1998:520-521].

Sin los "pre-juicios" y las tomas de postura *a priori* de un M. Introvigne (2005) o de un J. Sudbrack (1990), en sus obras por otra parte muy valiosas, en las que su postura cristiana les imprime un sesgo distorsionador que les impide, a nuestro entender, apreciar debidamente la unidad interna y el significado histórico de la Nueva Era, la obra de Hanegraaff ha de señalarse como la más completa y rica de cuantas hemos conocido. Ahora bien, creemos que –justamente por centrarse en las dos décadas que van desde 1975 a 1995– no salen suficientemente a la luz las raíces esotéricas más significativas, de tal modo que la figura de Seth queda muy resaltada, por su gran influencia, al igual que la de David Spangler, mientras que las obras de A. Bailey y R. Steiner, mucho más sistemáticas y fundacionales, permanecen en un segundo o tercer plano, pese al reconocimiento de que constituyen el núcleo de la Nueva Era en sentido estricto. Veámoslo:

> «Propongo entender este movimiento idealista inicial como *New Age sensu stricto*. Este movimiento tuvo sus raíces fundamentalmente en Inglaterra, un país en el que la Teosofía y la Antroposofía han estado fuertemente representadas. De acuerdo con ello, la New Age sensu stricto mostró un fuerte sabor teosófico y antroposófico. Típico de esta etapa es la absoluta centralidad de la expectación de una Nueva Era de Acuario. Todas las actividades y la especulación giran alrededor de la visión central de un mundo nuevo y transformado» [*o.c.*:96-97].

El autor se refiere sobre todo a Findhorn y su teórico más destacado, D. Spangler, como precursores en los años sesenta, con sabor teosófico y antroposófico. Según Hanegraaff sería a finales de los setenta cuando se va extendiendo masivamente, y tomando conciencia de ser un movimiento relevante, al tiempo que cobra un sabor más americano, influido primero por la contracultura californiana y, más tarde, por la Metafísica –se refiere muy probablemente al Movimiento Yo soy de Guy Ballard, Mark y Elizabeth Prophet, etc., con todo el desarrollo de los comunicados de los maestros ascendidos, entre los que Saint Germain ocupa un puesto destacado– y por el "Nuevo Pensamiento". La célebre obra de M. Ferguson, *La conspiración de Acuario*, sería el manifiesto de esta segunda época, es decir de la *New Age sensu lato*. Podríamos añadir que las posteriores obras de Shirley MacLaine, de tanto éxito en los años ochenta y noventa, constituyen la consagración ejemplar de ese enfoque americano en el que la síntesis fundacional, genuinamente esotérica, aparece ya como sincretismo abigarrado en el que parecen mezclarse las influencias más distintas y en ocasiones incompatibles. El *boom* de las canalizaciones corresponde a esa "exteriorización del esoterismo", y las obras de Seth, de Ramtha de Sanaya Roman, de Ramala, de Eva Pierrakos, carecen ya de la profundidad y sistematicidad de los grandes corpus fundacionales, especialmente, Bailey y Steiner.

Así pues, como ya hemos insinuado anteriormente, habría que distinguir entre el núcleo esotérico de la Nueva Era y su manifestación exotérica más popular. Partiendo del primero sería más comprensible la dispersión de la segunda y tendríamos también ciertos criterios para juzgar las polimorfas tendencias y extravagantes presentaciones que se han ido produciendo con el transcurso de las décadas. Ahora bien, esto no puede consistir en la defensa fundamentalista de una obra, sea cual sea, o de un autor, sea quien sea. Además, toda esta labor será siempre secundaria respecto a lo esencial en el enfoque espiritual-esotérico de la Nueva Era: la experiencia interior y la realización, la meditación y la acción solidaria de servicio a la humanidad. En cualquier caso, en la medida en que aceptemos las reglas del juego de la teorización conceptual es preciso llamar la atención sobre la ineludibilidad de la interpretación (hermenéutica) si queremos evitar el "fundamentalismo esotérico". Por ello, a la hora de intentar elaborar nuestra propia interpretación preferimos no centrarnos en una sola obra, como podría ser la de A. Bailey/D.K. (1919-1949), al considerarla el fundamento esotérico teórico de la Nueva Era, sino complementar ésta con otras dos obras que, además, han sido de especial significación en el desarrollo personal y en la clarificación de quien esto escribe. Me refiero a la obra y enseñanzas de V. Beltrán Anglada y a la obra de OMnia. La pertenencia a una misma familia espiritual-esotérica es obvia en cuanto uno se asoma a cada una de ellas, e incluso siempre hay aportaciones complementarias. Así V. Beltrán Anglada, inscribiéndose plenamente en la temática y la terminología posteosófica aporta un tratado sobre los *devas* o ángeles en tres volúmenes que constituye, que sepamos, la obra más extensa y sistemática sobre estos seres tan influyentes en la vida cotidiana y tan decisivos en la interpretación esotérica de la realidad (Beltrán, 1979, 1982, 1984). Por otra parte, por primera vez –también que sepamos– se hizo pública una narración reveladora del funcionamiento de un *âshrama* de la Jerarquía espiritual planetaria, justamente aquel al que pertenece V. Beltrán, narración que conserva el sabor de esos privilegiados momentos en esos "lugares en el tiempo" que son los templos iniciáticos de la Fraternidad Blanca, de donde habría surgido el impulso para la configuración de la Nueva Era (Beltrán, 1974). También asistimos a la actualización clarificadora de lo que consideramos la clave hermenéutica de esta ontología, a saber: el esquema septenario, expuesto a partir de la enseñanza sobre los Siete Rayos, del que algo tendremos que decir más adelante (Beltrán, 1980), y entre otra aportaciones, una visión esotérica actual del *yoga*, desde una perspectiva evolutiva (Beltrán, 1976) y acerca del (*agni*) *yoga* para esta Nueva Era (Beltrán, 1981).

Por otra parte, la obra de OMnia pertenece al campo de las canalizaciones, aunque se prefiera hablar de "telepatía superior" distinguiéndola con claridad de todo tipo de "trance" y de "mediumnidad", permaneciendo el "canal" o el "transmisor" plenamente consciente durante la transmisión. En este caso, la canalizadora es Ghislaine Gualdi y el ser canalizado se limitó a ofrecer el nombre de "Pastor" como modo de establecer contacto con él.

Debo confesar que mi visión del esoterismo cambió positivamente durante los años que tuve la fortuna de conocer a V. Beltrán Anglada, leer sus libros, asistir a sus "conversaciones esotéricas", tal como esbozé en el prólogo. Su obra escrita y hablada transcurre fundamentalmente entre la década de los setenta y la de los ochenta, muriendo a comienzos de los noventa. Debo decir igualmente que mi visión de las canalizaciones cambió positivamente cuando tuve la suerte de asistir, presenciar y compartir algunas de las sesiones ofrecidas por OMnia (nombre dado al tándem Ghislaine Gualdi/Pastor), ya antes de bucear en la impresionante sabiduría esotérica revelada a lo largo de los diez años (1985-1994) de transmisiones en conferencias públicas grabadas y publicadas solamente en forma de cintas (y un pequeño porcentaje de éstas impresas como pequeño cuaderno), en un total de cientos de conferencias inolvidables. Así pues, mi "perspectiva" queda enmarcada, de manera abierta y no exclusiva, en este horizonte interpretativo que va de A. Bailey a OMnia, pasando por V. Beltrán Anglada, y que a mi entender representaría el fundamento esotérico de la Nueva Era, el hilo dorado que recorre todas sus manifestaciones y les da sentido, el impulso discriminador que distingue entre las elevadas manifestaciones de la Nueva Era, procedentes de altas fuentes detectables en su calidad y su coherencia, y manifestaciones sospechosas que diríase proceden de fuentes menos cristalinas y pueden sembrar la confusión y hasta el error. En cualquier caso, no siempre es ésta tarea fácil y no siempre nos movemos en el campo de las certezas, antes bien predomina el esfuerzo falible del ensayo y el error.

Otros nombres que asociaría a esta línea posteosófica y cuyas obras han fortalecido la visión que trato de presentar serían: Dane Rudhyar (Rudhyar, 1975; 1977; 1980), David Spangler

(1988; 1991; 1991b), Anne y Daniel Meurois-Givaudan (1988; 1989; 1990; 1992; 1992b; 1993; 1994; 1996; 2004), Cyril Scott (1976) George Trevelyan (1985; 1991), y otros.

También M. Introvigne (2005) reconoce el carácter central de la obra de A. Bailey y sus continuadores en la gestación de la Nueva Era. Efectivamente, desde el punto de vista histórico, la Nueva Era puede entenderse como un "movimiento de despertar", categoría bien conocida en los movimientos religiosos y culturales. Con metáfora acertada, que Introvigne recrea a partir de Lewis y Melton, puede hablarse de un río nuevo que agita las aguas de un lago inmovilizado. El lago sería la comunidad mágico-ocultista preexistente y, más concretamente, la subcultura teosófica de Blavatsky (1831-1891), Besant (1847-1933), Steiner (1861-1925) y Bailey (1880-1949).

A finales de los cincuenta, en Inglaterra un buen número de interesados en la obra de Bailey se reúnen, de ahí saldrá Findhorn, fundado por Sheena Govan, Dorothy Maclean, Peter Caddy y Eileen Combe.

En 1970 visita Findhorn David Spangler (de amplia experiencia mística-esotérica y de formación especialmente teosófica), a quien se reconoce unánimemente como uno de los primeros y principales portavoces de la Nueva Era, y reside allí tres años. También Spangler "canaliza" a diversas entidades, y sobre todo a quien durante años le acompañó con el nombre simplemente de "John" (Spangler & Thompson, 1991).

En 1976 Spangler publica *Revelation. The Birth of a New Age*, manifiesto tanto de Findhorn como de la Nueva Era –el manifiesto más importante, al menos hasta que en 1980 Marilyn Ferguson publica *La conspiración de Acuario*–.

También desempeñó un papel importante sir George Trevelyan (1906-1996), igualmente en la estela del esoterismo teosófico.

Vayamos, pues, algo más despacio en el desarrollo de esta concepción que cada vez va mostrándose con mayor claridad como la raíz más profunda de la Nueva Era.

6.6. La obra pionera y polémica de la teosofía moderna de Blavatsky

Comencemos por la teosofía moderna revelada en la obra de Helena Petrovna Blavatsky (1831-1891), y desarrollada por un buen número de insignes seguidores, entre los que destacan A. Besant y C.W. Leadbeater, entre otros (Sinnet, Jinarajadasa, Taimni, etc.). Dos grandes obras representan dos etapas distintas en dicha "revelación esóterica": *Isis sin velo* (1877), primero, y la obra de madurez, *La doctrina secreta* (1888), en segundo lugar. Aunque en una primera etapa, la autora tuvo ciertas relaciones con el movimiento espiritista, más tarde se distanció de él, destacando los errores y confusiones que se producían a menudo, tomando por espíritus de los muertos lo que no eran sino "elementales" o "cascarones astrales".[33] En la misma época que Eliphas Lévi, el esoterismo teosófico se auto-denomina en ocasiones "ocultismo". Son muy significativos los tres objetivos que la Sociedad Teosófica (fundada en 1875) se planteaba y que podemos parafrasear del modo siguiente: 1) Formar un núcleo de fraternidad universal, sin distinción de sexo, raza, etc. 2) Impulsar el estudio de las filosofías, religiones y ciencias comparadas. 3) Investigar las leyes inexplicadas de la naturaleza y los poderes latentes en el ser humano. Si tenemos en cuenta que nos hallamos en el último cuarto del siglo XIX se comprenderá mejor el alcance y el valor histórico de tales propuestas. Destaquemos el ideal fraterno e igualitario del primer objetivo; el presupuesto implícito de una tradición primordial detentadora de una *philosophia perennis*, en el segundo (bastantes décadas antes de que Guénon y otros lo desarrollaron a su manera), ya con un cierto alcance trans-

---

33. También R. Guénon criticó duramente al espiritismo, *L'erreur espiritiste*, y no menos duramente al "teosofismo" de Blavatsky en *Le Téosophisme: histoire d'une pseudo-religion*.

cultural y a comienzos de los estudios de religiones comparadas; y el estudio de lo que más tarde se llamarían fenómenos paranormales o parapsicológicos (o bien "ocultos") al mismo tiempo que el ocultismo teosófico ofrecía ya un marco teórico explicativo mucho más allá de lo que posteriormente la parapsicología (científica desde 1955) sería capaz de ofrecer, atada al ideal restrictivo de una "fenomenología de lo paranormal".

Generalmente se ha dicho –y esa es, sin duda, la primera impresión– que se trata de un "esoterismo oriental u orientalizante", a diferencia del esoterismo occidental u occidentalizante de movimientos como la Antroposofía de Steiner, el rosacrucismo de Heindel o el hermetismo de la Golden Dawn. Sin embargo, más recientemente se ha intentado mostrar que –pese a su "obsesivo anticristianismo"– la perspectiva ha permanecido siendo (no sólo en la primera obra citada, donde es más obvio, sino también en la segunda) la del hermetismo occidental, aunque introduciendo conceptos orientales como la ley del *karma* y la reencarnación, sin olvidar que se les da un nuevo significado y se desarrollan en direcciones ajenas a sus tradiciones originales, influidos sobre todo por el evolucionismo decimonónico e intentando resolver problemas típicamente occidentales de evolución moral y espiritual (Hanegraaff, 1998:444-455).

La figura y la obra de Blavatsky han sido siempre altamente polémicas, con críticas recibidas tanto desde el cristianismo (al que es cierto que vapuleaba una y otra vez al analizar el rumbo histórico-doctrinal que había tomado, sin por ello carecer de referencias al verdadero cristianismo esotérico ni faltar un alto reconocimiento),[34] como desde otros enfoques esotéricos, Guénon (1969), o no esotéricos, Washington (1995). Sin embargo, muchos han sido también los elogios y los reconoci-

---

34.　Véase no sólo las dos obras citadas de Blavatsky, sino también la obra de A. Besant, *El cristianismo esotérico*.

mientos vertidos hacia "madame Blavatsksy". Algunos desde las filas de la propia Sociedad Teosófica –por ejemplo, Roso de Luna (1973)–, otros procedentes de quienes recibieron algún tipo de influencia, aunque fuese menos directa, como es el caso de un buen número de pensadores y artistas de comienzos del siglo xx.

Una destacada defensa de la figura y la obra de la fundadora de la teosofía moderna es la de Dane Rudhyar (1975). Y, de manera muy significativa, una de las obras fundamentales, más extensas y sistemáticas del esoterismo del siglo xx, nace con una dedicatoria a esa gran "discípula" que fue H.P. Blavatsky. Me refiero a la obra de Alice Ann Bailey, *Un tratado sobre fuego cósmico* (1983), continuación y desarrollo crítico de la obra teosófica, con un enfoque muy diferente, no ofreciendo ya una síntesis de las diversas ramas de la sabiduría esóterica tal como se han manifestado históricamente, sino estableciendo las bases teóricas de una comprensión actual del esoterismo, a través de la reactualización o la revelación de la cosmovisión esotérica. Por su carácter innovador y por sus notables diferencias con el enfoque de Blavatsky preferimos hablar de esoterismo posteosófico, indicando con ello no sólo el paso adelante dado, sino también sus raíces claramente teosóficas y su aceptación de los esquemas principales. Más tarde lo veremos.

Si tomamos como punto de referencia su obra magna, *La doctrina secreta (DS)*, obra de madurez en seis volúmenes, y tenemos presente la obra breve pero clarificadora, *La clave de la teosofía*, podemos recordar el horizonte de problemas en que se desenvolvió la teosofía moderna. Se ha criticado muchas veces la desorganización de la obra y la incomodidad que provoca su lectura (desde Guénon hasta la propia Bailey). La misma Blavatsky confiesa «el desorden de exposición de la autora» (DS, V:35), y es cierto que llama la atención, sobre todo en los volúmenes más históricos. Aparte de eso, uno de sus defensores más fieles sintetiza la obra de Blavatsky afirmando que ha querido darnos, al par que una sumaria idea de la evolución tanto del Cosmos como del Hombre, «un estudio histórico de la Eterna Religión de la Naturaleza, Sabiduría de las Edades o Doctrina Secreta que late en la entraña misma de todas las religiones del mundo, antes de que los respectivos sacerdotes, explotadores de ellas en su provecho, adulterasen con groseros dogmas su simbolismo excelso trascendental» (Roso de Luna, 1921:43).

Efectivamente, podríamos dividir la obra en tres partes: los dos primeros volúmenes se ocupan de la cosmogénesis, los dos segundos de la antropogénesis, y los dos últimos llevan a cabo una reconstrucción fragmentaria de la historia del esoterismo, estableciendo el marco general en el que se desenvolverá en adelante el pensamiento teosófico moderno. En cuanto a la cosmogénesis basta recordar la extensa periodización que distingue entre cadenas de mundos, globos, rondas (DS, I:185 y ss.), reinos (DS, I:206 y ss.), razas y subrazas, todo ello dentro de un esquema septenario (DS, I:59; 191; DS, VI, sección XLII) que subyace a toda la explicación teosófica y cuya continuación posterior hallamos en Bailey, en Beltrán y en muchos otros. Esquema septenario que no se pretende novedoso, sino al contrario, se trata de exponer sus raíces en distintas tradiciones antiguas, pues no se olvide que todo el esfuerzo de la teosofía consistió en actualizar la "sabiduría antigua" en un momento en que el materialismo y el positivismo cientificista de mediados y finales del siglo XIX comenzaban a dominar la cultura occidental.

En el prefacio a la 1ª edición (DS, I:18) se defiende que la doctrina secreta que será articulada a continuación es la esencia de todas las religiones, y se destacan algunas de las aspiraciones de la obra, las cuales pueden ser resumidas del modo siguiente:

• Demostrar que la Naturaleza no es una aglomeración fortuita de átomos.

• Asignar al hombre su lugar en el plan del universo.
• Rescatar de la degradación las verdades arcaicas, base de toda religión.
• Descubrir la unidad fundamental de la que todas ellas proceden.
• Demostrar que la ciencia moderna jamás se ha aproximado al lado oculto de la Naturaleza.

En cuanto a los principios fundamentales que rigen la cosmovisión teosófica, llama la atención la terminología hindú empleada en muchas ocasiones, sin duda la dominante, aunque en algunos lugares se entrecruce o substituya por terminología budista, y en ocasiones las referencias a la kábala y el hermetismo occidentales pasen a un primer plano. Podría sintetizarse del siguiente modo:

Ante todo, se afirma la existencia de lo Absoluto, la Realidad única, anterior a toda manifestación. Se trata de un Principio omnipresente, eterno, inmutable e ilimitado que queda fuera del alcance del pensamiento humano (incognoscible). Se utiliza para ello dos términos sánscritos: *Parabrahman*, el *Brahman* supremo, y *Sat*, el Ser puro. Puede simbolizarse mediante el Espacio absoluto, al que se identifica con otra noción sánscrita, la de *Akâsha*, término llamado a tener un brillante futuro en la literatura teosófica.

El Absoluto no-dual como Esencia incondicionada se expresa a través de dos principios primigenios: el Espíritu supremo (*Purushottama*) y la Materia (*Mûlapakriti*), Ideación precósmica y Sustancia precósmica, respectivamente. El primero, el Gran Aliento, es la raíz de toda conciencia individual; la segunda es el *substratum* de la materia en todos sus grados de diferenciación –abarcando, por tanto, la "materia o energía sutil" de los "mundos sutiles" (etérico, astral, mental)–.

Lo anterior se conceptualiza también mediante la noción de tres *Logoi*. De la Realidad absoluta "emana" (el concepto vedántico y neoplatónico –dos subtradiciones privilegiadas por la teosofía, cuyas similitudes tratan de resaltarse– se prefiere al de "creación") el Primer Logos, Inmanifestado, Impersonal, al que se identifica con la "Causa Primera de los occidentales". De él "procede" (recordemos las precesiones de gnósticos y neoplatónicos) el Segundo Logos, la Dualidad primordial expresada como Espíritu-Materia (*Purusha-Prakriti*), el "Espíritu del Universo". Finalmente, el Tercer Logos es la Ideación cósmica, la Inteligencia (de nuevo terminología vedántica con el vocablo *Mahat*), el *Anima-mundi* (Alma universal o Alma del Mundo), la Ideación cósmica. De esta Trinidad no antropomórfica emana el universo condicionado y transitorio.

Otro de sus principios fundamentales es el que afirma «la identidad fundamental de todas las almas con el Alma suprema universal (*Anima mundi*), siendo ésta última un aspecto de la Raíz desconocida». Ya desde el comienzo se habla de la «peregrinación obligatoria para todas las almas, a través del Ciclo de Encarnación, o de Necesidad, conforme a la Ley cíclica y Kármica». Y se añade: «evolucionando a través de todos los grados de inteligencia, sin privilegios ni dones especiales, sólo por el esfuerzo y los méritos personales» (DS, I:81-82). Obsérvese que desde el principio se ponen en primer lugar las nociones estrechamente relacionadas y cruciales en la presentación teosófica de evolución (ante todo espiritual): *karma* (como ley cósmica de acción-reacción y de justicia retributiva, instrumento del orden cósmico-ético) y reencarnación (cada alma individual evoluciona mediante sucesivas encarnaciones). También la noción hindú de *mâya* es recogida en este contexto, afirmando que todos los planos de manifestación y con forma (los siete planos cósmicos a través de los cuales se despliega la Realidad Una) han de considerarse ilusorios y *mayávicos*.

En lo que respecta a la antropogénesis (*Doctrina secreta*, vols. III y IV), frente al auge del evolucionismo darwinista, que se centra en la evolución de las especies, de las formas biológicas, la doctrina secreta desarrolla un complejo y largo proceso evolutivo que comienza hace unos dieciocho millones de años, en el continente Lemuria, cuando el planeta y los cuerpos físicos todavía no se habían densificado, teniendo una constitución más bien etérica, sutil. A medida que se produce la densificación y se lleva a cabo la evolución de las formas animales, la Naturaleza va elaborando distintos tipos de antropoides, hasta el momento en que, por una parte, los *Pitris lunares* –de nuevo terminología hindú que hace referencia a los Padres o Antecesores de los humanos– "crean al hombre físico", y los *Agnishvattas*, *Kumâras,* Ángeles solares o Hijos del Fuego "crearon al hombre interno".

En un momento determinado, "el Cielo" decreta la encarnación, por primera vez, de determinado tipo de ángeles o almas espirituales, pero algunos se rebelan y se niegan a soportar el sacrificio que supone encerrarse en formas tan limitadoras como los cuerpos de los simios pre-homínidos. Otros aceptan la encarnación, iniciándose así la evolución humana, a través de siete razas-raíces, cada una compuesta por siete subrazas. La tercera raza es la lemur, la cuarta, la atlante, y la quinta, la aria. Todo ello estará inteligentemente guiado por los Maestros de sabiduría y compasión que forman la Fraternidad planetaria, especialmente por el Mahachohan, el Bodhisatva y el Manu, tres funciones que reflejan en el planeta los tres primeros Rayos o Aspectos de lo Divino, secundados por los cuatro restantes Chohanes de rayo, Adeptos que canalizan, encarnan y representan tipos determinados de energías y de funciones. Tales ideas serían desarrolladas de manera más sistemática por A. Bailey, y en su momento nos detendremos algo más en la doctrina de los siete rayos, a través de la obra de esta última, así como de la actualización llevada a cabo por V. Beltrán.

No es necesario detenernos en la espinosa cuestión de las razas y subrazas, pues un uso ideológico y hasta perverso de la idea ha tenido consecuencias de todos conocidas, y en ningún caso el enfoque teosófico debería asociarse con los desvaríos de cualquier tipo de "racismo" inhumano e indignante. Dejemos ya, pues, estos breves apuntes de cosmogénesis y antropogénesis, tan sólo realizados para enmarcar el pensamiento de la nueva teosofía, y digamos algunas palabras de la sabiduría esotérica que habría recorrido de manera más o menos abierta o subterránea el desarrollo de las civilizaciones.

Hemos insinuado ya que la teosofía moderna, a diferencia de la teosofía cristiana de siglos anteriores, se elabora frente a dos rivales a los que combate una y otra vez. Por una parte, el materialismo decimonónico, por otra, el catolicismo esclerotizado que ha segado toda planta con fragancia esotérica. Y esto ya desde el comienzo. Con la noción de Iniciados –en los Misterios de la vida y la muerte, por la Jerarquía espiritual del planeta– como hilo conductor, Blavatsky (o los propios maestros de sabiduría y compasión a través de ella, tal como es la versión oficial de la teosofía) va reconstruyendo la historia del esoterismo, indicando qué personajes y qué doctrinas reflejan en mayor o menor grado la verdadera sabiduría antigua, la genuina teosofía. No faltan referencias al antiguo Egipto, a los aztecas, los oráculos caldeos o a Zoroastro (DS, V:37 y ss.), pero son Pitágoras y sobre todo Platón los que reciben una mayor atención como Iniciados que configuran la tradición occidental (DS, V:25). Respecto al cristianismo, se nos dice que san Pablo y Clemente de Alejandría eran, en los primeros siglos del cristianismo, los únicos Iniciados (DS, V:61; 122-123). Una relevancia especial tiene Apolonio de Tyana, de quien se señalan sus semejanzas doctrinales con Jesús y con el Buda, así como sus virtudes taumatúrgicas (DS, V:52; 127-133).

La defensa del gnosticismo (Saturnilo, Marción, Valentino, Basílides, Menandro y otros personajes anatematizados por el cristianismo de los primeros siglos) destaca con claridad (DS, V:82 y ss.). Resulta igualmente interesante observar la importancia concedida al *Libro de Enoch*, del que se llega a decir que constituye el origen y fundamento del cristianismo, conteniendo la esencia tanto del Antiguo Testamento como de los evangelios. «Esotéricamente –se dice– Enoch es el "Hijo del Hombre", el Primero; y simbólicamente es la primera subraza de la 5ª raza-raíz» (DS, V:94).

Hermetismo y kábala, núcleos del esoterismo occidental son analizados con sugerencias aquí y allá, comentando algunos símbolos y esbozando el perfil del "ocultista" que está más allá de las religiones particulares, pero las respeta todas, sabiendo que son expresiones de la Sabiduría eterna.

Respecto al origen de los Misterios, Blavatsky se remonta al final de la 4ª raza, en el continente de la Atlántida, cuando al comenzar la degradación que supuso más tarde su destrucción mediante el agua, a través de un Diluvio Universal del que se salvó una porción muy reducida, se revelaron tales Misterios a algunos Iniciados, misterios que serían posteriormente reformulados por los reyes iniciados de las dinastías de origen divino (DS, V:234 y ss.). Es una cuestión que han analizado también, posteriormente, otros muchos esoteristas, desde R. Steiner hasta E. Cayce, pasando por M. Heindel o D. Fortune. Señalemos, a este respecto, una coincidencia significativa entre Blavatsky y Steiner, en la consideración del *Vishvakarman* védico con el Logos solar, entendido a su vez como el Demiurgo, el Dios constructor de nuestro sistema solar. Lo veremos en R. Steiner al hablar del Cristo como Logos solar.

Volviendo a la visión de los Misterios ofrecida por Blavatsky (Misterios de la Antigüedad que hallaríamos en Egipto, en Caldea, en Grecia –órficos, eleusinos–, en Samotracia y en tantos otros lugares), en sus ritos iniciáticos, el Iniciando «adquiría la prueba de la inmortalidad de su espíritu y de la supervivencia del alma» (DS, V:255-256), y en ellos el hierofante, el Iniciador, era siempre símbolo del Sol. Por supuesto, a causa del bien guardado "juramento de sigilo" al que se veía obligado el Iniciado, poco sabemos históricamente de lo que sucedía en los centros de Iniciación. Nos quedan vestigios, huellas, muchas veces borradas o deformadas, hasta que finalmente durante el siglo I de nuestra era sonaría su última hora. A partir de entonces no habrá ritos mistéricos e iniciáticos relativamente públicos. Los Iniciados han de guardar su saber oculto, y corrientes como la alquimia, o sociedades secretas como los esenios o los templarios, los cátaros o los rosacruces, irían desvelando parcialmente algunos de tales misterios iniciáticos.

El último volumen de *La doctrina secreta* está fundamentalmente dedicado al Buda y el budismo, a partir de la doctrina de los avataras. El enfoque esotérico se pone de manifiesto cuando desde el principio se dice: «los iniciados saben que desde el punto de vista terreno, en el plano de la ilusión fue el Buda una encarnación directa de uno de los primitivos "Siete Hijos de la Luz" o "Dhyan Chohans", cuya misión es cuidar de un eón a otro del provecho espiritual de las regiones puestas a su cuidado» (DS, VI:16).

Todos los Avataras se dice que son uno y el mismo, todos ellos proceden de Iswhara, el Dios o Padre, del cual todos son Hijos. Y se realiza una distinción entre el *avatara* –que es un descenso de la Divinidad al plano humano, sin *karma* alguno acumulado y sin encarnaciones precedentes– y el *jîvânmukta*, aquel que llega al *nirvâna* a través del propio esfuerzo y tras múltiples encarnaciones. De Gautama Siddhartha se dice que si bien en cierto sentido fue un *avatara*, en realidad fue ante todo un *jîvânmukta* que alcanzó el *nirvâna* por méritos propios. Resulta interesante notar que se identifica *nirvâna* con *Parabrahman*.

Un dato que puede resultar revelador a la hora de interpretar la relación del hinduismo y el budismo –desde una perspectiva esotérica– es la relación oculta entre el Buda y Shankarâcharya. Nada menos que una encarnación parcial del primero en el segundo se habría producido. De hecho, en una ocasión se dice que «en su cuerpo sutil comenzó la existencia interplanetaria hasta reencarnar en Shankara». Pero, más tarde se matiza, afirmando que: «el cuerpo astral del Buda encarnó en el cuerpo físico de Shankara, cuyo supremo principio o *Âtman* era, no obstante, su propio divino prototipo, el Hijo de la Luz, el celestial nacido de la mente de Aditi» (DS, VI:29). Poco después, se matiza lo anterior aclarando la cuestión de su identidad parcial: «el astral o *nirmanakaya* de Gautama fue el *upâdhi* del espíritu de Shankara, pero éste no fue reencarnación de aquél» (DS, VI:32). En fin, tras su misteriosa muerte, se nos dice que este Adepto de Adeptos vive astralmente en su entidad espiritual en la Fraternidad de Shamballa.

Paradojas de la historia, cuando sabemos las feroces críticas que Shankara (siglos VIII-IX) dirigió al fundador del budismo, ante lo que él consideraba una negación intolerable de la autoridad védica y brahmánica, así como del *âtman*, en cuanto ser eterno, inmutable, corazón de la tradición vedántica. No obstante, no deja de ser curioso que, pese a ello, se haya señalado el carácter cripto-budista del pensamiento no-dualista shankariano o al menos el de Gaudapâda, maestro del maestro de Shankara. De este último llega a decirse: «la doctrina secreta ve en Shankarâcharya la morada de uno de los más elevados Seres espirituales, uno de los Siete Rayos primordiales, una Llama» (DS, VI:30).

La lectura del volumen VI de *La doctrina secreta* permite comprender mejor la acusación de budista que desde algunos sectores se lanzó entonces contra la teosofía. Aparte de que el teósofo Sinnet publicara su libro *Budismo esotérico*, ya en la obra que comentamos se ve la alta consideración que se tiene de su pensamiento y su persona. Merece tenerse presente la relación establecida entre el Buda humano (Gautama) y Amitâbha Buda, al cual se le considera su Bodhisattva celeste, al mismo tiempo que Avalokiteshvara sería su Dhyâni-Buda. En realidad, si Gautama se convirtió en el Buda fue gracias a la asimilación de aquellos dos, rara integración que produjo tan destacada iluminación.

En lo que respecta al budismo tibetano, Blavatsky afirma que Tsong-kha-pa fue una encarnación parcial del Buda, de modo parecido a como lo fue Shankara. Como se sabe, Tsong-kha-pa (1357-1419) fue el autor del célebre texto *Lam Rim*, fundador de la orden *gelug-pa* que dio lugar a la institución del Dalai Lama, entendido, justamente, como encarnación de Avalokiteshvara. Precisamente, Blavatsky afirma que son los *lamas gelugpas* los que conservan *El libro de Dzyan*, cuyas estancias habrían servido de base a buena parte de *La doctrina secreta*.

Una última idea destacaremos, la crítica a la interpretación nihilista del *nirvâna*, tal como algunos orientalistas ya en tiempo de Blavatsky habían ofrecido (ella cita a Bournouf y Cousin) y que constituye uno de los temas de debate más acalorados entre los estudiosos del budismo. En relación con ello y desde una perspectiva que muchos tienen tendencia a asociar hoy con el neohinduismo (por ejemplo, Sri Aurobindo o S. Radhakrishnan), se tiende a identificar el *nirvâna* de los budistas con el *moksha* del *Vedânta*. Frente a la primacía de la nada o del no-ser (símbolos que ciertamente tienden a malinterpretarse), Blavatsky exclama: «El *nirvâna* es. Y es eterno». No entremos en si esto es caer en el extremo opuesto del nihilismo, el eternalismo, extremos ambos rechazados por Gautama el Buda en algunos textos a él atribuidos, pertenecientes al canon pali. «El *nihil* es esencialmente la Absoluta Deidad en sí misma, el Poder oculto y omnipresente. En Oriente, la aniquilación nirvánica se refiere tan sólo a la materia [...]. De la ausencia de formas no resulta un vacío, sino al contrario, el fundamento de todas las formas [...]. Lo que carece de forma, invisible, indivisible, lo que existe y sin embargo no es: esto es el *nirvâna*. Es, no una región, sino más bien un estado» (DS, VI:51-52).

Así pues, si consideramos la teosofía moderna de Blavatsky como el antecedente más importante de la espiritualidad Nueva Era –siendo posteriormente Bailey su fundación más sistemática–, no cabe duda, como hemos insinuado ya, de que la dimensión oriental ocupa un lugar muy destacado en la "filosofía de la Nueva Era".

6.7. LA PRESENCIA "YO SOY", EL MAESTRO SAINT GERMAIN Y LA LLAMA VIOLETA. HACIA LA ASCENSIÓN INDIVIDUAL Y PLANETARIA

Anteriormente hemos mencionado el Movimiento Yo Soy, fundado en Estados Unidos por Guy y Edna Ballard en 1930, el cual se presentó como auspiciado por el Maestro Saint Germain. Más tarde, cuenta la historia de este grupo, Mark Prophet fundó The Summit Lighthouse y la Iglesia Universal y Triunfante, al parecer gracias a la ayuda que El Morya (regente del 1er Rayo) ofreció a Saint Germain, para avivar la llama que se estaba apagando por la falta de respuesta de la humanidad en su conjunto a la propuesta de los años treinta. En 1964, cuenta Elizabeth Clare Prophet, «el Maestro Saint Germain me ungió como mensajera de los maestros ascendidos» (Saint Germain, 2000:92). En 1973, el alma de Mark Prophet «ascendió al plano del Espíritu», recibiendo desde entonces el nombre de Lanello. El propósito de The Summit Lighthouse se dice que es «publicar las enseñanzas de los Maestros Ascendidos, arrojar luz sobre las enseñanzas perdidas o distorsionadas de Cristo y ofrecer a la humanidad el conocimiento de la Ley cósmica que le permita alcanzar la libertad y la maestría, para cumplir el plan divino y que su alma se una con Dios» (Mark y Elizabet Prophet, 1979:XXI).

Como Heelas ha señalado, constituyen la divulgación más amplia y exitosa en Estados Unidos de ciertas ideas de la teosofía de Blavatsky, aunque con transformaciones o novedades importantes. Además de las dos parejas mencionadas, fundadores destacados de las dos escuelas que insisten en la conciencia de nuestra identidad central bajo la expresión "Yo Soy", en las décadas posteriores y hasta nuestros días han ido apareciendo multitud de canales que afirman "canalizar" enseñanzas de los Maestros Ascendidos, siendo la mención de éstos, justamente, otra de las ideas centrales en tales presentaciones. Ahora bien, la idea de la ascensión no es exclusiva de tales movimientos. Tendremos que ver cómo es compartida por muchos autores y corrientes, en principio totalmente independientes entre sí. Es quizás una de esas ideas que el espíritu de la época lleva aquí y allá, inspirando a muchos por ser uno de los signos de nuestro tiempo.

Aunque no siempre asociadas con él, las ideas del *I Am* (Yo Soy) y de la ascensión, ejemplo de lo cual serían los propios Maestros Ascendidos, es frecuente verlas relacionadas con el maestro Saint Germain, de quien se dice que ascendió en su última encarnación en el siglo XVIII y actualmente es el regente del 7° Rayo e introductor e instructor principal de la Era de Acuario (regida por Urano, planeta relacionado con el 7° Rayo). Una explicación sobre todo ello puede verse en Conny Méndez, *Metafísica 4 en 1*. Dicha autora es una de las divulgadoras más célebres de sus enseñanzas y en la obra citada dedica más de 70 páginas a contar «Quién es y quién fue el conde Saint Germain» (*o.c.*:319-396). En otras obras, Mark y Elizabeth Prophet han presentado algunas vidas anteriores de los actuales regentes de los siete rayos y allí se nos relatan varias vidas anteriores de quien hoy es Maestro Ascendido Saint Germán. Se afirma que hace trece mil años fue sumo sacerdote del templo de la Llama Violeta en la Atlántida. Téngase presente que el color violeta es el color asociado al 7° Rayo y toda la escuela de Saint Germain concede gran importancia al trabajo de visualización con la "llama violeta", por su poder transmutador y su capacidad para quemar *karma* negativo, purificar y liberar. Así se dice: «La llama violeta puede consumir literalmente los desechos que hay dentro y alrededor de los átomos de tu ser. Es como ponerlos a remojo en una solución química que, capa a capa, va disolviendo la suciedad que se ha acumulado durante miles de años. Así es como actúa la llama violeta al invocarla» (Saint Germain/Prophet 2000:65)

Ya antes de la Atlántida, «hace más de 50.000 años, una civilización dorada prosperaba en un país fértil con un clima semitropical donde está ahora el desierto del Sahara. Había gran

La llamada (de la) Nueva Era

paz, felicidad y prosperidad y era gobernada con gran justicia por este mismo Saint Germain» (Prophet, 1994, I:200).

Alrededor del siglo -XI habría sido el profeta Samuel, más tarde fue José, esposo de María y padre de Jesús de Nazareth. Su siguiente encarnación sería como san Albán, el primer mártir de las Islas Británicas en el siglo III. En el siglo V, no encarnado como tal, pero siendo su inspirador desde los planos internos, ejercería una influencia muy estrecha sobre el filósofo neoplatónico Proclo. También fue –se nos dice– el mago Merlín, ayudando y aconsejando al rey Arturo a establecer su reino. En el siglo XIII su ropaje humano habría sido Roger Bacon (1214-1294), promotor del método experimental y precursor de la ciencia moderna. También Cristóbal Colón fue una de sus encarnaciones, y en el siglo siguiente sería conocido como Francis Bacon (1561-1626), padre del razonamiento inductivo y de nuevo impulsor del método científico –como es propio de un 7º Rayo, uraniano–.

Finalmente, se nos dice que el 1 de mayo de 1684 fue el día de la ascensión de Saint Germain, convirtiéndose desde entonces en Maestro Ascendido. Como tal solicitó a los Señores del *karma* volver a la Tierra en cuerpo físico, apareciendo como el conde de Saint Germain, fascinando a las cortes europeas de los siglos XVIII y XIX como "el hombre prodigio". No vamos a entrar en la cantidad de detalles que las obras a las que estamos haciendo referencia decriben, tanto de Saint Germain como de los restantes Señores de los Siete Rayos (Prophet, 1994-1995; Saint Germain, 1991; 1993)

Pues bien, en tales enseñanzas la idea de la ascensión se convierte en el proyecto principal y urgente del ser humano actual. La misma Conny Méndez explica qué se entiende por "ascensión":

> «Cuando el ser humano alcanza su última encarnación en la Tierra, se dice que es candidato para la Ascensión. La Ascensión ocurre porque la persona se ha desprendido de todas las

ataduras con el planeta Tierra y con sus familiares; y al lograr limpiarse de toda la energía negativa, va llenando sus células de luz. Llega el momento en que la Magna Presencia YO SOY lo atrae hacia Ella y lo extrae de la Tierra: se ha vencido la gravedad de la Tierra. En ese momento, el individuo tiene la oportunidad de escoger la Gloria o continuar ayudando a sus hermanos humanos. Es el momento en que el subconsciente vacía su contenido y el ego recuerda todas sus encarnaciones pasadas, sin sufrir molestia alguna» [Méndez, 1978:341].

No sólo se habla de la Presencia Yo Soy, que puede equipararse con la Mónada de otras presentaciones, sino de la reencarnación, el *karma*, y la liberación de todo ello, «llenando sus células de luz» y venciendo así la fuerza de la gravedad. La transformación acaecida se supone que ha de ser inmensa. En otros lugares se ha desarrollado más dicha cuestión. Así se dice: «La culminación o iniciación de la Ascensión puede llegar y llegará a todos, incluso a los niños pequeños, cuando se encuentren preparados para ella –cuando se haya equilibrado, por lo menos, el 51% de su *karma* (lo cual quiere decir que el 51% de toda la energía que se les haya dado para su uso ha sido transmutada y aplicada a fines constructivos)– y sus corazones sean justos para con Dios y el hombre, y aspiren a elevarse a la nunca decadente luz de la eternamente ascendente Presencia de Dios» [Saint Germain, 1991:120].

Esta impresión de matemática kármica se ve mitigada por la presencia de los Señores del Karma, encargados de conceder semejante don a quienes lo merecen. Al mismo tiempo se esboza el alcance de la transfiguración que en ese momento se produce:

«Cuando su propia Presencia Yo Soy y el Tribunal de Maestros Ascendidos del Karma Humano conceden este don a alguien, se desvanece en él la apariencia de la edad, con la misma rapidez con que la sonrisa mueve los labios; y el magnetismo y energía de ese individuo se convierten en el poder ilimitado de Dios fluyendo por su ser. La escoria del cuerpo físico, la fatiga del cuerpo emocional cansado por el odio y por sus monstruosas creaciones, la incesante rutina del cuerpo mental, todo ello se desvanece para ser reemplazado con perfecta facilidad por sus réplicas divinas. Los sentimientos se colman del amor de Dios y de los ángeles; la mente es el diamante resplandeciente de la Mente de Dios, omnipresente, omnisciente, omnipotente. ¡Todo el ser está inspirado y aspirando!» [Saint Germain, 1991:122].

Otro de los Maestros Ascendidos, Serapis Bey, cuyo nombre era ya utilizado en los primeros escritos teosóficos, ofreció todo un libro canalizado sobre la ascensión. Allí asistimos todavía a descripciones más detalladas de lo que le sucede al cuerpo físico en el momento de la ascensión:

«Algunos pueden decir que en el caso de una ascensión la forma carnal se elevará dejando un montón de cenizas blancas en el suelo, debajo de los pies del aspirante. Esto es cierto en algunos casos en los que la alquimia de la ascensión se lleva a cabo algo prematuramente y por razones cósmicas. En este caso, las cenizas blancas constituyen el residuo no transmutado de la corriente de vida. En otros, este residuo no se halla en el lugar en el que el individuo ha ascendido, debido a que ha sido transmutado mediante una intensa acción del caduceo» [Serapis Bey, 1979:176].

Siempre queda la duda en este tema respecto a lo que sucede con el cuerpo físico y si lo que asciende –como en el caso de la resurrección de Jesús el Cristo– es el cuerpo físico de carne y hueso más o menos transformado, o lo que Pablo de Tarso denominó el cuerpo glorioso. Serapis Bey nos ofrece claridad en este sentido:

«Es cierto que aunque la forma del individuo pueda mostrar signos de edad antes de su ascensión, todos esos signos cambiarán y que la apariencia física del individuo será transformada en el cuerpo glorioso. El individuo asciende, por tanto, no en un cuerpo terrestre, sino en un cuerpo espiritual glorificado en el que se transforma la forma física en el instante por la total inmersión en la gran llama de Dios».

Y siguen descripciones que, sin duda, a muchos parecerán ya totalmente fantasiosas:

«La sangre en las venas se convierte en luz dorada líquida; el *châkra* de la garganta brilla con una intensa luz azul-blanca; el ojo espiritual en el entrecejo se convierte en una llama de Dios que asciende; las vestiduras del individuo se consumen totalmente, y adopta la apariencia de estar vestido con una túnica blanca. A veces el largo cabello del Cuerpo Mental Superior aparece como oro puro en aquel que asciende; entonces, los ojos de cualquier color se convierten en un bello azul eléctrico o violeta pálido» [Serapis Bey, 1979:177].

En definitiva, estamos ante un cuerpo de luz –del que tantas tradiciones han hablado y del que hemos visto un ejemplo en Namkai Norbu a propósito del budismo tibetano– que constituye en sí mismo un excelente vehículo de viaje para las distintas dimensiones menos densas que ésta, física-material, sin que la aparición en ella quede descartada. Sería lo que ejemplificó el conde Saint Germain, quien vuelve a aparecer como referente privilegiado aquí, aunque podríamos pensar en otros casos, como, por ejemplo, el del célebre Babaji, a quien tantos dicen haber encontrado, o en la descripción que veremos de A. Bailey en su autobiografía. Veamos todavía las afirmaciones de Serapis Bey:

«Estos cambios son permanentes, y el ascendido puede llevar su cuerpo de luz consigo donde quiera o puede viajar sin el cuerpo espiritual glorificado. Los seres ascendidos pueden aparecer en la Tierra, y de hecho ocasionalmente lo hacen, como mortales ordinarios, invistiendo vestidos físicos que hacen que se parezcan a las gentes de la Tierra y les permite moverse entre ellos para propósitos cósmicos. Es lo que hizo Saint Germain después de su ascensión cuando se le conocía como el *wonderman* de Europa. Tal actividad es un asunto de dispensación recibida del Tribunal Kármico. La aparición del amado Jesús ante Pablo en el camino de Damasco es otro de estos casos» [Serapis Bey, 1979:177].

Decíamos, no obstante, que la ascensión parece ser uno de los signos de los tiempos (esotéricos) y que no es asunto exclusivo de Saint Germain ni del Movimiento Yo Soy, sino que muchos textos de la más diversa procedencia abundan en ello: Desde Ramtha a V. Essene pasando por Marciniak o Trigueirinho, sin olvidar muy recientemente a Kryon, por citar unos cuantos. Que parece una cuestión de actualidad y que casi merece urgente atención lo ponen de manifiesto las palabras de V. Essene: «He venido a demostraros que cuando vuestra forma física muere, vosotros resucitáis en vuestro cuerpo de luz. He demostrado también que un cuerpo puede literalmente elevarse en la luz en lugar de perecer y acabar con la muerte aquí abajo» (Essene, 1995:69-70). Estas palabras, diríase que crísticas, reciben una pronta aplicación en el ser humano espiritualmente preocupado: «Actualmente evolucionáis en un cuerpo físico que pertenece a la tercera dimensión, pero vuestra conciencia espiritual procede de la cuarta dimensión […]. Yo debo prepararos para pasar al nivel de la cuarta dimensión del amor del alma […]. El tiempo de los preparativos ha terminado. Disponeros a aceptar o rechazar vuestra ascensión espiritual, sea cual sea vuestro sendero religioso sobre la Tierra» (Essene, 1995:173).

En un texto extraño entre los extraños, por su lenguaje y sus concepciones –ya en su mismo título–, aunque el lector se estará acostumbrando al sentimiento de extrañeza y asombro, se insiste igualmente en la ascensión. Se habla de una ascensión de las almas a las dimensiones celestes y en el lenguaje original y críptico que le caracteriza (hay que saber que el título es *Todos somos ONA: el retorno del Sol crístico*, transmitido telepáticamente por "los Maestros de Luz, Elohim crísticos" y recibido "por telepatía cósmica" y transcrito por Suzanne L'Ecuyer) relaciona la mutación de las células con la ascensión, relación que hemos encontrado ya en varios autores. Permítasenos un texto largo que permite captar el sabor de esta transmisión y los juegos lingüísticos que se dan:

> «ONA es el código espiritual genético para recobrar vuestros privilegios divinos, para la trascendencia y la ascensión [...]. Con la infusión de las energías cósmicas y angélicas de vuestra evolución, se formarán nuevas células en vuestros cuerpos que os permitirán elevar mejor vuestro espíritu. Vais a vivir una reorientación espiritual-fisiológica, una reestructuración de vuestros sistemas de pensamiento por estas nuevas informaciones-vibraciones del Sol central, con nuevos conocimientos y consciencias. Por esas informaciones-vibraciones, la energía de vuestros átomos cambia gradualmente por una estructura genética 12. Es una mutación que ya ha comenzado. La información-estructura biológica (genética) de vuestras células ha sido modificada porque las vibraciones recibidas como *in-form* (interior de vuestras formas) han cambiado la estructura o naturaleza de vuestros átomos, por lo que vosotros vibráis en una frecuencia más alta que antes. Es con este cambio físico en una forma de energía más elevada con el que vuestro cuerpo espiritual quiere entrar en acción. Esta mutación será para el nacimiento futuro de una nueva especie de humanos, la *"cONAissance"*[35] del humano espiritual con el código genético,

---

35. Al habitual juego de palabras que permite en francés el término *conaissance* (conocimiento) entre "conocimiento" y "nacimiento –con" (nacer-con), se añade aquí el término/símbolo ONA.

estructura celular de 12 que el hombre divino tenía en el origen. Yo os anuncio el nacimiento de la conciencia crística planetaria por este *cONAissance* en cada uno de vosotros. El código espiritual genético (ADoNai-ONA-vibración-estructura 12) para esta trascendencia espiritual y la ascensión debe aportar un conocimiento válido a vuestras ciencias físio-psico-lógicas. Este *cONAissance* para la posibilidad de una futura fusión HUMANO-ONA, es la vía para la ascensión. Hay que nacer de nuevo para heredar el Reino Celeste. Es de este re-nacimiento (nacer de nuevo) de lo que hablaba el Cristo encarnado, Emmanuel Jesús. El ser humano que se deje guiar por su alma –chispa– ONA permitirá a su cuerpo vivir la ascensión, y podrá llevar su cuerpo físico, convertido en cuerpo de energía, a las dimensiones superiores, conocidas por vosotros como "resurrección". La ascensión es la fusión total entre el cuerpo físico-materia (HUMANO) y el alma-espíritu-Luz-ONA. El desarrollo de esta Luz-energía será necesario para la paz en el éxodo-evacuación-ascensión y en los cambios de la Transición-Crisis» [L'Ecuyer, 1996:37-38].

Volvamos a Saint Germain para mostrar cómo la idea de la Nueva Era de Acuario está en primer lugar en sus exposiciones:

«La era de Acuario en su alborada nos trae el conocimiento de Dios como Espíritu Santo y como Madre Divina. Acuario puede ser una era de libertad, paz e iluminación, puede ser una época de progreso tecnológico combinado con un desarrollo espiritual y puede ser una época en la que rompamos con el pasado y obtengamos así la liberación. Sananda, Jefe del Consejo de la India de la Gran Hermandad Blanca, afirmó en 1962: "La era de Acuario está destinada a ser una era de cooperación absoluta entre Dios y los maestros ascendidos, entre los maestros ascendidos y el hombre, y entre todos los pueblos. El símbolo de Acuario –un portador de agua que sostiene tinajas en equilibrio–, indica servicio armonioso y suministro abundante. Este espíritu de cooperación rítmico debe ser la base de toda relación, reemplazando un egoísmo caduco"» [Saint Germain, 1993:89].

Como es frecuente en este enfoque, hay una comprensión y explicación astrológica del tiempo presente, destacando en este caso el tránsito de Plutón por Sagitario y el tránsito de Urano por su propio signo, Acuario –el de la era entrante–:

> «Durante el tránsito de Plutón por Sagitario (1995-2008) podemos esperar cambios trascendentales en la religión y el gobierno, en nuestros valores y creencias, y en nuestra educación y cultura. La visión que tenemos de nosotros mismos, de nuestro mundo, del lugar que ocupamos en el universo y de nuestra relación con Dios quedará transformada de manera espectacular […]. Durante estos doce años podemos ver nacer una era de iluminación y una nueva religión mundial" […]. "Urano (el planeta de la libertad) está en Acuario (el signo de la libertad) hasta el año 2003. Durante ese tiempo, otros planetas de movimiento lento se le unirán. La combinación de estos planetas y el tránsito de Plutón en Sagitario tiene mucho que ver con la inauguración de la era de Acuario» [Saint Germain, 1993:17-19].

Un caso particular, ya no perteneciente al Movimiento Yo Soy ni a la estela de los Maestros Ascendidos, es el de Trigueirinho. Sus referencias tanto a Sri Aurobindo (Trigueirinho, *Mitz Tli Tlan: Un mundo que despierta*, págs. 40 y 97) como a los maestros de la Jerarquía y los centros como Shamballa, en una síntesis novedosa, en la que los centros y los Maestros cambian de nombres y de lugares en los que establecen su morada, me llamaron la atención hace tiempo. Veamos un ejemplo de esto:

> «Si antes el centro fundamental era Shamballa, en el desierto de Gobi, ahora Shamballa ha entrado en la inactividad y el

poder se ha trasladado a Miz Tli Tlan, en América del Sur. Allí la energía era masculina, aquí es femenina. Sanat Kumara es ahora regente de Miz Tli Tlan y su nombre es Amuna Kur. El nombre de Kuthumi es ahora Solhuat Khutuli. El nombre de Morya es ahora Amhaj y controla Aurora (uno de los centros importantes), mientras que Erks está controlado por Thakyuma» [Trigueirinho, 1989:105].

Trigueirinho tiene un libro sobre *Aurora* (1989b) y otro sobre *Erks* (1989c). Otra de sus más de 50 obras, hasta el momento, es *La voz de Amhaj* (1993), como hemos visto el nuevo nombre de Morya, maestro implicado tanto en la fundación de la Sociedad Teosófica y sobre todo en la inspiración de *La doctrina secreta*, como más tarde en *En las hojas del jardín de Morya* y en *The Summit Lighthouse* con los Prophet. En el estilo aforístico que algunas de sus obras tienen, encontramos referencias a ese cambio de la materia en el planeta, al cual hemos visto se asocia al proceso de eterización del planeta y a la ascensión. Así, por ejemplo: «la transustanciación de la materia terrestre ya está en acción» (Trigueirinho, 1993:IV, 2).

En otra de sus obras, *Puertas del cosmos* (1991), hallamos una referencia directa a la ascensión, en relación con la idea del Logos planetario, del cual se ha dicho en otros enfoques esotéricos (Bailey, Gualdi) que estaría a punto de recibir una nueva Iniciación cósmica. Aquí Trigueirinho afirma: «Sabed que vuestro Logos actual, que es la Ley del Sacrificio manifestada, será transmigrado al llevar al planeta a la ascensión, y éste será asumido por otra consciencia logoica» (Trigueirinho, 1991:99).

Anteriormente hemos visto que Findhorn y Auroville podían considerarse dos de las comunidades paradigmáticas de la Nueva Era. Quizás podría añadirse ahora como igualmente representativa la Comunidad que en Carmo da Cochoeira (Brasil) coordina Trigueirinho, junto con su "lugarteniente" Germano y otros muchos buscadores de la Nueva Era. No es preciso insistir más ahora en la riqueza de su abundante obra escrita.

Terminemos con una cita en la que vemos una de sus referencias a Sri Aurobindo, de quien dice que trabajó en la Tierra con la energía de Miz Tli Tlan: «Las Grandes Vidas que se mueven en Miz Tli Tlan tienen una visión sintética y simple del trabajo que hay que realizar. Entre ellas está quien fue conocido por la humanidad de superficie como Sri Aurobindo. Se ocupan de la armonización entre el espíritu y los nuevos genes cósmicos que están siendo introducidos en la humanidad de superficie» (Trigueirinho, 1989:76).

6.8. La clave septenaria en la interpretación esotérica de la Nueva era: de A. Bailey a V. Beltrán

¿Cómo presentar de manera breve una muestra de esa línea interpretativa que consideramos el corazón esotérico de la Nueva Era y hemos dado en considerar posteosófica, asumiendo la herencia de la revelación de la teosofía moderna, pero centrándonos en los tres autores citados: Bailey, Beltrán, Gualdi?[36]

Hemos decidido comenzar por el esquema septenario dominante en tales presentaciones, como se despliega ampliamente en los cinco volúmenes del *Tratado de los siete rayos* de Bailey. Los siete Rayos son los siete aspectos, atributos, cualidades, tipos de energía o modos de ser en que se expresa la Realidad última, lo Divino, en la manifestación. Del Uno

---

36.   Utilizo los nombres de las tres personas históricamente conocidas, aunque en el primer y último caso las enseñanzas remitan al maestro de sabiduría que constituye la fuente de las transmisiones o canalizaciones: Dwahl Khul, en el primer caso, Pastor, en el segundo. En cuanto a V. Beltrán, puede considerarse igualmente "portavoz" de la Fraternidad planetaria, pero la forma es distinta, pues son sus propias palabras, fruto de su propia investigación esotérica o de las enseñanzas recibidas en el *âshrama* jerárquico al que pertenece.

proceden los Tres, y de éstos, los Siete –se decía ya en *La doctrina secreta* de Blavatsky–. No hay inconveniente en utilizar un lenguaje "personalista", pues cada "tipo de energía" o "modo de ser" (terminología impersonalista) supone y forma parte de una Conciencia o Entidad espiritual, un Ser autoconsciente, a modo de Personalidad de la Persona infinita. Cuando hablamos de Persona infinita o Dios absoluto es preciso saber que es conveniente distinguir entre esta Infinita plenitud y lo que podemos llamar "La Divinidad de nuestro sistema solar". A partir de ahora nos limitaremos al esquema válido para "el círculo no se pasa" de nuestro sistema solar. Pues bien, hay que tener en cuenta que dentro de éste existen siete planos o niveles de la realidad, de los cuales el plano físico-material en el que vivimos conscientemente es sólo el inferior, el más denso. Los siete planos reciben el nombre de: físico, emocional, mental (los tres mundos inferiores de la tradición hindú), búdico (equivalente al supramental en Sri Aurobindo), y los tres superiores: átmico, monádico y ádico (en la tradición hindú y en su reactualización hermenéutica tal como es llevada a cabo por Sri Aurobindo corresponden a la Tríada divina: *ânanda, cit y sat*). Cada plano está regido por un Arcángel (terminología occidental) o gran *Deva* (terminología hindú), elevados seres de las Jerarquías espirituales, cuyos nombres –tomados de la tradición hindú, ciertamente predominante en esta presentación– resultan familiares a los conocedores de dicha tradición. El *Deva* regente del plano físico es Yama (Señor de la Muerte); del plano emocional, Varuna (Señor de las aguas, símbolo universal de las emociones); del plano mental, Agni (uno de los "devas" –con razón Coomaraswamy propuso traducir el término no por dios, sino por ángel– más invocados en los himnos védicos, el *deva* del fuego, símbolo de la mente); del plano búdico, Vâyu e Indra, dos *devas* igualmente cruciales en los *Vedas*, especialmente Indra, junto con Agni el más celebrado en los himnos del *Rig-veda*; Vâyu es el *deva* del Viento, del Aire –símbolo del plano búdico– e Indra es el *deva* de la Tormenta, el héroe que con el rayo (*vajra*) mata al dragón Vritra, que impide el contacto y la comunicación entre la esfera divina y la humana. Los regentes de los tres planos superiores reciben los nombres de Âtmi, Anupadaka y Âdi.

Recordemos la noción bíblica de los siete Espíritus ante el Trono que aquí se interpretan como equivalentes a los siete Rayos. Esos siete grandes Seres se expresan a través de los siete Logoi planetarios, grandes Conciencias o Seres regentes de los siete planetas "sagrados" de nuestro sistema solar (por el grado de evolución alcanzado); a saber, uno todavía desconocido por la ciencia, al que se da provisionalmente el nombre de Vulcano, más: Júpiter, Saturno, Mercurio, Venus, Urano y Neptuno. Por su parte, Plutón, Marte y nuestro propio planeta Tierra no han alcanzado todavía ese estatuto cósmico. Todo ello se halla inserto en un grandioso Plan evolutivo divino que conducirá a la sacralización de todo planeta y de toda vida en ellos y recibe un detallado tratamiento tanto en los dos primeros volúmenes de *La doctrina secreta* de Blavatsky, en el magno *Tratado sobre fuego cósmico* de Bailey, como en *La doctrina cósmica* de Dion Fortune (1981).

Pero no nos detendremos en los complejos vericuetos de la cosmogonía y pasaremos a unos mínimos datos de la antropogénesis, expuesta en el tercer volumen de *La doctrina secreta*, así como en el citado libro de Bailey y a la que hallamos en frecuentes referencias en la obra de V. Beltrán, así como en la de Gualdi. Efectivamente, la cuestión del origen de la humanidad recibe un tratamiento sistemático que podríamos resumir del modo siguiente: hace unos dieciocho millones de años, el Logos planetario terrestre tomó la decisión de tomar un cuerpo físico. Esto supuso una decisión crucial que se vio acompañada de medidas cósmicas de envergadura que condujeron a la instauración de la Jerarquía espiritual del planeta. Sabido es que todas las enseñanzas esotéricas coinciden en la existencia de civilizaciones muy anteriores a las hoy conocidas, como la Atlántida y antes todavía la Lemuria; pues bien, este magno evento sucedió en la segunda mitad de la época lemuriana. En este punto se señala la estrecha relación que existe entre Venus y la Tierra, entre otras cosas porque Sanat Kumara, un gran iniciado de la cadena de Venus identificó su aura espiritual con el aura etérica del planeta y encarnó en ella. Vino acompañado por tres Kumâras más, formando así los cuatro Kumâras o "Señores de la Llama" (*Agnishvattas*), y otros tres Kumâras más que equivalen simbólicamente a los tres centros superiores del Logos planetario, aquellos a través de los cuales es posible la relación con los demás planetas y sistemas solares. Estos siete Kumâras, procedentes de Venus, constituyeron el centro de la Fraternidad Blanca o Jerarquía espiritual del planeta Tierra y su misión no es otra que acelerar el proceso de evolución, para lo cual se instaura un sistema planetario unificado de Iniciaciones, a modo de peldaños evolutivos de cara al desarrollo del ser humano.

La llegada de los siete Kumâras va acompañada de otros acontecimientos de envergadura planetaria, como el enlace kármico con los cuatro Señores del Karma, grandes seres cósmicos que regulan todo el mecanismo del *karma* (como se ve recogiendo y matizando con riqueza de detalles la idea central del *karma*, tal como la tradición hindú la ha estado afirmando). Se produce también la introducción en el aura planetaria de una corriente dévica de orden superior, procedente del Corazón del Sol. Y, lo más determinante para el surgimiento de la humanidad, se produce el descenso de los "Ángeles solares", Adeptos muy evolucionados de un universo anterior (también los universos "encarnan" y "desencarnan", pasan por procesos de "manifestación" y de retorno a lo "inmanifestado", de manera análoga a como sucede con el ser humano en su proceso de múltiples encarnaciones) que se unen a las formas animales pre-humanas, dando lugar a la Humanidad. Aquí se hallaría el eslabón perdido, el salto inexplicado desde el darwinismo y el neodarwinismo, pues –sin negar la evolución de las formas biológicas, de las especies– esta visión esotérica, tal como puede "leerse" en los Archivos akáshicos del planeta, en el "libro de los Iniciados", al alcance de los miembros de la Fraternidad Blanca, aporta la conjunción de los sucesos que tienen lugar en las dimensiones invisibles de la realidad. De este modo, hace unos dieciocho millones de años comenzaría el lento peregrinaje de la Humanidad, una vez producida la "Individualización" (Hominización) mediante la unión de los Ángeles solares con los cuerpos pre-homínidos. Esta Individualización hominizadora puede verse como una Iniciación espiritual, en el momento mismo que se inaugura así el sistema iniciático jerárquico, del que, con el tiempo, irán formando parte los seres humanos que van aprovechando más positivamente sus experiencias, a lo largo de varias vidas y alcanzando un suficiente grado de sabiduría y de amor como para merecer contarse entre las filas de la Fraternidad de almas conscientes.

Desde el comienzo, la Jerarquía pasa a contar con los miembros más avanzados de la pasada "cadena lunar", en la que algunos seres habrían evolucionado considerablemente, entre ellos, de modo especial, esos grandes seres que nuestra historia conoce como el Buda y como Cristo. El primero revelaría su estatura espiritual en su vida como Gautama Siddhartha, fundando el budismo; el segundo se convertiría en la Luz del mundo al encarnar en Nazareth, a través del cuerpo de Jesús, ya entonces Iniciado elevado de la Jerarquía.

Puede hablarse también de siete reinos de la Naturaleza en evolución: el mineral, el vegetal, el animal, el humano, los cuatro primeros que nos son bien conocidos; el quinto reino sería el reino de las almas, el verdadero reino de Dios, donde se habita permanentemente en presencia de lo Divino y en presencia del Cristo, constituido en Maestro de maestros y Cabeza de toda la Jerarquía. Los dos reinos superiores restantes quedan lejos de nuestra conciencia actual.

El quinto reino está formado, pues, por las almas liberadas (del *karma* y de la reencarnación obligatoria), técnicamente conocidas como Adeptos o Maestros de sabiduría y compasión, y por los Iniciados avanzados. Aquí es oportuno referirse al sistema iniciático regulado por la Jerarquía y en el que pueden distinguirse igualmente siete Iniciaciones fundamentales. En ocasiones se habla de nueve, pues las dos primeras son preparatorias, algo así como Misterios menores que darán paso a los verdaderos Misterios mayores desvelados por la Jerarquía en el momento oportuno a cada aspirante espiritual, cuando el despertar de su conciencia y su acción benefactora en el mundo humano sean los adecuados. El Iniciador en las dos primeras Iniciaciones es el mismo Cristo, y con Él se encuentran en la ceremonia central otros dos grandes maestros que, de algún modo, "apadrinan" al Iniciando. En tal ceremonia, el Cristo, como hierofante principal, empuña el cetro de poder espiritual y transmite el fuego eléctrico que activa determinados *chakras* o centros sutiles de energía del Iniciando, al mismo tiempo que comunica ciertos *mantras* o palabras de poder que otorgan al Iniciado la capacidad de establecer contacto consciente con determinado tipo de *devas* o ángeles con los que a partir de ahora puede trabajar.

En las Iniciaciones superiores, el hierofante central (en ese triángulo de fuerzas que protege y cobija al iniciando para dosificar las potentes energías que van a llegar a su persona, produciendo un despertar cualitativo de su conciencia) es ya Sanat Kumara, conocido como el Rey del Mundo, o en terminología bíblica "el Anciano de los Días", identificable a la figura de Melkisedek[37] y que sería la personalidad exterior, la encarna-

---

37. En este punto coinciden los autores en los que nos basamos, y resulta de interés comprobar en esta ocasión –pues no siempre es así, como sabemos– la concordancia con la presentación que de la figura del rey del mundo ofrece René Guénon en *El rey del mundo* (Guénon, 1980), basándose en y comentando las descripciones aportadas por Saint Yves D'Alveydre y por Ossendowsky. También Gualdi/Pastor (OMnia) coincide en esa identificación del Rey del mundo con la figura de Melchizédek.

ción física del propio Logos planetario, esa gran Entidad espiritual que rige el desarrollo de nuestro planeta y del cual somos partes, como células de un único organismo; nuestra conciencia es una parte (un holograma diríamos en lenguaje actual) de la Conciencia del Logos planetario, pues en esa concepción que Wilber –inspirándose en A. Koestler– denomina "holoarquía", según la concepción holista para la cual cada realidad es parte de una realidad mayor, de una totalidad más amplia que la engloba, nuestra conciencia individual sería un "holón" de esa totalidad (holón) mayor que es la conciencia planetaria. La cual, a su vez, es parte de la conciencia solar, y a su vez ésta de la conciencia galáctica, y así sucesivamente hasta abarcar la totalidad del universo o del multiverso, la conciencia infinita y absoluta, única que merece en rigor el nombre de Dios, inconmensurablemente superior al Logos planetario o el Logos solar, por excelso que éste sea para nuestra mentalidad y aunque pueda considerarse nuestro "Dios local".

El sistema iniciático planetario constaría, pues, de siete Iniciaciones, que utilizando el simbolismo recogido arquetípicamente en la descripción de la vida de Jesús, pueden denominarse del siguiente modo:

1ª Iniciación: Nacimiento (en Belén)
2ª Iniciación: Bautismo (en el Jordán)
3ª Iniciación: Transfiguración (en el Tabor)
4ª Iniciación: Crucifixión (en el Gólgota)
5ª Iniciación: Resurrección
6º Iniciación: Ascensión
7º Iniciación: Conciencia cósmica y retorno al Padre

Baste esta clasificación simplificada –que recogeremos más adelante con algunas variaciones– pues nos permite entender el sistema iniciático a la luz de la vida de Jesús, el Cristo, y ésta a la luz de aquél. Recordemos cómo también R. Steiner explicó la vida de Jesús igual que la escenificación pública de lo que en los Misterios de la Antigüedad estaba reservado a los *mystes*, a los Iniciados en los Misterios. Según Steiner, cuando Cristo derrama su sangre en el Gólgota se produce un evento cósmico de dimensiones inconmensurables que consiste en la expansión de la conciencia crística por toda el aura planetaria. Cristo es considerado por Steiner como el propio Logos solar, y desde entonces nació potencialmente en el corazón de todos los seres humanos. La historia se dividiría así, realmente, en antes y después del inicio de este proceso de cristificación.

Pero es el momento de relacionar lo dicho con las características de los siete Rayos, cuyas denominaciones son las siguientes:

Rayo 1º o Regente –cósmico o solar– de la Voluntad
(dinámica)
Rayo 2º o Regente del Amor (magnético)
Rayo 3º o Regente de la Inteligencia (creadora)

Rayo 4º o Regente de la Armonía y la Belleza
Rayo 5º o Regente de la Ciencia concreta
Rayo 6º o Regente de la Devoción a un ideal
Rayo 7º o Regente de la Magia ceremonial, ritual

La separación indica que los tres primeros constituyen el Tres que procede del Uno, la Trinidad o Tríada constitutiva, equivalente a Padre, Hijo, Espíritu Santo en la tradición cristiana; o a Shiva, Vishnu, Brahmâ en la tradición hindú. A cada rayo, siguiendo el método analógico que rige la comprensión esotérica y su desarrollo, corresponde un color, así rojo, azul y amarillo para los tres primeros, respectivamente, y para los restantes: verde, anaranjado, índigo y violeta. Corresponde también una figura geométrica: círculo (1), círculo con punto en el centro (2), triángulo (3), cuadrado (4), estrella de cinco puntas (5), estrella de seis puntas (6), estrella de siete puntas (7). Cada rayo rige una esfera de la actividad humana y un arquetipo de personalidad humana, así: Política (1), Sabiduría espiritual (2), Filosofía (3), Arte creador (4), Ciencia (5), Devoción religiosa (6), Magia ritual (7).

Repárese hasta qué punto la verdadera "vocación" como llamada del *dharma* del alma, como predisposición anímica a un campo de acción determinado, hallaría clarificación si tenemos en cuenta lo que constituiría los principios básicos de la "psicología esotérica de la Nueva Era", a saber: el análisis del equipo de rayos que constituyen a cada persona humana, conscientes de que cada uno de nosotros pertenecería a un rayo monádico (la mónada sería nuestra identidad espiritual más elevada, nuestra individualidad eterna, por encima de la manifestación), a un rayo del alma espiritual (el alma es el Ángel solar del que hablábamos antes), a un rayo de la personalidad en su conjunto, a un rayo de la mente, otro del vehículo emocional y otro del cuerpo físico.

Digamos que el rayo del alma y el rayo de la personalidad serían los dos básicos para tener en cuenta las disposiciones fundamentales de una persona. Digamos también que la psicología hallaría una herramienta preciosa en la astrología esotérica de la Nueva Era que establece las debidas relaciones entre cada rayo, cada signo y cada planeta.[38] Cada rayo, en correspondencia con un planeta, estaría asociado igualmente con uno de los siete *chakras*, así como con una de las siete glándulas endocrinas asociadas a éstos. La correspondencia sería la siguiente (Beltrán, 1980:153-154):

---

38. Recordemos que las bases de la nueva astrología esotérica se hallarían en el volumen 3° del *Tratado sobre los siete rayos* de A. Bailey. Hay investigaciones posteriores en esa dirección, como las de Alan Oken (1990) y las de Bruno, Louise y Michael Huber, quienes aplican la psicosíntesis de Assagioli y el esquema de los Siete Rayos de Bailey a su astrología psicológica.

Châkra	Glándula	Planeta	Rayo
Coronario	Pineal	Plutón	1°
Entrecejo	Pituitaria	Venus	5°
Laríngeo	Tiroides	Tierra	3°
Cardíaco	Timo	Júpiter	2°
Plexo solar	Páncreas	Luna	4°
Sacro	Gónadas	Neptuno	6°
Base columna	Suprarrenales	Urano	7°

Demos un paso más en estas correlaciones pasando a ver la existencia de siete *âshramas* o templos internos pertenecientes a la Jerarquía planetaria, cada uno de ellos regido por un Maestro de sabiduría y compasión. Son estos Maestros los que han cautivado la imaginación de buena parte de los estudiantes contemporáneos de esoterismo y los que han ido apareciendo una y otra vez en muchas enseñanzas y en muchos mensajes canalizados. En la obra de A. Bailey y todavía en la de V. Beltrán, los siete puestos fundamentales estaban ocupados por los siguientes Maestros:

Rayo 1°. Maestro Morya
Rayo 2°. Maestro Kuthumi
Rayo 3°. Maestro Veneciano
Rayo 4°. Maestro Serapis Bey
Rayo 5°. Maestro Hilarión
Rayo 6°. Maestro Jesús
Rayo 7°. Maestro Saint Germain

Hay que tener presente que, a partir del Movimiento Yo Soy de Guy Ballard y de las canalizaciones de Mark y Elizabeth Prophet, y en las últimas décadas a través de multitud de mensajes canalizados por cientos o miles de canales, algunos de tales puestos van siendo ocupados por otros personajes, apareciendo nuevos nombres, tanto entre los regentes de rayo como entre la multitud de "maestros ascendidos" que ahora parecen existir. Sería un momento de enorme actividad jerárquica, de cambios importantes; igual que en la humanidad y en Shamballa, algunos Maestros pasarían a ocupar otros puestos y ciertos Iniciados entrarían en esas plazas vacantes. Así, por ejemplo, según Mark y Elizabeth Prophet, el Rayo 2º pasaría a estar ocupado por el Maestro Lanto y el Rayo 6º por la Maestra Nada (concretamente desde 1959, siempre según los Prophet), pues Kuthumi y Jesús habrían pasado a puestos superiores. Asistimos también a un despliegue de datos concretos sobre las vidas anteriores de cada uno de estos maestros. Hemos visto el caso de Saint Germain, veamos de manera sólo indicativa ahora el caso del maestro Morya. Éste habría sido Abraham, el rey mago Melchor, el rey Arturo, Akbar en la India, Tomás Moro, Thomas Moore y otros, hasta su ascensión en 1898 (Prophet, 1994:27-73).

No vamos a detenernos en estos detalles que apelan a la curiosidad y la imaginación. No vamos a negarlos rotundamente, pero nos parecen secundarios respecto a los principios fundamentales que tratamos de exponer. Otro tanto sucede con la lista de Iniciados, ofrecida a través de Benjamín Creme, revelando el equipo de rayos y el grado iniciático de cada uno de los más de 700 personajes históricos que recoge. A modo de ilustración, no obstante, podemos recordar algunos de los Avatars reconocidos, así el Buda tendría el siguiente equipo de rayos: 22127, correspondiendo el primero al rayo de su alma, el segundo al de su personalidad, el tercero al del cuerpo mental, el cuarto al del cuerpo emocional y el quinto al del cuerpo físico. Krishna sería 26463. Ramakrishna 26647 y Ramana Maharshi 26423. Todos ellos de segundo rayo, en cuanto a su alma (sabiduría espiritual) y predominando claramente los rayos pares, más magnéticos, receptivos y afines entre sí. Veamos, por el contrario, dos mensajeros divinos de primer rayo, el uno sería Hércules: 16161, el otro Râma: 16121. Vemos el predominio del rayo de voluntad-poder en sus almas. Si anali-

La llamada (de la) Nueva Era

zamos algunos filósofos, por ejemplo Nietzsche sería: 14163; obsérvese cómo el rayo uno, equivalente a Shiva en la tradición hindú es el destructor; los lectores de Nietzsche entenderán que tanto su alma como su mente pertenecen al rayo primero de la voluntad, del poder. Justamente la "voluntad de poder" fue el concepto clave de su obra; para él esa idea expresaba la esencia de la realidad y su obra supuso una radical crítica a la tradición occidental, con un carácter destructivo, de aquel que filosofaba "a martillazos" y que se consideraba que era más que un hombre "dinamita"; una dinamita que supuso una explosión destructiva de los fundamentos religiosos, metafísicos y morales de la tradición occidental. En cuanto a su grado iniciático se señala un 1.9. Por su parte, Platón, con un grado iniciático de 2.4. tendría el siguiente equipo de rayos: 24767. Aristóteles, con el mismo grado iniciático sería un: 75153.[39] O Descartes, encarnando la mente concreta que corresponde a su país, Francia, sería un 55143. La mentalidad cartesiana, como Francia, pertenece al conocimiento concreto del Rayo 5º, a diferencia de la abstracción metafísica más propia del Rayo 3º. En Eckhart, el gran místico renano, vemos el predominio del Rayo 6º, siendo su equipo: 66163. Volvemos a ver el dominio de la mente concreta, analítica en Leibniz: 575611, y un ejemplo destacado del poder intelectual del Rayo 3º está en B. Russell: 33163. La religiosidad mística se revela en los rayos de santa Teresa de Jesús: 66343, los de san Juan de la Cruz: 66647, o en los de Francisco de Asís: 66623 (en algunas presentaciones esotéricas, san Francisco fue una de las encarnaciones anteriores del actual maestro Kuthumi) (Prophet, 1994-1995: ; Meurois-Givuadan, 1999:399). Veamos algún

39. Interpreto que el índice iniciático hace referencia a las Iniciaciones planetarias recibidas hasta la vida del personaje conocido con tal nombre, de tal modo que, en los ejemplos tomados, Nietzsche estaría a punto de recibir la 2ª Iniciación, mientras que Platón o Aristóteles se hallarían, en la época en que vivieron con tales nombres, a mitad de camino entre la 2ª y la 3ª.

ejemplo del predomino del Rayo 4°, regente del arte; así en Beethoven tenemos un: 44127; en Brueghel, el pintor, un 44167; a Leonardo da Vinci, como era de esperar, se le reconoce un muy alto grado iniciático (4.4.) y su equipo de rayos sería: 47747. En Modigliani tenemos un 64447. El Rayo 1° lo vemos muy dominante en Enrique VIII, cuyo equipo de rayos sería: 11141, paradigma del gobernante, del estadista que encarna su potencial, o en Mao-Zedong: 11121. Entre los personajes recientes, a Rajneesh (Osho) se le concede un grado iniciático de 2.3 y el equipo de rayos: 46247 (confieso que aquí hubiera esperado la presencia de un Rayo 1°, pues al pensar en él, y teniendo en cuenta el carácter rebelde y provocativo, siempre pienso en una mezcla de Gurdjieff y de Nietzsche).

Hay más que suficiente como botón de muestra. No es cuestión de entrar en la validez de semejantes clasificaciones, plausibles pero inciertas, aunque, en cualquier caso, ejemplifican la capacidad explicativa o dadora de sentido y compresión del modelo septenario de rayos. Debo decir que también Pastor/Ghislaine, en ciertas transmisiones, en las que alguno de los presentes le preguntaba por su equipo de rayos, solía decir el rayo del alma y el de la personalidad; no puede decirse, pues, que el caso de Benjamin Creme –en realidad de su maestro, con quien se hallaba en comunicación telepática– sea el único en el que se ofrecía información acerca de los rayos de determinadas personas.

Respecto al Movimiento Yo Soy se puede apuntar que la propia Bailey, en uno de los últimos textos, *Los rayos y las iniciaciones*, sale al paso de la presentación que tal grupo está haciendo de los maestros y las enseñanzas esotéricas, para decir que si bien constan de una base real, se cae en un enfoque de "comedia barata" no exento de espejismos y tergiversaciones. Justamente la cuestión de los espejismos e ilusiones (sobre todo en el campo del esoterismo y su divulgación) es una cuestión central, tratada con detenimiento por Bailey en obra del mismo título, *Espejismo*.

6.9. EL PAPEL CENTRAL DEL CRISTO EN LA NUEVA ERA

No ha dejado de llamar la atención el puesto central que ocupa en la mayor parte de las presentaciones de la Nueva Era la figura del Cristo. Es cierto que, pese a la influencia de Oriente, pese al frecuente rechazo que se produce respecto a la Iglesia católica como institución religiosa que se ha convertido en "humana, demasiado humana" y ha terminado constituyéndose en un obstáculo para la aceptación de la espiritualidad genuina, cuando no en una fuerza decisivamente conservadora y hasta reaccionaria cuya esclerotización paraliza la vida espiritual, pese a todo ello, el Cristo se presenta como el Guía de toda la Jerarquía, como la encarnación del Logos solar, como la Conciencia o la Presencia decisiva en la introducción de la Nueva Era y de la evolución de la humanidad también en el momento actual. Hanegraaff ha indicado también esto con claridad:

> «Es destacable lo a menudo que los autores Nueva Era hablan de Cristo, o el Cristo como una realidad, un poder o una persona divina. A pesar de la inclusividad religiosa del pensamiento Nueva Era, a pesar de su interés en las religiones orientales, y a pesar de su crítica al cristianismo hegemónico, sigue siendo Cristo quien domina la especulación Nueva Era cuando se siente la necesidad de explicar la relación entre Dios y la humanidad mediante algún principio mediador. Ni siquiera el Buda, considerado generalmente por los *new agers* como un modelo de iluminación espiritual, se aproxima al estatuto metafísico único del que goza Cristo« [Hanegraaff, 1998:189].

En este punto especialmente delicado por la importancia del tema en la tradición occidental cristiana nos centraremos en estos dos importantes autores que son reconocidos como ampliamente influyentes en las concepciones de la Nueva Era:

Rudolf Steiner y Alice Bailey, y respecto a los cuales he reconocido ya mi proximidad. Por todo ello, en esta ocasión, antes de analizar sus ideas respecto a la figura de Cristo recogeremos algunos datos biográficos.

6.9.1. Rudolf Steiner (1861-1925)

Nace en un pequeño pueblo, Kraljevec, actualmente en Croacia. En él vamos a descubrir el paradigma de "investigador esotérico". En efecto, ya desde niño, concretamente desde los siete años, toma conciencia de la existencia de un mundo invisible paralelo al mundo ordinario. Pronto comprendió que hablar de ello, incluso en el ámbito familiar, no era sino una fuente de problemas e incomprensión, por lo que durante treinta y cuatro años guardó silencio. A los 14 años se compró *La crítica de la razón pura* de Kant y leyó el libro con entusiasmo, aunque a veces tuviera que leer cada página más de veinte veces. Si bien estudió para ser profesor de ciencias naturales, siguió leyendo filosofía, siendo impactado sobre todo por Fichte. Quizás de ahí la temática de su primer libro, publicado a los 33 años (en 1894), *Filosofía de la libertad*.

Se cree en ocasiones que la obra de Steiner estuvo fuertemente influida por sus contactos con la Sociedad Teosófica, pero eso está lejos de la verdad. En realidad, su obra procede en su mayor parte de sus propias investigaciones en los "mundos superiores". Es cierto que en 1880, a los 19 años, estableció su primer contacto con la Sociedad Teosófica (ST) en Alemania. Recordemos que ésta había sido fundada tan sólo cinco años antes, en 1875, en Estados Unidos por H.P. Blavatsky (1831-1891) y H.S. Olcott (1832-1907). Ahora bien, hasta 1900 su relación con la ST fue muy débil e informal. Ese año, los condes Brockdorf le invitan a dar una conferencia sobre Nietzsche en la sede de la ST.

Debe tenerse presente, de cara a comprender una de las influencias mayores de Steiner, su pasión por Goethe, hasta el punto de que ya en 1883, cuando tan sólo contaba 22 años, es invitado por uno de sus profesores a editar los escritos científicos de Goethe para el *Deutsche Nationalliteratur*. En 1897, fruto de ese trabajo, publicaría *El punto de vista de Goethe*.

Las primeras semillas de su posterior preocupación creativa por la pedagogía se sembrarían en el período que pasó como tutor de cuatro hermanos, uno de los cuales sufría hidrocefalia, llegando, no obstante, a cursar la carrera de Medicina, gracias a los cuidados de Steiner. Décadas después sentaría las bases de la pedagogía Waldorf, seguida hoy en más de seiscientas escuelas repartidas por muchos países, así como la pedagogía curativa, en colaboración con la doctora holandesa Ita Wegman.

En Weimar pasaría Steiner un período de siete años (1890-1897), donde obtuvo su licenciatura y publicó sus primeras obras. En Berlín transcurriría otro ciclo de siete años (1897-1904). Posteriormente, en su pedagogía antroposófica hablaría de la importancia de los ciclos de siete años. Es obvio que no es el único en hacerlo y la astrología, tanto tradicional como moderna, apoya tal perspectiva En 1899 se casa con Anna Eunicke, una viuda doce años mayor que él. Durante este período es profesor y conferenciante de temas culturales y esotéricos.

En 1902 comenzó un curso de 25 conferencias sobre «El cristianismo como hecho místico». Una de sus constantes más características y definitorias queda establecida ya: la importancia del acontecimiento Cristo y el sentido del misterio del Gólgota, gozne histórico en el que intervienen multitud de influencias espirituales suprahumanas. A medida que fue destacando la importancia de la Encarnación de Cristo para la historia del planeta, se fue distanciando de la ST, por considerar que ésta no reconocía suficientemente el alcance de Cristo y del cristianismo. Por eso, muchos se sorprendieron al ver que el 20 de octubre de 1902 aceptó una invitación para unirse a la Sociedad Teosófica, como secretario general de la filial alemana. Ese año asiste al Congreso Teosófico en Londres, donde conoce a Annie Besant. Curiosamente, el 8 de octubre de ese mismo año había declarado en una conferencia que la meta de su vida era fundar nuevos métodos de investigación espiritual sobre una base científica. La Antroposofía sería esa "ciencia espiritual" (*Geisteswissenschaft*) (Childs, 2000:26).

En 1904 publica dos de sus obras fundamentales: *Teosofía* y también *Cómo se adquiere el conocimiento de los mundos superiores*.

En 1907 dicta en Berlín una conferencia sobre «La educación del niño a la luz de la antroposofía». Años después diría que en esa época los seres y los acontecimientos del mundo espiritual "se acercaron" a él, facilitándole sus esfuerzos. En conjunto impartiría a lo largo de toda su vida más de 6.000 conferencias.

En 1909 publica *La ciencia oculta*, de la que declararía más tarde que constituye la columna vertebral de toda su obra (dijo que todos sus escritos y cursos podían intercalarse entre sus páginas). Algo parecido dijo también de sus *Cuatro dramas de los misterios* (1909-1913).

Sin duda, la columna principal de toda su construcción científico-espiritual es su compleja y original cristología, de la que algo diremos más tarde. Entre sus cursos –luego publicados en libros– destacan, en este campo: *El evangelio según san Lucas* (1900); *El evangelio según san Juan* (1906-1909); *El evangelio según san Mateo* (1910); *De Jesús a Cristo* (1910), *El evangelio según san Marcos* (1910-1912) y *El quinto evangelio* (1913). Ni que decir tiene que toda su cristología se presenta como fruto de su percepción de los mundos espirituales, sin referencia a ninguna autoridad externa.

«En la conferencia de Budapest del verano de 1909, R. Steiner declaró que la misión de Cristo para la Tierra fue un acontecimiento único en la historia cósmica y humana. En su alocución, *De Buda a Cristo*, sostuvo que el Cristo no podía de ninguna manera compararse con otros grandes líderes de la humanidad; que éstos sólo fueron precursores y preparadores del camino para la Encarnación y el cumplimiento subsiguiente de su tarea» [Childs, 2000:36].

Teniendo en cuenta el curso que fueron tomando las investigaciones de Steiner se entiende que en 1910 le dijera a Annie Besant: «Una teosofía a la que le falta la captación del cristianismo no tiene ningún valor para la cultura actual». Ahora bien, la ruptura real con la Sociedad Teosófica se produjo en 1913 en relación con el caso Krishnamurti. En 1909, estando en Adyar (Madras, la India), C.W. Leadbeater, uno de los dirigentes de la ST, vio en la playa a dos niños, Jiddu Krishnamurti y su hermano Nityananda, y convenció a Annie Besant de que K estaba destinado a ser «el vehículo del Maestro del Nuevo Mundo, el Señor Maitreya», cuya última encarnación se había producido en Jesús de Nazaret. En 1911 los enviaron a Inglaterra y formaron la Orden de la Estrella, avanzando que tardarían unos veinte años en preparar a K para su misión crística. Los años siguientes la noticia comenzó a circular, la Orden crecía. Pero en 1929 (el 3 de agosto) en un campamento de verano en Ommen (Países Bajos), K anunció la disolución de la Orden de la Estrella en un memorable discurso en el que afirmaba que la Verdad es un camino sin senderos ya hollados, y afirmando que su único interés era hacer a los hombres absoluta e incondicionalmente libres. K murió en 1986 a los 91 años tras haber dejado una profunda huella en muchos de sus oyentes y lectores.

La creatividad artística y su función pedagógica y terapéutica ha sido siempre destacada en la obra de Steiner. Entre 1909-1916, el desarrollo de la antroposofía involucraba principalmente las áreas artísticas y creativas.

En 1911 muere su primera esposa y tres años después se casa con Marie von Sivers, a quien había conocido en Londres, en la ST, al mismo tiempo que a A. Besant.

En 1912 se le ofrece en Dornach un terreno donde edificar el Goetheanum. Poco después corta con la Teosofía. El 1 de abril de 1914 se establece en Dornach (Suiza). El edificio se construyó con siete maderas distintas: fresno, roble, álamo, carpe, cerezo y abedul, erigiéndose toda la estructura sobre un plinto de hormigón.

En 1913 se lleva a cabo la primera representación de Euritmia, nuevo y original arte del movimiento, formulado según indicaciones tomadas de los mundos espirituales y que caracterizó como "gimnasia del alma" (Childs, 2000:44). Quería que fuera la única clase obligatoria de los niños de las escuelas Waldorf, donde se aplicó su pedagogía.

La noche de Año Nuevo de 1921-1922 ardió el Goetheanum y quedó reducido a cenizas. Parece claro que fue un incendio premeditado.

En septiembre de 1919 abría sus puertas la primera escuela Waldorf. Hoy hay más de 600 escuelas Waldorf en todo el mundo y el número sigue creciendo. Las tres etapas de 7 años que corresponden a la infancia, niñez y adolescencia, proveen el marco destinado a las etapas progresivas de la educación.

La realización de la vida religiosa se ve en la bondad, la de la actividad artística, en la belleza, y la finalidad de todo esfuerzo científico es la verdad. Bondad, belleza y verdad; religión, arte y ciencia; voluntad, sentimiento y pensamiento, corresponden respectivamente a las tres etapas, 1-7, 7-14, 14-21 años.

En 1920 dictó un curso de 20 conferencias sobre medicina, señalando algunos preparados para productos farmacéuticos que se comercializarían bajo el nombre de *Weleda*. En este campo es importante su colaboración con la doctora holandesa Ita Wegman. Se enfatiza la necesidad de armonía entre los cuatro aspectos fundamentales del ser humano: el cuerpo físico, el cuerpo etérico (cuerpo vital o cuerpo de las fuerzas formativas), el cuerpo astral y el yo. Cuando no están integrados surge el malestar y la enfermedad. «La medicina antroposófica tiene una larga historia brindando un enfoque clínico verdaderamente holístico» (Childs, 2000:76).

En 1921, un grupo de jóvenes teólogos cristianos le pide ayuda para la renovación religiosa, consulta que daría como fruto el establecimiento de la Comunidad de Cristianos.

En 1924 acudieron a él multitud de granjeros con problemas en sus campos y dio ocho conferencias en junio, desarrollando lo que sería mundialmente conocido como la *agricultura biodinámica*, que evitaba todo uso de fertilizantes químicos y anticipaba una biología verdaderamente ecológica.

Se desarrolla también en estos últimos años la "pedagogía curativa". Su última conferencia la dictó en Dornach el 28 de septiembre de 1924. La muerte de Steiner acaeció el 30 de marzo de 1925.

El cristocentrismo antroposófico: de Jesús a Cristo

Después de este rápido esbozo biográfico, pasemos al lugar central que ocupa la figura del Cristo en la antroposofía de R. Steiner. Su intento de elaborar una "ciencia espiritual", la Antroposofía, tiene en sus investigaciones sobre el impulso crístico una de sus piezas más elaboradas.

En ocasiones se distingue entre un esoterismo oriental (u orientalizante), más centrado en *mahâtmas* de Tíbet e inspirado fundamentalmente en el hinduismo y el budismo, al menos en su lenguaje y algunas de sus doctrinas básicas, y un esoterismo occidental, en el que la figura del Cristo ocupa un primer lugar. La Sociedad Teosófica y la Escuela Arcana y toda la literatura fundamental para los cimientos del esoterismo contemporáneo, esto es, las obras de H.P. Blavatsky, así como posteriormente las de A.A. Bailey, formarían parte del esoterismo orientalizante. Por su parte, las distintas escuelas rosacruces, la Masonería y la Antroposofía se hallarían entre los representantes del esoterismo occidental. Veamos, pues, el enfoque del esoterismo occidental cristocéntrico, tal como se manifiesta en las obras rosacruces de Max Heindel y especialmente en el enfoque antroposófico de R. Steiner.

Si hubiera que destacar una idea central común a ambos esoterismos y que suele ser rechazada por el cristianismo exotérico oficial, ésta sería la distinción radical entre Jesús y el Cristo. Veámoslo en palabras de Heindel: «Jesús pertenece a nuestra humanidad. Cuando el hombre, Jesús, se estudia en la memoria de la naturaleza, puede seguirse hacia atrás vida tras vida, en las que vivió bajo diversas circunstancias, lo mismo, en ese respecto, que cualquier otro ser humano. Esto no puede hacerse con el Ser-Cristo. En su caso sólo puede encontrarse una sola encarnación» (Heindel, 1978:333).

En el mismo Heindel leemos otras ideas de interés que habrá que contrastar con Steiner y otros investigadores esotéricos, pues, como tendremos ocasión de ver, la conformidad entre los distintos autores esotéricos no es lo alta que sería de desear. Se insinúa ya el momento crucial de fusión entre el cuerpo de Jesús y el Cristo:

> «Cristo no podía nacer en un cuerpo denso, porque nunca había pasado por una evolución semejante […] él usó todos sus vehículos propios, tomando únicamente el cuerpo vital y denso de Jesús. Cuando el último tenía 30 años de edad, Cristo entró en esos cuerpos y los empleó hasta el final de su misión en el Gólgota. Después de la destrucción del cuerpo denso, Cristo apareció entre sus discípulos en el cuerpo vital, en el que funcionó durante algún tiempo. El cuerpo vital es el vehículo que Él empleará cuando aparezca de nuevo, porque nunca tomará otro cuerpo denso» [Heindel, 1978:335].

Tenemos, pues, comenzando con la obra de Heindel, cuatro ideas que veremos matizarse abundantemente en Steiner: la distinción entre Jesús y Cristo; el bautismo en el Jordán como momento en que se produce la unión de ambos; el significado esotérico del misterio del Gólgota, y la segunda venida de Cristo.

En relación a lo primero destaca la idea –igualmente compartida por otros autores esotéricos– respecto a la naturaleza
del Cristo. Esta excelsa Entidad sería, justamente, el Espíritu
del Sol (Heindel, 1977:63). Ya Heindel insiste una y otra vez
en ello. Veámoslo en relación con los misterios de la antigüedad, cuestión que nos llevará ya a Steiner: «Cristo es, pues, el
Espíritu del Sol, como los Iniciados tenían ocasión de comprobar cuando en ciertas ceremonias iniciáticas, para su visión
espiritual, la Tierra se hacía transparente y ellos veían el Sol de
medianoche, la Estrella. No era el sol físico el que veían con
sus ojos espirituales, sino el Espíritu del Sol –el Cristo–, su
salvador espiritual, así como el sol físico era su salvador físico» (Heindel, 1978:344).

Fijémonos en la concepción que subyace a esta idea. Como
las diversas tradiciones antiguas defendían, cada planeta sería
el cuerpo físico de expresión de un Logos planetario (de una
Inteligencia o Arcángel), que a su vez formaría parte, siendo a
modo de órgano o *châkra*, del sistema planetario o solar en el
que se encuentra, de tal manera que el Logos solar debería
considerarse como el Dios de dicho sistema (siendo el Logos
planetario, de algún modo, «el dios más cercano para los hombres y todos los seres de un planeta determinado»). En ese sentido, el Cristo es una Emanación, una Proyección, una Parte, el
Hijo, del Dios-Padre/Madre de nuestro sistema solar. Tendremos que volver a ello, insinuando ya que, a su vez, el sistema
solar, de forma análoga a como sucede a nivel cosmológico, es
parte de un sistema galáctico, etcétera.

Pero vayamos ya a R. Steiner y su cristosofía, si así podemos llamarla. En 1911 pronuncia una serie de 10 conferencias
en Karlruhe que darán lugar al libro *De Jesús a Cristo*, uno de
los más significativos para nuestro tema.

En él comienza hablando de "este estudio teosófico cristiano", para más tarde preferir la denominación de "rosicrucis-
mo" o enfoque rosacruz cristiano. No nos extrañarán pues ni
las similitudes con Max Heindel (1865-1919), como se ve cua-

tro años más joven que Steiner, aunque morirá seis años después, ni las referencias a –y las semejanzas con– la visión teosófica general (recuérdese que el título de una de sus primeras obras sistemáticas e importantes es justamente *Teosofía)* Efectivamente, Steiner acepta la visión teosófica de Maestros y Adeptos como Seres que han alcanzado un elevado grado de evolución y que forman la Jerarquía espiritual del planeta, una de las revelaciones revolucionarias de la Sociedad Teosófica y que, desde entonces, se ha convertido en un tema recurrente en las enseñanzas esotéricas. También los rosacruces han hablado, en este sentido, de los Hermanos mayores de la humanidad, quienes inspiran buena parte de las obras rosacruces genuinas, de modo similar a como los *mahâtmas* de Tibet (Morya, Kuthumi, Djwal Khul) han inspirado (mediante dictado telepático) las obras de Blavatsky y Bailey, entre otras. Ahora bien, Steiner confiesa tal aceptación, para marcar las diferencias entre los Maestros que han evolucionado como seres humanos hasta alcanzar cierto grado de perfeccionamiento (entre los cuales hay que incluir al propio Buda) y el Cristo, no procedente de la evolución humana.[40]

Una de las ideas que mayor extrañeza suele causar en una primera lectura de la cristología de Steiner es su referencia a la existencia de dos niños Jesús, nacidos casi al mismo tiempo. Esta dualidad explicaría las contradicciones que pueden verse entre Mateo y Lucas, pues los datos de Mateo se refieren al que llamaremos aquí, para abreviar, el Jesús 1, que pertenece a la estirpe salomónica de la casa de David, mientras que nues-

---

40.   No deja de ser interesante la interpretación que ofrece Heindel de la Trinidad: «el Padre es el más elevado Iniciado de la humanidad del período de Saturno. La humanidad ordinaria de aquel período son ahora los Señores de la Mente. El Hijo (Cristo) es el más elevado Iniciado del período solar. La humanidad ordinaria de aquel período son ahora los Arcángeles. El Espíritu Santo (Jehová) es el más elevado Iniciado del período lunar. La humanidad ordinaria de este período son ahora los Ángeles» (CRC 331). Más adelante dirá: «Si Cristo es el regente del Sol, Jehová lo es de la Luna» (354).

tro Jesús 2 pertenece a la línea nathánica de la estirpe de David. En el primero está la individualidad de Zaratustra, quien había encarnado varias veces ya después de su misión más conocida en el mundo proto-persa. A los 12 años, dicha individualidad transmigró al cuerpo (físico, etéreo y astral) del Jesús nathánico, que poseía capacidades opuestas a las del primero. El primero (salomónico), con grandes dotes intelectuales; el segundo (nathánico), con poca vocación para las cosas exteriores, con dificultades para adaptarse a lo que la civilización había creado en la Tierra. Poseía una inmensa capacidad caritativa y entrega devota. Ejercía efectos benéficos desde el primer día de su vida. Poseía los atributos del corazón.

En Jesús 2, en su cuerpo astral, operaban las energías que antaño había adquirido el Bodhisattva antes de convertirse en Gautama el Buda. A través de su cuerpo astral, por tanto, se transmitía lo que el Buda había de dar a la humanidad. Por cierto que el Buda, ya liberado y sin encarnar físicamente, ha seguido evolucionando y ayudando a la humanidad, especialmente en la cultura europea. (Ya antes la misma individualidad habría sido Wotan o Bodhan.)

La individualidad que moraba en el cuerpo del Jesús nathánico (Lucas) –antes de que lo hiciera el yo de Zaratustra/Zoroastro–, con el cuerpo astral del Buda era un Yo prístino, puro, inexperto en lo humano, un Yo que nunca hasta ahora había encarnado en un cuerpo físico, tal como lo venían haciendo la mayoría de los yoes humanos desde Lemuria. Ese yo fue resguardado en un centro iniciático y mantenido al margen de toda influencia luciférica y ahrimánica. Era como una esfera vacía y totalmente virgen, por eso parecía como si el cuerpo del Jesús nathánico no poseyera un yo humano. Este niño poseía el lenguaje primordial o proto-lenguaje, lenguaje que los espíritus luciféricos y ahrimánicos dividieron creando las lenguas históricas. Al pasar a los 12 años a él la individualidad de Zaratustra (suceso que corresponde al episodio del templo) no hizo falta, al no tratarse de un yo humano en sentido habitual, que nada fuese expulsado (parece decir Steiner que coexistían ese yo puro y el yo del que había sido Zaratustra).

En *El evangelio según san Lucas*, Steiner profundiza más en la función del Buda en la venida de Cristo. Así, por ejemplo, tras detenerse en la importancia de la realización del Buda para la humanidad, al relacionarlo con la aparición de Cristo hace unos 2.000 años afirma:

> «La imagen que se presentó a los pastores fue el Buda glorificado, el Bodhisattva de los tiempos antiguos, la entidad que a través de milenios y milenios había dado a los hombres el mensaje del amor y de la piedad. Ahora, después de su última encarnación sobre la Tierra, permanece en las alturas celestiales y en el cielo apareció a los pastores, junto con el ángel que les anunció el gran acontecimiento palestino» [Steiner, 1979:40].

En una interpretación –en la que no vamos a entrar ahora– de la doctrina de "los tres cuerpos del Buda" (Dharmakaya, Sambhogakaya y Nirmanakaya), interpretando el *nirmanakaya* como el cuerpo con que tal entidad se reviste después de haber pasado por la perfección y que le permite obrar desde las alturas, afirma que fue el *nirmanakaya* del Buda lo que apareció a los pastores en forma de multitud de ángeles. Pero lo que más nos interesa ahora es cómo el *nirmanakaya* del Buda (su cuerpo sutil, si se quiere generalizar, o más concretamente su cuerpo astral) se unió a los doce años al cuerpo de Jesús, acontecimiento sublime y trascendente que permite comprender mejor la sabiduría de Jesús en el templo a los doce años, inmediatamente después de tal evento.

Por insinuar un poco más la complejidad de la historia reconstruida por Steiner, a partir de su sostenida investigación clarividente en los Anales Akáshicos, veamos el papel desempeñado también por figuras como Zoroastro, Hermes y Moisés. Valga el siguiente texto que resume varias páginas dedicas por Steiner a ello:

> «Zoroastro tuvo dos discípulos, uno fue la individualidad que más tarde reapareció como el Hermes egipcio; el otro fue la que más tarde reaparece como Moisés. Cuando estas dos individualidades volvieron a encarnarse, el cuerpo astral de Zoroastro, que él había ofrecido en sacrificio, se incorporó a Hermes. Hermes recibió el cuerpo astral de Zoroastro para que todo cuanto éste había conquistado como ciencia universal exterior pudiera resurgir en el mundo externo. A Moisés, en cambio, fue transmitido el cuerpo etéreo de Zoroastro, y puesto que con el cuerpo etéreo se vincula lo que se desarrolla en el tiempo, a Moisés, al hacerse consciente de los misterios de su cuerpo etéreo, le fue posible recordar lo sucedido en el decurso del tiempo y reproducirlo en las grandiosas imágenes del Génesis» [Steiner, 1979:82].

La importancia de esto se ve en las consecuencias que tiene en la vida de Jesús:

> «En esto se nos presenta un profundo misterio, pues el Jesús de la línea salomónica, es decir, Zoroastro reencarnado, debe ser y es conducido a Egipto, pues allí se hallan las fuerzas emanadas de sus cuerpos etéreo y astral, las fuerzas que él había cedido a Moisés y Hermes, respectivamente. Por haber influenciado la cultura egipcia debió, en cierto modo, ir a buscar las fuerzas cedidas y conducidas allí. Así se explica la "fuga a Egipto" y lo que espiritualmente sucedió: el compenetrarse de todas las fuerzas que él ahora necesitaba para volver a donar a la humanidad, eficazmente y rejuvenecido, lo que en tiempos pasados ya le había dado» [Steiner, 1979:84].

Véase entonces qué síntesis real y efectiva de budismo y zoroastrismo se realiza en Jesús, en quien se halla el Yo de Zoroastro iluminado por la luz y el espíritu del rejuvenecido Nirmanakaya del Buda. Esta entidad grandiosa y sublime tendría que acoger todavía la individualidad del Cristo, acontecimiento que acaece en el bautismo del Jordán. Bautismo llevado a cabo por Juan, quien es la reencarnación de Elías, el profeta hebreo del siglo -IX, que se hallaba bajo la inspiración del mismo Nirmanakaya del Buda que irradiaba sobre el niño Jesús nathánico.

A propósito de la distinción radical que insinuábamos al comienzo entre "el Maestro Jesús" y Cristo, resulta clarificadora la observación de Steiner, coincidente en esto con el resto de las enseñanzas esotéricas (Bailey, por ejemplo), acerca de cómo Zoroastro, convertido en el Maestro Jesús, vuelve a encarnarse posteriormente sobre la Tierra con la misión de dirigir la corriente espiritual del cristianismo.

El Yo de Zoroastro-Jesús habita, pues, el cuerpo del Jesús nathánico desde los 12 a los 30 años, hasta el momento en que, durante el bautismo de Juan en el Jordán, por inmersión, con el *shock* que puede suponer el tiempo prolongado bajo el agua, se produce el desplazamiento del cuerpo etéreo de tal modo que «en ese mismo instante pudo penetrar y posesionarse del cuerpo de Jesús la suprema entidad a la que damos el nombre de Cristo, de modo que desde el momento del bautismo ejecutado por Juan, la entidad del Cristo mora en el Jesús nathánico» (Steiner, 1979:110).

¿Quién es la entidad que se une así al cuerpo de Jesús y durante tres años ofrece ese inmenso impulso para la historia de la humanidad? Si recordamos las afirmaciones de Heindel acerca de Cristo como el Espíritu del Sol,[41] no nos extrañará ya tanto escuchar de Steiner que: «El Cristo es la Entidad a la que tenemos que llamar el ductor de las entidades espirituales que, al separarse el Sol de la Tierra, se retiraron de ésta conjuntamente con el sol y se crearon un escenario superior, a fin de obrar desde el Sol, o sea desde fuera, sobre la Tierra» (Steiner, 1979:111).

---

41. Véase el libro de Anne y Daniel Merois-Givaudan –una pareja de autores representativos de la espiritualidad Nueva Era–, *Por el Espíritu del Sol*, Barcelona, Luciérnaga, 1993.

Steiner identificaba esta Entidad solar, el Cristo, con Aquél a quien los hindúes llamaban Bidhva Karman [suponemos que se refiere a Vishvakarman], de quien decían que vivía más allá de la región de los siete *rishis*. También Zoroastro sabía ya de su existencia en la antigua Persia y corresponde a quien él denominaba Ahura Mazdâ.

Dos aspectos más seleccionaremos de la interpretación (quizás deberíamos decir "visión") esotérica que Steiner hace de Jesús, el Cristo: el acontecimiento central conocido como "el misterio del Gólgota" y la posterior "Resurrección".

Si hay un punto de la lectura del acontecimiento crístico que Steiner ha enfatizado especialmente es el que se refiere al Misterio del Gólgota. Vamos a tomar como punto de referencia inicial, en este caso, los comentarios realizados por Steiner al Evangelio según san Juan (Steiner, 1981). Se trata de conferencias pronunciadas en Hamburgo en mayo de 1908. En ellas, como cabía esperar, desarrolla Steiner la idea del Logos (recordemos que habíamos dicho que el Cristo hay que entenderlo como el Logos solar):

> «Debido a que el hombre desarrolló en sí mismo la percepción por los sentidos, el Dios, el Logos mismo, debió devenir un ser físico, aparecer en el cuerpo físico. Esto lo realizó el Cristo Jesús, y su aparición histórica significa que al principio de nuestra era las fuerzas de los seis Elohim se incorporaron en Jesús de Nazareth [...]. Esto es lo esencial: en el cuerpo de Jesús de Nazareth, la fuerza interior que se halla en el Sol, la fuerza de amor del Logos, tomó forma física humana» [Steiner, 1981:44].

Recordaremos también cómo Heindel afirmaba que si el Cristo era el Regente del Sol, Jehová era el Regente de la Luna. También en esto coincide Steiner y lo explica con mayor detenimiento. Efectivamente, para hacernos una idea hay que remontarse a períodos anteriores de la Tierra, cuestión que Steiner sistematizó poco después del libro que ahora comentamos, en *La ciencia oculta*, y que ha constituido siempre un punto de referencia imprescindible de sus enseñanzas. Digamos aquí tan sólo que ha de hablarse de distintas épocas anteriores que reciben el nombre de Saturno, Luna, Sol y Tierra. Pues bien, al final de la evolución del período lunar hubo siete entidades principales capaces de hacer fluir el amor. Seis de ellos fijaron su morada en el Sol (siete Espíritus de la Luz dadores de amor, que corresponden a los Elohim de la Biblia). El séptimo se separó y tomó otro camino, para beneficio de los seres humanos, eligiendo como morada la Luna, haciendo fluir desde ella a la Tierra el amor y la sabiduría que reflejaba del Sol. Este Ser, este séptimo Elohim es Aquel que en la Biblia es llamado Yavhé o Jehová. La fusión de los seis Elohim solares equivale a la noción a veces utilizada, sobre todo en un contexto gnóstico, del Pleroma. Pues bien, la clave del misterio del Gólgota está en que, justamente en el momento de la crucifixión, al correr la sangre del "Redentor" por sus heridas, un enorme flujo de energía espiritual, de Amor espiritual, algo que podríamos comprender como una explosión atómica-espiritual irradió y se extendió por toda el aura del planeta Tierra. Es más, la conciencia de Cristo hizo de la Tierra su cuerpo de tal modo que Cristo se convirtió en el Espíritu de la Tierra.

> «Hemos dicho que el Logos es la suma de los seis Elohim, unidos con el Sol, los que donan a la Tierra su tesoro espiritual en cuanto a ella fluye la luz solar exterior, por lo que la luz del Sol la hemos considerado como el cuerpo físico exterior del espíritu y alma de los Elohim, o del Logos. En el instante en que se llevó a cabo el acontecimiento del Gólgota, la fuerza que antes únicamente con la luz fluía del Sol a la Tierra, empezó a unirse con ésta; y por el hecho de que el Logos empezó a unirse con la Tierra, el aura de ella cambió» [Steiner, 1981:93].

Cuando Cristo dice –en la Última Cena–: «Esto es mi cuerpo» hay que entender que la totalidad del cuerpo de la Tierra se ha convertido en "el cuerpo de Cristo".

En *De Jesús a Cristo*, tres años después de lo anteriormente citado, Steiner vuelve al tema y describe así el alcance de lo sucedido: «así como una pequeña cantidad de sustancia se extiende en un líquido, asimismo las irradiaciones espirituales emanantes del Hecho del Gólgota se extendieron en la atmósfera espiritual de la Tierra, penetrándola y palpitando en ella desde entonces en adelante» (Steiner, 1984:48). Desde ese momento, y no antes, la Tierra está impregnada del "impulso crístico", el impulso de Cristo. Éste es el significado místico del cristianismo y lo que marca una gran diferencia entre la época pre-cristiana y la época cristiana.

Todavía otros tres años más tarde, en 1914, Steiner vuelve al mismo asunto en una conferencia pronunciada en 1914, titulada «El impulso crístico a través de los tiempos», y se introduce otra novedad. Se nos dice ahora que antes hubo ya otros tres Gólgotas distintos, y que en cada uno de estos tres Eventos, la Entidad Cristo penetró en la misma entidad que posteriormente nació como niño Jesús nathánico. Pero sólo en esta última ocasión el Hecho se produjo en el plano físico. En las tres ocasiones anteriores (una en Lemuria, dos en la Atlántida) quien sería Jesús «vivía como entidad arcangélica en los mundos espirituales, donde quedó impregnada de la entidad Cristo».

Una vez más resulta sorprendente la similitud con lo que Heindel afirma a este respecto. También se pone en relación con el significado oculto de la sangre y con el derramamiento de la sangre del cuerpo de Jesús en el Gólgota, como medio de redimir los pecados de la humanidad. Esto tenía mucho que ver con el cuerpo de deseos de la humanidad:

> «Sus hermanos menores (de Cristo), los Espíritus solares, los Arcángeles, habían trabajado como Espíritus de Raza en el

cuerpo de deseos del hombre, pero su obra había sido efectuada desde afuera. Era simplemente una fuerza solar reflejada proveniente de la Luna, pues la luz lunar es el reflejo de la luz solar. Cristo, el jefe de los Iniciados de los espíritus solares, entró directamente en el cuerpo denso de la Tierra, llevando consigo la fuerza solar directa, lo que permitió influir en nuestros cuerpos de deseos, desde adentro» [Heindel, 1978:354].

En ese sentido, si algún observador con visión espiritual hubiera observado la evolución de la Tierra desde alguna estrella distante, hubiera notado un cambio gradual en el cuerpo de deseos de la Tierra.

La importancia del Gólgota se subraya así:

«Cuando la sangre fluyó, el Gran Espíritu solar, Cristo, se liberó del vehículo físico de Jesús y se encontró en la Tierra con sus vehículos individuales. Los vehículos planetarios ya existentes fueron compenetrados por Sus propios vehículos, y en un abrir y cerrar de ojos, Él difundió su propio cuerpo de deseos en el planeta, lo que le permitió desde entonces trabajar sobre la Tierra y sobre la humanidad desde adentro» [Heindel, 1978:357].

En aquel momento, una oleada tremenda de luz espiritual solar inundó la Tierra.»

«Y desde ese momento Cristo es el Regente de la Tierra.»

La Iniciación comienza así a ser posible para todos y no sólo para unos elegidos. Gracias a tal acontecimiento podemos atraer a nuestros cuerpos emocionales materia emocional más pura que antes. El sufrimiento que eso le debe ocasionar, por las limitaciones de las condiciones de la Tierra, es indudable. Todo ello no impide que siga siendo el Espíritu del Sol y su Regente.

Pero, como es bien sabido, la historia no termina con la Crucifixión. Después de ella sucede aquel evento sin el cual el cristianismo ha considerado históricamente que perdería su razón de ser y su sentido último: la Resurrección. ¿Qué dice la investigación esotérica-clarividente, a través de la lectura de los Registros akáshicos? Más concretamente, ¿qué resultados ofrece la lectura de Steiner en este caso? Me parece necesario evitar la generalización en este campo (hablando de "el" esoterismo, sin más, como a menudo se hace, cuando se trata de un autor y una lectura determinada) ya que dicha "lectura" no se halla exenta de problemas epistemológicos y hermenéuticos. Es decir, a la vista de las divergencias frecuentes entre distintos autores que reclaman la misma metodología esotérica, uno se ve obligado a pensar –ayudado por las reflexiones de algunos de los autores esotéricos más críticos y reflexivos, como es el caso del propio Steiner– que la lectura-interpretación no es un acto simple e inequívoco; más bien tenderíamos a pensar que se trata de un terreno resbaladizo y lleno de posibles espejismos e ilusiones que pueden dar pie tanto a errores como a enfoques, perspectivas o niveles de profundidad en la lectura de dicha Memoria del planeta. A medida que vayamos encontrando contradicciones (al menos aparentes) entre los distintos autores a propósito de un tema determinado cobraremos conciencia de la importancia de una contrastación crítica y una exigencia tanto de coherencia interna como de "verificabilidad gnóstica" (Wilber) o acuerdo intersubjetivo entre la mayoría de los investigadores esotéricos debidamente cualificados.

De nuevo en *De Jesús a Cristo* hallamos preciosas páginas que ¿narran o interpretan? –quizás narran interpretando– el acontecimiento de la Resurrección. Steiner afirma que la investigación clarividente verifica buena parte de lo narrado en los Evangelios, como el descubrimiento del sepulcro vacío ante María Magdalena, Simón Pedro y el discípulo amado, así como la aparición de Jesús a María, que no lo reconoce, y su

La dimensión esotérica

aparición posterior a los discípulos, y más tarde a Pablo, en
Damasco. Pablo que lo entenderá como el segundo Adán, ¿por
qué? Porque del primer Adán heredamos el cuerpo físico, mortal, corruptible. De Cristo resucitado heredamos el cuerpo glorioso, inmortal, incorruptible. «Postula que gracias a la evolución cristiana los hombres irán adquiriendo la facultad de
reemplazar al primer Adán por el segundo, es decir, sustituir el
cuerpo corruptible por el incorruptible de Cristo» (Steiner,
1984:78). Sólo un judío hecho griego (como san Pablo) pudo
hablar así. Lo más preciado de los griegos, el cuerpo físico, era
salvado y conservado; sin eliminar lo más querido de los hebreos, el yo divino que nos mantiene unidos a Dios.

Para explicar la Resurrección, Steiner comienza una amplia reflexión sobre la naturaleza del cuerpo físico, introduciendo la noción central, traducida –quizás desafortunadamente– por el término "fantasma". Comienza diciendo que la
observación del cuerpo humano físico es uno de los problemas
clarividentes más difíciles, pues siempre está entremezclado
con el cuerpo etéreo y el astral. La visión clarividente normal
ve que tras la muerte, el cuerpo físico se descompone, luego el
etéreo y luego el astral. Pero un análisis clarividente atento
descubre otro factor crucial: el *fantasma*, «parte complemen-
taria del cuerpo físico, más importante que las substancias exteriores que, en el fondo, no sirven sino para atiborrar la malla
de la forma humana, cual manzanas que se cargan en los redi-
les de una carreta. El fantasma es lo que importa» (Steiner,
1984:82-83). El fantasma es la forma del cuerpo físico, creada
y transformada cuidadosamente durante las épocas de Saturno, Sol y Luna, a cargo de magnos espíritus divinos. ¿Se iba a
crear todo ello para terminar entregándolo a los elementos de
la tierra al morir? No.

En (el período) Saturno, los Tronos donaron el germen de la
forma del cuerpo físico, del fantasma; los Espíritus de la Sabiduría siguieron trabajando con él durante (el período) Sol, los
Espíritus del Movimiento en (el período) Luna y los Espíritus de

la Forma en (el período) Tierra. Sólo gracias a la intervención de estos últimos el cuerpo físico se convirtió en "fantasma". Ellos viven dentro del 'fantasma' del cuerpo físico. Para comprender el cuerpo físico hay que retroceder hasta su fantasma.

Lo primero que existía del cuerpo físico humano era el fantasma, invisible para los ojos físicos, ya que se trata de un plexo energético totalmente transparente. El ojo sólo ve lo mineral que lo rellena con lo que come. En la evolución, a ese fantasma del cuerpo físico se le agregó el cuerpo etéreo. Así sigue siendo invisible para la mirada ordinaria, al igual que sucede con el cuerpo astral. El yo agregado a ese conjunto sería interiormente perceptible, pero no exteriormente visible.

Nunca hubiera sido visible a no ser por ese evento imprevisto que fue la *influencia luciférica*. Por ella fue arrojado a la materia más densa y tuvo que henchirse de ella. Como los alquimistas han dicho siempre, el cuerpo físico, de por sí, es totalmente transparente y sólo las fuerzas luciféricas lo volvieron opaco y tangible. «Sólo por la tentación luciférica, a consecuencia de la cual se vaciaron ciertas fuerzas en el cuerpo astral del hombre, éste se convirtió en un ser que admite en su organismo las substancias y energías terrestres externas que elimina en la muerte» (Steiner, 1984:84-85).[42]

Las influencias luciféricas injertaron un proceso destructivo no previsto en el plan de las Potestades espirituales para el ser humano. De ahí la relación entre Lucifer y la muerte del

---

42.   A lo largo de toda su obra, Steiner fue desarrollando la idea de dos influencias de especial trascendencia en la historia evolutiva del ser humano en la Tierra: la influencia luciférica y la influencia ahrimánica. No entraremos de lleno en ello. Basten algunas citas de la primera de ellas, a la que aquí se refiere. «Debido a la influencia luciférica, el hombre ha recibido, por una parte, el gran beneficio de su libertad, por la otra, y en pago de ese beneficio, tuvo que aceptar la posibilidad de desviarse del Sendero del bien y de lo Justo, y también del sendero de la Verdad» (pág. 120). Pero hay que tener en cuenta que la influencia luciférica no es *karma* del hombre; es un acontecimiento que le vino impuesto; su correlato salvífico, redentor, es la Redención de Cristo.

cuerpo físico. En el momento de la encarnación de Cristo, la humanidad había llegado a un momento de debilitamiento del yo, y «existía el peligro de que el hombre perdiera la conciencia del yo, que es el logro privativo de la evolución terrestre». Gracias al misterio del Gólgota y a la Resurrección, «el Hombre Uno, portador de Cristo, sufrió una muerte tal que, después de tres días, tuvo que desvanecerse la porción propiamente mortal del cuerpo físico humano, y del sepulcro se levantó aquel otro cuerpo que es el porta-energías de las partes físico-materiales. Del sepulcro se levantó aquello que los potentados de Saturno, Sol y Luna habían reservado para el hombre: el fantasma puro del cuerpo físico con todos sus atributos» (el cuerpo glorioso). «En verdad es posible establecer con Cristo una relación tal que permita al hombre terrenal injertar en su cuerpo físico susceptible de corrupción, el fantasma que ha resucitado del sepulcro del Gólgota» (Steiner, 1984:94).

Aquello de que el hombre fue despojado antaño por la influencia lucifférica, puede serle restituido gracias a su presencia en el cuerpo resucitado de Cristo. El misterio del Gólgota supone, pues, exactamente, la salvación del yo humano. El proceso descendente que estaba muy avanzado, conduciendo al yo humano a su perdición en la inconsciencia, se invirtió y comenzó un proceso ascendente, gracias a la relación con la Entidad Cristo.

> «Lo esencial no es lo que Cristo enseñó, su mensaje (como si pudiera descalificarse la importancia del cristianismo alegando que todo lo que dijo ya se había dicho) sino lo que ofrendó: ¡Su cuerpo! Anteriormente, ninguna muerte de hombre alguno había injertado en la evolución terrestre aquello que resucitó del sepulcro del Gólgota. Nunca antes, desde los comienzos de la evolución humana, un hombre que hubiera pasado por la muerte había dado origen a lo que empezó a existir en la Tierra con el cuerpo resucitado de Cristo-Jesús» [Steiner, 1984:96].

Comenzamos a imaginar la magnitud y el alcance de la vida de Jesús, el Cristo, sus enormes consecuencias para la humanidad:

> «Su resurrección es el nacimiento de un nuevo miembro constitutivo de la naturaleza humana: el cuerpo incorruptible. El que esto pudiera acontecer, que el fantasma humano pudiera ser salvado a través del trance de la muerte, depende de dos condiciones previas: por una parte, de que Cristo Jesús estuviera constituido por un cuerpo físico, etéreo y astral en los que moraba no un yo humano, sino la Entidad Cristo; por otra parte, de que Ella se hubiera decidido a sumergirse, a encarnar, en un cuerpo humano. En efecto, si queremos contemplar la Entidad Cristo a su debida luz, la hemos de buscar en el tiempo anterior a los orígenes del hombre en la Tierra; naturalmente que en esos tiempos ya existía, sólo que no se asociaba con el circuito de la evolución humana, sino que continuaba viviendo en el mundo espiritual» [Steiner, 1984:97-98].

Y, más tarde, volvemos a hallar algunas matizaciones que nos permiten comprender mejor el proceso acaecido en el fenómeno de la Resurrección:

> «Cuando se le descendió de la cruz, las partes materiales del cuerpo mantenían su cohesión, pero no tenían conexión con el fantasma, ya que éste estaba completamente libre de ellas. Luego, cuando el cuerpo fue tratado con ciertas sustancias (drogas aromáticas, Lucas XXIV) que sobre este cuerpo tenían un efecto totalmente distinto del que se daría sobre otro cuerpo al embalsamarlo, sucedió que las sustancias materiales se volatilizaron rápidamente después del sepelio y se confundieron con los elementos. Por eso los discípulos que los buscaban encontraron tan sólo los lienzos con que estaba cubierto; en cambio el fantasma, del que depende la evolución

del yo, había resucitado del sepulcro. No es de extrañar, pues, que María Magdalena, que sólo había conocido al fantasma anterior impregnado de los elementos de la tierra, no pudiera conocer la misma figura en el fantasma liberado de toda gravedad terrestre y que ella percibía ahora por clarividencia. Se le antojaba distinto. En particular hemos de poner bien en claro que los discípulos y los demás hombres de quienes se nos relata que podían ver al Resurrecto, sólo eran capaces de verlo en virtud de su unión con Cristo; en efecto, Él se les apareció en el cuerpo espiritual (cuerpo glorioso) del que dice san Pablo que se multiplica como semilla para pasar a todos los hombres» [Steiner, 1984:109-110].

6.9.2. La vida de Jesús, el Cristo como símbolo de la vida iniciática en la obra de Alice A. Bailey (1880-1949)

A. Bailey, nació el 16 de junio de 1880, en Manchester. Educada en plena época victoriana, se convirtió en su juventud en una evangélica fundamentalista, como ella misma reconocería en su autobiografía: «En esa época era una fundamentalista intransigente. Era terriblemente ortodoxa, una fundamentalista irreflexiva» (Bailey, 1965:44).[43] No vamos a detenernos en la multitud de detalles significativos que va exponiendo a lo largo de su narración, pues no nos interesa tanto la dimensión psicológica de su personalidad como el alcance esotérico-espiritual de sus experiencias. Por ello nos referiremos directamente a sus encuentros con dos de los "maestros de sabiduría", miembros de la "Fraternidad Blanca" cuya existencia, después de la primera aproximación llevada a cabo por la Sociedad Teosófica, se encargó de difundir y matizar.

43.　Alice A. Bailey, *Autobiografía inconclusa*, Buenos Aires, Kier, 1965:44 y 65. Puede consultarse también sir John Sinclair, *The Alice Bailey Inheritance*, Northamptonshire, Turnstone Press Limited, 1985.

«El 30 de junio de 1895 tuve una experiencia y nunca he olvidado esa fecha [...] mi confusión era total [...]. De pronto –encontrándome en el punto álgido de mi dilema y mi duda– se me apareció uno de los Maestros de sabiduría. Me encontraba en la sala leyendo. De pronto se abrió la puerta y entró un hombre alto, vestido a la europea y un turbante que le cubría la cabeza. Se sentó junto a mí... Me dijo que yo debía realizar un trabajo en el mundo [...] agregó que estaría en contacto conmigo a intervalos» [Bailey, 1965:34].

«Descubrí que a intervalos de siete años [desde los 15 hasta los 35] tuve indicios de la supervisión y del interés de ese personaje. En 1915 (con 35 años) descubrí quién era y que otras personas le conocían. Hoy puedo entrar en contacto con él a voluntad. Descubrí que el visitante era el maestro K.H., Kut Humi, que está muy cerca de Cristo» [Bailey, 1965:35].

Bailey cuenta también cómo mientras su cuerpo dormía, pero manteniendo la conciencia despierta en las otras dimensiones, participó, durante dos veces conscientemente, en una extraordinaria ceremonia en una montaña, en la que tres grandes seres formaban un triángulo y estaban rodeados de mucha gente que participaba. Sólo unos veinte años después de vivirlo comprendió que se trataba del festival de Wesak, que se celebra en la contraparte etérica de los Himalayas, durante la Luna llena de Tauro. El vértice superior del triángulo estaba ocupado por Cristo y se podía presenciar el descenso del Buda, desde lo alto, trayendo bendiciones para la Humanidad, que serían canalizadas por ese triángulo y luego por los *âshramas* de la Jerarquía con los Maestros y discípulos, y después por el Nuevo Grupo de Servidores del Mundo y por todos los hombres y mujeres de buena voluntad.

Resulta de interés saber que más adelante, tras la fundación de la Escuela Arcana, para impartir las enseñanzas de los maestros de sabiduría, Bailey, junto con su segundo marido, Foster

La dimensión esotérica

Bailey, crearía Buena Voluntad Mundial, así como el trabajo de
Triángulos de luz, formando una red de luz y buena voluntad capaz de colaborar en la iluminación del planeta, a través del Nuevo Grupo de Servidores del Mundo, grupo de aquellos cuyas almas se habían comprometido antes de encarnar en esta vida a
cooperar en la entrada de la Era de Acuario.

Viaja a la India y se produce en Lucknow la segunda aparición de su Maestro. Mientras tanto ha tenido tres hijas con su
primer marido, Walter Evans, a quien verá por última vez en
1915. Es un año de grandes cambios para Alice Bailey. Ella
misma afirma que entra en un ciclo totalmente nuevo. Es el
momento en que conoce la Sociedad Teosófica y comienza a
leer *La doctrina secreta* de Blavatsky, sobre la que confiesa
que al principio no entendía nada, pues «está mal recopilada y
carece de continuidad».

En 1918 descubre quién había sido su visitante en Escocia
cuando tenía 15 años.

«Había sido admitida en la sección esotérica de la Sociedad
Teosófica y asistía a las reuniones. La primera vez que entré
en el santuario vi los conocidos retratos de Cristo y de los
Maestros de Sabiduría. Me sorprendió ver el retrato de mi visitante mirándome directamente... Pregunté el nombre de ese
maestro. Me dijeron que era el maestro K.H. (Kuthumi)»
[Bailey, 1965:117].

En 1919 conoce a Foster Bailey y tras concedérsele el divorcio
se comprometieron para casarse. Ambos están ese año muy activos en la Sociedad Teosófica (ST), a la que pertenecen hace
tiempo. Él es elegido secretario nacional. No faltan algunos
comentarios muy críticos con la ST, especialmente con la sección esotérica: «Justamente cuando creí haber hallado un centro de luz y comprensión espiritual descubrí que me había me-
tido en una secta. Entonces nos dimos cuenta de que la sección
esotérica ejercía un dominio absoluto sobre la Sociedad Teo-

sófica» (Bailey, 1965:119). La ST le había desilusionado, pero había descubierto unas verdades importantes.

En noviembre de 1919 estableció su primer contacto con *el Tibetano*, conocido en los ambientes teosóficos como el maestro D.K. (Djwal Khul). Narra el momento en que dejó a sus hijas en el colegio, subió a una colina, se sentó y empezó a reflexionar. Entonces:

> «Oí lo que me pareció una clara nota musical, emitida desde el cielo, resonando en la colina y dentro de mí. Entonces escuché una voz que decía: "Deberían escribirse ciertos libros para el público. Tú puedes escribirlos ¿Lo harás?". Inmediatamente respondí: "No, de ninguna manera. No soy una vulgar psíquica, ni quiero ser atrapada en ello...". La voz continuó y dijo que las personas inteligentes no juzgan precipitadamente, que yo tenía un don especial para la telepatía superior y lo que se me pedía no implicaba aspecto alguno de psiquismo inferior... El ser invisible que me hablaba dijo que me daría tiempo para reflexionar y volvería dentro de tres semanas exactamente» [Bailey, 1965:122]

A las tres semanas volvió la voz y le preguntó. Volvió a rehusar. Le pidió reconsiderarlo y volvió a las dos semanas. «Decidí probar un par de semanas o un mes, para determinar mi decisión.» Durante esas semanas recibió los primeros capítulos de *Iniciación humana y solar*, el primero de sus libros.

Después de haber escrito casi un mes para el Tibetano se sintió totalmente atemorizada y rehusó rotundamente continuar con el trabajo. El Tibetano lo aceptó pero le dijo que tratara de establecer contacto con su maestro K.H. y lo hablara con él. Así lo hizo, pues éste le había enseñado la manera de ponerse en contacto telepático con él cuando verdaderamente lo necesitase. Éste le dijo que había sido él mismo quien había sugerido al Tibetano que ella podría ser un buen instrumento en la tarea proyectada. Aceptó el deseo de su maestro K.H. y se lo comunicó al Tibetano. Veamos cómo se daba la comunicación entre ambos:

«En los primeros tiempos que escribía para el Tibetano debía hacerlo a horas establecidas y el dictado era claro, conciso y definido. Se me dictaba palabra por palabra, en tal forma que en verdad podía decir que oía nítidamente una voz. Por lo tanto comencé con la técnica de clariaudiencia, pero pronto descubrí, a medida que se sintonizaban nuestras mentes, que ello era innecesario y que si me concentraba bastante y enfocaba adecuadamente mi atención podía recibir y anotar los pensamientos de El Tibetano (ideas formuladas y expresadas con sumo cuidado), a medida que los volcaba en mi mente [...]. Actualmente, como resultado de 27 años de trabajo, puedo ponerme instantáneamente en relación telepática con El Tibetano, sin la más mínima dificultad; conservo y así lo hago, mi propia integridad mental todo el tiempo, y siempre dialogo con él cuando, a veces, como occidental, me parece conocer mejor algunos aspectos de la presentación» [Bailey, 1965:126].

En 1923 funda la Escuela Arcana para impartir las enseñanzas transmitidas en los libros. Ha publicado también *Cartas sobre meditación ocultista*, texto que supone un nuevo acercamiento a la meditación, basado en el reconocimiento del alma y no en la devoción.

En 1925 se publicó *Tratado sobre Fuego cósmico*, clave psicológica de *La Doctrina Secreta* y una de las obras de mayor envergadura no sólo de Bailey, sino también del esoterismo contemporáneo en su conjunto. Le seguirían dos tratados más de gran relevancia: *Tratado sobre magia blanca*, en el que se presenta un programa sistemático de entrenamiento del cuerpo emocional, y la obra en cinco volúmenes *Tratado sobre los siete rayos*. Los dos primeros volúmenes establecen las bases de la *psicología esotérica* del futuro basada en la clasificación septenaria que hemos esbozado anteriormente. El tercer volumen se centra en la *astrología esotérica* y ofrece claves novedosas para la interpretación astrológica, tanto a nivel individual como "mundana", poniendo en relación los rayos y los signos astrológicos a los que pertenecen algunas de las naciones. Es algo que complementará en su obra *El destino de las naciones*. El cuarto volumen se centra en *La curación esotérica*, y el quinto y último, *Los rayos y las iniciaciones*, vuelve a la cuestión del sistema iniciático planetario, actualizando lo dicho en su primera obra, ahora que ha transcurrido un cuarto de siglo.

Otras obras publicadas, recibidas telepáticamente del Tibetano, son *Espejismo (Glamour)* y *El discipulado en la Nueva Era*. En la primera aborda los riesgos de caer en ilusiones y espejismos cuando se trata de experiencias en los planos intermedios, sutiles: *mâyâ*, espejismo e ilusión constituyen tres tergiversaciones peligrosas de la naturaleza del plano físico, emocional y mental, respectivamente. La segunda contiene cartas e instrucciones a un grupo de discípulos entrenados de manera más personalizada por el Tibetano y supone un documento valiosísimo del estilo propio de la actual Nueva Era en lo que respecta a la relación entre maestro y discípulo. El discípulo tiene siempre entera libertad, pues es sobre ésta y jamás sobre la obediencia ciega sobre lo que debe asentarse la relación de un discípulo con un maestro. Dos de sus últimas obras serían *La exteriorización de la Jerarquía* y *La reaparición de Cristo*. Ambas cuestiones cruciales, pues ambos eventos posibles se convierten en centro de atención predominante en los últimos años de la relación entre El Tibetano y A. Bailey.

Hay que decir que Bailey quiso escribir también sus propios libros para mostrar su propia comprensión, en la línea de las enseñanzas, y así vieron la luz obras como: *La conciencia del átomo; El alma y su mecanismo; Del intelecto a la intuición*, y *De Belén al Calvario*. Otro de los libros posee un *status* especial, pues El Tibetano le dictaba la traducción al inglés de los *yogasûtras* de Patañjali, pero ella elaboraba los comentarios, si bien consultando con aquél en casos de duda. Esta obra recibió el título de *La luz del alma: Aforismos del yoga de Patañjali*.

Centrémonos, pues, ahora en la visión del Cristo ofrecida por Bailey. *La reaparición de Cristo*, libro que vamos a tomar como hilo conductor de las reflexiones de Bailey, comienza con un capítulo dedicado a la doctrina de los *avatares* (noción específicamente oriental, hindú) o enseñanzas acerca de «Aquel que viene» (el modo occidental, cristiano, de enfocar la cuestión, si bien en este caso referido sólo a Cristo). Este comienzo mismo nos lleva ya a insinuar que la obra de Bailey no es tan sesgadamente oriental como a veces se insinúa, sino que supondría un equilibrio digno de análisis entre ambos hemisferios culturales, filosóficos y religiosos. De hecho, como veremos, la atención concedida al Cristo y el papel a él otorgado no dejan lugar a dudas.

Se recuerda que distintas tradiciones esperan la llegada de un gran mensajero divino, llámesele Imam Madhi (islam), Maitreya (budismo), el Kalki-avatar (hinduismo) o Cristo (su segunda venida, en el cristianismo). Nos interesa destacar algunas de las ideas presentadas acerca de los avatares, por ejemplo la importancia concedida muy particularmente al Cristo y al Buda. Efectivamente, aunque se habla de otros Instructores de gran importancia, como Hércules, Hermes, Vyasa, o Krishna, su discurso va a centrarse en la unión entre el Buda (*avatâr* de la Luz, de la Iluminación, de la sabiduría divina) y el Cristo (*avatâr* del Amor divino). Unión porque, como el título del libro indica, la preocupación no es tanto por el pasado, sino por el presente y el futuro inmediato. Y es aquí donde el Buda y el Cristo se hallarían trabajando juntos, tal como veremos más despacio.

Una de las caracterizaciones del *avatâr* más significativa la hallamos en el siguiente texto:

«La tarea incesante de un *Avatâr* consiste en establecer un núcleo de energía persistente y espiritualmente positivo; él enfoca o introduce una verdad dinámica, una potente forma mental o un vórtice de energía magnética en el mundo del vivir humano. Este punto focal actúa acrecentadamente como transmisor de energía espiritual; permite a la humanidad expresar alguna idea divina que con el tiempo produce una civilización con su consiguiente cultura, religión, política, gobierno y métodos educativos. Así se hace la historia, la cual, después de todo, no es más que el registro de la reacción cíclica de la humanidad hacia alguna afluyente energía divina, hacia un líder inspirado o algún *Avatâr*» [Bailey, 1989:14].

Pero la cuestión del *avatâr* es de gran complejidad y es difícil hallar acuerdo entre los distintos autores, sea en el esoterismo, sea en el hinduismo clásico o en el neohinduismo. Vemos, por ejemplo, que según Bailey, el Cristo es el último *avatâr*, mientras que en el seno del neohinduismo después de él hay varios (o incluso muchos) personajes aclamados como *avatares*. No pienso ya en la costumbre casi popular de conceder tal título a casi cualquier *guru* destacado, o la tendencia de los discípulos de un maestro a considerar que éste es el ser más perfecto que quepa imaginar y de ahí el uso del concepto disponible en la tradición hindú que sería el de *avatâr*, sino de la aceptación más generalizada, incluso por exponentes autorizados y críticos de su propia tradición. Vimos, como ejemplo destacado, el reconocimiento por parte de Sri Aurobindo de la naturaleza avatárica, al menos de Sri Chaitanya y Sri Ramakrishna.[44]

44.   Es sabido que los proclamados *avatares* (por ellos mismos o por sus discípulos) son legión. Baste recordar, en la India del último siglo, a Meher Baba, Ramana Maharshi, Ananda Mayee, Sathya Sai Baba, Madre Meera, Sri Kalki Bhagavan (aparte de Sri Ramakrishna y Sri Aurobindo). En el Occidente esotérico cabe recordar a S. Reynaud de la Ferriére, Samael Aun Weor, etc., así como las más recientes presentaciones, que tendremos que analizar, del Cristo Maitreya de Benjamin Creme o la dispensación avatárica proclamada por el Centro Lusitano de Unificación Cultural. No entremos ahora en valoraciones.

Pues bien, a propósito de la cuestión de los *avatares*, ya en *Tratado sobre fuego cósmico*, el Tibetano indicaba la distinción de varios tipos de *avatâr*: humano, planetario, interplanetario, solar o cósmico.[45]

Después de este planteamiento de carácter introductorio, Bailey nos conduce ya al presente (su presente, es decir, 1947), y destaca la importancia de la decisión tomada por el propio Cristo en la Luna llena de junio de 1945 de retornar a la Tierra, al mundo de los asuntos humanos, a caminar de nuevo entre los hombres. En la Nueva Era y en la Nueva Religión Mundial que Cristo podría inaugurar, los Festivales de Luna llena, basados en una meditación específica de transmisión de energías extraplanetarias se consideran momentos astrológicamente privilegiados llamados a constituirse en ceremonias religioso-esotéricas importantes. De entre ellos, los festivales de abril, mayo y junio, correspondientes a los signos de Aries, Tauro y Géminis y centrados respectivamente en Cristo, el Buda y la Humanidad, tendrían una importancia especial. Sería el período de mayor afluencia de energía espiritual al planeta, y muy especialmente en los momentos de Luna llena de los meses indicados.

La situación angustiosa y crítica del planeta, como consecuencia de la II Guerra Mundial, habría llevado al Cristo a tomar medidas para salvar la situación e introducir la Nueva Era de Acuario.[46] Junto a su decisión de volver entre los hombres y como herramienta para que tal proyecto pudiera llevarse a cabo, el Cristo decidió también otorgar una antigua fórmula,

---

45. Quizás se podría considerar como *avatâr* humano o planetario al Buda, como *avatâr* solar a Cristo y como *avatâr* cósmico al llamado (por Bailey y posteriormente por V. Beltrán, por una parte, y por el Centro Lusitano de Unificaçao Cultural, por otra) el *Avatâr* de Síntesis.

46. El Tibetano/Bailey escribió con abundancia y determinación sobre la II Guerra Mundial, y sobre todo sobre el fenómeno del nazismo, desde una perspectiva esotérica; especialmente en su obra titulada *La exteriorización de la Jerarquía*.

mantram, plegaria o invocación conocida finalmente como «La Gran Invocación», que hasta entonces sólo contadísimos excelsos Seres conocían y podían pronunciar. Desde entonces, la Gran Invocación se ha difundido enormemente por todo el mundo, no como propuesta de una escuela o autor determinado, sino como un ofrecimiento de la Jerarquía planetaria y el Cristo a toda la humanidad. La cantidad de lugares insospechados a los que ha llegado muestra que su objetivo se cumplió en buena medida.[47] Y es que hay que distinguir entre las enseñanzas y las propuestas de D.K. contenidas en los libros de Bailey y la organización (por abierta y oportuna que pueda ser o haber sido) fundada por Bailey con el nombre de la Escuela Arcana, cuyos cursos han sido y son sólo uno de los medios de difusión de los libros, así como un intento organizado de ofrecer una mínima guía y dirección, así como también un proyecto de trabajo interno, meditativo, basado en las enseñanzas del Tibetano.

Si el Cristo constituye la cabeza y el corazón de la Jerarquía espiritual del planeta, el Buda se halla como puente entre la Jerarquía y ese centro más elevado, conocido como Shamballa, donde mora "el Señor (o Rey) del mundo", el Anciano de los Días, Sanat Kumara, la encarnación del Logos planetario; en cierto sentido el Padre, del mismo modo que el Cristo, simboliza el Hijo, y la Humanidad, el Espíritu Santo. Shamballa posee sus analogías en la voluntad, el Rayo 1° (voluntad-poder), el *châkra* de la coronilla; no en vano es "el centro don-

---

47.   Recuerdo, por ejemplo, la impresión que me causó en Pondicherry, en el *âshram* de Sri Aurobindo, hallar la Gran Invocación en la contraportada de una revista (probablemente a través de M.P. Pandit); también en el grupo de Lucinges, y en las conferencias-transmisiones de Omnia/Pastor se comenzaba la sesión recitando la Gran Invocación. Algo similar sucedía en los grupos en los que Vicente Beltrán Anglada narraba sus experiencias y exponía sus conocimientos, en la línea, justamente, del Tibetano. También la meditación de transmisión de Benjamín Creme se basa en la Gran Invocación, y su presencia es igualmente visible en la línea posteosófica de Parvathi Kumar.

de la voluntad de Dios es conocida"; la Jerarquía se relaciona analógicamente con el amor-sabiduría, el Rayo 2°, el *châkra* del corazón, etc. Si el Cristo es el Logos solar, el Logos de Sirio constituiría el aspecto superior monádico. Algunas de tales analogías pueden verse a continuación:

Mónada-alma-personalidad,
Shamballa-Jerarquía-Humanidad
Voluntad-Amor-Inteligencia activa
Logos de Sirio, Logos solar, Logos planetario

Desde la Jerarquía hacia abajo hallamos también su mediador actual en el Nuevo Grupo de Servidores del Mundo (NGSM), formado por todos aquellos "discípulos del Cristo" (o más directamente discípulos, en un grado u otro, de uno de los Maestros de la Jerarquía, por tanto anímicamente afiliados, consciente o inconscientemente desde el punto de vista de la personalidad, a uno u otro de los siete principales *âshramas* o templos esotéricos de la Jerarquía, a uno u otro de los 44 *sub-âshramas*).

Uno de los puntos más problemáticos en lo que respecta a la posible e inminente reaparición de Cristo, y en el que no hay acuerdo, se halla en el modo de su venida. Bailey señalaba ya tres modos posibles, no excluyentes, más bien complementarios y algunos de ellos ya en etapa avanzada: En primer lugar, la presencia de Cristo podría llevarse a cabo mediante una estimulación de la conciencia espiritual de la humanidad, fomentando la conciencia crística en el corazón humano; en realidad, este modo se estaría produciendo y se hallaría en una etapa considerablemente avanzada. En segundo lugar, otro modo de manifestarse la conciencia crística sería plasmando en las mentes de los seres suficientemente iluminados de todo el mundo las ideas espirituales que encierran las leyes y las verdades que regirán la vida humana. Los discípulos mundiales y el NGSM serían los recipientes de este descenso de los conceptos llamados a convertirse en claves de la Nueva Era. En tercer lugar, cabe la posibilidad de una reaparición en persona, físicamente, del propio Cristo. En este punto merece la pena citar textualmente lo que dice Bailey:

> «En tercer lugar, Cristo podría venir en Persona y caminar entre los hombres como lo hizo anteriormente: Esto aún no ha ocurrido, pero se formulan los planes que le permitirán hacerlo. Dichos planes no incluyen el nacimiento de algún hermoso niño en un buen hogar de la Tierra; ni habrá proclamas extravagantes; tampoco existirá el crédulo reconocimiento de los bien intencionados y de los ignorantes, como sucede tan frecuentemente hoy, ni aparecerá quien diga: "Este es el Cristo. Está aquí o allí"» [Bailey, 1989:46].

Aquellos que siguen considerando los textos del Tibetano como la máxima autoridad asequible en asuntos esotéricos recurren frecuentemente a esta declaración para salir al paso de proclamaciones y pretensiones de presentación del Cristo (pienso, por ejemplo, en el caso del Cristo-Maitreya presentado por Benjamin Creme, tal como lo viene realizando en las últimas décadas [Creme, 1979].

En la concepción evolutivo-espiritual presentada por Bailey (desde un enfoque en muchos sentidos similar a la filosofía integral de Sri Aurobindo), la doctrina de los *avatares* implica una progresiva manifestación de los distintos atributos divinos. Habíamos dicho ya que el Buda habría sido el *Avatâr* de la Luz, y el Cristo, el *Avatâr* del Amor. Pues bien, el próximo Avatar (el Cristo como único *Avatâr* que repite manifestación haciéndose cargo, de un modo u otro, de dos ciclos) deberá encarnar ante todo el aspecto Voluntad divina. Para ello se está preparando el Cristo. Y en esta preparación es de enorme importancia la colaboración de dos grandes Seres extraplanetarios, de inmensa envergadura espiritual, conocidos como El *Avatâr* de Síntesis y el Espíritu de la Paz. Habría sido en la

Luna llena de junio de 1945 cuando el Espíritu de la Paz descendió sobre el Cristo, manifestando a través de Él su potente energía (de modo similar, análogo, a como Jesús recibió la influencia de Cristo hace unos 2.000 años). También entonces el *Avatâr* de Síntesis, relacionado con el Rayo 1°, por una parte, y con el NGSM, por otra, habría comenzado su estrecha colaboración con el Cristo.

Puede tenerse en cuenta que, así como el Cristo-Jesús vino a poner fin a la dispensación judía, que debía terminar con el paso de la Era de Aries a la de Piscis, el Cristo que está por venir viene también a inaugurar la Era de Acuario, la Nueva Era, cuya presentación tanto ha llegado a desvirtuarse. Si la Era de Piscis estaba regida por el Rayo 6°, la entrante Era de Acuario está regida por el Rayo 7°, siendo a nivel astrológico Acuario su signo y Urano su planeta. De ahí el énfasis actual en la libertad, así como su aspecto mental, con la importancia de las comunicaciones y el desarrollo de la técnica. El pescador de hombres, cuyos discípulos fueron en buena medida pescadores y en cuya simbología el pez tendría un lugar destacado, ha de dejar paso al Aguador.

Hay que aclarar que en la visión presentada por Bailey, se realiza siempre una cuidadosa distinción entre Cristo (el impulso crístico, la conciencia crística, el *Avatâr* o la Encarnación de Dios) y las configuraciones históricas e institucionales de aquellos que se atribuyeron su representación y la capacidad de determinar de manera dogmática y excluyente su mensaje. Por ello, Bailey/D.K. tienen palabras muy duras hacia la Iglesia visible, distinguiéndola con toda claridad de la verdadera Iglesia de Cristo, invisible a los ojos no iniciados y en la que la "comunión de los santos" (y sabios) es un hecho, Iglesia mística y transhistórica, verdadero Reino de los cielos, identificable con el Quinto reino de la naturaleza, la propia Jerarquía espiritual del planeta, la Gran Fraternidad Blanca.

Respecto a la Iglesia católica, leemos, por ejemplo:

> «La iglesia de Cristo se ha hecho famosa y dejó de ser útil (se-
> gún lo demostró la guerra mundial) debido a su estrecho cre-
> do, su erróneo énfasis, su pompa clerical, su autoridad espú-
> rea, sus riquezas materiales y la presentación del cuerpo
> muerto de Cristo. La iglesia acepta su resurrección, pero in-
> siste principalmente en el hecho de su muerte» [Bailey,
> 1989:59].

Respecto a la Iglesia invisible leemos:

> «La Iglesia de Cristo es la suma total de quienes tienen vida o
> conciencia crística, o están en proceso de expresarla; es el
> conjunto de todos los que aman a sus semejantes, porque
> amarlos es poseer esa facultad divina que nos hace miembros
> de la comunidad de Cristo. La aceptación de un hecho histó-
> rico o de un credo teológico no nos pone en comunicación
> con Cristo. Ciudadanos del Reino de Dios son aquellos que
> buscan deliberadamente la luz e intentan (por medio de una
> disciplina autoimpuesta) presentarse ante el Iniciador Uno;
> este vasto grupo mundial (tenga cuerpo físico o no) acepta la
> enseñanza de que "los hijos de los hombres son uno"; saben
> que la revelación divina es constante y siempre nueva, y que
> el Plan divino se está desarrollando en la Tierra» [Bailey,
> 1989:60-61].

¡Qué diferencia con las pretensiones parroquiales de esa
Iglesia que durante tanto tiempo se ha atrevido a pensar y a decir que fuera de ella no había salvación, que las ideas diferentes a las del propio credo no podían ser salvíficas, ese eclesiocentrismo trasnochado que hoy ha dejado paso a un
cristocentrismo que en la mayoría de los casos sigue interpre-
tándose de modo estrecho, como todavía referido a las interpretaciones en torno a las palabras de Jesús de Nazareth, reduciendo al Cristo a su vida como Jesús!

El cristocentrismo relativo que en Bailey puede detectarse,

al considerarlo como Maestro de Maestros y Cabeza de la Jerarquía, queda resituado al tener en cuenta el eminente puesto
desempeñado por el Buda, así como la apertura a entidades ex-
trasistémicas (ajenas no sólo a nuestro planeta, sino incluso a
nuestro sistema solar) de inimaginable estatura espiritual,
como el caso de los grandes seres mencionados: el Espíritu de
la Paz y el *Avatâr* de Síntesis. En la propia Jerarquía planetaria, el *Ashram* único, del cual los diversos *âshrams* son como
ramas derivadas, habría que decir que no es tanto el *âshram* (la
Iglesia) de Cristo, como el *âshram* (el templo) de Sanat Kumara. Ni que decir tiene, por tanto, que toda pretensión de una
religión cualquiera de erigirse como la única verdadera o
como la definitiva y capaz de constituir la revelación última,
tiene que sonarnos hoy a infantil, anticuada y egocentrada (et-
nocentrada o religiocentrada) proclama insostenible. Ni siquiera la más refinada presentación cristocéntrica que ve en
Jesucristo la plenitud de la revelación, dado que el Verbo se
hizo carne, resulta a la altura de los tiempos, unos tiempos próximos a ver, probablemente, una Encarnación todavía más
gloriosa, una Personificación de lo Divino todavía más sublime, una Manifestación avatárica aún más integral. Cualquier
concepción evolucionista debería ver esto con claridad, intuyendo que por grande que sea el pasado, nuestros ojos podrían
contemplar un futuro todavía más grande y bello. Toda la "devoción" (Rayo 6°) estimulada durante la pisceana cristiandad
ha de ser transmutada en amor crístico (Rayo 2°) bañado en
una verdadera sabiduría y menos impregnado de fanatismo. La
"fe" ha de ser transformada en gnosis, en experiencia y conocimiento directo, en sabiduría compasiva. Una vez más el
Buda y Cristo, Luz y Amor, *Prajñâ* y Agape han de unirse ya
no sólo en el próximo *avatâr*, sino en cada uno de los discípulos que se tome en serio que su naturaleza es la naturaleza del
Buda, desde siempre y para siempre, que Cristo mora en el corazón de cada ser humano y que, por tanto, «Cristo en nosotros, esperanza es de gloria».

La llamada (de la) Nueva Era

Conciencia de Krishna, mente de Buda, corazón de Cristo, podría ser la fórmula de los nuevos tiempos, asumiendo así, de manera integral e integradora, a los tres grandes *avatares* que han dado lugar a tres de las religiones más vivas todavía hoy: hinduismo (vishnuita o shivaíta, pues bien podríamos haber empleado igualmente a Shiva como símbolo), budismo (Mahâyâna-Zen o Vajrayâna-tibetano) y cristianismo (liberador, logocéntrico y pneumatocéntrico).

Esta cooperación entre el Buda y Cristo se concreta en modos muy específicos, uno de los cuales nos recuerda una de las ideas presentadas por R. Steiner, cuando hablaba del *Nirmanakaya* del Buda en relación con el Jesús nathánico y en el bautismo en el Jordán. Bailey lo expresa así:

> «Una antigua leyenda de Oriente cuenta en forma simbólica que cuando el Buda alcanzó la iluminación y nada le quedaba por aprender y experimentar en la Tierra, visualizó el futuro hasta el momento en que su Hermano el Cristo estuviera activo, para prestar un gran servicio. Por lo tanto, a fin de ayudar a Cristo dejó lo que misteriosamente se denomina Sus vestiduras para que él las usara. Legó y dejó en un lugar seguro toda su naturaleza emocional-intuitiva, que algunos denominan cuerpo astral, y el *summum* de su conocimiento y pensamiento, denominado su mente o cuerpo mental» [Bailey, 1989:89-90].

La vida arquetípica de Jesús, el Cristo y el sistema de Iniciaciones planetarias

La importancia de la figura del Cristo en la obra de Bailey ha sido puesta de manifiesto en las páginas anteriores. Hay, no obstante, otros muchos lugares de su obra en los que esto resulta patente. Así sucede, por ejemplo, en el último de los cinco volúmenes dedicados a los Siete Rayos, el titulado, justamente, *Los Rayos y las Iniciaciones* (Bailey, 1990). En él se amplía la información dada en la primera de las obras publicadas conjuntamente por el Maestro D.K. y A. Bailey, *Iniciación humana y solar*.

Han transcurrido casi treinta años entre ambas obras. Ahora tenemos ante nosotros uno de los últimos textos dictados por el Tibetano, el mismo año en que Bailey dejará el cuerpo (morirá). Hoy se habla mucho de iniciaciones (en ocasiones se compran y se venden) a distintos caminos, en distintas escuelas, con distintos maestros. Sin entrar ahora en todo ello, de lo que se trata en la presentación de Bailey es de aquello que constituiría no un sistema iniciático más entre los muchos que hay en el mundo exotérico, sino del sistema de iniciaciones unificado en todo el ámbito planetario. Sistema iniciático cuyo Iniciador no sería cualquier instructor o maestro del mundo exterior, sino el propio Cristo –en las dos primeras Iniciaciones– y Sanat Kumara en las restantes. Si aquí nos interesa especialmente se debe tanto a la presencia iniciática del propio Cristo como al simbolismo basado (al menos parcialmente) en los principales acontecimientos de la vida de Jesús, el Cristo. El sistema completo consta de nueve Iniciaciones, de las cuales las últimas resultan tan alejadas de la experiencia y hasta las expectativas de la casi totalidad de la humanidad que no nos detendremos en las enseñanzas sobre ellas. La denominación de cada una de ellas es la siguiente:

Iniciación 1ª.	El Nacimiento (del Cristo, en Belén)
Iniciación 2ª.	El Bautismo (en el Jordán)
Iniciación 3ª.	La Transfiguración (en el monte Tabor)
Iniciación 4ª.	La Renunciación (correspondiente a la Crucifixión, en el Gólgota)
Iniciación 5ª.	La Revelación
Iniciación 6ª.	La Decisión
Iniciación 7ª.	La Resurrección
Iniciación 8ª.	La Transición
Iniciación 9ª.	El Rechazo

La "diferencia esotérica" entre Jesús y el Cristo vuelve a ser destacada al exponerse el sentido iniciático de la vida que compartieron hace unos dos mil años. Por extraño que esto resulte a la mentalidad cristiana exotérica, desde la perspectiva esotérica, hasta el Cristo y cualquiera de los *Avatares* se hallan en un proceso de evolución cuyo horizonte va retrocediendo a medida que avanzamos en dicho Sendero. Se afirma, en este sentido, que Jesús de Nazareth recibió en aquel momento la cuarta Iniciación (la Crucifixión o Renunciación), mientras que para el Cristo suponía la séptima Iniciación (la Resurrección).[48]

A través de la denominación de dicho sistema iniciático planetario comprendemos mejor la idea de que Jesús, el Cristo, representó en la Tierra de manera visible y con un amplio alcance simbólico lo que todo ser humano está llamado a realizar. Bastará aquí insinuar algunas de las correlaciones y analogías que nos permiten captar el significado de las Iniciaciones en la marcha evolutiva del ser humano. Así, por ejemplo, la primera Iniciación, el Nacimiento (del Cristo, en la cueva del corazón) supone el comienzo de la vida verdaderamente espiritual. Como todo nacimiento, supone un cambio de estado, un ver una luz nueva y el inicio de una nueva vida. Psicológica y espiritualmente implica el control de todo lo referente a la vida física, el dominio del cuerpo físico y de sus deseos más elementales. Uno no está ya sujeto tan drásticamente a los deseos corporales. No en vano, la primera Iniciación se relaciona con el *châkra svâdhisthana*, el centro sacro, relacionado

---

48. A. Bailey, *The Rays and the Initiations*, Nueva York, Lucis Publishing Company, 1982:697. Respecto a esto, en un libro sin relación ya con Bailey, atribuido también mediante el dictado telepático superior al Maestro Kut-Hoomi y titulado *Luces de lo oculto* (1997), publicado por el Centro Lusitano de Unificación Cultural, Lisboa 1998, se hace referencia a esta problemática –en relación con las afirmaciones de Bailey– y se dice: «el Señor Cristo-Maitreya tenía ya entonces la 7ª Iniciación; Jesús encarnó con la 3ª Iniciación, pero ya cerca del grado siguiente, que alcanzó en esa existencia, para después, como Apolonio de Tyana, llegar a la 5ª Iniciación» (págs. 229-230).

con la sexualidad y regida por el Rayo 7°. De ahí que la correcta solución de la problemática sexual, el comienzo de la transmutación, constituya una cuestión importante en aquellos que están a punto de recibir esta Iniciación. Afirma el Tibetano que hay muchos miles, millones incluso, de seres humanos que han recibido ya –generalmente en vidas anteriores– esta Iniciación. De hecho, se trata de una Iniciación menor (al igual que la siguiente, la segunda), de tal modo que la primera Iniciación mayor sería la aquí clasificada como tercera. El Rayo 7°, que se relaciona con esta Iniciación, está regido por la energía simbolizada por el planeta Urano, regente del signo de Acuario. De ahí que desempeñe igualmente un importante rol en la entrante Era de Acuario. Precisamente, la Humanidad se estaría preparando –como totalidad unificada– para recibir la primera Iniciación, de modo similar a como el Logos planetario estaría también a punto de pasar una de las elevadas Iniciaciones que a su grado espiritual corresponde, siendo éstas, naturalmente, muy distintas de las Iniciaciones que estamos presentando aquí.

La segunda Iniciación, el Bautismo –en las aguas del río Jordán, a cargo de Juan el Bautista, que como sabemos se afirma que era el profeta Elías–, equivale en la vida del ser humano al control de las emociones de una manera significativa. El campo de batalla –el *kuruskshetra* de la *Bhagavad-gîtâ*– es ahora el cuerpo emocional y sus tendencias arcaicas, con todo el mundo de los deseos, con toda la riqueza de nuestra naturaleza astral. Esta Iniciación se relaciona con el Rayo 6°, que corresponde a la energía del idealismo, de la devoción (y su tendencia inferior a superar: el fanatismo). El Rayo 6° ha regido toda la Era de Piscis, de la que nos hallamos saliendo, y podríamos decir que la superación del fanatismo (tantas veces relacionado con las religiones) es una de las tareas cruciales para un balance correcto del fin de la Era.

La tercera Iniciación, la Transfiguración, decíamos que supone la primera gran Iniciación. Por primera vez, "el Señor del

Mundo", "el Anciano de los Días", Sanat Kumara, expresión visible del propio Logos planetario, empuña el cetro iniciático y se presenta ante el discípulo que va a pasar a formar parte, de manera más estrecha y consciente, de la Jerarquía espiritual del planeta. Corresponde al control del mundo mental; por una parte, la mente, que ha sido ya suficientemente trabajada y ejercitada; por otra parte, el pensador, que ha tomado conciencia de la naturaleza instrumental de la mente frente a la verdadera identidad profunda del ser humano. Diríamos que ambas tareas deben caminar paralelamente: el desarrollo, el equipamiento de la mente como instrumento capaz de expresar, transmitir, comunicar, verdades más sutiles y mejor formuladas a la humanidad, una mente capaz de recibir cada vez con mayor precisión las influencias telepáticas que el Maestro del *ashram* y del rayo del que el Iniciado participa está emitiendo constantemente como forma mental en la que se proyecta parte del Plan que la humanidad está intentando desarrollar, inspirada por la Jerarquía, respetando siempre la libertad del ser humano.

En la tercera iniciación, los tres vehículos de la personalidad (como los tres discípulos de Cristo en el monte Tabor) permanecen postrados a los pies del Alma (del Maestro, del Cristo). El cuerpo físico, las emociones y la mente se han purificado suficientemente y en cada Iniciación un *châkra* ha sido estimulado de manera especial, el relacionado con el rayo correspondiente; la energía capaz de ser canalizada por el sistema de siete *chakras* es cada vez más sutil y al mismo tiempo más potente. El voltaje canalizado por el ser humano es elevado en cada Iniciación y el Iniciado muere a un mundo de energías de determinada frecuencia y nace a otro mundo más sutil; sus *chakras* abiertos funcionan como estaciones receptoras, transformadoras y emisoras de energías espirituales que de otro modo no hay manera de que afecten positivamente a la evolución humana.

La tercera Iniciación se halla bajo la influencia del Rayo 5°, conocido como el rayo de la mente concreta, del conocimiento concreto, el rayo de la ciencia (recordemos que es la contraparte inferior del Rayo 3°, el de la mente abstracta, el conocimiento abstracto, la metafísica, la filosofía; digamos que se ocupa no tanto de los desarrollos parciales y minuciosos propios de cada ciencia, sino de las ideas y principios generales). No podría ser de otro modo en una Iniciación especialmente relacionada con la mente, con su correcto empleo y su trascendencia. Su trascendencia, como decíamos, en el sentido de no identificarse totalmente con ella, de cobrar conciencia de su carácter instrumental y de la naturaleza profunda del Yo o Alma como el pensador capaz de crear formas mentales y dirigirlas, convirtiéndose así, de manera espontánea, en un verdadero "mago", consciente de la responsabilidad que posee por cada uno de sus pensamientos y emociones, pues sabe ya que el pensamiento crea la realidad que terminará manifestándose en el plano físico.

Si aplicamos estas tres primeras Iniciaciones al campo del *yoga*, podemos decir que los tres principales *yogas* de la tradición hindú fueron concebidos como herramientas para el logro de cada una de estas Iniciaciones, en el momento histórico en que era posible para un puñado de seres que habían luchado y se habían esforzado por acelerar su evolución. De hecho, el sistema iniciático, instaurado por la Jerarquía hace millones de años, no es sino un acelerador evolutivo. Pues bien, el *Hatha yoga*, centrado justamente en el dominio del cuerpo físico, su purificación, flexibilización, agilización y su salud, a través de posturas y determinadas respiraciones, fue extraordinariamente apropiado para el logro de la primera Iniciación, ya desde la época lemuriana. El *bhakti yoga* sería el camino propuesto por la Jerarquía para la purificación de las emociones y el dominio del cuerpo astral, tarea que tuvo su apogeo en la época de la Atlántida; habría constituido en su momento la mejor preparación de cara a recibir la segunda Iniciación. El *raja yoga*, con sus técnicas destinadas a lograr el control de la mente supondría, como puede imaginarse, el camino ideado para la tercera Iniciación, al menos en ese grupo de pioneros que se adelantaban al grueso de la humanidad. Para el resto supondría –y sigue suponiendo– un excelente medio de practicar el control de los propios pensamientos y el disfrute de estados superiores de conciencia a través de la meditación (*dhyâna*) y la contemplación o éxtasis (*samâdhi*). Siguiendo esta serie de analogías, el *yoga* propuesto actualmente por la Jerarquía para los discípulos avanzados sería aquel que varios autores han denominado "agni yoga",[49] el *yoga* del fuego, un *yoga* de síntesis, llamado a despertar la intuición y la sabiduría del corazón.

La cuarta Iniciación, la Crucifixión (o en terminología más técnica preferida por el Tibetano, la Renunciación), supone la liberación de todo interés egocentrado. Se renuncia a la vida personal entregándose a una totalidad más amplia que se intuye, una conciencia universal que comienza a ser una realidad para el Iniciado. Esta Iniciación está bajo el influjo del Rayo 4°, "armonía a través del conflicto". El Rayo 4° es mediador, en muchos sentidos, entre los tres anteriores y los tres posteriores. Es el factor equilibrante entre los polos opuestos, de ahí la tensión y el conflicto que tiene que soportar, aunque también la grandeza de la armonía conseguida. Si existe una estrecha relación entre el 1 y el 7, entre el 2 y el 6 y entre el 3 y el 5 (voluntad-afectividad-mente: en su octava superior rayos 1-2-3, en su octava inferior rayos 7-6-5), el rayo número 4 permanece como el punto de equilibrio.

No habría mejor símbolo para el número cuatro de la cuarta Iniciación que la Cruz, en la que el Iniciado es crucificado.

---

49.   Véase para esta concepción de la historia y significación oculta de los *yogas*, Vicente Beltrán Anglada, *Los misterios del yoga*, Buenos Aires, Kier, 1982, y *Agni yoga*, Barcelona, Luis Cárcamo, 1986. Han hablado también del Agni yoga, Nicolás y Helena Roerich, así como en algunos libros del Centro Lusitano de Unificación Cultural; véase también Salvin (1983), *Pleins Feux sur Agni Yoga,* Muy, Var, 1983.

Exactamente en la cruz cardinal de los cielos (tras haber pasado por la cruz mutable y la cruz fija), cruz que simboliza igualmente el cuarto reino de la naturaleza, el reino humano. Esotéricamente se habla del reino mineral, el reino vegetal, el reino animal y el reino humano, como de los cuatro reinos hasta ahora manifestados en la Tierra. El Quinto reino, del que pasaría formalmente a participar el Gran Iniciado que ha superado la Cuarta Iniciación, es el reino de las Almas conscientes en su propio plano, el reino de los Maestros de Sabiduría y Compasión, la Jerarquía, "el reino de Dios".

Qué duda cabe que es el corazón, en el sentido esotérico del *châkra* cardíaco (*anâhata*), el cuarto *châkra*, el que se constituye en puerta abierta para el Iniciado. Con él está en relación el cuarto plano, el plano búdico o intuicional (aquel al que apunta y del que procede el *agni yoga*, el cuarto de los grandes *yogas*, tal como insinuábamos anteriormente).

La importancia de la renuncia se destaca especialmente en toda la tradición hindú bajo la noción de *vayrâgya* y la idea de *samnyâsa*, desapego y renunciación, respectivamente, tal como al menos desde la *Bhagavad-gîtâ* ha sido una constante, a través, por ejemplo, de la creación de órdenes de *samnyâsis*, algo así como "monjes renunciantes", generalmente mendicantes, libres de todo apego, renunciando a toda posesión, pues saben que su reino no es de este mundo y que el apego ata y mantiene sometido a los poderes de la materia, de los que el Iniciado en su cuarta Iniciación tiene que deshacerse. La Tierra, la materia, los tres mundos de la expresión, no tienen ya nada que ofrecerle. Ante él se abren vías más amplias, senderos más luminosos por los que transitar. Puede permanecer voluntariamente unido a la humanidad y colaborar en la liberación de todos lo seres humanos, y hasta de todos los seres sentientes, pero puede también pasar a otras zonas de actividad, otros estados de conciencia, de los que la mente humana ni siquiera sospecha la existencia, otros modos de existencia, libres no sólo del cuerpo físico limitador, sino también del ego mental separativo, que –sin necesidad de anular toda individualidad verdadera– permite vivir desde una conciencia universal.

Siete Senderos se dice que se abren ante la mirada del Maestro que ha trascendido la cuarta Iniciación, el Sendero del Servicio a la Tierra es sólo uno de ellos. Pero no vamos a detenernos ni en la sublimidad de estos Siete Senderos ni en la belleza de las restantes Iniciaciones. Baste señalar que entre ellas se encuentran aquellas que corresponderían a la Ascensión y la Resurrección en el simbolismo que aquí nos interesa, procedente de la vida de Jesús el Cristo. Digamos tan sólo que se aprecia una cierta equivocidad en la presentación de estos términos, pues en ocasiones se afirma que la Ascensión no sería tanto una Iniciación mayor por sí sola, sino un tránsito entre la Crucifixión (4ª) y la Revelación (5ª) –véase, por ejemplo, en *Los Rayos y las Iniciaciones*, obra que venimos comentando, pág. 704–, mientras que en otras ocasiones se la considera como la verdadera sexta Iniciación (*o.c.*:720).[50]

No cabe duda, no obstante, de que la séptima Iniciación equivale a la Resurrección. Respecto a ella, afirma el Tibetano:

> «La sexta Iniciación de la Decisión es preparatoria para la de la Resurrección, la séptima iniciación. Ésta sólo puede pasarse cuando la voluntad del Maestro se ha fundido completamente en la del Logos planetario. Entre la sexta y la séptima iniciaciones ocurre "un interim de fusión divina"; una representación elemental y algo distorsionada de esta fusión crítica se ofrece en el Nuevo Testamento, cuando leemos la experiencia del Cristo en el "jardín" de Getsemaní. También ahí –como en la cuarta Iniciación de la Renunciación/Crucifixión– el elemento humano de sufrimiento se ha acentuado,

50. Puede señalarse, incidentalmente, que el Maestro D.K., el Tibetano, declara haber recibido en esta vida la 5ª Iniciación y haber escalado el monte de la Ascensión (*o.c.*:707).

mientras que en el "jardín" verdaderamente simbólico, entre la sexta y la séptima Iniciación no hay ningún aspecto de sufrimiento. El sufrimiento y el dolor no entran en la conciencia del Maestro. Cuando se dice en el Nuevo Testamento que los ángeles descendieron hacia el Cristo, lo que verdaderamente significa es que Aquellos que moran y trabajan en Shamballa utilizan ese período para instruir al Iniciado que ha hecho su decisión a través de una expresión de su naturaleza divina y en el significado del propósito divino; todo ello tiene que ver con la relación de nuestro Logos planetario con el Logos solar, y la decisión se toma a través del desarrollo de esa sensibilidad superior que conduce inevitablemente a la percepción cósmica» [Bailey, 1990:722-723].

Noticias en torno a la reaparición del Cristo a finales del siglo xx

La cuestión de la reaparición de Cristo/Maitreya ha seguido estando en un primer plano de la literatura esotérica posteosófica. Uno de los casos destacados es el de Benjamin Creme (1979), quien lleva casi tres décadas anunciando la inminente reaparición de Maitreya, el Cristo. B. Creme perteneció a la Escuela Arcana durante un tiempo y después afirmó haber encontrado a su Maestro en los planos sutiles, quien le dijo que pronto se convertiría en mensajero de la reaparición de Cristo. En un primer momento, B. Creme impartía conferencias sobre el tema y, al final, Maitreya, el Cristo se expresaba a través de él, ya sea mediante la mirada amorosa a los asistentes, intensificando la vibración de la sala (así es como lo conocí en Londres a finales de los años setenta), ya sea ofreciendo algunos mensajes, generalmente breves, que han sido recogidos y divulgados posteriormente (Creme: 1980-1982).

En 1979 publicó su primera obra *La reaparición de Cristo y los Maestros de Sabiduría*, título de claro sabor posteosófico. En él explica su proceso personal y la preparación para la reaparición de Maitreya (nombre que se identifica con Cristo). En esa fecha se decía que la preparación estaba muy avanzada; de hecho, ya había comenzado y estaba llamada a hacerse pública dentro de pocos años. Concretamente se afirmaba que, en un momento determinado, aparecería por las televisiones de casi todo el mundo e incluso quienes no lo contemplaran de ese modo podrían percibirlo de manera telepática y sentirse unidos a él. Pero los años fueron pasando y la aparición pública se fue postergando, alegando que las fuerzas oscuras estaban impidiendo o al menos obstaculizando el proyecto anunciado. Lo cierto es que hasta el momento se ha seguido postergando y lo anunciado con fechas bien concretas no ha sucedido.

Baste el siguiente texto para resumir cuanto venimos diciendo:

> «El 7 de julio [7] de 1977, el propio Maitreya nos informó de que Su cuerpo de manifestación –el Mâyâvirupa– estaba totalmente terminado y que Su Cuerpo de Luz (Su Cuerpo Ascendido) se hallaba ahora descansando en Su Centro de los Himalayas. El 8 de julio, se nos dijo, el Descenso había comenzado. El martes, 19 de julio, mi Maestro me dijo que Maitreya había llegado ya a su "punto de focalización", un conocido país moderno [...]. Mi Maestro me dijo que Maitreya había estado descansando, aclimatándose, durante tres días, y que ese día, el 22 de julio, su Misión había comenzado» [1979:20-21].

Repárese en la fecha elegida, por su valor numerológico, el 7-7-77. Es frecuente encontrar en la literatura esotérica la estrecha relación entre acontecimientos importantes y determinadas fechas. Pongamos como ejemplo cuando Trigueirinho afirma: «El 8-8-88 (esto es, el 8 de agosto de 1988) se inició un nuevo ciclo planetario y solar, y un período de purificación interior en la Tierra, debido a esto, los niveles de consciencia en el planeta están pasando por transformaciones profundas» (Triguerinho, 1996:80).

En 1983 B. Creme publicaba *Transmission: A Meditation for the New Age* donde además de contestar a múltiples preguntas que sus oyentes y lectores se suelen plantear sobre su mensaje, propone una meditación grupal como servicio planetario en la que los participantes tratan de canalizar, en actitud receptiva, energías espirituales, procedentes del *Avatâr* de Síntesis, del Espíritu de la Paz, del Buda y de la Jerarquía Espiritual planetaria. La Gran Invocación es la herramienta principal para ello (Creme, 1983).

También desde la tradición esotérica posteosófica, en 1987, Vicente Beltrán, en el último de sus libros, *Magia organizada planetaria*, tal como vimos, considerándose de alguna manera portavoz de los proyectos de la Fraternidad planetaria, dada su relación ashrámica consciente, afirmaba que el plan que abarcaba la reaparición de Cristo ha cambiado y se ha postergado. Éstas son sus palabras, al comienzo de un largo texto que citamos en su totalidad dado su interés en otros aspectos:

«La Gran Fraternidad Blanca, inspirada desde el Centro místico de Shamballa, decidió modificar en ciertos aspectos los planes iniciales con respecto a la Venida del Instructor espiritual de la Nueva Era, que había sido prevista para finales del presente siglo [XX], y aplazar para mejores y más nobles tiempos este acontecimiento tan trascendente y tan vehementemente esperado por los hombres y mujeres de buena voluntad del mundo y por las mónadas espirituales de los demás reinos de la naturaleza. A tal efecto y coincidiendo con el Festival de Wesak del año 1955, tuvo lugar en Shamballa un magno Concilio presidido por el Señor del Mundo, Sanat Kumara, al que asistieron los Señores del Karma planetario, los Ángeles superiores de los Reinos y los grandes Adeptos de la Gran Fraternidad» [...]. Allí se elaboraron tres proyectos fundamentales [Beltrán, 1987:17-18]. Tales fueron estos proyectos: 1° Promover el reconocimiento del Reino de Dios, Shamballa, en todos los medios esotéricos, religiosos, filosóficos y meta-físicos del mundo y presentar a la Jerarquía espiritual del planeta o Gran Fraternidad Blanca, como el *Âshram* espiritual y grupo práctico de trabajo del Señor del Mundo, a través del cual se proyectan, organizan y llevan a cabo los propósitos y decisiones del gran Señor planetario dentro del "círculo-no-se-pasa" de la Tierra. 2º Atraer la atención de los aspirantes espirituales del mundo y muy especialmente de los científicos con mente amplia y progresista, sobre aquella misteriosa corriente de vida logoica definida esotéricamente como "dévica" o angélica, considerándola la ENERGÍA potencial de la Creación, cósmica, solar, planetaria, humana y atómica. 3º Introducir conscientemente a los discípulos espirituales de los distintos *Âshrams* de la Jerarquía espiritual del planeta en los misterios de la Creación, desarrollando en ellos, mediante técnicas apropiadas, aquella actividad espiritual técnicamente descrita por los Adeptos como Magia organizada, que ha de orientar los esfuerzos de los discípulos hacia el bienestar de la Raza y hacia el Servicio creador» [Beltrán, 1987:18].

Volveremos a encontrar poco después a V. Beltrán para narrar sus experiencias con los *devas* y ángeles de distintos tipos.

Pocos años después de lo que hemos leído en V. Beltrán, en una obra cuyo original francés vio la luz en 1991, Anne y Daniel Meurois-Givaudan –investigadores esotéricos independientes, podríamos decir–, haciendo de "transmisores" del Espíritu del Sol, terminan diciendo lo siguiente a propósito de la venida de Aquel que viene:

«En adelante, la cuestión se sitúa ahí, amigos, en torno a la recepción de la energía de Kristos. Ya no serán vuestro Jesús, vuestro Buda, vuestro Profeta, quienes se van a manifestar, sino vuestra capacidad de recibir, de acoger su único principio: el Amor. Le habéis dado muchos nombres: Imam Maadi,

Maitreya, Cristo, Quetzalcoatl, y otros más. Habéis esculpido su imagen en el secreto de vuestro corazón, o bien os encogéis de hombros al escuchar su nombre. Pero, si simplemente abrierais la mano…, no haría falta mucho para que Él la tome» [Meurois-Givaudan, 1992:184].

Ellos mismos confiesan que no son los "autores" del libro. Como suelen hacer en todas sus obras hay una confesión inicial del proceso que les ha llevado a la elaboración del libro. Éstas son sus palabras respecto a cómo se gestó esta obra:

«Un Aliento nos condujo a Siria, en el calor abrasador del pleno verano y de sus tensiones políticas; un Aliento que nos decía que debíamos recoger "algo" allí, sin más. En realidad, ese "algo" es más bien una luz que vino hacia nosotros. ¡Y qué luz! ¡Qué presencia! Durante once días, su fuerza nos siguió paso a paso, de ciudades a desiertos, prodigando con la misma voz, tan firme y tan apacible, su enseñanza. ¿Qué podemos decir, aparte de que, desde sus primeras entonaciones, nos remitió a cierto rabí vestido de blanco que en su día recorrió los caminos de Palestina? Porque esos parecen ser los hechos. Él está de nuevo entre nosotros, no Cristo otra vez en tanto realidad física, sino el Maestro Jesús que le prestó su cuerpo» [Meurois-Givaudan, 1992:9-10].

Recordemos la distinción que hemos analizado ya suficientemente entre Jesús y Cristo. En este caso, como puede verse, se trataría del Maestro Jesús hablando sobre la venida de Cristo.

Pero, digamos también que los autores quieren desmarcarse del llamado *channeling*, canalización, que ellos entienden como "mediumnidad controlada" y afirman que su encuentro físico fue revisado en los Registros Akáshicos, donde todo lo sucedido, todas las palabras pronunciadas incluso, quedan grabados: «Algunos meses después de su desarrollo, hemos revivido los contactos mediante una serie de lecturas en los Anales

Akáshicos. Este método resultaba imprescindible para transcribir nuevamente el mensaje con precisión y en condiciones materiales flexibles» (*o.c.*:11).

Volvamos al final de la obra, por el asunto que nos interesa ahora. Su recuerdo de la llegada de falsos profetas y su propuesta de trabajo desinteresado merecen meditarse. La conclusión puede parecer ambigua, pero creemos que se desprende una actitud interesante. Veámoslo:

> «¿Queréis saber a qué se va a parecer ese Cristo en quien ponéis todas vuestras esperanzas? ¡A todo lo que no podéis imaginar! ¡A todo lo que vuestros ojos aún no consiguen circunscribir! A todo lo que nunca sabrán delimitar. A toda Luz, salvo a la que es propiedad de una iglesia particular. Dejadme deciros que primero aparecerá entre vosotros uno, y luego dos, y luego tres y más aún que se levantarán gritando: "Es a mí a quien esperáis". Y habrá hombres lo bastante sordos para escucharlos. Por fin surgirá otro, más hábil, que no se nombrará sino que se hará designar, un hombre con palabras teñidas de paz y de gran poder, un ser capaz de subyugar y al que escucharán los gobiernos... ¡y al que también vosotros escucharéis! Sin duda, hipnóticamente sacará de vosotros algo que se parece mucho al amor, ya que sabrá llevar a los hombres y mujeres hasta cierto punto..., pero ¿los llevará hasta el Encuentro? Os dejo a vosotros el trabajo de responder [...]. Entonces os incitarán a colocaros tras él como tras un jefe de tropa...
>
> »¡En realidad, amigos, *Aquel que viene* realmente ha tomado la delantera porque ya está aquí! ¿No podéis distinguir su rostro? ¡No importa! Él conoce el vuestro hasta en sus menores arrugas. Simplemente sonreirá cuando "aquel que se haga designar" haya terminado su trabajo. Entonces, podréis devolverle la Luz que él difundía en vosotros como en un pozo aparentemente sin fondo.
>
> »¿Quiere decir eso que nunca veréis la silueta de un ser con el

resplandor de Cristo? […]. Poned fin al condicionamiento de la recompensa, la de "ver un día a alguien". Es cierto que mi hermano Cristo tomará un hábito de carne y que millones de vosotros lo reconocerán. Pero eso no se producirá hasta que la propia carne, por la mutación de la conciencia que la anima, haya elevado en un grado su realidad vibratoria» [Meurois-Givaudan, 1992:186]

Aproximadamente al mismo tiempo que V .Beltrán y A. y D. Meurois-Givaudan expresaban lo que acabamos de ver, D. Spangler (1945), de quien hemos recordado su paso por Findhorn entre 1970 y 1973, pero que ya antes, desde 1964, se dedicaba a impartir conferencias en las que compartía sus experiencias en los mundos sutiles, frecuentes desde su infancia, volvía a exponer su visión del Cristo, tema que nos interesa aquí. En un seminario, impartido junto con William Irwin Thompson en 1989, vemos ejemplificado el paso de su inicial lenguaje teosófico, el primero en el que intentó expresar sus propias experiencias espirituales, a un lenguaje que podríamos denominar holístico y holográfico. Así, por ejemplo, la noción de Maestros de la Jerarquía espiritual pasa a ser expresada en términos de presencias y patrones de conciencia-energía que forman una *holarquía*. Ahora bien, este encomiable esfuerzo por buscar un lenguaje libre de las connotaciones esotéricas sigue teniendo como objeto de su discurso sus propias experiencias personales. De este modo, narrando algunas de sus experiencias y encuentros espirituales decisivos afirma: «A lo largo de los años, he encontrado y experimentado una amplia variedad de seres, de patrones y de condiciones, pero hay tres que siempre han destacado. Una es la presencia que impregna todo lo demás. Se halla más allá de toda descripción, pero pienso en ella como el fundamento absoluto de todo cuanto existe» […]. «Esta presencia es universal, trascendente y más allá de la imaginación humana, pero al mismo tiempo es algo profundamente personal, inmediato y accesible» (Spangler & Thompson, 1991:138).

Como una expresión de lo anterior, Spangler habla de una *sacralidad dinámica*, algo que denomina también la *función avatárica*, y distingue entre la presencia del Buda y la presencia de Cristo como algo experiencial y vivido. Merece la pena citarlo con cierto detenimiento:

> «Hay una extensión o aspecto de esta Divinidad que penetra en los patrones encarnacionales de la creación y une lo inmanente con lo trascendente, lo particular con lo universal. Podría llamársele sacralidad activa o dinámica. Yo pienso habitualmente en ello como la función avatárica. A veces lo experimento como dos presencias separadas. La primera es una presencia que, cuando la encuentro, es como entrar en un pozo de paz, de compasión, de serenidad profunda, profunda. Posee una cualidad de profundidad que sobrepasa toda descripción. Siempre he identificado esta presencia como el Buda, y la primera vez que fui consciente de ella era un adolescente. La segunda es una presencia de amor y compasión, así como una presencia de paz, pero posee una energía poderosamente estimulante. Posee sentido del humor y del juego, es potenciadora y se halla íntimamente implicada en los procesos de encarnación. La primera vez que la encontré, simplemente dijo: "Soy aquello a lo que vosotros habéis llamado el Cristo"» [*Ibid.*].

Spangler trata de mostrar las diferencias entre la imagen del Cristo que la religión cristiana ha ido proponiendo y destacando a lo largo de la historia y la mucho más amplia realidad del Cristo, en cuanto presencia activa en el mundo que trasciende todo dogma y toda teología particular. En ocasiones, las presencias del Buda y del Cristo parecen fundirse hasta ser una y la misma, en otras ocasiones su experiencia parece describirse de manera más precisa como si se tratase del espíritu del Buda, ante el que siente una profunda humildad. Sin embargo, ante la pregunta de por qué hablar del Cristo, cuando su nombre se encuentra tan estrechamente asociado a toda la historia de una religión y una teología muy determinadas y no siempre gloriosas, Spangler confiesa: «siempre me he sentido fundamentalmente un servidor del Cristo». De modo que «hablo del Cristo porque celebro su presencia en mi propio corazón y he hallado que es una fuente de gozo y sanación. Para mí, el Cristo es mi amado ¿y quién no hablaría de su amado?» (*o.c.*:139).

Ahora bien, para sugerir ciertas diferencias entre su visión del Cristo y la de las teologías cristianas ortodoxas, utiliza la noción del Cristo cósmico. El siguiente texto es suficientemente explícito al respecto:

> «Así pues, el Cristo cósmico es el Cristo libre de un acontecimiento histórico particular. Está activo a lo largo de todo el tiempo. Se halla activo en cada uno de nosotros, seamos cristianos o no, y representa la promesa de que cada uno de nosotros puede ser encarnación de lo sagrado. Revela su aspecto femenino y el aspecto que se halla más allá del género. Está presente en la naturaleza. Es el espíritu de la sacralidad en la Tierra y en todo el Cosmos. Está tan presente en otras tradiciones de fe, incluidas muchas de las que llamamos paganas, como lo está en el cristianismo, y a veces me da la impresión de que está más presente en otras religiones que en algunas de las denominaciones cristianas cuyas actitudes y acciones van contra las cualidades compasivas, universales y amorosas del Cristo» [*o.c.*:140].

Siguiendo con el lenguaje holístico y holográfico, con metáforas basadas en el lenguaje de la nueva física, Spangler muestra que el Cristo histórico tradicional lo hemos imaginado como un Cristo-partícula, un individuo que salva a individuos. Sin negar tal imagen, propone que el Cristo cósmico se puede representar como un Cristo-onda. Una especie de campo de conciencia amorosa –podríamos decir– que abarca campos menores, que los contiene e integra, como un holón superior incluye a los holones inferiores. Aquí las fronteras no están tan delimitadas, «excepto donde el amor dicta que las haya en un momento dado, para ofrecer substancia y foco a actos de compasión y servicio» (*o.c.*:145).

El Cristo es pensado también en términos de *dimensiones* y hasta de *geometrías*. Así, hablando de las dimensiones superiores del Espíritu, de las presencias angélicas con las que allí se puede establecer contacto, habla del Cristo en estos términos, sin duda chocantes para la imagen antropomórfica dominante:

> «Pensamos al Cristo como una persona, y a veces como una energía o un estado de conciencia. Al dirigirnos a los ámbitos internos, puede ser experimentado como una dimensión que recorre todos los universos y todas las dimensiones implícitas y explícitas, hasta la Fuente. Es una dimensión tan real como el espacio y el tiempo, pero al dirigirnos hacia ella podemos trascender el espacio y el tiempo tal como los conocemos. El Cristo es un modo de extendernos y manifestarnos en el universo de un modo que genera cualidades de capacitación, participación, comunión, co-creatividad, compasión y amor, por mencionar unas cuantas. Ahora bien, puede ser útil también considerar al Cristo como una especie de metageometría o metatopología que se encuentra accesible en cada punto de la encarnación en la creación. Es parte de la arquitectura fundamental de la creación, y al mismo tiempo es la más compleja de las dimensiones superiores y una de las más simples, en el sentido de ser accesible en todas partes» [Spangler & Thompson, 1991:123].

6.10. DEVAS, ÁNGELES, ESPÍRITUS DE LA NATURALEZA: COMPLEMENTO DE LO HUMANO Y UNA PUERTA HACIA LA EXPERIENCIA DE LO SAGRADO

Hemos hecho referencia en más de una ocasión a la comunidad de Findhorn, una de las más representativas de la Nueva Era. Como se sabe, el corazón de esta experiencia comunitaria está constituido no sólo por la comunidad entre las distintas personas que allí han ido habitando, sino también y en la misma medida entre éstas y los "devas" o "espíritus de la naturaleza" que les ayudaron a producir huertos y jardines deslumbrantes allí donde parecía más bien una zona desértica. Peter Caddy (1917-1994) y Sheena Govan eran matrimonio cuando comenzaron la aventura junto con Dorothy Maclean y Eileen Combe, quien más tarde se convertiría en esposa de Peter tomando su apellido, de ahí su nombre más conocido: Eileen Caddy.

Desde 1956 trabajan juntos en un hotel turístico en el Norte de Escocia, pero va a ser en 1962 cuando se instalen en una *roulotte* en Findhorn, siguiendo instrucciones de los mensajes que Dorothy Maclean recibía de ciertos *devas*. En esa misma fecha hemos visto ya que se funda Esalen en California, lugar de encuentro de nuevas terapias y doctrinas orientales (las otras dos dimensiones de la Nueva Era, además de la esotérica, mejor representada por Findhorn). Hemos dicho también que entre 1970 y 1973 D. Spangler residió en Findhorn dando un nuevo impulso a tal comunidad. La comunicación entre los *devas* y los seres humanos, por tanto, forma parte del corazón de la Nueva Era desde sus orígenes.

Pero la comunicación entre los "ángeles" y los "hombres" no es ninguna novedad. La tradición cristiana conoce bien los nueve coros de ángeles, según la clasificación de Dionisio Areopagita, seguida más tarde y canonizada por santo Tomás de Aquino, a saber: Serafines, Querubines, Tronos, Dominaciones, Virtudes, Potestades, Principados, Arcángeles y Ángeles, todos ellos colaboradores y partícipes de la gloria de Dios. Los nombres de J. Milton, J. Boehme o E. Swedenborg bastarían para recordar la presencia de los ángeles en la historia de Occidente (Bloom, 1997).

La tradición hindú pone de manifiesto en los himnos védicos la lucha entre los *devas* y los *asuras*, términos a menudo traducidos como "dioses" y "demonios" respectivamente, pero que –tal como sugirió ya Coomaraswamy– sería mejor traducir como "ángeles", en el caso de los *devas* (y quizás arcángeles en el caso de los *mahâ-devas)*. No es necesario recordar que ya antes de la tradición cristiana, en el Antiguo Testamento y por tanto en la tradición judía, los ángeles están presentes con cierta frecuencia, por ejemplo cuando Yahvé pone a prueba a Abraham diciéndole que sacrifique a su hijo, pero evitando que llegue a hacerlo al mandar a uno de sus ángeles a que detenga su brazo en el momento justo. Ya antes, al ser expulsados Adán y Eva del jardín del Edén, Yahvé pone en la puerta del paraíso a dos querubines con flamígeras espadas para que no puedan dar marcha atrás. De modo similar, la tradición islámica nace con la revelación del Corán a Muhammad por parte del arcángel Gabriel, por no hablar del ángel en Ibn Arabî, Avicena o Sohrawardi.

Permítasenos una brevísima incursión en la angelología islámica, como gesto hacia el esoterismo y la gnosis presentes en esta tradición que tan poco hemos recogido en esta obra y que Henry Corbin ha presentado con tanta abundancia como finura. Comencemos recordando cómo para Avicena la idea exotérica de la creación encuentra su clave esotérica en la procesión de intermediarios que van reduciendo la Luz infinita del Uno primordial. A partir de Éste, El Primer Causado es la Primera Inteligencia o Primer Querubín (equivalente al Arcángel sacrosanto de la teología ismailí). La "procesión" de Entidades intermedias continúa hasta llegar a la Décima Inteligencia que no es otra que el propio arcángel Gabriel, a su vez identificado con el Espíritu Santo. Sería de ahí de donde proceden las almas humanas, "Verbos" divinos menores. El ángel Gabriel es, pues, Aquel de quien emanan nuestras almas.

Recordemos que en la gnosis ismailí encontramos Siete Querubines o Siete Verbos Divinos, de modo similar a como en el Libro denominado *Enoch III* se habla de los Siete Arcángeles príncipes de los siete cielos y su innumerable corte de Ángeles. Justamente en Enoch es central la figura del ángel Metatrón, Príncipe de la Presencia, que se presenta como el hombre-celestial, del cual Enoch sería el hombre-terrenal. Hemos visto que tanto la clave septenaria como la figura de Metatrón ocupan un puesto destacado en algunas presentaciones de la Nueva Era.

Nos interesa señalar, en Avicena, el papel del Ángel como polo celeste del ser humano, como su individualidad más íntima y más elevada, su "Amigo espiritual" y "Compañero de ruta". Esta bipolaridad angelo/antropo/lógica queda reflejada en el siguiente texto:

> «Todo ocurre como si en la Imagen de la *dualitud* que le es inmanente, el alma percibiera el lazo diádico que le une al Ángel-Inteligencia del que procede, del que ella misma es a su vez la contrapartida terrestre y respecto al cual es como el Ángel que escribe respecto al Ángel que dicta, o como el Alma celeste de deseo respecto al Ángel que ésta contempla. Pues el intelecto contemplativo que tipifica el yo celeste es, sin duda, aquella de las caras del alma que está vuelta hacia arriba, pero pertenece a un alma encarnada que rige un cuerpo, y ambas caras juntas no son más que una sola y misma alma humana» [Corbin, 1995:98].

En Ibn Arabî encontramos igualmente esta idea de la bipolaridad o doble dimensión del ser humano (celeste/terrestre), la existencia de esa hecceidad o individualidad eterna que constituye el "Ángel" de cada ser humano, su polo celeste:

> «Parece que esta bidimensionalidad, esta estructura de un ser con dos dimensiones, depende de la idea de una hecceidad eterna (*'ayn thâbita*) que es el arquetipo de cada ser individual del mundo sensible, su individuación latente en el mundo del Misterio, que Ibn Arabî designará igualmente como Espíritu, es decir, el "Ángel" de ese ser. Las individuaciones "esenciadas" por la Esencia divina revelándose a sí misma afloran eternamente desde el mundo del Misterio. Conocer su

hecceidad eterna, su propia esencia arquetípica, significa para un ser terrenal conocer su "Ángel", es decir, su individualidad eterna tal como resulta de la revelación del Ser divino al revelarse a sí mismo» [Corbin, 1993:244].

Se comprende así que Ibn Arabî y Corbin puedan decir que el don místico supremo sea la visión de la propia hecceidad (la *Daena-fravarti* del mazdeísmo), el arquetipo celeste del propio ser terrestre de cada uno, visión teofánica que es, en realidad, angelofanía. Todo ello puede hacernos sospechar que la visión que Ibn Arabî tiene del término *fanâ* no equivalga a la simple aniquilación que a veces se ha querido leer en clave *advaita* radical. Así es, *fanâ* «no designará la destrucción de los atributos que cualifican la persona del sufí, ni su transferencia a un estado místico que acaba con su individualidad para confundirle con el llamado "universal" o con la pura Esencia inaccesible. La palabra *fanâ* será la "cifra" que simboliza la desaparición de las formas que sucede de instante en instante y su sobre-existencia (*baqâ*) en la substancia única que se pluraliza en sus epifanías» (Corbin, 1993:235).

La riqueza de la tradición islámica, especialmente en su dimensión esotérica, sea en el sufismo o en el shi'ísmo no siempre recibe la atención que merece, tanto en los estudios de historia de las religiones como en el campo del esoterismo contemporáneo Pero nos interesa centrarnos ahora en lo que la Nueva Era –y sobre todo sus doctrinas esotéricas– tiene que decirnos de los Ángeles o *Devas*.

Tanto en la obra de R. Steiner (1978b) como en la de A. Bailey (1983), los dos principales autores de la *new age sensu stricto*, desempeñan un importante papel. Más tarde, con la exteriorización y exoterización de la espiritualidad Nueva Era, la cuestión de los ángeles se convierte en un tema central en los libros y cursos que encajan en tal enfoque. Pero aquí nos centraremos en la que, a nuestro entender, constituye una de las obras claves, sobre el tema en las últimas décadas. Se trata de la trilogía llevada a cabo por Vicente Beltrán Anglada, comenzada a finales de los setenta y continuada durante la primera mitad de los ochenta, esto es, en plena efervescencia del movimiento Nueva Era.

Hay que decir que no se trata de una obra de recopilación de datos, sino de "investigación esotérica" personal por parte del autor, quien a través de sus dotes de clarividencia superior, tuvo la ocasión de entrar en contacto con determinados tipos de *devas* o ángeles, términos empleados por él indistintamente, aunque veremos que ofrece detalladas clasificaciones de tipos de *devas* o ángeles. No sólo eso, sino que los dibujos presentados en los libros, realizados por Josep Gumí, proceden de la investigación conjunta, ya que también este pintor y amigo del autor poseía una notable clarividencia, por lo que verificaron juntos la validez de las representaciones pictóricas ofrecidas. Cabe recordar que ya en las presentaciones teosóficas de C.W. Leadbeater y Annie Besant, ambos igualmente clarividentes, se ofrecieron algunas representaciones de los *devas* y elementales de la naturaleza, así como de las formas mentales creadas por cada individuo o los "egregores" configurados mediante la actividad grupal.

El propio Beltrán ha relatado en varias ocasiones sus encuentros con *devas*. Así, por ejemplo, cuando trabajando en Ginebra, en la Escuela Arcana –precisamente en 1963, al mismo tiempo que en Findhorn D. Maclean establecía contacto con otros *devas*– se preparaba para dirigir una meditación de plenilunio y hablar sobre el Om como *mantram* solar. Se sentó bajo un castaño y allí sucedió lo que narra:

> «No sé cuánto tiempo permanecí allí bajo el castaño… sólo sé y sólo recuerdo que sentí resonar de pronto el OM sagrado dentro de mí mismo, como si del fondo de mi corazón espiritual surgiese aquella VOZ, muy familiar, pero que no podía identificar en aquellos momentos con nada conocido y cuya

vibración determinaba en mí un estado de armonía e integridad que nunca había conocido ni experimentado. Al abrir los ojos, incapaz de resistir aquella tensión creadora y aquel poder que me transformaba internamente, vi ante mí, sonriente, pero lleno de majestad, a un resplandeciente Deva. Su forma era casi la humana, aunque supongo que había adoptado aquella forma para mejor establecer contacto conmigo. Surgían de su aura como poderosos haces de luz que se extendían en irisoladas ondulaciones de un intenso color azul violáceo, abarcando con sus destellos toda la extensión del lugar en que se hallaba situado» [Beltrán, 1977:188-189].

Pero, vayamos ya a la trilogía de nuestro autor, cuyo título genérico es, justamente, *Un tratado esotérico sobre los Ángeles*. Si bien el autor enmarca su estudio en un amplio contexto, típicamente posteosófico, influido especialmente por la obra de A. Bailey y su terminología, así como por la cosmología septenaria que le es característica, nosotros trataremos de centrarnos en los aspectos más antropológicos y más concretos, con el fin de dar tan sólo unas pinceladas del alcance de la cuestión de los *devas* o ángeles.

Efectivamente, la cosmología septenaria salta a la vista desde el comienzo, cuando afirma: «Cada Plano es expresión de la capacidad interpretativa y constructiva de un Arcángel y que escindido en siete subplanos expresa una riqueza de cualidades y posibilidades infinitas de acción mediante la actividad de siete excelsos Angeles constructores» (I:39).

Fijémonos que la complementariedad entre el Humano y su Ángel tiene una correspondencia superior, podríamos decir, en la complementariedad entre los *Logoi* (Regentes de un planeta o de un sistema solar) y los Arcángeles: «Hay un Ángel para cada Hombre y un Hombre para cada Ángel. Hay un Arcángel para cada Logos y un Logos para cada Arcángel» (I:34-35).

Lo cierto es que el cosmos estaría mucho más poblado de lo que nuestra ciencia puede decirnos hoy. Población jerárquicamente organizada, tanto en lo que respecta a aquellos seres en los que la conciencia o inteligencia está en un primer plano (los seres humanos o los *logoi* planetarios), como en aquellos en quienes el aspecto energía destaca más. Es como si los seres inteligentes pensaran y los seres dévicos construyeran con la energía que les constituye y que manejan. Así, por ejemplo «Los ángeles tienen el poder de construir átomos por un proceso de substanciación o solidificación del éter» (I:27). Y no sólo construyen átomos, sino en un nivel superior, planetas, sistemas solares y galaxias, estructuras "pensadas" por Inteligencias de orden humano, planetario, solar o galáctico.

Pero veamos que la jerarquía angélica es muy amplia y variada, desde los pequeños elementales de la Naturaleza, conocidos a través de los cuentos y leyendas populares, hasta los grandes Arcángeles constructores de galaxias. Entre los más conocidos de los primeros cabe recordar la existencia de:

– Elementales de la Tierra: gnomos
– Elementales del Agua: ondinas y hadas
– Elementales del Fuego: salamandras, *agnis*
– Elementales del Aire: sílfides o silfos

Hay también Ángeles guardianes de la humanidad, así como Los Siete Espíritus ante el Trono de Dios –que aparecen en la Biblia–, llamados aquí Arcángeles o Mahadevas, y regente cada uno de un plano del universo. A continuación vemos el nombre de los siete Arcángeles regentes de los siete planos, así como el nombre que recibe el tipo de ángeles o *devas* que se hallan a su cargo. (*Véase* cuadro pag. 358.)

Una atención especial recibe en la obra de Beltrán un tipo de ángeles denominado "ángeles solares". Su importancia en las cuestiones de antropogénesis es extraordinaria, dado que en los orígenes mismos de la humanidad, en el proceso de homi-

Yama:	Arcángel del plano físico (Tierra) –Agnischaitas o Devas Constructores.
Varuna:	Arcángel del plano astral (Agua) –Agnisuryas o Ángeles del Diseño.
Agni:	Arcángel del plano mental (Fuego) –*Agnishvattas* o Señores de los Arquetipos.
Vâyu o Indra:	Arcángel del plano búdico (Aire) –Ángeles planetarios.
Âtmi:	Arcángel del plano âtmico.
Anupadaka:	Arcángel del plano monádico.
Âdi:	Arcángel del plano ádico.

nización, cada unidad de conciencia entonces en su fase de hombre-animal fue ayudada, y todavía lo sigue siendo, por un Ángel solar, un elevado Ser, de la talla del Adepto, que se unió a él para inspirarle su mente, constituyendo su Maestro interno, su polo celeste, su Alma en los cielos. La unión es tan estrecha que sólo cuando el ser humano alcanza la liberación, el Ángel solar queda liberado de ese sublime "sacrificio" consistente en mantenerse ligado con el ser humano. En muchos de sus libros, Beltrán desarrolla la naturaleza del Ángel solar, algo que ya estaba presente en los libros de Bailey, especialmente en *Un tratado sobre fuego cósmico*. En la trilogía que analizamos afirma: «El ángel solar es un tipo especial de Agnishwatta capacitado en el arte supremo de la transmisión de Luz y [...] determinó vincular su radiante vida de Adepto con la pequeña vida de un hombre animal a fin de dotarle de mente y elevarle por encima del nivel de actividad de las Almas Grupo» (I:145).

En este primer volumen también aparece un tema que resulta muy frecuente en la literatura Nueva Era, como hemos visto ya, la cuestión de la Ascensión. Veámoslo:

> «El misterio iniciático de la Ascensión... es la culminación en lo que a la vida humana se refiere del principio de Redención de la substancia, estando debidamente representada por el fenómeno de agravitación mediante el cual los cuerpos físicos se tornan más ligeros por ser más liviana la composición etérica de los elementos que los constituyen y más pura y radiante la expresión de los centros de vida que habitan en tales cuerpos. Así, el Misterio de la Ascensión se fundamenta en la cualidad etérica de los elementos que constituyen las formas, pero sin olvidar que esta cualidad es esencialmente espiritual y obedece al grado de luz angélica que cada elemento físico ha logrado asimilar por efecto de las potentes invocaciones que se elevan del centro de vida espiritual dinamizando el entero contenido de la forma y preparando a cada unidad de conciencia informante de no importa qué tipo de átomo químico, célula o estructura molecular para una nueva y más radiante luz» [I:95-96].

En el segundo volumen, *Estructuración dévica de las formas* (1982), se habla de otro tipo de ángeles, "los ángeles del silencio", que colaboran en la experiencia de elevados estados de conciencia, de paz y silencio interior de gran belleza, pues la presencia en ellos experimentada es una presencia angélica:

> «Hay un tipo de sensibilidad dévica proveniente de los más elevados subplanos del plano astral, cuyas repercusiones en la vida mística de la humanidad pueden ser medidas en términos de paz, quietud y recogimiento. De ahí que los Ánge-

> les que viven, se mueven y tienen su razón de ser en tales ni-
> veles son denominados esotéricamente "Los Ángeles del Si-
> lencio"» [II:36].

Hay también *devas* que construyen los cuerpos físicos de los seres humanos. Y permanecen al lado de los niños hasta los siete años (II:71). Otro tipo de seres angélicos o dévicos inter-vienen en los rituales mágicos y en las ceremonias litúrgicas (II:130-151).

En realidad, como vamos viendo, el cosmos resulta rica-mente poblado y re-encantado, la Naturaleza vuelve a ser una naturaleza viva, animada, y la comunicación entre la dimen-sión angélica de la humanidad y la dimensión humana es mu-cho mayor de lo que la mentalidad tecno-científica actual sue-le considerar. «El hombre piensa y el ángel construye, es decir, que existe una permanente conjunción humano-dévica, admi-rablemente sintetizada en el conocido aforismo esotérico: "La energía sigue al pensamiento"» (II:213).

También en la obra de G. Gualdi/Pastor asistimos al des-pliegue de tales fuerzas dévicas, desde los Arcángeles cons-tructores relacionados con los Elohim de la Biblia hasta los elementales de la naturaleza que colaboran en el crecimiento de los árboles y las plantas, o los elementales que trabajan en la construcción de los cuerpos sutiles que servirán de vehículo para la manifestación del alma humana en los tres mundos.

Algo de esto último nos expone también Beltrán en el tercer volumen de su trilogía, *Los ángeles en la vida social humana* (1984). Así:«Hay que tener en cuenta que cada uno de los ve-hículos humanos es esencialmente un *Deva*, asistido por una innumerable hueste de devas menores, algunos de ellos minús-culos como los propios átomos, cuyo poder centralizador ha de ser conquistado por el hombre. A estos Devas se los denomina esotéricamente Elementales Constructores» (III:203).

De este tercer volumen destacaremos tan sólo el desarrollo

de esos cuatro Grandes Seres conocidos en la literatura esotérica como "Los Señores del Karma": «Una parte del secreto que puede ser revelado acerca de los Señores del Karma es que son Entidades Angélicas de elevadísima e indescriptible perfección espiritual cuya evolución se realiza en desconocidos niveles del Plano mental cósmico» (III:109).

Los cuatro señores del Karma son "personificados" a veces como:

1) El ángel de la muerte, cuyo color sería rojo fuego y pertenecería al Rayo 1º, siendo su función, justamente, la destrucción de la forma en el momento oportuno.

2) El ángel de la justicia, de un hermoso color azul índigo, perteneciente al Rayo 2º y especializado en la estabilidad y equilibrio.

3) El ángel de los archivos akáshicos puede contemplarse con su color amarillo claro, acorde con el Rayo 3º al que pertenece y su tarea principal es el registro de memorias. Tiene a su cargo infinidad de "ángeles del recuerdo" cuya función es expresada en los siguientes términos: «Los ángeles del recuerdo son agentes del gran Señor kármico denominado esotéricamente la Memoria Cósmica, y los encargados de grabar con caracteres indelebles en la vida del Alma humana todos los hechos y acontecimientos que constituyen sus experiencias en el tiempo» (III:102).

4) El ángel de la liberación es de un violeta purísimo y coordina los movimientos de renovación y de creación (III:115).

Dejando ya la trilogía, pues también en otras de sus obras se ha ocupado de los *devas*, podemos observar que si hemos hablado de fraternidad planetaria, ésta incluye no sólo a los seres humanos, sino también a los *devas*. Y éste sería un momento en el que la unión entre ambos puede llevarse a cabo de manera consciente. Así lo expresa nuestro autor: «El proceso de la evolución planetaria, considerado esotéricamente es de fraternidad humano-dévica. Esta fraternidad, conscientemente reconocida e inteligentemente realizada, producirá finalmente el Arquetipo de belleza y armonía del mundo del futuro» (Beltrán, 1977:187).

Tanto en las obras de Blavastsky como en las de Bailey y las de Omnia (Gualdi/Pastor) hallamos abundantes referencias a los Señores del Karma, en la línea que hemos visto aquí. Y no sólo en la tradición teosófica, sino como veremos, en otros muchos lugares, al menos aparentemente ajenos a ésta. Así, por ejemplo, Gualdi se refiere a ellos a partir de una pregunta sobre los sucesos *post mortem*, relatando cómo son ellos quienes se encargan de conducir el alma que desencarna a una zona vibratoria u otra del plano astral, acorde con su propia naturaleza vibratoria más íntima, así como ellos son los encargados de procesar todos los datos kármicos para discernir hasta cuándo debe "dormir" –pues es frecuente que la muerte sea como un sueño, un período de inconsciencia, para aquellos que no han despertado en la vida encarnada a la conciencia de las dimensiones superiores– o cuándo debe "despertar" otra vez para volver a una nueva encarnación, después de que su alma haya intentado asimilar las experiencias vividas en su vida anterior.

Vemos, pues, cómo, de un modo u otro, con mayor o menor rigor, desde la experiencia directa o desde la creencia invocativa, la existencia de los ángeles o *devas* constituye una cuestión central en la concepción de la Nueva Era. En ésta, digámoslo una vez más, la comunicación y la fraternidad deberían profundizarse, no sólo entre los seres humanos, sino también entre éstos y los *devas* o ángeles.

7. DE LA CONVERGENCIA ARMÓNICA (1987) AL FIN DEL GRAN CICLO (2012): DE LA FRATERNIDAD PLANETARIA A LA FRATERNIDAD GALÁCTICA

Si el esoterismo secularizado en el que nos hemos centrado fundamentalmente supone una transformación considerable del esoterismo tradicional, algo todavía más notable ocurre con lo que podríamos llamar el nuevo "esoterismo galáctico" que va ganando terreno cada vez más en las últimas décadas del siglo XX y en esta primera década del XXI en que nos encontramos. Si al esoterismo secularizado pertenecen nombres como Blavatsky, Bailey, Steiner, Prophet, etc., en los que la idea de la existencia de la Fraternidad espiritual planetaria, del Pleroma de Iniciados y Maestros de Amor y Sabiduría que velan por el correcto avance evolutivo de nuestro planeta, es una novedad y un aspecto central de sus enseñanzas, al esoterismo galáctico podemos asociar nombres como J. Argüelles, B. Marciniak, B. Hand Clow, Kryon, Sh. Nidle, V. Essene, y otros muchos que llevan nuestra imaginación ya no sólo a los Maestros (ascendidos o no) del planeta Tierra, sino también y en primer lugar a Guías y Maestros pertenecientes a otras constelaciones y otras galaxias. De la Fraternidad planetaria y solar pasamos a la Fraternidad galáctica, a la cual tendría oportunidad de pertenecer conscientemente, a partir de ahora, la Humanidad y el planeta Tierra. Este fenómeno suele ir unido al fenómeno de las canalizaciones, muchas de ellas atribuidas a seres que se presentan como procedentes de Sirio, Las Pléyades, Arcturus, Ganímedes u otros lugares alejados de nuestro sistema solar.

Veremos aquí algunos de ellos en relación con tres cuestiones en las que suelen coincidir y que han comenzado a llamar poderosamente la atención de los lectores abiertos a la Nueva Era y al esoterismo. En primer lugar, una fecha, año 2012, pasa de manera cada vez más decidida a primer plano. En segundo lugar, se anuncian mutaciones del código génetico de la humanidad, al mismo tiempo que se revelan antiguas manipulaciones de éste a cargo de civilizaciones extraplanetarias. En tercer lugar, se enfatiza el proceso de ascensión, personal y/o planetaria, que estaría en marcha.

7.1. EL FACTOR MAYA: J. ARGÜELLES Y C.J. CALLEMAN

Comencemos por la figura de José Argüelles, protagonista destacado de la primera fecha que enmarca este período, la Convergencia Armónica de1987, y que además es persona humana de carne y hueso, todavía físicamente entre nosotros y enarbolando la bandera de la Paz en su lucha por el cambio de calendario, convencido de la importancia de terminar con el calendario gregoriano y de volver a armonizar nuestras actividades con un ritmo natural, lunar, sintonizado con los ritmos del Cosmos (13:20). Argüelles se asocia sobre todo con su actualización e interpretación esotérica de la civilización maya. Los mayas son presentados como maestros galácticos que vinieron a nuestro planeta para ofrecernos una preciada información cósmica relacionada justamente con los ciclos temporales (maestros del Tiempo serían ellos ante todo), encerrada en el calendario sagrado conocido como Tzolkin:

> «El Tzolkin, o Calendario Sagrado, es un medio que permite rastrear la información mediante el conocimiento de los ciclos de las manchas solares. El Tzolkin es también la matriz de información que se comunica cuando menos por dos siste-

mas estelares, creando un campo de comunicación binario a través de las manchas solares. En cuanto a las fuentes de información, parece ser claro que una de ellas es las Pléyades y, muy probablemente, la otra sea Arcturus« [Argüelles, 1993:66].

La clave numérica 13:20 y sus proporciones holográficas y fractales constituyen la base del Tzolkin como tabla de frecuencias periódicas universalmente aplicable. Eso permite la elaboración de una "astrología maya", según la cual, a partir de la fecha de nacimiento, cada persona pertenece a uno de los 13 tonos y los 20 sellos que categorizan la realidad. La aportación del Tzolkin supone la posibilidad de sintonizar con la comunidad galáctica a la que pertenecemos por derecho propio y de la que podríamos y deberíamos pasar a ser miembros conscientes:

«Esta misión, al parecer era colocar a la Tierra y su sistema solar en sincronía con una comunidad galáctica de mayores dimensiones. Ése es el significado de las fechas y sus correspondientes jeroglíficos. Una vez alcanzado el propósito [...] los mayas se fueron [...] pero no todos. Algunos permanecieron como vigías, como supervisores, hablando el lenguaje de Zuvuya, el código-lenguaje críptico de los significados de los distintos ciclos de tiempo. La clave y el código que dejaron tras de sí los mayas clásicos (o diremos galácticos) a través de los cuales describen su propósito y su ciencia se hallan contenidos en el sistema frustrantemente simple de 13 números y 20 símbolos conocido como el Tzolkin» [Argüelles, 1993:78-79].

«En pocas palabras, el Tzolkin es un teclado o tabla de frecuencias periódicas universalmente aplicables [...]. En el código maya, uno se sorprende ante la constante aparición de determinados números que se refieren a proporciones holográficas o fractales específicas, incluyendo 26, 260, etc. y 52,

520, etc. De hecho es a través de las propiedades fractales que los números resuenan a diferentes octavas, trayendo a las esferas mentales y de los sentidos intervalos más elevados de información para ser codificados mediante la alineación celular» [Argüelles, 1993:109-110].

Si en el esoterismo moderno el círculo-no-se-pasa parecía situarse en el sistema solar y la noción de Divinidad remitía especialmente al Logos solar, ahora vemos la ampliación de esta noción al Centro consciente de la Galaxia, al corazón galáctico denominado Hunab-Ku, con cuyas pulsaciones de energía inteligente sería importante sintonizarse. Veamos este texto en el que la hipótesis Gaia, entendida en su sentido más esotérico como conciencia planetaria, como organismo vivo inteligente –más allá del restringido sentido original de J. Lovelock–, se amplía hasta considerar organismo inteligente a toda la galaxia:

«Supongamos que la galaxia es un inmenso organismo que posee orden y conciencia de una magnitud que trasciende el umbral de la imaginación humana. Como un cuerpo gigantesco, consiste en un complejo de sistemas estelares miembros, cada uno coordinado por el núcleo galáctico, Hunab-Ku. Al hacer pasar por ciclos energía/información tanto en el sentido de las manecillas del reloj como en el opuesto de manera simultánea, el denso corazón galáctico emite una serie de señales, que nosotros llamamos emisiones de radio. En realidad, estas emisiones corresponden a una matriz de resonancia, un vasto campo galáctico de energía inteligente cuya pulsación original de activación-desactivación proporciona la base para cuatro funciones de onda universal: una función *transmisora* o *informativa*; una función *radiadora* o *electromagnética*; una función de *atracción o gravitacional*, y una función *receptora o psicoactiva*» [Argüelles, 1993:87].

No es cuestión de entrar en la "astrohistoria" particular desa-

De la convergencia armónica

rrollada por Argüelles en esta obra y otras posteriores. La precisión del calendario maya parece asombrosa a quienes trabajan con él cotidianamente, tanto para señalar fechas pasadas importantes, como a la hora de anunciar fechas futuras relevantes. Nos interesa tan sólo el horizonte 2012 como cierre del gran ciclo de 5.125 años, tal como habría sido previsto por los agentes galácticos mayas y que coincidiría justamente con el retorno de los Mayas para que la comunidad galáctica acepte a este nuevo miembro:

> «Al considerar el gran ciclo actual (5.125 años terrestres) que abarca del año -3113 al 2012, observamos que su punto intermedio exacto, en el séptimo o intermedio de los ciclos de 13 baktunes que conforman el gran ciclo, corresponde al año -550. Esto representa aproximadamente la época asignada a las esculturas de Danzantes de Monte Albán […] fecha que se refiere a la "llegada de los Nueve Señores del Tiempo" y al hecho de traer al planeta la medición galáctica» [Argüelles, 1993:115].

Así como en la tradición hindú destaca la doctrina de los *avatares*, posteriormente asimilada por el esoterismo moderno, Argüelles habla de Pacal Votán en términos de *avatâr* cósmico, cuya Encarnación habría tenido como objetivo supervisar la iniciación de la fase final del proyecto terrestre maya:

> «¿Qué conclusiones podemos sacar de esta historia? Valum Chivim es una referencia a una de las bases estelares mayas, tal vez en las Pléyades, tal vez en Arcturus. Estas bases, por supuesto, han estado supervisando la misión maya desde que la primera onda de maestros galácticos, los Nueve Señores del Tiempo entre ellos, habían dispuesto originariamente al planeta Tierra. El maestro galáctico, Pacal Votán (encarnación avatárica), designado por sus superiores para supervisar la iniciación de la fase final del proyecto terrestre maya, po-

dría también llamarse Agente Galáctico 13 66 56, que corresponde a la fecha armónica equivalente, año 631, de su encarnación/manifestación en este planeta. Numerológicamente, 13 66 56, al igual que todos los factores de 9, también equivale a 9 (1+3+6+6+5+6=27=2+7=9)» [Argüelles, 1993:121].

Como decíamos, el período que analizamos se enmarcaría entre la Convergencia Armónica propiciada por Argüelles y el fin del gran ciclo en diciembre del año 2012. En terminología de la tradición maya, nuestro autor asocia este final de ciclo con el regreso de Quetzalcoatl, equivalente, en cierto sentido, a la segunda venida de Cristo, tema en el que nos hemos detenido anteriormente. Veamos esta interesante referencia a la reactivación de dos "mitos" o "arquetipos" centrales en el Inconsciente colectivo, articulados en torno al nombre del rey Arturo y la Tabla Redonda, por una parte, y al reino de Shamballa, por otra:

«Significando el inicio del cambio de fase, cuando el ritmo de aceleración se ponga en fase exponencialmente con la sincronización, la Convergencia Armónica (16-17 de agosto de 1987, poco después de publicarse el libro ese mismo año) no sólo señalará el regreso de Quetzalcoatl, sino también la eliminación de Armagedón. Para algunos puede ser incluso otro Pentecostés y la segunda llegada de Cristo. En medio del espectáculo, la celebración y el apremio, la vieja casa mental se disolverá, activando el retorno de recuerdos e impresiones arquetípicos, que durante mucho tiempo habían permanecido dormidos [...]. Ocupando un lugar de primer orden entre los recuerdos e impresiones arquetípicos que retornan se encuentran los correspondientes al Rey Arturo y al Reino de Shamballa. La resonancia arquetípica clama por un círculo, una mesa redonda de 12 caballeros y un rey –una vez más el 13 mágico– para restaurar el Reino de Avalón. Avalón es la Tierra y el reino es nuestra administración conscientemente resonante de esta hermosa Tierra. Como un clan empeñado en el espíritu guerrero, los Caballeros de la Mesa Redonda renacerán como los seres dispuestos a actuar y sacrificarse a favor de la causa de la Tierra, que es la causa de la luz. Todo espíritu guerrero auténtico está comprometido en servir a la luz. Mientras que la Mesa Redonda del Rey Arturo recapitula el trece de los mayas, el mito de Shamballa, el reino místico de Asia Central, es un eco de los Nueve Señores del destino galáctico, los Señores del Tiempo de los mayas, llamados en Tibet los Nueve Grandes Lha. El reino de Shamballa es en sí la característica novena y central en un valle rodeado por ocho grandes montañas. Todos sus habitantes, inspirados por las enseñanzas de Kalachakra *Tantra*, la Rueda del Tiempo recibida a través de los Reyes, alcanzaron una condición de iluminación colectiva, una vez que ya no fueron visibles sobre la faz de la Tierra» [Argüelles, 1993:261-162].

José Argüelles –presentándose con el nombre maya de *Valum Votan* y considerándose aquel que cierra el ciclo al que nos referimos–, hacía recientemente el siguiente análisis y llamamiento:

«El Mundo ha entrado en una crisis espiritual de extraordinaria gravedad. La Guerra del Terror. El recalentamiento Global. El descontento Social. Todas estas señales aparecen por doquier, en todos los rincones del planeta. Demasiado tarde para arreglar cualquier cosa, sea la que sea. Las ilusiones se desploman. No obstante, de no haber una desilusión masiva, puede que no haya un despertar espiritual masivo y genuino. Y este despertar es la única solución para esta Crisis Global. »Faltan ocho años para llegar al horizonte 2012 –afirma Argüelles cuando escribía estas palabras–. En los próximos cuatro años el "Viejo Orden Mundial" seguirá su propia ruta hacia la ruina. La degeneración de la Tierra, vía el recalentamiento global, avanza a toda máquina. Habrá una "cosecha" para las almas. El camino de preparación para la venida de la Civilización Cósmica está haciéndose. Más allá del año 2012 y de la Purificación del Alma del Mundo está la Alborada del Nuevo Tiempo, la llegada de la Civilización Cósmica a la Tierra. Si eres uno de los que ha elegido prepararse para esta venida de la Civilización Cósmica, debes empezar ahora mismo a recuperar tu auténtico ser y apropiarte de tu Nueva Mente, la mente de la Noosfera. Con la profundización de nuestra comprensión espiritual y encarándonos con nosotros mismos y con los tiempos que corren de manera honesta podremos ir cambiando nuestro estilo de vida y estar preparados para la llegada de esta Civilización Cósmica» [J. Argüelles en la presentación del curso celebrado en San Sebastián, marzo del 2004].

Desde la obra clave de J. Argüelles, los desarrollos en torno al fin del gran ciclo de acuerdo al calendario maya, no han hecho sino ampliarse. Es el caso de los dos libros de Carl Johan Calleman (1998, 2004) o el de John Mayor Jenkins (1998), así como la obra de Judith Bluestone (2001) que recopila enseñanzas no sólo mayas, sino también incas, sobre el horizonte 2012. Esta última nos dice:

«Un gran *pachacuti*, una época de gran cambio, precedía cada nueva época mundial. Según las enseñanzas andinas, la parte inicial del actual *pachacuti* terminó en agosto de 1993. Esta era la primera fase del Taripay Pacha, "el tiempo del reencuentro con nosotros mismos". La segunda fase del Taripay Pacha traerá el quinto y sexto nivel de conciencia. Ambos niveles se manifestarán a partir de la conciencia de la humanidad elevada como una totalidad. No obstante, la emergencia de estos niveles de conciencia depende de nuestro despertar en tanto individuos. Los maestros de los Andes dicen que esta gran transformación debe ocurrir en el 2012» [Bluestone, 2001:94].

Pero es la obra de Calleman la que está teniendo recientemente una mayor repercusión. Nos interesa aquí destacar sólo dos aspectos. Por una parte, sus referencias a Sri Kalki Bhagavan, nacido el 7 de marzo de 1949, lo cual corresponde a un día 13 Ahau, símbolo de la iluminación, hecho significativo si tenemos en cuenta que Kalki centra su trabajo en la Iluminación, considerándose como un *avatâr* de la Iluminación, propiciando la transformación de la conciencia hasta el estado de Iluminación, algo minoritario en tiempos del Buda, pero que ahora, a finales no de un ciclo, sino de los ciclos y del tiempo, tal como lo entendemos desde nuestra mente dual no-iluminada, estaría al alcance de una buena parte de la humanidad.

En segundo lugar, queremos destacar, a partir del minucioso estudio del Tzolkin o Calendario sagrado de los mayas, la importancia concedida a una filosofía de la historia basada en ciclos evolutivos a partir de los números 13 y 20. Efectivamente, el Tzolkin, "la cuenta de los días", consta de 260 días, producto de la multiplicación de 20 por 13. El *tun* constituye un ciclo de 360 días. El *katun* consiste en 20 tuns (19,7 años). El *baktun* consta de 400 *tuns*, lo cual equivale a 144.000 días, esto es, 394,3 años solares. Pues bien, como afirma Calleman: «Actualmente, la mayoría de los arqueólogos están de acuerdo en que la fecha inicial de los 13 baktunes de la Cuenta Larga corresponde al día que llamaríamos 11 de agosto del año -3114. Si añadimos 13 baktunes a esta fecha, llegamos al 21 de diciembre del 2012, fecha que ha llegado a conocerse como el final del calendario maya» (Calleman, 2004:17).

Son importantes las nociones de 13 Cielos y 9 Submundos. Estos últimos corresponden a otros tantos períodos caracterizados por correspondientes estados de conciencia y «se relacionan con las estructuras cristalinas que se hallan en el núcleo interno de la Tierra y que son activadas secuencialmente» (*o.c.*:91). No es nuestra intención entrar en demasiados detalles, pero es preciso insinuar al menos una pequeña porción de la armonía y la exactitud matemática que caracteriza a esta periodización. Así, el primer submundo tiene una duración de 13 por 20 *tuns* elevado a la séptima potencia, lo cual equivale a unos 16,4 billones de años, aproximadamente. El segundo submundo es de 13 por 20 *tuns* elevado a la sexta potencia, el tercero elevado a la quinta, y así hasta el séptimo submundo denominado "planetario", que equivale a 13 por 20 *tuns*, elevado a la primera potencia, lo cual da unos 256 años y se hace comenzar el año 1755. El octavo submundo ("galáctico") es de 13 por 20 *tuns*, lo cual equivale a 4.680 días (12,8 años) y habría comenzado en enero del 1999. Y el noveno y último ("universal") dura tan sólo 260 días (13 por 20 *kins* –días–) y comenzará en febrero del 2011, para terminar –y con él el gran ciclo– el 21 de diciembre del 2012.

De este modo, el Tzolkin se convierte en el reloj cósmico más preciso, instrumento que marca las pulsaciones vibracionales inteligentes de Hunab Ku, el centro de la Galaxia, «Sol central del Árbol Mundial Universal, la Fuente Única de toda la Energía» *(o.c.*:104). Calendario sagrado que indica la temporización del Plan divino, de nuestra ascensión a la Conciencia cósmica, de nuestra llegada a la Edad Solar Dorada.

Detengámonos tan sólo en la importancia concedida al "tránsito de Venus", a su paso por delante de la superficie del Sol. «Los mayas estudiaron también muy atentamente Venus y sus fases y sabían, por ejemplo, que los cinco ciclos sinodales de Venus de 584 días equivalían a 8 años terrestres (menos dos días). Venus era considerado como una manifestación de Quetzalcoatl» (Calleman, 2004:208). Tales tránsitos suelen suceder en pares. Los años 1761/ 1769 y 1874/1882 indican la última vez que esto sucedió. En esta ocasión el tránsito inicial se produjo el 8 de junio de 2004 y el segundo será el 6 de junio de 2012.

Calleman (de modo similar a la propuesta de Argüelles en la Convergencia Armónica) ha propuesto meditaciones planetarias en fechas cruciales, teniendo en cuenta los días apropiados, según el Tzolkin, y habla de Festivales de la Unidad, pues justamente se trata de avanzar hacia la unificación de la humanidad. «Estos días Ahau (dos al año, desde el 6-6-2004 hasta el 28-10-2012) constituyen oportunidades muy significativas para meditaciones que conduzcan a una sincronización global con el plan divino hacia la iluminación» (Calleman, 2005:212). Hay que decir que aquella última fecha corresponde también a un día 13 Ahau. El año 2012 es, pues, el año en que el estado iluminado de un cierto número de individuos en el planeta ha de estabilizarse, ya que es condición indispensable para que la Nueva Jerusalén sea una realidad en el mundo físico, para que comience la vida de la humanidad universal. Será el Amanecer de la Edad Solar Dorada. «Esto no significa el comienzo de un nuevo ciclo, sino el fin de los ciclos» (Calleman, 2004:219).

Así pues, el horizonte 2012, interpretado de un modo o de otro, sigue presente en estas reflexiones que toman como punto de partida el calendario maya. Pero no sólo desde ahí, como vamos a ver, queda dibujado tal horizonte.

7.2. Enseñanzas canalizadas de los Pleyadianos

La misma importancia concedida a ambas fechas y al período entre ambas (1987-2012) vemos en los mensajes de los Pleyadianos. De entre los distintos "mensajeros" que afirman canalizar enseñanzas pleyadianas, Barbara Marciniak es una de las más destacadas y hace referencia a la primera fecha:

> «Esta es la evolución de la superconsciencia, la evolución hacia el aspecto más elevado de vuestro ser. No tenéis que preocuparos por convertiros en ese ser, *ya sois ese ser*, sólo tenéis que recordarlo. Desde que los velos que rodeaban la Tierra fueron retirados durante la Convergencia Armónica, habéis estado recibiendo constantemente destellos de esta energía del cosmos exterior» [Marciniak, 1992:35].

Hemos visto cómo también Kryon y V. Essene hacían referencia a esta fecha. Fecha importante que según Kryon se vería reforzada con la Concordancia Armónica, acaecida los días 8 y 9 de noviembre de 2003. La misma Marciniak, en otra de sus obras, señala el año 1993, con la conjunción Urano/Neptuno, como otro momento crucial en el que una oleada de luz galáctica se vierte sobre el planeta. Veamos en las palabras siguientes la relación de todo ello con uno de los temas que hemos señalado como claves, en este proceso, el que tiene que ver con la reorganización del código genético:

> «Uno de los aspectos más interesantes de vuestra estancia en la Tierra en estos momentos específicos es la reorganización que se está produciendo en vuestro ADN. Rayos cósmicos con códigos de luz están llegando a la Tierra en forma de fotones, estimulando los cambios y la reordenación dentro de vuestro cuerpo humano. Los datos dispersados que contienen la historia y la conciencia de la Biblioteca Viviente pueden ser reorganizados ahora. La ola de luz de la marea galáctica, tal como la muestra la gran conjunción Urano/Neptuno de 1993, atrajo una enorme cantidad de rayos cósmicos al planeta, creando la reconexión de un potente tercer filamento del ADN en las masas. Se están creando nuevas hélices o filamentos del ADN, conforme los filamentos con códigos de luz son impulsados a reconectarse. Los datos que fueron dispersados se están reuniendo en vuestro cuerpo gracias a las energías electromagnéticas procedentes del Creador Original. Nosotros estamos aquí para observar este proceso, ayudaros y también por nuestra parte, evolucionar» [Marciniak, 1998:39].

Pero, ¿quiénes son los Pleyadianos? Ellos mismos se han presentado como siendo una energía colectiva de las Pléyades, con una larga historia y cuyos antepasados llegaron a la Tierra hace mucho tiempo. Ahora vuelven tanto para ayudar a la Tierra en este momento crítico de su evolución, como porque de ese modo ellos mismos evolucionan también un paso más. Llegan a decir que «lo que suceda ahora en la Tierra afectará a todo el universo». Comenzaron a hablar a través de sus canales terrestres en 1988, cuando eran un colectivo de unas 50 o 70 entidades. Cuando dicen esto, en 1988, eran ya más de cien, por lo que proponen la nueva denominación de Pleyadianos Plus (Marciniak, 1997:32 y 39). No obstante, Hand Clow matiza que el primer contacto moderno con los Pleyadianos habría sucedido en 1970 cuando el suizo Billy Meier fotografió muchas naves pleyadianas e informó de ello. Desde entonces, los canales que afirman transmitir información de Pleyadianos habrían crecido considerablemente (Hand Clow, 1999:94).

No sólo la importancia de la Convergencia Armónica se encuentra en los mensajes Pleyadianos. También la fecha crucial de 2012, concretamente el 21 de diciembre de ese año, justamente en el solsticio de invierno, que supondrá el ingreso de la Tierra en la Fraternidad galáctica, y por tanto debe prepararse como una fiesta cósmica. Así lo expresa Satya, de la estrella central de las Pléyades, quien habla a través de otro canal, B. Hand Clow, y dice:

> «Yo soy Satya, guardiana de la Biblioteca Alción, la estrella central de las Pléyades. Estoy aquí para ayudaros a descodificar la inteligencia central de vuestro planeta y para prepararos para la Fiesta cósmica que comenzará el solsticio de invierno, el 21 de diciembre de 2012 […]. Hologramas codificados –campos morfogenéticos galácticos que ahora mismo son fácilmente visibles para mí– han sido escondidos a vuestros ojos porque la precipitación de luz de dimensiones superiores ha sido bloqueada casi totalmente de vuestra vista debido a una gran Red que envuelve vuestro Reino» [Hand Clow, 1999:33].

Sin duda llamará la atención la terminología relacionada con el nuevo paradigma que se asocia con la Nueva Era. Tanto la noción de hologramas (Bohm, Pribram) como la de campos morfogenéticos (Sheldrake) son recientes y de abundante uso en la Nueva Era. También en Argüelles encontramos una asimilación de este lenguaje, como vimos en su referencia no sólo a los hologramas, sino también a los fractales (Argüelles, 1993:109). Lo mismo sucede en la obra de Calleman, por ejemplo con la noción de "resonancia holográfica" (Calleman, 2004:54-58). A la idea de dimensiones superiores y del actual descenso de luz desde éstas (recuérdese ya en Sri Aurobindo el descenso de la Luz supramental), se une la noción de un velo o red que impedía la asimilación adecuada de tales energías lumínicas (la rejilla o parrilla de la que habla Kryon, en cuya transformación estaría especializado, como agente del servicio magnético).

Pero los Pleyadianos no habrían sido los únicos en descender a la Tierra hace miles de años. En su visión de la historia, también los antiguos egipcios se nos dice que proceden de Sirio y que uno de sus objetivos principales era transmitirnos la geometría sagrada. De hecho, la muy antigua relación entre Sirio y las Pléyades continúa hoy a través de una alianza firmada entre ambos para ayudar a la Tierra. Veámoslo:

> «Los antiguos egipcios descendieron de Sirio para enseñaros la tecnología de los templos y para que pudierais estudiar la geometría sagrada [...]. ¿Quiénes son los Sirios? Ellos son los magníficos dioses felinos de Sirio y quienes construyeron la Gran Pirámide, además de la Esfinge, para mantener abierto el portal geométrico de las estrellas mientras vuestro sistema solar viaja a través de la Banda de Fotones. Construyeron la Gran Pirámide en -10.800 y luego la reconstruyeron en -2450, cubriéndola con piedra caliza blanca y alojaron allí al visionario sirio que clava su mirada directamente en Orión. Este visionario estaba guardando vuestras memorias celulares sirias en los registros de la Tierra hasta que activasteis el campo telúrico del planeta durante la Convergencia Armónica. El des-

pertar de los lugares sagrados del planeta consiguió reconectarlo con el Centro Galáctico» [Hand Clow, 1999:42-43].

Fijémonos que también se coincide con Argüelles en el cierre del gran ciclo, según el calendario maya, y se pone en relación con la entrada en la Banda de Fotones, coincidiendo –como en cada gran ciclo– con la llegada de la Era de Acuario. Como se ve, estamos ante una nueva interpretación del mismo motivo de la Nueva Era de Acuario:

> «Vuestro sistema solar entra cada 26.000 años en la Banda de Fotones, justo cuando la Tierra se prepara para entrar en la Era de Acuario. Es el momento en el que yo siempre vuelvo [sigue hablando Satya] [...]. En las Pléyades se conoce la Era de Acuario de la Tierra como la Era de Luz de Gaia. Es la época en que la tercera estrella de la espiral de Alción –Maya– junto con la octava estrella –vuestro Sol– entran en la Banda de Fotones [...]. Este es el momento en que los Mayas vuelven a la Tierra y canalizan la inteligencia terrestre en beneficio de toda la Galaxia de la vía Láctea [...]. Yo puedo aclarároslo ya que vuestro Sol y Maya son parte de mi sistema: en 2012, al final del Calendario Maya, Alción, Maya y vuestro sistema solar se funden con la Banda de Fotones y esto os sincronizará con el Centro Galáctico» [Hand Clow, 1999:34-37].

Un aspecto en el que se coincide en muy distintas fuentes de información es en lo que podemos denominar la eterización de la Tierra, algo relacionado con el proceso de Ascensión, que en ocasiones se presenta como un evento de dimensiones planetarias y no sólo humanas. También Trigueirinho, por las mismas fechas, afirmaba algo similar: «La Tierra es un planeta físico que debe sutilizarse y transferirse a un nivel etérico, exento de la actual densidad [...]. Este planeta se está sutilizando de manera progresiva y la humanidad que lo habitará deberá tener componentes genéticos adecuados para expresar lo que la consciencia planetaria requiere en su ascensión» (Trigueirinho, 1996:72).

Pocos años antes los Pleyadianos decían algo muy similar, el cambio de era es también un cambio dimensional. Esto supone una Iniciación de la Tierra e implica su tránsito a la cuarta dimensión:

> «La transición está a punto de ocurrir, un cambio dimensional que hará disminuir la densidad de la tercera dimensión para que podáis moveros hacia dimensiones más elevadas, en las que el cuerpo no tiene un estado tan sólido [...]. Muchos de vosotros viajaréis en las naves hacia varias partes del sistema solar» (Marciniak, 1997:34-35).

> «La Tierra está siendo iniciada en esta época. Estáis pasando por una iniciación porque sois parte de la Tierra y no os podéis separar de este sistema. La Tierra se está transformando y se propone actuar como un dominó para vuestro sistema solar [...]. El mundo de 3D se dirige hacia una colisión de dimensiones (no una colisión de mundos, una colisión de dimensiones). Muchas dimensiones chocarán entre sí» [Marciniak, 1997:130].

> «Se trata, básicamente, de que estáis entrando en la cuarta dimensión. Cuando esto haya sucedido, formaréis, literalmente, una nueva Tierra. Será como despertar de un sueño en un mundo prístino y hermoso. Vuestros cielos están plagados de observadores que esperan a ver cómo lo hacéis para ofrecer su ayuda» [Marciniak, 1997:241].

Tras la difusión de la existencia de Maestros Ascendidos formando parte de la Jerarquía planetaria, a partir de los años treinta del siglo XX, asistimos ahora al proyecto de ascensión colectivo, del planeta en su totalidad: ése sería uno de los objetivos del horizonte 2012. Resulta sorprendente comprobar la intensidad con que la idea de la ascensión se ha ido imponiendo en el esoterismo y la Nueva Era en las últimas décadas. De nuevo la idea de que los mayas dirigen el proceso, y ahora afirmado por los Pleyadianos:

> «Los directores galácticos –los Mayas– han planeado la ascensión de la Tierra brillantemente gracias a que están estudiando los patrones de densidad de vuestro cuerpo emocional desde el año -3113 y, en el momento presente, siguen haciéndolo […]. En tiempos así los Mayas siempre llevan la batuta y saben perfectamente lo que hace falta para la ascensión. La ascensión supone vuestra vuelta al Jardín del Edén con la memoria estelar activada» [Hand Clow, 1999:100-101].

La misma fuente de información revela la procedencia de Argüelles, quien se dice pertenecer a Arcturus –recuerden los lectores que uno de los libros de Argüelles lleva por título, *La sonda de Arcturus*–: «La activación de nuestro sistema solar mediante el Rayo de Sincronización Galáctica es un tema relacionado que reclama una atención cada vez mayor desde 1987 y fue descrito por el localizador arcturiano José Argüelles» (Hand Clow, 1999:106). Al menos, en la obra citada diríase que canaliza información arcturiana.

También Marciniak insiste en el proceso de ascensión planetaria y comenta cómo resulta una de las ideas más difíciles de comprender por los humanos cuando tratan de comunicarlo. En un texto clarificador que seguirá sorprendiendo a muchos, leemos:

> «La ascensión es el objetivo en este planeta. Vendrá un tiempo en que será la única forma que tendrá la gente de abandonar el planeta. Una vez hayas salido de él, irás a muchos otros lugares. Te demostrarás a ti mismo y al resto de la especie que el cuerpo, esta cosa que parece tan sólida e incontrolable, es en realidad el resultado del diseño divino y que tú, en tu cons-

ciencia, puedes hacer cualquier cosa que te propongas. Cualquier cosa [...]. Podemos convenceros de muchas cosas, pero nos resulta difícil convenceros de que no tenéis que morir. En esta época, no tenéis que dejar físicamente vuestro cuerpo en este planeta. ¿Podéis comprender la idea de que os limitaréis a cambiar el ritmo de vibración de vuestro yo físico y que llevaréis vuestro cuerpo con vosotros porque reordenaréis la estructura molecular? Dar el salto ascendente y completar el viaje aquí es posible para una multitud de la especie en este planeta. Algunos de vosotros ya os habéis elevado por encima del planeta, y habéis regresado para hacerlo otra vez y para mostrar el camino. Salir de aquí mediante un proceso de ascensión fue un viaje maravilloso. Se necesitaron muchas vidas de entrenamiento, una tras otra, para decidir dedicaros. Esto implicó no vivir en la sociedad material y vivir, básicamente, cerca de la naturaleza para hacerlo» [Marciniak, 1997:256-257].

Pueden recordarse las afirmaciones de Ramtha acerca de su ascensión hace milenios, o toda la literatura en torno al Maestro ascendido Saint Germain. También en Kryon hemos visto la recurrencia de tal idea, asociada, como igualmente veremos ahora a la cuestión de la transformación del código genético (Ramtha, 2005:55).

En este sentido, el proyecto genoma y todos los desarrollos de la biología molecular y la genética, hasta convertirse en la ciencia estrella de finales del siglo XX, no serían sino un reflejo exterior, una huella sincrónica, del proceso más profundo que se estaría produciendo. Una reorganización y transformación profunda del código genético, descrita con frecuencia en términos de mutación estaría produciéndose. Esto hay que ponerlo en relación –como escuchamos ya en voz de V. Essene–, con perjudiciales y hasta perversas manipulaciones genéticas que habría sufrido la humanidad a manos de civilizaciones extra-terrestres hace milenios y que habrían mutilado parte de las doce hebras que originalmente constituirían nuestro ADN, dejando activas tan sólo dos de ellas, las conocidas por la ciencia actual al referirse a la doble hélice. Actualmente y en relación con el proceso de ascensión, se estaría produciendo la reconexión de las doce hebras. Veámoslo:

«El ser humano original era un ser magnífico, cuyas doce hebras de ADN habían sido donadas por una variedad de civilizaciones sensibles. Cuando llegaron los nuevos propietarios,[51] trabajaron en sus laboratorios y crearon versiones de humanos con un ADN diferente –el ADN de dos hebras, de doble hélice–. Cogieron el ADN original de la especie humana y lo diseccionaron. El diseño original del ADN permaneció en las células humanas, pero sin funcionar; fue desconectado» [Marciniak, 1998:49].

«Vuestro ADN evolucionará desde las dos hélices hasta las doce hélices. Estas doce hélices corresponden a centros de energía, o *chakras*, dentro y fuera de vuestros cuerpos. Hay millones de vosotros en estos momentos en misión en el planeta y habéis aceptado llevar la frecuencia para realizarlo [...]. Hay quienes ya han recibido una alineación de las doce hebras de ADN, las doce hélices» [Marciniak, 1998:53].

«El ADN contiene un código. Contiene el anteproyecto de la identidad, el plan para la existencia, la historia del universo y la historia de la vida en este sitio en particular. Y se encuentra almacenada en las células de los humanos. El ADN original de los administradores de este planeta, los ocupantes huma-

---

51.   «Estos nuevos propietarios que llegaron hace 300.000 años, son los magníficos seres de los que se os habla en la Biblia, en las tablas babilónicas y sumerias y en los textos de todo el mundo» (48). Un análisis detallado de esta cuestión puede verse en la obra de Sitchin, *Crónicas de la Tierra*. Véase, Sitchin (2002).

nos, tenía un sistema de anteproyecto genético basado en el número doce. Las doce hebras de material genético están conectadas a muchas otras fuentes de información que también suman doce» [Marciniak, 1998:110-111].

Otra constante, relacionada con la mutación genética y la ascensión, es la construcción o activación de un cuerpo de luz, y en especial ese vehículo de viajes interdimensionales que recibe el nombre de *merkabah*. La idea del cuerpo sutil, del cuerpo de luz, es una constante en muchas tradiciones, desde el esoterismo islámico, tal como nos ha mostrado H. Corbin, hasta el budismo tibetano, como recuerda, entre otros muchos, Namkhai Norbu. Los Pleyadianos nos han hablado de ello. Así, B. Marciniak dice:

> «El cuerpo de luz es el que contiene la mutación completa de la especie [...]. Recuerda, la materia no es más que luz atrapada. Cuando construyes tu cuerpo de luz permites que la estructura molecular se reorganice [...]. Cuando elevas tu velocidad de vibración, te conviertes en tu cuerpo de luz. Observarás un cambio literal en tu cuerpo. Se tornará más vital, más juvenil, más nutrido en su propio ser y el procesador de gran cantidad de información» [Marciniak, 1998].

En una obra posterior insiste en ello, en relación con nuestra capacidad de recobrar nuestra naturaleza multidimensional, algo en lo que habíamos visto que insistía J. Roberts/Seth. Efectivamente, en *Tierra: las claves pleyadianas de la biblioteca viviente* leemos:

> «Cuando empecéis a llenar vuestro cuerpo de luz, vuestra memoria se abrirá. Tenéis que evolucionar, conforme evoluciona vuestro ADN, hacia una versión multidimensional de vosotros mismos, abarcando muchas capas de la realidad. Visualizaos como una espiral con doce diferentes filamentos de

ADN. La doble hélice tiene dos filamentos. Visualizad los doce filamentos conectados entre sí. Visualizad, fuera de vuestro cuerpo, cómo salen las "autovías" de vuestros doce *chakras*. Vivís en una red de energías invisibles» [Marciniak, 1998b:39-40].

El esquema tradicional de siete *chakras* es ampliado a un sistema energético de doce *chakras*, que ha sido desarrollado en otras obras. Ya Sri Aurobindo hablaba de nuevos *chakras* situados por encima de la cabeza, más allá de *sahasrara*, en la cima de la coronilla. La multidimensionalidad a la que nos referimos es bellamente expresada por B. Hand Clow:

«En las profundidades de cada uno de vosotros hay un "secreto", un regalo que habéis traído de las estrellas a la Tierra cuando acordásteis encarnaros. Este secreto es una mónada multidimensional que mora en las profundidades de vuestra conciencia [...]. Vuestro secreto o mónada personal no tiene nada que ver con empleos o relaciones sociales. No obstante, al activar vuestra mónada, pronto se arreglarán los problemas relacionados con el trabajo, las relaciones y la salud, porque estas realidades físicas y emocionales son simplemente las herramientas para expresar vuestra creatividad [...]. Vuestra mónada es la forma que contiene la sabiduría de vuestro Ser superior y que comprende perfectamente la realidad 3D» [Hand Clow, 1999:159-162].

No olvidemos que la tradición posteosófica utiliza igualmente el término mónada espiritual (término asociado en filosofía con ese gran metafísico del siglo XVIII que fue Leibniz), distinguiéndola del alma personal. Es el caso, por ejemplo, de A. Bailey, de quien decíamos que distingue entre un rayo de la mónada, un rayo del alma y un rayo de la personalidad. En la visión de Sri Aurobindo, el equivalente sería el *jîvâtman*, que él mismo traduce como "individuo espiritual", localizado

–valga la paradoja– más allá del espacio y del tiempo y del cual el "alma individual", el ser anímico (*psychic being*), es una emanación, un delegado en la manifestación, él sí inmerso en la rueda de nacimientos y muertes, sometido a la serie de vidas sucesivas. Pensemos cómo, de manera quizás indirecta y menos tematizada, en Sri Aurobindo está implícita la noción de multidimensionalidad, cuando afirma que el *Purusha* (el ser espiritual) posee un delegado en cada uno de los niveles del ser, de modo que puede hablarse de un ser vital, un ser mental, y en su caso un ser supramental, activos y conscientes o no para la mirada del ser físico, encarnado, que se expresa a través de nuestro mecanismo psico-físico.

Pues bien, quizás el propio ser de luz, capaz de realizar viajes interdimensionales, de viajar por «la ola de Zuvuya» (Argüelles, 1992) y de llevar a cabo conscientemente la ascensión, pueda identificarse con la figura arquetípica del ser humano que no sería otra que la estrella de cinco puntas, símbolo de la perfección crística. De nuevo B. Marciniak nos introduce en dicha noción:

> «Y, por supuesto, está la estructura del vehículo Merkabah, que es la figura de cinco lados. […] Es el diseño humano libre de limitaciones. Es el ser humano capaz de volar […]. Aquellos de vosotros que estéis dispuestos a creer que verdaderamente no existen limitaciones, seréis capaces de generar la estructura de la Merkabah y salir del planeta con ella mientras viváis en él. El deseo de hacerlo debe existir en ti si quieres ser implantado con la Merkabah. Algunos de vosotros ya habéis intentado viajar con ella y sabéis cómo utilizarla en vuestro ser. Cuando puedas llamar a la Merkabah hacia ti, y estés dispuesto a sentir lo que verdaderamente significa (ser una conciencia ilimitada que viaja con el cuerpo, sin que tu cuerpo deje el planeta), entonces el implante se llevará a cabo» [Marciniak, 1997:261].

7.3. DRUNVALO MELCHIZÉDEK Y LA FLOR DE VIDA

Una figura compleja que reúne igualmente muchos de estos elementos es Drunvalo Melchizédek. Veamos algo de su enfoque, del que quizás cabría hablar en términos de (neo)gnosis hermético-egipcia

Ya los viajes de los primeros gnósticos a los siete cielos y a la Ogdoada, los ascensos místicos en la Merkabah kabalística –por simbólico y alegórico que se interprete su lenguaje– resultan extraños a la mentalidad moderna. Pero, limitándonos al esoterismo contemporáneo, la extrañeza no deja de producirse cuando uno bucea, sea en los desconcertantes textos de Gurdjieff, como *Relatos de Belcebú a su nieto* o incluso *Encuentros con hombres notables*, sea en las complejas explicaciones del movimiento gnóstico fundado por Samael Aun Weor, en el que con la alquimia o magia sexual como clave interpretativa de buena parte de las enseñanzas esotéricas y bajo la auto-proclamación de Buda-Maitreya-Kalki-Avatara de la Era Acuario, esta presunta "encarnación" nada menos que del Logos planetario de Marte, desgrana una serie de viajes a los distintos planos, mundos y submundos, con encuentros de lo más asombrosos y con conocimientos de lo más "extraños".

Esto por no hablar de los mensajes canalizados procedentes de los Pleyadianos (Barbara Hand Clow, Barbara Marciniak, como estamos viendo) en los que se cuenta una historia oculta del planeta y del sistema solar en su conjunto, sin excluir referencias a problemas intergalácticos, que tienen poco que ver con la ciencia de la historia tal como la conocemos hasta ahora y donde los poderes exotéricos no son sino marionetas de preocupantes poderes ocultos, de conciencias y seres de dimensiones sobrehumanas que experimentan con los humanos y los manipulan con asombrosa facilidad. Algunas canalizaciones del propio José Argüelles, procedentes de seres de Sirio, no resultan menos asombrosas, independientemente –en realidad no tanto– de su fascinante reconstrucción inspirada y

La llamada (de la) Nueva Era

visionaria de la sabiduría maya, con su crítica al calendario gregoriano y su propuesta urgente de volver a un calendario de trece lunas.

Sin llegar tan lejos, ya la lectura de las experiencias ocultas de nuestra querida Mirra Alfassa en los trece volúmenes de *La Agenda* dejaría boquiabiertos a la mayor parte de los lectores poco introducidos en esos mundos. Incluso las descripciones de los "viajes" extracorpóreos de Anne y Daniel Meurois-Givaudan o hasta del enfoque más neutro y científico de Robert Monroe suelen interpretarse inmediatamente como productos de una fantasía desbordada.

Asombro y extrañeza, muy probablemente incredulidad, es lo que provoca también, de manera notable, la rica y compleja obra de Drunvalo Melchizédek, *L'ancien secret de la fleur de vie* (1993), en cuyos dos volúmenes el mencionado símbolo es rastreado en diversas culturas, concediéndole una gran importancia, no exenta de relación con lo que puede decirse que constituye el propósito central y final del libro: facilitar al lector ciertas claves de la importancia de la "Ascensión" con ejercicios para la activación del cuerpo de luz conocido (sobre todo en la gnosis kabalística) como Mer-Ka-ba.

Ya las fuentes de información del autor llaman la atención, desde la aparición de dos ángeles, con los que conversará abundantemente, pasando por multitud de guías y maestros de las más diversas tradiciones (desde la demostración de un alquimista contemporáneo hasta un maestro tibetano bien conocido), para llegar al "informante" principal, que afirma no ser otro que Thot. Se comprenderá ahora la denominación de "gnosis hermético-egipcia". Sabido es que Thot, la divinidad egipcia, guarda una estrecha relación mítico-simbólica –si no identidad ontológica– con el Hermes de la mitología griega (posteriormente Mercurio romano) y patrón del hermetismo y de las ciencias herméticas. Lo cierto es que Drunvalo Melchizédek relata la aparición de Thot en su vida, el aprendizaje seguido con él y parte de las informaciones y revelaciones que

386

éste le hizo. Entre ellas muchas centradas en el antiguo Egipto. Nos limitaremos a reconstruir parte de la historia narrada, para dar mayor sentido a los conceptos básicos que nos interesan ahora, es decir, cómo enfoca la cuestión de la muerte, la reencarnación, la resurrección y la ascensión, ya que se ofrece una perspectiva coherente de la relación entre ellos, que se enmarca plenamente en el cuadro esotérico que en las últimas décadas se va dibujando a través de muy diversas fuentes de información.

Partamos del "mito de Osiris". Al recordarlo, el autor se remonta no a Egipto, sino a la Atlántida –como se sabe continente hundido y civilización perdida, anterior a las históricamente conocidas, en cuya existencia coinciden casi todos los autores y escuelas esotéricas a las que venimos refiriéndonos, y que hallamos también en la obra de uno de los clarividentes más célebres del siglo XX, Edgar Cayce, cuyas "lecturas de vida" han tenido y siguen teniendo una gran influencia en diversos ambientes cercanos al esoterismo–. Se afirma que existía entonces la Escuela de Misterios de Nacaal dirigida por Aiy y Tayé (pareja que veremos aparecer una y otra vez) y por mil miembros más venidos de Lemuria –el continente y civilización anterior incluso a la Atlántida–. Su objetivo era enseñar a los atlantes cómo convertirse en inmortales. Pero tuvieron que transcurrir más de 20.000 años antes de que lo consiguiera el primero de ellos: éste fue, justamente, Osiris, el cual no era, por tanto, egipcio, sino atlante.

Su historia se cuenta como sigue; en una familia eran cuatro hermanos: dos varones, Osiris y Seth, y dos mujeres, Isis y Nephtys, formando dos parejas que se casaron. Pero Seth mata a Osiris, lo introduce en una caja y lo lanza al río. Isis y su hermana lo buscan y logran recuperar el cuerpo para intentar volverlo a la vida. Pero Seth lo descubre e intenta evitarlo, cortándolo en 14 pedazos que dispersa por distintos lugares. Ellas vuelven a buscarlo, pero sólo encuentran 13 trozos: falta el falo. Y en este punto aparece Thot, restituyéndolo gracias a sus poderes mágicos. No sólo eso, sino que reaviva su energía creadora de tal modo que no sólo revive, sino que posteriormente alcanza la inmortalidad. Dos aspectos nos interesan del simbolismo de este conocido "mito" egipcio. Por una parte, la inmortalidad según los egipcios se alcanzaría a través de la transmutación de la energía sexual (algo que no sólo Samael Aun Weor vimos que desarrollaba en su lectura pansexualista de la alquimia, sino que ronda en los textos de alquimia taoísta y del *tantra* hindú y budista). Por otra parte, Osiris se considera el primer maestro de la Atlántida que "resucitó". De ahí que los egipcios utilizaran la historia de Osiris como modelo para los que querían llegar a su mismo estado de conciencia. Es más, Osiris alcanzó no sólo la "resurrección", sino posteriormente la "ascensión" –diferencia que veremos más tarde–; y según D. Melchizédek, los "maestros ascendidos" (categoría ampliamente empleada durante las últimas décadas en ciertos textos esotéricos, como hemos tenido ocasión de comprobar) han utilizado el "código genético" particular de Osiris para ayudar a la gente a ascender. Dicho de otro modo, Osiris había vivido la experiencia de la ascensión y la vía a seguir estaba inscrita en su ADN, más exactamente en sus cromosomas. Las claves genéticas eran ofrecidas al Iniciado por los *néters* (un tipo de divinidades de Egipto, uno de los cuales era Anubis, el dios-chacal).

De Osiris podemos pasar a Akhenatón. Nos hallamos en torno al año -1500. Entre los dioses se están produciendo graves disputas. Los "maestros ascendidos" (al parecer desempeñando una función similar a la atribuida a los Maestros de la Jerarquía o Fraternidad Blanca planetaria en textos esotéricos anteriores, como es el caso de Bailey) decidieron que había que hacer algo para resolver el problema y enviaron a la Tierra a un Ser que hubiese alcanzado la "conciencia crística" (término igualmente frecuente en ciertas presentaciones contemporáneas) y que pudiera descender en un cuerpo que correspondiese a ese elevado estado de conciencia, para que pudiéramos registrar la memoria de esta conciencia crística y de lo que era exactamente en los registros akáshicos. Memoria que se había perdido justo antes de la "caída".[52]

Los maestros ascendidos habían decidido que esta persona elegida debía convertirse en rey de Egipto. Para eso tenían que romper todas las reglas. Se acercaron a Amenhotep II y le pidieron un favor. Se le apareció Thot en la sala –en carne y hueso, como, al parecer, Kuthumi a Bailey– explicándole la situación. El hijo de Amenhotep II estaba a punto de convertirse en rey. Thot le explicó que querían introducir una nueva línea real… y Amenhotep aceptó.

Para crear el nuevo cuerpo fueron a ver a Aiy y Tayé, ambos muy ancianos, y les pidieron tener un hijo. Había que pedírselo a dos inmortales, para obtener genes inmortales, y esos dioses tenían 46+2 cromosomas, en lugar de 44+2. Cuando tuvieron el hijo se lo enviaron a Amenhotep II con instrucciones para su educación. Al crecer se convirtió en Amenhotep III, quien también se casó (con alguien del mismo número de cromosomas que él), y su hijo fue Amenhotep IV aquel para quien los maestros ascendidos habían hecho todos los planes, y

52. Daniel Meurois-Givaudan en *La morada del resplandor*, Barcelona, Luciérnaga, 1999, justamente por el "método de lectura akáshica" narra una vida suya anterior en Egipto, en tiempos de Akhenatón y Nefertiti. Destaca la alta imagen que ofrece también de Akhenatón; así por ejemplo: «Y si te hablo de las caderas es porque el Hijo de Atón, en el fondo, no es ni hombre ni mujer, sino los dos reunidos. Engendra mundos y los da a luz al mismo tiempo […] Faraón es, más que nunca, padre-madre y prefigura al Ser eterno que dormita en cada ser. Es el sueño de una generación que vendrá un día» (págs. 337-338). Y dentro de lo que podríamos llamar el "paradigma teosófico", en un sentido amplio, termina el libro, una vez cerrada la narración de esa vida en Egipto, relatando su visión akáshica de algunas vidas siguientes de Akhenatón y de Mayan-Horeb, su visir. Akhenatón sería en vidas posteriores san Francisco de Asís, primero, y Koot-Humi más tarde; Mayan-Horeb será Moisés y luego Morya. Justamente los dos principales Maestros de Sabiduría dados a conocer por la teosofía de Blavatsky y por A. Bailey y que siguen apareciendo abundantemente en la literatura de los maestros ascendidos; más exactamente se trata de los regentes del 2º y 1º Rayo respectivamente.

quien llevaba también el nombre de Akhenatón. Mientras, Aiy y Tayé esperaron una generación y tuvieron otro hijo, una pequeña niña a la que dieron el nombre de Nefertiti. Con el tiempo se casaron –hermanos de la misma sangre, como en el caso de Osiris e Isis–. Se convertirían en rey y reina de Egipto.

Amenhotep III y su hijo Akhenatón gobernaron juntos el país durante algún tiempo –dos reyes bajo el mismo reino se salía de las normas establecidas–. Construyeron una ciudad en el centro exacto de Egipto y la llamaron Tel al-Amarna. Ciudad construida toda en piedra blanca. Cómo supieron que el centro era allí, resulta difícil de comprender. Durante un tiempo dirigieron el país simultáneamente, desde dos lugares distintos (Tebas y Tel al-Amarna). El padre abandonó el trono en vida –de nuevo algo que rompía todas las reglas– y dio el país a Akhenatón, quien se convirtió en el primer faraón de Egipto. Antes había habido reyes, no faraones (término que significa "aquello en lo que os convertiréis").

Con Akhenatón, es decir en la 18º dinastía, nació una forma de arte absolutamente único, que no existía antes, ni existió después. Los artistas tenían que pintar o esculpir exactamente lo que veían. Esta cuestión de la verdad se llevó al extremo de no vestirse, para evitar todo ocultamiento de la verdad; sólo con fines ceremoniales y por algun motivo más se vestían. En la nueva religión (el Sol como representación del Dios único frente a la multitud de imágenes que adoraban), uno de los *néteres* más importante era Maat, que se puede traducir como Verdad o Fidelidad. Pues bien, la estatua de Akhenatón del Museo del Cairo mide 4,40 metros, sin medir el cabello.[53] Nefertiti medía 3.50 metros. (Evidencias puestas recientemente en manos de los egiptólogos, que no saben qué pensar.)

---

53. El autor dice: «Según lo que me ha dicho Thot, esta estatua de Akhenatón es una reproducción exacta de su apariencia, como si examinásemos una foto suya».

Tel al-Amarna con el tiempo fue deconstruida, piedra a piedra dispersada por toda la Tierra. «Los egipcios no querían que nadie supiera que Akhenatón y Nefertiti habían existido.» Nefertiti se muestra con un cráneo enorme, grandes orejas, cuello largo y estrecho, gran altura y vientre voluminoso. También en sus hijas vemos cráneos enormes... Fisiológicamente son cuerpos muy distintos a los nuestros... ¡Tenían dos corazones! Eran seres procedentes de la estrella Sirio... que tiene dos estrellas (Sirio A y Sirio B). La importancia de Sirio es otra de las constantes en el esoterismo contemporáneo, desde Bailey y V. Beltrán hasta Argüelles.

Si eran inmortales, ¿por qué están muertos hoy? –podemos preguntarnos–. Desde el punto de vista de D. Melchizédek, la inmortalidad no tiene nada que ver con vivir eternamente en el mismo cuerpo. Desde este punto de vista, la inmortalidad tiene que ver con la memoria: «Cuando uno se convierte en inmortal, la memoria permanece intacta. No hay ya más períodos de inconsciencia. Se permanece en el cuerpo el tiempo que se quiere y se le abandona el tiempo que se quiere. Se puede partir a voluntad, de otro modo sería una prisión, una trampa». Ésa es, pues, la definición de inmortalidad, de vida eterna: «Se tiene una memoria continua, sin fisuras, sin pérdida de conciencia durante ciertos periodos» (pág. 168).

Quienes se convirtieron en reyes de Egipto después de Akhenatón y Nefertiti fueron Aiy y Tayé. Reinaron unos treinta años y finalmente abdicaron a favor de Seti I, quien se convirtió en el primer rey de la 19º dinastía. Cambió inmediatamente todo, tachó a Akhenatón de criminal y volvió a los viejos tiempos.

La historia oficial supone que lo envenenaron y mataron. Pero no podían hacerlo, todo lo que consiguieron fue, gracias a tres magos negros de Nubia, darle una poción que le sumió en un estado que "parecía" muerto y lo introdujeron en un sarcófago cerrado herméticamente con un sello mágico y enterrado en un lugar secreto. Según Thot –informante de Drunvalo Melchizédek–, Akhenatón tuvo que esperar 2.000 años antes de que se rompiera un trozo del sello mágico y se rompiera el encanto; después volvió a los Halls de Amenti. Para un inmortal como él, esos años fueron como un sueño.

Akhenatón había creado la escuela de misterios egipcia "La ley del Uno". Logró que 300 personas alcanzasen el estado de inmortalidad. Casi todos esos iniciados eran mujeres. Todos ellos se unieron luego –al morir Akhenatón– a la Fraternidad Tat y esperaron desde el año -1350 hasta el -500 aproximadamente (o sea durante unos 850 años). Emigraron entonces a Massada, en Israel, y crearon la fraternidad esenia, convirtiéndose en su círculo interior, y mucha gente formó el círculo exterior. María, la madre de Jesús, era miembro del círculo interior (era inmortal antes de que llegase a serlo Jesús), mientras que José venía del círculo exterior. El siguiente paso según el plan era que encarnase en la Tierra alguien que pudiera demostrar exactamente cómo un ser humano puede convertirse en inmortal. Así esa experiencia quedaría grabada en los Registros Askáshicos. María y José se unieron interdimensionalmente para crear el cuerpo de Jesús. Éste era totalmente humano y alcanzó el estado de inmortalidad por la resurrección y por la ascensión: la manera exacta de hacerlo quedó registrada en los Archivos Akáshicos.

Mucho se ha especulado sobre el sentido de la pirámide principal (Chéops). Según Melchizédek: «el papel principal de la gran pirámide es tomar a alguien desde su nivel de conciencia actual y llevarlo hasta el nivel de conciencia siguiente. Muchas otras razones explican la razón de ser de la gran pirámide, pero la ascensión y la resurrección son los objetivos principales de su creación» (I:171).

En suma, que la Gran Pirámide es un Centro Iniciático, con reflectores y absorbedores de luz encima de la cámara del rey. Tendido en el sarcófago, el iniciando se ponía en relación con el rayo de luz blanca a través de la glándula pineal y se salía conscientemente del cuerpo físico… Tras un buen paseo por el cosmos que duraba varios días, el adepto volvía a su cuerpo (recitando la secuencia de Fibonacci: 1, 2, 3, 5, 8, 13, 21, 34...). Secuencia que para salir del cuerpo se recitaba al revés y que desempeña un papel crucial en el libro y finalmente en los ejercicios para la reactivación del cuerpo de luz, mer-ka-ba, que facilita la ascensión.

La cámara situada bajo el sub-suelo, llamada el pozo, es el lugar donde debía comenzar la Iniciación. Allí se recibía el rayo de luz negra. En la cámara del rey se le ponía en contacto con la luz blanca.

El subsuelo del pozo –no construido por los egipcios, estaba ya y por eso colocaron allí la Gran Pirámide, para protegerlo– da a los Halls de Amenti, en el seno de la Madre Tierra. Es también un espacio que existe en la cuarta dimensión, y por tanto uno de los lugares más importantes del mundo.

Como decíamos al comienzo, Drunvalo Melchizédek distingue entre muerte, reencarnación, resurrección y ascensión. Primero estaría la muerte, se pasa a un estado de vacío y de sucesión de imágenes que no se controlan, generalmente se está inconsciente. Y dice: «Esta manera de morir nos lleva al tercer subplano de la cuarta dimensión, lo que nos obliga a reciclarnos una vez más en esta vida terrestre, a través de *la reencarnación*» (I:151). También aquí vemos ese fenómeno básico aceptado por casi todo el esoterismo contemporáneo.

En aquella parte del velo no recordamos nada de lo que hicimos aquí. Como aquí no recordamos lo de allí. Se termina saliendo de la rueda cíclica, pero muy lentamente. Por el contrario: «cuando se pasa por la *resurrección,* somos conscientes de nuestro Mer-Ka-Ba [...]. Morimos, abandonamos el cuerpo físico y *luego* nos hacemos conscientes de nuestro Mer-Ka-Ba. Entonces recreamos nuestro cuerpo y se inicia un proceso que nos lleva hasta el 10°, 11° o 12° plano de la cuarta dimensión. A partir de ahí, ya no se reencarna. Nuestra memoria no se bloquea ya más y continuamos en la vida eterna».

Mayor es todavía la diferencia de la muerte con la ascensión:

«La *ascensión* es posible ahora desde la construcción de la red en 1989. [Recordemos que es la fecha en que sucede la Convergencia Armónica, y la red/rejilla de que hablan Kryon, Essene, Marciniak y otros.] La ascensión era muy improbable para casi todos, hasta que se terminó la construcción de esa red. Con la ascensión no morimos; no hay ya proceso del morir tal como se conoce actualmente. Evidentemente, uno no está ya en la Tierra y, desde ese punto de vista, se puede decir que se muere. Lo que pasa es esto: cada uno de los que ascienden se vuelve consciente de su propio Mer-Ka-Ba, de una manera o de otra (ya sea acordándose por sí mismo o aprendiéndolo de otro que le enseña). Dicho de otro modo, recordamos nuestro cuerpo de luz. A continuación se es capaz de atravesar el gran vacío permaneciendo totalmente consciente –desde la Tierra y a través del gran vacío hasta las dimensiones superiores–. De este modo, simplemente se abandona esta vida sin conocer el proceso de la muerte, que exige que se reconstruya un cuerpo humano. Cuando una persona asciende, simplemente desaparece de esta dimensión y reaparece en la siguiente tras haber atravesado el gran vacío» [I:152-153].

Creemos que son evidentes las constantes que van confluyendo a partir de enfoques muy diferentes en el seno de este esoterismo reciente que hemos denominado galáctico y en el que la cuestión de la transformación o mutación del código genético, así como el asunto de la Ascensión, ocupan un primer plano, todo ello transmitido, en muchas ocasiones, mediante ese fenómeno que hemos denominado "canalización" y que hace entrar en juego a Seres o Entidades extra-planetarios, lo cual nos ha llevado a hablar de una Fraternidad Galáctica, en la cual podríamos estar a punto de ingresar conscientemente, al mismo tiempo que asistimos al amanecer de una Nueva Era.

8. OMNIA: PASTOR/GUALDI.
PALABRAS DE DESPEDIDA

A lo largo de esta obra he ido reconociendo algunas de mis influencias mayores, intelectuales, espirituales y esotéricas, desde los primeros "estimuladores espirituales", quizás Iniciados, quizás Maestros, empezando por Antonio Blay, pasando por Vicente Beltrán Anglada, hasta llegar a Jean Klein, y con la destacada influencia de Sri Aurobindo y la no menos importante de A. Bailey. Aparte de ellos cinco se han podido apreciar otros muchas influencias, no siempre menores, sea por conocimiento directo de sus personas (Ma Anandamayee, Krishnamurti, Madre Meera, etc.) sea a través de sus obras escritas. Pues bien, una de las influencias más recientes y más decisivas he de decir que es la de ese tándem formado por Pastor (Guía cósmico) y Ghislaine Gualdi (canal/transmisor humano), cuya obra se presenta en ocasiones bajo el rótulo de OMnia. Debo decir que antes de tal experiencia, las "canalizaciones" apenas tenían sentido para mí. Después de haber presenciado en varias ocasiones un evento espiritual como es el escuchar y percibir las palabras y la Presencia de Pastor, no pude sino abrirme a la posibilidad del inmenso valor de algunas canalizaciones. Al menos éstas lo tienen para mí. Por eso me gustaría terminar esta obra con algún fragmento de sus conferencias. Ni que decir tiene que en un acontecimiento de este orden, las palabras no lo son todo –nunca lo son, pero todavía con mayor razón en ocasiones así–, pues la atmósfera psíquica y espiritual, cuando la canalización o transmisión es en directo, y en cualquier caso el tono, el ritmo, la cadencia, esa otra atmósfera que de algún modo se transmite a través de la palabra hablada, se pierden irremisiblemente en la palabra escrita. Aun así confío en que algo quede de ello y el lector pueda apreciar el amor y la sabiduría que impregnan tales palabras.

Se trata de una conferencia impartida el 6 de octubre de 1990 (G. Gualdi canalizó a Pastor durante diez años, desde 1985 hasta 1994), y las que vienen a continuación son las palabras finales de una larga velada de unas dos horas de duración. He traducido lo que sigue, modificando muy ligeramente algunos puntos, cuando las referencias a asuntos anteriormente tratados me parecía que lo hacían recomendable. Que la sabiduría amorosa de Pastor quede con vosotros.

> *«¿Sabes quién eres tú para mí? Tú no eres sólo un ser humano que ha venido a aprender una hermosa lección, o que ha venido a escuchar un bello discurso, medio cultural, medio espiritual. Para mí, tú eres, en estado de semilla, el Dios que yo amo y al que sirvo y que yo conozco en su estado plenamente expandido en el Cielo. Es ese mismo Dios arriba y abajo, al que yo sirvo tanto arriba como abajo, que existe tanto arriba como abajo, pero que arriba se conoce a sí mismo y abajo todavía no se conoce. Y es justamente porque Él no se conoce por lo que sufre. Y es porque Él sufre por lo que yo estoy aquí. Yo estoy aquí, pero también muchos otros, tú no estás sólo, tú el Dios que se siente apenado. Pero para que te des cuenta de que no estás solo, hace falta que des un paso, un pequeño paso, muy ligero. Pero hace falta que lo hagas, pues yo no puedo venir a ayudarte forzándote a aceptar mi ayuda, nuestra ayuda, la ayuda de todos los Guías de toda la Luz. Es preciso que tú tiendas la mano. Es el único gesto que tienes que hacer: tender la mano. ¿Qué quiero decir con eso? Abrir tu mente. Tender la mano es abrir la mente. Aceptar de una vez para siempre que sí, que este discurso es el verdadero. Ya venga de mi boca o de boca de otro o de alguien todavía más antiguo, poco importa. Lo importante es que en un momento determinado tú aceptes ese discurso: "sí, ya he comprendido; hay lo falso y hay lo Real, las imágenes y la*

verdad; las imágenes hacen sufrir, la verdad libera. Entonces, voy a aprender cada día cómo liberarme más, como reconocer mejor lo falso para elegir lo verdadero".

»Y si me permites terminaré con una nota gozosa, pues todo lo que te he dicho implica trabajo, se trata de estudiar, se trata de reconocer, de discernir, comprender, de experimentar, por tanto, a veces de equivocarse, para poder conocer y comprender. Todo eso es trabajo. Pero si me permito concluir con una nota gozosa es porque todo este trabajo debes hacerlo en el gozo. No puedes tener éxito en esta empresa si tu energía de base no es el gozo: el gozo de estar vivo. Sé alegre, vive en el gozo de ser quien eres, de estar aquí.

»Incluso si me dices "de acuerdo", puedo estar contento con mi físico, con mi nivel intelectual, pero... al final no puedo estar tan contento como tú dices, porque estoy muy enfermo, porque tengo un cáncer, porque tengo alergias sin parar, porque tengo un bloqueo en la garganta... porque me voy a morir pronto. En ese caso te diré: "es cierto, tienes una cierta razón para estar menos contento que los otros". Pero, si me permites, te diré todavía una verdad, sin que la interpretes como siendo cruel: "te diré que si todavía eres víctima de la ilusión de la muerte, entonces no sólo no puedes ser feliz, sino que además no podrás discernir nunca lo verdadero de lo falso". Sea cual sea tu estado, incluso si tu muerte va a suceder dentro de dos minutos, debido a tu enfermedad, o a causa de un accidente, no recaigas en la ilusión bajo el pretexto de que la muerte es una gran cosa que te separa de la familia humana; de otro modo me habrás hecho hablar todo este tiempo para nada. Espero que no me hayas hecho hablar todo este tiempo para nada. Así pues, incluso la muerte, desdramatízala, exorcízala. Y a pesar de ella, dado que no podrás dejar de tenerle miedo de inmediato, a pesar de ella, persiste en estar vivo, en estar aquí, en permanecer gozoso de estar aquí [...]».

Je vous salue...

9. ANÁLISIS DE ALGUNAS CRÍTICAS A LA ESPIRITUALIDAD NUEVA ERA

Como era de esperar, en cuanto la filosofía y la espiritualidad Nueva Era comenzaron a ganar terreno y a infiltrarse en distintas áreas de la cultura dominante, desde varios sectores de ésta arreciaron las críticas. Me gustaría pasar revista brevemente a críticas procedentes de cuatro frentes distintos: 1) racionalismo ilustrado ateo; 2) protestantismo evangélico; 3) esoterismo tradicionalista y 4) catolicismo vaticanista.

9.1. DESDE EL RACIONALISMO MODERNO-ILUSTRADO

En sus múltiples versiones, ya sea estrechamente cientificista, ya sea dialécticamente materialista o abiertamente discursivo-hermenéutico, pero en cualquier caso ateo o agnóstico, la entronizada razón (cientifista, dialéctica, analítica o hermenéutica, es secundario aquí) mira con desdén todo el campo del esoterismo, desde el tradicional occidental hasta las presuntas canalizaciones en las que no duda en ver fraudes en los que no vale la pena detenerse o, en el mejor de los casos, irrupciones de un desconocido inconsciente que nos juega malas pasadas. Puede quizás abrirse a una cierta sabiduría oriental des-mitificada (especialmente el Zen), puede soportar ciertas veleidades psicológicas de las terapias humanistas, pero más allá de ello, el resto es oscuridad incomprensible e irracionalidad malsana, «la oscura marea del ocultismo» a la que se refería Freud. No sólo la jaula de hierro del cientificismo más estrecho entra aquí (tipo neopositivismo lógico de comienzos del siglo xx), sino también la polimorfa herencia de los tres maestros de la sospecha (Marx, Nietzsche, Freud) y sus epígonos, hasta una postmodernidad desacralizada y banal.

Como ilustración de este enfoque –que participa ya de la "mentalidad conspiranoica" que vamos a ver aparecer en lo sucesivo aquí y allá– podemos tomar el libro de Michel Lacroix, *L'idéologie du New Age* (1996). La primera parte se titula «Una exposición para comprender» y, aunque ya se cuelan juicios de valor negativos, podría considerarse básicamente aceptable, en su brevedad. La relación inicial de la Nueva Era con la contracultura, ciertamente existente, le lleva a exagerar la importancia que habría tenido la "cultura de la droga" (Lacroix, 1996:15). Más adelante se insistirá en esta relación, hasta el punto de formular una generalización tan falsa como pasmosa: «La hipótesis que se podría formular es que la Nueva Era representa una forma sublimada de la toxicomanía» (Lacroix, 1996:48). Si bien es cierto que desde Richard Alpert (Ram Dass) y Timothy Leary, pasando por S.Grof y llegando al matrimonio Shulgin o a la corriente más chamanizada de la psicología transpersonal, algunos sectores se han visto seducidos por el atajo peligroso de los eufemísticamente denominados "enteógenos", no cabe duda de que la inmensa mayoría de los portavoces más autorizados de la Nueva Era, sobre todo de lo que he llamado el corazón esotérico de ésta, se han mostrado claramente contrarios a su empleo.

La filosofía de la ciencia popperiana, por otra parte, se convierte en juez inapelable capaz de dictaminar sobre el carácter pseudo-científico (y por tanto, sobre su invalidez intelectual) de lo que hemos llamado la astrohistoria: «La crítica popperiana invalida, pues, el proyecto mismo de la astro-historia» (Lacroix, 1996:29). Popper habría mostrado en *La miseria del historicismo* que apelar a leyes macro-históricas no tiene nada de científico. Tan pseudo-ciencia como el marxismo sería la astro-historia.

Pero es la segunda parte, titulada «Un ensayo para reflexionar», la que más nos interesa y en la que las sospechas conspiranoicas se desatan. Ya el subtítulo es elocuente: «El cementerio del espíritu». Ahora arrecian las críticas y se pone de manifiesto desde dónde se critica, desde el espíritu moderno occidental, orgulloso de su tradición judeo-cristiana, por una parte, y de su herencia ilustrada, humanista, individualista y desgarrada, por otra. Veámoslo, pues la Nueva Era se pinta ahora con tintes de totalitarismo, como consecuencia casi inevitable de su holismo constitutivo, y una amenaza para el individuo humano que corre el riesgo de disolverse en la totalidad totalitaria de la concepción holística-mística, panteísta. En referencia a la psicología transpersonal, y concretamente al título de la segunda obra de Wilber afirma: «El individuo sin fronteras no es ya un individuo, pues rechaza la ley de la condición humana, que es la de la finitud [...] Este sueño prometeico podría ser una de las grandes mistificaciones de la Nueva Era, en la medida en que entraña el estallido de la noción de individualidad» (Lacroix, 1996:72).

Freud supuso un golpe al individuo racional, pero todavía conservaba el yo. Ahora con la psicología transpersonal está a punto de desaparecer la noción de yo-individuo-sujeto consciente:

> «No es ya, como con el psicoanálisis, la supremacía del sujeto consciente lo que está en cuestión: es la idea misma de sujeto lo que se convierte en una ilusión, de modo que un elemento esencial de la representación del mundo heredada de Occidente está a punto de desaparecer. Lo transpersonal destruye el concepto de individuo elaborado por la cultura greco-romana y judeo-cristiana [*ibid*].

Ni que decir tiene que tales insinuaciones se deben a una errónea comprensión del sentido de la identidad transpersonal, la cual, en ningún caso, supone una pérdida, sino una ampliación de la identidad y de la conciencia. Es cierto que algunas presentaciones dogmáticamente "impersonalistas" –como ciertas versiones del *anâtmavâda* budista (la doctrina que niega la existencia del yo, alma o *âtman*)– podrían desembocar en los riesgos que el autor señala, cosa que el propio Wilber se ha encargado de indicar, sobre todo en sus últimas obras (Wilber, 1997).

Esto entronca con la interpretación de la experiencia mística y el éxtasis como "regresión". Se trata de la vieja idea a la que ya William James en *Variedades de la experiencia religiosa* hizo frente y que Hollenbach vuelve a tratar magníficamente: la patologización de la experiencia mística. En términos de Lacroix:

> «La fusión en lo transpersonal es, en el fondo, muy parecida a la disociación de la personalidad que describen los cuadros clínicos de los psiquiatras» (Lacroix, 1996:73).

Decir esto hoy, así sin más, revela la falta de seriedad, de información y de experiencia del autor. Citemos brevemente las conclusiones –obvias por otra parte– de Hollenbach:

> «La mayor parte de la evidencia presentada antes, apunta hacia una diferencia esencial entre la experiencia mística y la experiencia esquizofrénica. Y lo que es más importante, la gran mayoría de experiencias místicas procede de algún tipo de esfuerzo de concentración o recogimiento. Emergen como productos de la voluntad consciente del sujeto. La mayoría de las experiencias esquizofrénicas, por otra parte, no proceden de ningún esfuerzo de recogimiento. Antes bien, suelen nacer más o menos espontáneamente como consecuencias inesperadas de traumas emocionales agudos, abuso de drogas o causas desconocidas» [Hollenbach, 1996:128].

Y ya, la falta de seriedad llega a límites inaceptables cuando –remitiendo a Grof– afirma:

«Para alcanzar la verdad científica, la droga se declara más útil que la razón. Es la droga la que desvela lo verdadero y es la razón la que es la perversa» [*ibid*.:78].

Que Grof haya empleado la experiencia psicodélica de cientos de pacientes y de participantes (y la suya propia, ciertamente) como parte del "contexto de descubrimiento" del nuevo paradigma psicológico transpersonal es cierto. Lo que parece ignorar el autor es que en el momento propio del "contexto de justificación" –por emplear una distinción bien conocida en el campo de la filosofía de la ciencia–, Grof nunca ha antepuesto la experiencia ciega a la razón interpretativa. Sus obras son buena muestra de ello.

Respecto a las ideas políticas de la Nueva Era, de nuevo me parecen infundadas las afirmaciones que realiza. Por ejemplo cuando afirma que detrás de la invisibilidad institucional y el aparente apoliticismo hay una nueva forma de totalitarismo que dice no a la democracia, al decir no a la política fragmentada y separatista, debido a su visión holística. La meditación conduciría al desapego de la vida social y política (apolitización) (Lacroix, 1966:88). De nuevo uno de los riesgos posibles se convierte injustificadamente en una presunta norma generalizada. Desde Annie Besant hasta Thich Nhat Hanh, no faltan claros ejemplos en los que la meditación y el esoterismo no están reñidos con el compromiso social y hasta político. De todos modos, es cierto que la dimensión política no es una de las más trabajadas en el movimiento Nueva Era, algo que en las últimas décadas está cambiando en algunos sectores, aquellos más comprometidos con la ecología y el pacifismo.

El propósito oculto de la Nueva Era sería un gobierno mundial en el que el autor ve rasgos fascistas:

«Para hacer frente a los problemas de nuestro tiempo, la Nueva Era sueña con una aristocracia espiritual, al estilo de la República de Platón, en un magisterio de sociedades secretas, en una sinarquía planetaria. El mundialismo autoritario, la coagulación de los individuos en el Cerebro global, la participación en la conciencia místico-planetaria, ¿no tienen algunos puntos en común con las grandes ceremonias fascistas en las que el corazón de un pueblo entero vibraba al unísono?» [Lacroix, 1996:90-91].

Verdaderamente grave esta comparación calumniadora e insultante, sin fundamento. Claro que algunos grupúsculos pueden ir por ahí, quizás una Nueva Acrópolis, pero qué duda cabe de que se trata, en cualquier caso, de una minoría exigua y yo diría patológica dentro de la Nueva Era. Sin respeto a la libertad y la fraternidad, principios acuarianos donde los haya, la denominación sería abusiva. Y abusos los hay, claro está. Y preciso es denunciarlos. Pero como casos concretos y no como seña de identidad de todo un movimiento, que ni siquiera es tal, pues carece de estructuras, jerarquías y hasta doctrinas unificadas.

Además, no se trata de una acusación pasajera, de una ocurrencia. Es una hipótesis que se considera seria: «La hipótesis que formulamos es que la Nueva Era está inventando una nueva forma de totalitarismo» (Lacroix, 1996:92). Y ya la aberración y falta de seriedad clama al cielo cuando afirma: «En el mundo que diseña la ideología de la Nueva Era, el pensamiento no reconoce más que un único maestro: el instinto vital. La ley suprema del espíritu es ahora el *primum vivere*. ¿No se encuentra amenazada de este modo la noción misma de humanidad? En el nuevo orden biológico no hay hombres en sentido estricto [...]. El totalitarismo de la Nueva Era es una mezcla de biologismo y de antihumanismo» (Lacroix, 1996:93). Sin comentarios. Carece de todo tipo de apoyo empírico.

¿Desde dónde habla Lacroix? ¿Cristianismo enmascarado, judaísmo modernizado o humanismo existencialista?:

«El mundo de la Nueva Era es un mundo no problemático. Nuestro mundo occidental es un mundo trágico. Ahora bien, es en este mundo trágico donde nuestras almas respiran el aire de la libertad y encuentran poderosas razones para seguir el combate de la vida. Sabemos que Dios es inaccesible, que la infancia quedó abolida en un pasado que acabó, que la finitud es nuestro lote, que la soledad no tiene remedio, que cada vida sólo tiene lugar "una sola vez" y que no hay segunda oportunidad» [Lacroix, 1996:106-107].

Veremos que la teoría de la conspiración anti-cristiana será exacerbada todavía más en algunos medios evangélicos.

9.2. DESDE EL PROTESTANTISMO EVANGÉLICO

Desde el protestantismo evangélico más fundamentalista, efectivamente, la Nueva Era suele ser considerada una conspiración diabólica. Dicho esto no ya en un sentido metafórico de los términos –como metafórico era hablar de "conspiración" en el título de la obra de M. Ferguson, *La conspiración de Acuario*–, sino en sentido literal. Hace décadas que se habla de una "Tercera Ola" del movimiento pentecostal, por ejemplo en la comunidad Vineyard (California), fundada por John Wimbler (1934-1997). Según esta concepción, la historia es una guerra espiritual (*spiritual warfare*) entre ángeles y demonios en la que los hombres se ven implicados, consciente o inconscientemente, siendo inspirados por los primeros o manipulados por los segundos. El caso de la Nueva Era se enjuicia directamente como ejemplo de actitud diabólica que trata de apartar a los hombres de la fe cristiana.

La obra más representativa de estas tesis "conspiranoicas" es probablemente la de Frank E. Peretti, *Esta oscuridad actual* (1986). En realidad, se trata de una novela de ficción más que de un estudio académico, que consiguió vender más de un millón de ejemplares y se pensó en llevarla al cine. En una pequeña ciudad de Estados Unidos, la espiritualidad Nueva Era conspira para controlar el mundo, proyecto combatido por dos periodistas y un pastor fundamentalista. La mala de la película es una profesora de psicología que medita regularmente para comunicarse con espíritus malvados (de este modo, en la intención del autor, el feminismo, junto a la psicología, pueden ser criticados al mismo tiempo que la Nueva Era).

La escasa seriedad de las ideas vertidas en dicha ficción no ha impedido que se convierta en una "autoridad" para cientos de miles de evangélicos, lo cual –como ha señalado Irving Hexham– «no hace sino subrayar la pobreza intelectual del evangelismo contemporáneo» (Hexham, en Lewis y Melton, 1992:157).

El mismo Hexham –poco sospechoso de alegre *new ager*– ha señalado adecuadamente las debilidades de las críticas evangélicas a la Nueva Era, tanto en el modo de citar (generalmente a otros evangélicos de los que no puede decirse, en efecto, que sean autoridades en la materia), como en la escasa argumentación o en la falta de rigor y clarificación en el empleo de términos filosóficos fundamentales como *monismo* o *panteísmo* que resultan cruciales en las criticas que tratan de elaborar (*ibid.*:158-161).

A modo de anécdota digamos cómo el propio Hexham se molestó en llevar a cabo un análisis del nivel de lectura (precisión, rigor, dificultad, exactitud, claridad, etc.) que caracterizaba a los textos evangélicos, por una parte, y a los textos de la Nueva Era, por otra parte. Utilizó para ello un programa informático (el *Rightwriter*) seleccionando pasajes de *bestsellers* de ambos grupos. El resultado mostró –sin entrar en los detalles más técnicos del estudio y del baremo empleado– que mientras el libro medio de la Nueva Era exigía un "grado 14" en el nivel de lectura, los libros cristianos estaban escritos en un nivel de "grado 9" (*o.c.*:161).

Digamos también cómo la toma de conciencia de la importancia socio-cultural de la Nueva Era fue ignorada o negada durante bastante tiempo por los medios evangélicos. Así, si bien puede decirse que el primer evangélico en publicar un libro sobre la Nueva Era fue Gary North en 1976, lo cierto es que su obra, *None Dare Call it Witchcraft*, no mencionaba el movimiento Nueva Era. Sería más tarde, cuando en su obra siguiente, *Unholy Spirits: Occultism and New Age Humanism*, ya en 1988, alega, en una nota a pie de página, que no utilizó anteriormente el término porque era desconocido en los medios cristianos.

Puede decirse que fue en 1983 cuando la subcultura del evangelismo despertó de su sueño dogmático para descubrir la presencia creciente de la Nueva Era. Esto sucedió gracias a Constance Cumbey a través de su obra *The Hidden Dangers of the Rainbow: The New Age Movement and the Coming Age of Barbarism*, en la que vuelven las tesis "conspiranoicas" mezclando de manera tan explosiva como injustificada la teosofía, el nazismo y a Benjamin Creme. Un segundo autor decisivo en la formación de las ideas evangélicas sobre la Nueva Era, sería Dave Hunt, quien publicó el mismo año una obra igualmente apocalíptica advirtiendo a los cristianos de los peligros de la Nueva Era, *Peace, Prosperity and the Coming Holocaust: The New Age Movement in Prophecy*.

Algo más decente y serio puede considerarse el autor evangélico que se ha convertido en éxito de ventas, Douglas Groothuis. En 1986 publica su primera obra sobre el tema, *Unmasking the New Age: Is There a New Religious Movement Trying to Transform Society?* Dos años más tarde publicaría *Confronting the New Age; How to Resist a Growing Religious Movement*. Y finalmente en 1990 publica *Revealing the New Age Jesús*.

Dado que no ha sido un campo por el que me he sentido especialmente atraído, por la evidente superficialidad y extravagancia de sus críticas, procedentes del fundamentalismo más rancio y dogmático, me limitaré a citar la obra que I. Hexham considera el mejor libro evangélico sobre la Nueva Era, la de Russell Chandler, *Understanding the New Age*, que vio la luz en 1988.

9.3. ESOTERISMO
TRADICIONALISTA-PERENNIALISTA

Curiosamente y de manera inquietante, puede decirse que la tendencia del **esoterismo tradicionalista-perennialista** de R. Guénon (1969; 1982; 1983; 1987; y Gilis, 2001), A.K. Coomaraswamy, F. Schuon (1980; 1982; 2001), T. Burckhart (1978; 1980), S.H. Nasr (1981; 1984; 1993), H. Smith, J. Evola, etc. se halla cerca del enfoque demonizador que acabamos de ver.

El esoterismo tradicionalista, que halla su formulación paradigmática en R. Guénon (1886-1950), defiende la existencia de una *philosophia perennis* (sabiduría perenne, *sophia, scientia sacra*) de alcance universal que constituiría el núcleo esotérico de las distintas religiones en su manifestación exotérica. Las distintas tradiciones históricamente conocidas serían ramas surgidas de esa raíz profunda que sería la Tradición primordial. Habría dos modos de establecer contacto con tal Sabiduría: la revelación de origen suprahumano (en el comienzo de toda verdadera religión) y la intuición intelectual en sentido estricto, capaz de aprehender a través de un conocimiento por identidad los principios metafísicos fundamentales, dando lugar a la verdadera metafísica tradicional. Destaca la idea de que cada religión posee ciertas posibilidades peculiares que se contienen en su arquetipo celeste, sean cuales sean los avatares históricos y la posible corrupción humana que les afecte. La existencia de un simbolismo universal permitiría penetrar, siempre que el interesado haya desarrollado la necesaria capacidad intuitiva, en el corazón esotérico de cada una de las tradiciones religiosas.

En este sentido, el análisis del simbolismo en el arte ha sido especialmente cultivado por A.K. Coomaraswamy quien desarrolla la idea de un "arte sagrado", como era común en las sociedades tradicionales, antes de que su orden y fidelidad a la Tradición fuese alterado por la irrupción de una modernidad desacralizadora y ante la que los tradicionalistas se muestran firmemente intransigentes.[54] Esta crítica al mundo moderno, realizada de un modo radical es uno de los puntos que más rechazo ha producido entre los numerosos analistas de la religiosidad, al hacer frente a las obras de Guénon y sus seguidores (Guénon, 1974; 1982). Llama la atención el privilegio concedido a dos de las tradiciones religiosas, siguiendo el itinerario personal de Guénon, quien comenzó –después de algunas incursiones en el esoterismo occidental– señalando el hinduismo (shankariano) como la tradición superviviente más fiel a la Metafísica y a la Tradición primordial, y terminó con su conversión al Islam y el enaltecimiento de esta religión como la última de las grandes religiones auténticas.[55] El propio Nasr señala las virtualidades ecuménicas de este perennialismo tradicionalista: «Los seguidores de la *philosophia perennis* muestran un camino que hace posible un auténtico ecumenismo, que, en realidad, no puede sino ser esotérico, pues la armonía religiosa sólo puede alcanzarse en la "Estratosfera divina", para citar a Schuon, y no en la atmósfera humana, en la que tantos la buscan hoy a expensas de reducir la Estratosfera divina a la atmósfera humana» (Nasr, 1993:65).

El atractivo y la fuerza del universalismo perennialista y su esencialismo son notables y no quedan totalmente descartados por las certeras críticas que le vienen siendo realizadas –recuérdese la obra de S.T. Katz, rechazando también cualquier forma de perennialismo: «No hay *philosophia perennis*, a pesar de lo que digan Huxley y otros» (S.T. Katz, 1978:24)– y tenemos la impresión de que todavía hay mucho que aprender de ellos, aunque no se compartan todas sus tesis, ni su intransi-

---

54. Me he ocupado de las ideas de Coomaraswamy acerca del arte sagrado en V. Merlo (2001).

55. Especialmente enraizado en el Islam, hay que destacar, como uno de los representantes actuales más cualificados de la filosofía perenne, a S.H. Nasr (1981; 1984). Puede verse para un reciente abordaje del guenonismo más estricto y con especial énfasis también en el Islam, Gilis (1998).

gencia con otros enfoques, ni su tono dogmático, ni sus identificaciones en ocasiones demasiado fáciles. Si en Guénon teníamos a su fundador y "maestro" y en Nasr a su representante viviente más lúcido y brillante, en F. Schuon (tan admirado por Nasr) hallamos el desarrollo más amplio en el campo de las tradiciones religiosas comparadas a la luz del perennialismo esotérico tradicionalista.

Así, por ejemplo, su concepción de la "mentalidad simbolista" y su visión del símbolo merecen tomarse en serio, pese a su oposición a las concepciones habituales:

> «La "visión" simbolista del cosmos es a priori una perspectiva espontánea que se funda en la naturaleza esencial –o la transparencia metafísica– de los fenómenos en vez de separarlos de sus prototipos [...]. La mentalidad simbolista, en cambio [a diferencia de la racionalista], es intuitiva en sentido superior, pues para ella el razonamiento y la experiencia sólo tienen función de causa ocasional y no de base; ve las apariencias en su conexión con las esencias: el agua será para ella, ante todo, la aparición sensible de una realidad-principio, un *kami* (japonés), un *manitu* (algonquino), o un *wakan* (sioux); o sea que no ve las cosas "en superficie" tan sólo, sino sobre todo "en profundidad", o que las percibe conforme a la dimensión "participativa" o "unitiva" tanto como conforme a la visión "separativa"» [Schuon, 2001:15].[56]

Schuon ha defendido con fuerza y ha ejemplificado la existencia de esas dos fuentes de la metafísica, el esoterismo o la gnosis tradicional (tres términos que emplea como sinónimos),

---

56.   En otra de sus obras decía del símbolo: «La función de todo símbolo es quebrar la corteza de olvido que cubre la ciencia inmanente del Intelecto. La dialéctica intelectual, como el símbolo sensible, es un velo transparente que, cuando sucede el milagro del recordar, se desgarra y descubre una evidencia que, siendo universal, brota de nuestro ser, el cual no sería si no fuera Lo que es» (Schuon, 1982:10).

que son la Revelación (en las diversas religiones) y la Intuición intelectual (en los auténticos metafísicos, entre los cuales Shankara sigue ocupando un lugar destacado, como el Islam lo ocupa en el caso de las Revelaciones religiosas, al ser la última de ellas).[57] Hallamos en él, no obstante, no sólo la apuesta por la "unidad trascendente de las religiones", sino también una determinada jerarquización de éstas que termina privilegiando el no-dualismo shankariano, tal como puede verse en su comparación con Râmânuja: «Por una parte, la perspectiva de Râmânuja es sustancialmente semejante a los monoteísmos semíticos y, por otra parte, la perspectiva de Shankara es una de las expresiones más adecuadas de la *philosophia perennis* o del esoterismo sapiencial» (1982:19).

Como es bien sabido, Schuon entrelaza diversas tradiciones, no sólo *Vedânta* hindú y sufismo islámico, sino también cristianismo y budismo, en la medida en que son considerados por él igualmente "ortodoxos",[58] así como las tradiciones de

57. «La India, con las *Upanishads*, representa la doctrina metafísica más antigua de la humanidad –pensamos en la metafísica explícita, no en el puro simbolismo que no tiene origen ni localización–, mientras que el Islam es la última Revelación de la humanidad y cierra así el ciclo de los grandes brotes legisladores y salvadores» (Schuon 1982:9).
58. «La primera cuestión que se plantea con respecto a una doctrina o una tradición es la de su ortodoxia intrínseca, es decir, la cuestión de saber si la tradición está en conformidad, no necesariamente con otra perspectiva tradicional ortodoxa determinada, sino con la Verdad a secas; por lo que se refiere al budismo, por tanto, no preguntaremos si concuerda con la "letra" del *Veda* o si su "no-teísmo" –y no ateísmo– es conciliable, en cuanto a la expresión, con el teísmo, semítico o no, sino simplemente si el budismo es verdadero en sí mismo, lo que significa, en caso afirmativo, que concuerda con el espíritu védico y que su "no-teísmo" expresa la Verdad –o un aspecto suficiente y eficaz de la Verdad– de la que el teísmo es otra expresión posible, y oportuna en el mundo al que rige [...] Lo que acabamos de decir significa implícitamente que el budismo, como perspectiva característica, e independientemente de sus modos, es necesario: no es posible que no exista, puesto que una consideración no antropomorfa, impersonal y "estática" del Infinito es una posibilidad» (Schuon, 2001:62-63).

los nativos amerindios, de los que tan cerca se sintió y con quienes tanto convivió.

Encontramos, en suma, en el esoterismo tradicionalista una de las presentaciones más sugerentes de una postura inclusivista-universalista que supera el inclusivismo uni-religioso, pero sigue mostrando pretensiones dogmáticas de certeza de un modo que la sensibilidad hermenéutica contemporánea encuentra difícil asumir, y sobre todo que puede dar la impresión de no respetar realmente las diferencias entre las distintas tradiciones, algo que hiere la sensibilidad contextualista y "postmoderna", audaz en sus presentaciones más anti-autoritarias y anti-esencialistas (Heron, 1998), combatientes por las "diferencias" entre las tradiciones («Puede decirse que todo este ensayo es una llamada al reconocimiento de las diferencias» [Katz, 1978:25], diferencias que afectan no ya sólo a cuestiones secundarias, externas y formales, sino también al sentido último de sus ontologías, sus antropologías y sus soteriologías (Heim, 1995), y especialmente J. Ferrer, quien ha tematizado la posibilidad de una pluralidad ontológica de universos espirituales (Ferrer, 2002).

Ahora bien, cuando se trata de interpretar el presente creemos que la dura crítica a la modernidad, casi en bloque, que formuló Guénon y que se sigue repitiendo con mayores o menores matices, incapacita para vivir la actualidad y comprenderla debidamente. Guénon murió en 1950, antes de que la Nueva Era popular viese la luz, pero sí que conoció, sin embargo, las obras del esoterismo teosófico y antroposófico, así como la obra de Bailey. Ya hemos mencionado su ataque frontal a la obra de Blavatsky y su esfuerzo por desenmascarar lo que consideraba un fraude con consecuencias peligrosas. Hay que decir que también las críticas a Steiner y a Bailey son igualmente radicales. Así, de Steiner, a propósito de su *Evangelio según san Lucas,* dice Guénon: «las presentaciones que ofrece son quizás todavía más fantasiosas, si es posible, que las que circulan habitualmente entre la mayoría de los teosofistas», para terminar diciendo: «quisiéramos creer que no ha desempeñado en esto más que un simple papel de "sugestionado"» (Guénon, 1969:405-406). Las consideraciones de Steiner sobre *El evangelio según san Juan* le parecen igualmente fantasiosas y afirma que se hallan más cerca de Blavatsky que de la tradición rosicruciana (Guénon, 1969:392).

En su *compte-rendu* de un libro de A. Bailey vuelve a esgrimir la crítica de historias fantásticas e insinúa lo que queremos mostrar que constituye su hilo conductor ante todo esoterismo que no sea el tradicionalista por él representado, con esa intransigencia que vimos señalar a A. Faivre a propósito de Guénon, y con mayor razón a lo que estamos analizando como espiritualidad Nueva Era. «Hay ahí –dice Guénon– un peligro cierto; quienes inspiran esas enseñanzas (no decimos los que las propagan) tienen probablemente algún sospechoso propósito, y de la "contra-iniciación" a la "pseudo-iniciación" hay quizás más infiltraciones de lo que estaríamos tentados a creer» (Guénon, 1996: 393). Guénon emite estos juicios en 1935 (el de Bailey) y 1937 (los de Steiner). Tanto antes como después de esas fechas ha hablado de la pseudo-iniciación y la contra-iniciación. Veamos en qué consisten éstas.

En *Aperçus sur l'Initiation*, recuerda –como ha hecho desde el comienzo y a lo largo de toda su obra– que toda verdadera tradición y toda auténtica iniciación tienen un origen no-humano (suprahumano). De otro modo no se trata más que de una parodia, esto es, de pseudo-iniciación, o lo que es más grave, contra-iniciación y de acción anti-tradicional (Guénon, 1985:11). Pero es en *El reino de la cantidad y los signos de los tiempos*, quizás una de sus obras centrales, al menos para su crítica a la modernidad, tanto en su aspecto materialista como en sus desviaciones neo-espiritualistas, donde Guénon define ambas con claridad. Así: «La pseudo-iniciación no es en realidad más que uno de los productos característicos del estado de desorden y confusión provocado en la época moderna por la acción "satánica" que tiene su punto de partida consciente en

413

la "contra-iniciación"; también puede ser, de manera inconsciente, un instrumento de ésta» (Guénon, 1974:246-247).

Véase, pues, cómo la pseudo-iniciación es una imitación menos peligrosa en principio y producto de la ignorancia y el atrevimiento humanos, mientras que la contra-iniciación tiene un origen y un carácter claramente satánico:

> «Por su parte, la contra-iniciación, ciertamente, no es una mera falsificación completamente ilusoria, sino algo muy real dentro de su orden, como lo demuestra perfectamente la acción que ejerce efectivamente [...]. En ningún caso puede ir más allá del "mundo intermedio", es decir, del ámbito psíquico, que es, por todos los conceptos, el campo de influencia privilegiado de "Satán" en el orden humano e incluso en el cósmico» [Guénon, 1974:247].

Un rasgo característico de la pseudo-iniciación es el "sincretismo". «Por medio del procedimiento sincrético se ha construido una supuesta "tradición oriental", la de los teosofistas, que no tiene nada de oriental más que una terminología mal asimilada y peor aplicada; [...] los ocultistas franceses, por puro espíritu de contradicción y de competencia, emprendieron a su vez la elaboración de una supuesta "tradición occidental" del mismo estilo, con muchos elementos extraídos de la kábala».

Como se ve la crítica es radical, grave y generalizada. Es fácil suponer que el "sincretismo" todavía más claro de la Nueva Era caería dentro del campo criticado por nuestro autor.

Como ejemplo de la falsificación pura y simple apunta a las numerosas organizaciones rosicrucianas, en plena contradicción entre sí y pretendiendo ser todas la representante legítima de la Rosa-Cruz.

En suma, prácticamente ninguna de las manifestaciones de lo que con Hanegraaff hemos llamado el esoterismo secularizado se salva de la condena de Guénon. Todas ellas han perdido el norte de la Tradición y han pasado a las filas, bien de la anti-tradición, bien de la contra-tradición, términos complementarios de los dos anteriores. Efectivamente, la anti-tradición tiene que ver con la desviación característica del materialismo y con la solidificación. La contra-tradición tiene que ver con la subversión propia del neo-espiritualismo y con la disolución.

La contra-iniciación no puede asimilarse a una invención puramente humana (como lo es la pseudo-iniciación). «Ésta es la vía infernal que pretende oponerse a la vía celeste y que presenta efectivamente las apariencias externas de tal oposición a pesar de que en definitiva ésta sólo pueda ser ilusoria; además, como ya hemos dicho antes respecto a la falsa espiritualidad en la que suelen extraviarse los seres comprometidos con una especie de "realización al revés", esta vía no puede abocar en realidad más que a la total desintegración del ser consciente y a su disolución irreversible» (Guénon, 1974:268-269).

El neo-espiritualismo y la pseudo-iniciación que procede de él constituyen también una especie de "prefiguración" parcial de la "contra-tradición" desde otro punto de vista. El imperio de ésta última coincide con el "reino del Anti-cristo", que aparecerá como un *Chakravarti* al revés, que parodiará la propia función del décimo Avatara que se representa como "el segundo Advenimiento de Cristo" en la tradición cristiana. Este llevará a cabo el "enderezamiento" cuando parezca completa la subversión, preparando la "edad de oro" del ciclo futuro (Guénon, 1974:278).

En *Aperçus sur l'Initiation*, la Iniciación queda caracterizada por la comunicación que posibilita con los estados superiores (supraindividuales) del ser. Hace falta una cierta aptitud o disposición natural que le convierte a uno en "iniciable" y supone un verdadero "segundo nacimiento", "regeneración" o "bautismo", que nos pone en presencia de lo Incomunicable (de ahí el verdadero secreto iniciático). Se produce una especie de *Fiat Lux*, hágase la luz, que permite al Iniciado pasar del caos a la creación de su ser, gracias a la "transmisión de la influencia espiritual" que caracteriza la Iniciación (Guénon, 1985:33-34).

La verdadera Iniciación depende necesariamente de una "organización tradicional regular" que se encamina a establecer el "estado primordial". Guénon sólo reconoce como auténticas, entre las entonces vigentes, a dos de ellas: la Masonería y el *Compagnonnage*, «todo el resto no es más que fantasía o charlatanería», como «las ensoñaciones ocultistas sobre las iniciaciones en astral» –que no pertenecen sino a organizaciones pseudo-iniciáticas cuyas iniciaciones no son sino caricaturas de las verdaderas iniciaciones–.

En efecto: «La iniciación propiamente dicha consiste esencialmente en la transmisión de una influencia espiritual, transmisión que no puede efectuarse más que a través de una organización tradicional regular», esto es, que pertenece a una cadena iniciática autorizada (*silsila, parampara*) (Guénon, 1985:53).

Para aquellos formados en una cosmovisión esotérica, las reflexiones y advertencias de Guénon suelen ser más tenidas en cuenta que las procedentes de modelos más alejados de su identificación, como lo son el ilustrado-ateo o el cristiano-conservador, sea éste católico o protestante. La razón es que se comparten muchos postulados fundamentales y las críticas proceden de otro lugar, más próximo, menos fácilmente desdeñable. Así, por ejemplo, pocos esoteristas negarían la existencia de planos o dimensiones de la realidad suprasensibles (Steiner) o suprafísicos, especialmente el "plano astral" del que tanto habló la teosofía y en el que se acepta que residen entidades cuyas intenciones no siempre son lo luminosas y correctas que al ser humano de buena voluntad le gustaría que constituyesen los únicos motivos de las acciones. Por tanto, las advertencias relacionadas con ello han de tenerse en cuenta. Ahora bien, toda la tradición teosófica ha insistido en los riesgos de confundir a los verdaderos maestros con falsos maestros, el plano mental superior con el plano astral, las verdaderas iniciaciones planetarias a cargo de la Fraternidad Blanca con iniciaciones exotéricas o esotéricas de otro orden. Todo ello está, quizás, ausente de la conciencia de la mayoría de los *new agers* actuales, entregados a terapias psicológicas o prácticas meditativas orientales místicas, de las que sólo en el trasfondo late su sentido esotérico. En cualquier caso, el enfoque guénoniano ha de ser tenido en cuenta y pasar al "análisis concreto de situaciones concretas" en las que se pueda verificar de algún modo el carácter falso o auténtico de las doctrinas, los maestros, las iniciaciones, las prácticas, etc. Reconozcamos que "el reto guénoniano" es el mayor y más incómodo de los retos que presentimos quienes nos hallamos más cerca de la espiritualidad posteosófica aquí presentada.

Ahora bien, es muy posible que el enfoque guénoniano –hasta donde es compartido, por otra parte, por el enfoque posteosófico– no afecte a la corriente aquí defendida, cuyos representantes creo que no hace falta nombrar una vez más, pero sí a otras corrientes o autores de la Nueva Era. Esa "oscuridad" psíquica que algunos han visto en Osho o en Satya Sai Baba, en lo que respecta a *gurus* orientales, otros la han apuntado en la segunda fase de Ramtha (recordemos las críticas de Spangler), incluso otros en Kryon (en sus propios libros se recogen cartas inquietantes en relación con los "implantes"), y más allá de éstos en algunos presuntos mensajes extraterrestres que diríase siembran la confusión o generan expectativas falsas. También ha levantado sospechas, dentro del enfoque posteosófico, la presentación de B. Creme, cuya proclamación de la aparición pública de Maitreya, el Cristo, se ha interpretado como una ilusión ingenua –confusión del astral con lo espiritual, engaño de entidades del astral– o como parte del plan diabólico para entronizar al anti-Cristo (como hemos visto ya en el caso de los evangélicos). Hay una gran responsabilidad tanto en las proclamaciones espirituales y esotéricas como en las críticas demonizadoras y destructivas. De ahí que necesitemos criterios para juzgar tales fenómenos. Y éstos no son fáciles, ciertamente. Sólo cultivando el discernimiento, la pureza y la sabiduría del corazón es posible ir afinando tales criterios. Mientras tanto, la sana razón (quizás algo similar a lo que Descartes denominaba *le bon sens*) y la buena voluntad (la *voluntad buena* de Kant, y la *buena voluntad* de Bailey) son elementos imprescindibles e insustituibles. Una cosa es juzgar el contenido intelectual de un libro, otra cosa es hacerlo con un mensaje canalizado o con la obra entera de una determinada canalización, y otra todavía distinta con una terapia, una práctica o un maestro espiritual. El "discípulo" contemporáneo (como el de todos los tiempos, cada tiempo tiene su reto) está llamado a ejercitarse en el discernimiento y en el despertar de la intuición y el reconocimiento anímico. El sentimiento y la razón discursiva se muestran insuficientes para estos menesteres, y cuando esto se comprueba, mediante el método de ensayo y error, se ve la necesidad de despertar la mirada del corazón, la sabiduría del alma que sabe reconocer lo verdadero, lo bello y lo bueno, allí donde se presente, y por contraste, sabe hacerlo con sus opuestos.

9.4. DESDE EL CATOLICISMO VATICANISTA

Desde el catolicismo vaticanista, las críticas no suelen ser tan severas y radicales, pero la Nueva Era sigue viéndose como un peligro insidioso que hay que combatir, pues indudablemente aleja de la verdadera fe cristiana. Si bien en varios documentos oficiales el Vaticano se ha pronunciado sobre aspectos parciales de la Nueva Era, siempre con referencias breves, hay que esperar al año 2003 para que el Consejo Pontificio para la Cultura, en unión con el Consejo Pontificio para el Diálogo Interreligioso, publique un documento titulado *Jesucristo, el portador del agua de vida: una reflexión cristiana sobre la*

Nueva Era (Consejo Pontificio, 2003) que se ha convertido en el documento oficial del Vaticano más extenso y completo sobre dicha cuestión.

Desde el comienzo se nos advierte que se trata de un informe provisional y que ha de entenderse como una obra pastoral, para dar a conocer en qué consiste la espiritualidad Nueva Era y, sobre todo, para poner de manifiesto las diferencias importantes entre ésta y la fe cristiana-católica.

Hay que decir, de entrada, que los autores, el Grupo de Trabajo sobre Nuevos Movimientos Religiosos, se han basado sobre todo –a juzgar por las citas empleadas– en los hasta la fecha más reconocidos estudios académicos sobre la *New Age,* por una parte, y por otra parte, de manera especial, en aquellos procedentes de analistas cristianos ("contra-nueva-era" o "anti-Nueva Era"). La mayor parte de estas obras las hemos visto aparecer en estas páginas. En cuanto a los primeros destacan los nombres de Hanegraaff y Heelas, en cuanto a los segundos, los de Introvigne y Lacroix. Siendo este último –como hemos visto– de los más radicales en su crítica y más partícipes de la "tesis conspiranoica", no deja de ser significativo que en más de una ocasión se trate de suavizar o de tomar distancia respecto a sus extremas afirmaciones. En cuanto a fuentes directas de la Nueva Era, llama la atención que –siendo ya escasas, mucho más que las obras analítico-críticas, en la bibliografía– apenas aparecen dos nombres: en primer lugar, D. Spangler, sin duda el más citado, aprovechando especialmente las críticas parciales que realiza en su última época a ciertos desarrollos de la Nueva Era, resaltándolas de manera especial y des-contextualizándolas considerablemente, pudiendo dar la impresión de que la crítica de Spangler es mucho más amplia de lo que en realidad es, y, en segundo lugar, M. Ferguson, el clásico más popular sobre la Nueva Era. La breve mención de B. Creme es no tanto descriptiva como objeto de un blanco fácil.

Pese a todo, cabe distinguir dos aspectos fundamentales:

aquel que trata de ser más descriptivo-informativo de esa "espiritualidad alternativa" que sería la *New Age*, y aquel más valorativo que intenta, por una parte, mostrar lo que no es compatible con el cristianismo católico oficial (vaticanista) y, por otra, ofrecer herramientas críticas para hacerle frente. Si bien debe decirse que ya el aspecto descriptivo-informativo se halla visiblemente sesgado en la elección de las ideas, los autores y las calificaciones peyorativas subrepticiamente empleadas, no es menos cierto que se ofrece una visión suficientemente informada y válida del movimiento Nueva Era, aunque –como veremos– creo que se acentúan los aspectos más problemáticos y no siempre compartidos por buena parte de los *new agers*. Es cierto que, aquí hay un problema más general, a saber, la dificultad de describir de manera objetiva y abarcante las doctrinas de la Nueva Era, en un movimiento (o red de redes) que es complejo y multiforme, resultando muy difícil intentar una suficiente unificación. Por una parte, me gustaría insistir en que, a mi entender, quien mejor ha conseguido esto ha sido Hanegraaff; por otra parte, tales dificultades me invitan a ir precisando qué aspectos de la Nueva Era puedo compartir, así como intentar no adoptar una actitud a la defensiva, pasando a rechazar cualquier crítica que proceda de la oficialidad católica, con la que, quizás huelga decirlo, no puedo identificarme.

En cuanto al aspecto valorativo, cuando se trata de mostrar las distancias entre la espiritualidad Nueva Era y la espiritualidad cristiana-católica-vaticanista, es cuando el diálogo es más difícil, pues resulta obvio que nos hallamos ante una cosmovisión bastante rígidamente estructurada, tanto en su aspecto doctrinal como en su dimensión institucional, que juzga críticamente un movimiento amplio y difuso, heterogéneo y complejo que carece de fundador único, de portavoces oficiales (recordemos los nombres que Introvigne selecciona como tales: D. Spangler, Ram Dass, M. Ferguson, K. Wilber y H. Shucman). En este ensayo, sin embargo, se habrá visto que los "portavoces" principales han sido: Sri Aurobindo (como pionero indirectamente influyente y sólo en algunos aspectos precursor), A. Bailey (como fundamentación esotérica más propia), V. Beltrán (como exponente bien representantivo de la concepción que más comparto de la Nueva Era) y OMnia (como trasfondo sólo a veces visible, pero presente de manera importante, de buena parte de las ideas decisivas).

En cuanto a los "personajes" –no tan unánimemente aceptados, pero sí reconocidos por varios sectores y especializados en alguno de los campos de la Nueva Era–, Introvigne propone a J. Argüelles, a L. Orr, Starhawk, J.Z. Knight (Ramtha), S. MacLaine y H. Palmer. En este caso las elecciones posibles son, incluso, más amplias. Así, por ejemplo, llama la atención que no aparezca ni antes ni ahora Jane Roberts (Seth), ni Kryon ni todo el movimiento de Saint Germain, sobre todo a través de M. y E. Prophet. Sea como sea, puede aceptarse que en ambos casos la selección es suficientemente representativa.

Pero pasemos ya al análisis no sólo del documento citado, sino también de otros textos en los que se han expresado críticas a la Nueva Era. Desempeñará un papel central, justamente, la última obra de M. Introvigne, la cual tiene en cuenta ya, dado lo reciente de su aparición, los documentos a que nos referimos; también tendremos ocasión de comentar algún texto del actual pontífice, Benedicto XVI, antes de ocupar tal cargo, mientras era prefecto de la Congregación para la Doctrina de la Fe, en tanto que cardenal Ratzinger, de manera particular su crítica al "relativismo" como piedra angular no sólo de la Nueva Era, a la que únicamente de pasada se refiere, sino de la cultura contemporánea, incluyendo en ella, sobre todo, la obra de los máximos teólogos del pluralismo religioso: J. Hick y P. Knitter –sin faltar alguna breve referencia a R. Panikkar–. Finalmente y como contrapunto recogeremos, en relación con ello, algunas reacciones de varios de los teólogos que sufrieron condena a cargo del cardenal Ratzinger, antes de que éste alcanzase el papado: L. Boff, M. Fox, A. de Mello y, entre los españoles, J.J. Tamayo, pues nos permitirá poner de manifiesto algunos de los que consideramos puntos débiles en la actitud oficial de la Iglesia y en sus doctrinas, compartiendo críticas desde perspectivas que o bien no deberían considerarse "Nueva Era" o bien, lo cual no ha dejado de hacerse en el caso de los dos primeros al menos, mostrarían los puntos de coincidencia entre la Nueva Era y una espiritualidad planetaria cristiana abierta, no exclusivista, no eclesiocéntrica, como es la representada hoy por el Vaticano.

Será conveniente tener presente estos conceptos fundamentales, tal como están siendo analizados en la reciente "teología de las religiones", incluso desde una perspectiva cristiana, como suele ser cuando se habla de "teología", para saber desde dónde habla la oficialidad vaticana, ese sector del catolicismo que pretende tener la exclusividad no sólo de la verdadera religión, sino también del único verdadero catolicismo, de ahí que cristianos de corazón y de razón, teólogos comprometidos y amantes de Cristo, como Leonardo Boff, Matthew Fox, A. de Mello o J.J. Tamayo, por recordar los cuatro ejemplos citados, entre otros muchos existentes, no tengan cabida en la ortodoxia católica. No sólo ellos, sino que tampoco parecen ser suficientemente ortodoxos como cristianos, teólogos de la talla de John Hick, Paul Knitter o Raimon Panikkar, como puede verse en las críticas a ellos dirigidas por el entonces cardenal Ratzinger. Efectivamente, el eclesiocentrismo exclusivista (el cristianismo es la única religión verdadera y "fuera de la Iglesia no hay salvación") parecía dejar paso al inclusivismo cristocéntrico (en las otras religiones también hay "elementos de verdad y de gracia", no son necesariamente perversas y caminos de perdición, pero, en última instancia, la corona de todas ellas, la plenitud de las religiones, la consumación insuperable –¡no sólo insuperada hasta el momento!– de todas, la Revelación por excelencia viene dada por la Encarnación de Cristo-Jesús –una vez más "única" verdadera Encarnación de Dios–, cuyas implicaciones doctrinales, teológicas y morales corren a cargo de la tradición eclesiástica, cuyo magisterio es depositario en exclusiva de la inspiración del Espíritu Santo).

Hasta podría decirse que a partir del Vaticano II el inclusivismo ganaba terreno al exclusivismo, el cual comenzaba a resultar disonante con la sensibilidad epocal que se iba imponiendo incluso entre los cristianos. No parece exagerado insinuar que la actual situación más bien parece suponer un retroceso en este sentido. Sea como sea este particular, lo cierto es que el paso del inclusivismo al pluralismo (teocéntrico) está resultando mucho más difícil de asimilar por la "jerarquía" católica. Es justamente este paso, dado en las últimas décadas por los tres teólogos cristianos citados (Hick, 1989, 1995, 2004; Knitter, 1995 y Panikkar, 1978) y por otros muchos, con diversos matices (Dupuis, 2000), el que criticaba duramente Ratzinger en su alocución sobre el relativismo como error radical de funestas consecuencias en nuestra época.

En efecto, el *relativismo* figura como la acusación número uno dirigida tanto a los teólogos pluralistas como a la filosofía *new age*. Las otras acusaciones más frecuentes y consideradas más graves diríase que son las de *panteísmo*, *gnosticismo* y *sincretismo*. Éstos serían, junto con otros muchos que veremos, los cuatro grandes errores y deficiencias del pensamiento Nueva Era. También en Introvigne (2005), a quien tomaremos como hilo conductor de la perspectiva católica (junto al documento citado del 3-2-2003) para entrar en diálogo crítico desde la perspectiva que nosotros defenderíamos, la cuestión del relativismo ocupa el primer puesto de los doce puntos que resumen sus objeciones a la Nueva Era. Así leemos: «El fundamento de toda la Nueva Era es su posición en la cuestión de la *verdad*, a saber, su relativismo. La negación radical de la existencia de la verdad [...] forma una verdadera "cortina de hierro" filosófica, que impide la comunicación y la evangelización, y constituye un aspecto radicalmente negativo de la Nueva Era» (Introvigne, 2005:253). En ocasiones, la acusación de relativismo va

unida a algo mucho más grave, la de *irracionalismo*; así sucedía ya en la encíclica *Fides et Ratio* de 1998, donde, sin hablar
explícitamente de la Nueva Era, es cierto, pero pudiendo leerse
entre líneas que ésta estaría incluida, se habla del clima post-
moderno en el que asistimos al renacimiento de un esoterismo
irracionalista. Ni que decir tiene que se trata de dos términos de
enorme densidad filosófica que pueden ser interpretados –y lo
han sido– de maneras muy distintas. Respecto al relativismo
hay que recordar que se opone –o al menos se diferencia epis-
temológicamente de él– al dogmatismo, el cual a su vez puede
presentarse como dogmatismo moderado, en tanto que confianza crítica en la capacidad de la razón humana para conocer
con certeza determinadas verdades referentes a la realidad objetiva, algo que ha sido frecuente incluso en los filósofos más
cautos, o como dogmatismo radical que ya es más raro encontrar en el pensamiento filosófico, pero que sin embargo ha sido
abundante en la historia del pensamiento religioso. En este
caso, el dogmatismo consiste en aferrarse a ideas concretas que
escapan no sólo a la posibilidad de demostración científica,
sino también a la fundamentación filosófico-racional intersub-
jetivamente compartible. Es el caso de cualquier revelación religiosa (sancionada por una tradición determinada y resistente
al paso de la historia, como en las grandes religiones revelacio-
nistas, o reciente y con menores repercusiones sociológicas,
como pretenden ser algunas de las canalizaciones contemporáneas que hemos analizado). Obviamente, en lo que a mí respecta, no se trata de rechazar cualquier revelación que no pueda encajar en los moldes de la racionalidad científica o
filosófica de una época determinada, como hacen el cientifis-
mo y el racionalismo, sino de tomar conciencia de la debilidad
epistemológica de la fe en cualquier tipo de revelaciones, lo
cual debería llevar a una mayor humildad y apertura, y no aferrarse a formulaciones concretas de manera dogmática –algo
que fácilmente desemboca en fanatismo e intolerancia hacia los
que piensan de modo diferente–.

No se trata, pues, de eliminar la fe por irracional. No se trata, claro está, de un secularismo anti-religioso que desprecia todo lo que no cabe en los límites de la mera razón, mucho menos de la racionalidad científica. Se trata, simplemente, con no ser poco, de humildad epistemológica y de reconocimiento de lo difícil que resulta para una persona cultivada creerse en posesión de evidencias o demostraciones incuestionables, al menos en asuntos últimos como son los religiosos y espirituales. En este sentido es cierto que primero la modernidad, con sus métodos histórico-críticos, y después la postmodernidad, heredera de la hermenéutica de la sospecha, han supuesto una liberación de dogmatismos innecesarios, sin que ello implique necesariamente pérdida de la fe religiosa. Qué duda cabe que uno puede ser un excelente cristiano sin aceptar algunos de los dogmas que la tradición ha consagrado y cuyo fundamento, incluso teológico, está siendo puesto en cuestión. ¿Acaso uno no puede ser un excelente discípulo de Cristo y seguir fielmente sus enseñanzas sin creer en la santísima Trinidad o incluso –por evocar a Hick– considerando la Encarnación como una metáfora (Hick, 2004)? Quizás hay que pensar hasta qué punto la ortodoxia ha ocupado un lugar excesivamente importante y la ortopraxis ha quedado postergada, acaso de manera injusta.

Por más que resulten duras e incómodas, no podemos, como mínimo, reconocer la autenticidad que late en las palabras de L. Boff, cuando comentando el documento elaborado por el cardenal Ratzinger, *Dominus Iesus*, comienza poniendo de manifiesto el exclusivismo eclesiocéntrico que vuelve a ser puesto en primer plano:

«Dicho en una forma sencilla –picaresca pero verdadera– he aquí el resumen de la ópera: "Cristo es el único camino de salvación y la Iglesia es el peaje exclusivo. Nadie recorrerá el camino sin antes pasar por ese peaje". Dicho de otra manera: "Cristo es el teléfono pero sólo la Iglesia es la telefonista. Todas las llamadas de corta y de larga distancia necesariamente pasan por ella". Iglesia y Cristo forman "un único Cristo total" (n° 16), pues "como existe un solo Cristo, también existe un solo cuerpo y una sola Esposa suya, una sola Iglesia católica y apostólica" (n° 16). Fuera de la mediación de la Iglesia, todos, incluso "los adeptos de otras religiones objetivamente se encuentran en una situación gravemente deficitaria" (n° 22). Con todo énfasis se afirma, citando el Catecismo de la Iglesia Católica: "No se debe creer en nadie más, a no ser en Dios, el Padre, el Hijo y el Espíritu Santo" (n° 7).

»¿Por qué tal reduccionismo? Aquí comienza a articularse el sistema romano, el romanismo: por causa "del carácter definitivo y completo de la revelación de Jesucristo" (n° 4). Podrán pasar milenios, podrán los seres humanos emigrar a otros planetas y galaxias… pero la historia quedó como petrificada hasta el juicio final, pues no va a haber absolutamente ninguna novedad en términos de revelación: "no se debe esperar nueva revelación pública antes de la gloriosa manifestación de Nuestro Señor Jesucristo" (n° 5). El sistema está completo, cerrado, y todo es propiedad privada de la Iglesia (la jerarquía vaticana), que debe expandirlo al mundo entero".

De este modo, el rechazo del relativismo epistemológico, que no implica necesariamente una negación de la existencia de una Realidad absoluta, sino un reconocimiento de los límites del conocimiento humano, parece una clara reacción ante lo que supone la pérdida de la idea de creerse en posesión de la Verdad absoluta, algo que suele terminar en un sistema totalitario, primero teórico y, en cuanto se asocia el poder político, práctico. L. Boff no duda en escribir las siguientes acusaciones:

«Este tipo de discurso no es específico del romanismo, sino de todos los totalitarismos contemporáneos, del fascismo nazi, del estalinismo, del sectarismo religioso, de los regímenes latinoamericanos de seguridad nacional, del fundamentalismo del mercado y del pensamiento único neoliberal. El sistema es totalitario y cerrado en sí mismo, en el caso de la jerarquía vaticana, un "totatus" (totalitarismo) como decían teólogos católicos críticos del absolutismo de los papas. La realidad comienza y termina allí donde comienza y termina la ideología totalitaria. No existe nada más allá del sistema. Todos deben someterse a él, como dice el documento de Ratzinger, en "obediencia, sumisión plena de la inteligencia y de la voluntad, dando voluntariamente asentimiento" (nº 7). La verdad es sólo intrasistémica. Sólo los que obedecen al sistema participan de los beneficios de la verdad que es la salvación. Todos los demás están en el error.

»Quien pretende tener él solo la verdad absoluta está condenado a la intolerancia para con todos los demás, que no están en ella. La estrategia es siempre la misma, en cualquiera de estos totalitarismos: convertir a los otros o someterlos, desmoralizarlos o destruirlos. Conocemos bien este método en América Latina. Fue minuciosamente aplicado por los primeros misioneros ibéricos que vinieron a México, al Caribe y a Perú con la ideología absolutista romana. Consideraron falsas las divinidades de las religiones indígenas, y sus doctrinas las tuvieron por pura invención humana. Y las destruyeron con la cruz asociada a la espada».

(L. Boff, «Joseph Card. Ratzinger: ¿exterminador del futuro». Sobre la Dominus Iesus: http://www.leonardoboff.com)

Decíamos que una segunda idea machaconamente repetida contra la Nueva Era es su carácter *sincretista*. Introvigne la asocia estrechamente al relativismo religioso, casi como una consecuencia que se desprendería directamente de aquél. No sin razón pone en relación el sincretismo con la concepción que podríamos denominar "perennialista", que como ya sabemos consiste en defender la existencia de una *philosophia perennis* (universal, no sólo cristiana, como a veces se ha pretendido), gracias a cuyo corazón esotérico podría hablarse de una "unidad trascendente de las religiones", algo que F. Schuon –como sabemos poco sospechoso de veleidades típicamente Nueva Era– llegó a denominar *religio perennis*. Sabemos que es algo que encontramos también en la "sabiduría eterna" de la teosofía. Desde ese postulado es fácil no sólo el diálogo, sino la apertura auténtica a las palabras de sabiduría que el buscador sincero es capaz de hallar en toda tradición religiosa o sapiencial.

Por una parte, el sincretismo se halla en los orígenes de casi todas las religiones, por otra, con mayor razón en los tiempos actuales, en los que el rápido y variado intercambio de informaciones y de tradiciones gracias a los medios de comunicación y de transporte, la imparable multiculturalidad que caracteriza a la mayoría de las grandes urbes (y también a las no tan grandes), hace que sea casi inevitable la fecundación mutua de las culturas, y como parte de éstas de las religiones. Es cierto que el término "sincretismo" se ha cargado ya de connotaciones peyorativas que consiguen que se asocie a mezcla indiscriminada, "religiosidad a la carta", cuando no mera confusión incoherente de ideas. Cuando aceptamos el carácter sincrético de la Nueva Era, por tanto, no nos referimos a esa mera yuxtaposición exterior de ideas y prácticas, sino a la síntesis reflexiva y vivida de experiencias y tradiciones cultivadas de un modo u otro, síntesis tanto más honda y auténtica en cuanto que no consiste en ese *collage* arbitrario, sino en la comprensión de los principios metafísico-espirituales fundamentales. En ese sentido puede decirse que la Era de Acuario es una era de síntesis. Podríamos citar a V. Beltrán una vez más, a propósito del *agni yoga* como *yoga* de síntesis apropiado para esta era, pero preferimos citar en este contexto a un teólogo alemán, Günther Schiwi, quien comparte nuestro pensamiento cuando afirma: «nada se opone a que los cristianos se adhieran a la Nueva Era y a que los adherentes de la Nueva Era se vuelvan cristianos», ya que, al fin y al cabo nos hallamos «en el pe-

ríodo de transición de la era cristiana de Piscis a la era pos-
cristiana, supraconfesional, de Acuario, que se caracteriza por
ser una era de síntesis» (Schiwi 1991, citado por Introvigne,
2005:252).

Este sincretismo relativista, para colmo, se parece sospechosamente en muchos de sus rasgos al antiguo *gnosticismo*
que tantos quebraderos de cabeza trajo al cristianismo de los
primeros siglos. Pretender que más allá de la fe en la Revela-
ción/Encarnación cristiana hay un conocimiento salvífico
(*gnosis*), una sabiduría espiritual que no depende de la experiencia de fe es herejía insoportable para la tradición cristiana.
El documento vaticano del año 2003 lo expresa con claridad:

> «La naturaleza gnóstica de este movimiento nos llama a juz-
> garlo en su totalidad. Desde el punto de vista de la fe cristia-
> na, no es posible aislar algunos elementos de la religiosidad
> Nueva Era como aceptables para los cristianos, al tiempo que
> se rechazan otros. Dado que el movimiento Nueva Era conce-
> de mucha importancia a la comunicación con la naturaleza, al
> conocimiento cósmico de un bien universal –negando con
> ello los contenidos revelados de la fe cristiana– no puede ser
> considerada ni positiva ni inocua. En un entorno cultural ca-
> racterizado por el relativismo religioso, es necesario advertir
> contra el intento de situar la religiosidad Nueva Era al mismo
> nivel que la fe cristiana, relativizando la diferencia entre fe y
> creencia, creando de este modo una mayor confusión».

Ya hemos dicho –y Hanegraaff lo ha desarrollado con claridad– que la condena del mundo y del cuerpo, elementos fundamentales del gnosticismo clásico, está lejos de poder considerarse algo característico de la Nueva Era, la cual estaría mas
bien centrada en este mundo

> «Puede concluirse que el pensamiento "supramundano" y de
> rechazo del mundo, al menos en sus formas más fuertes, no es

típico del pensamiento Nueva Era. En conjunto, los adherentes a la Nueva Era son "estemundistas", ya sea totalmente o
de un modo ambiguo. Dominan las formas débiles de "este-
mundismo", pero las formas fuertes/radicales pueden ser
aprobadas ampliamente, incluso por los *newagers* estemun-
distas-débiles» [Hanegraaff, 1998:118].

Es cierto que en la Nueva Era se enfatiza más la experiencia personal y el conocimiento (gnóstico) que la fe, pero no resulta evidente que tenga que rechazarse ésta, ni siquiera la revelación
cristiana, sino tan sólo una determinada interpretación defendida de manera "dogmática" y con pretensiones de exclusividad.
Se ha hablado no sólo del gnosticismo de Basílides, Valentín,
Marción, sethianos, arcónticos o bardesanitas, en los primeros
siglos de nuestra era y en pugna con el cristianismo, en el que
también cabe hablar de *gnosis* (Clemente, Orígenes, Evago el
Póntico, etc), sino también de una gnosis judía (kabalística), una
gnosis hindú (*jñâna* en el *Vedânta advaita*), una gnosis budista
(*prajñâ*, tal como intentó mostrar E. Conze), una gnosis musulmana (especialmente *shi'íta*, como H. Corbin ha desarrollado
abundantemente) y ahora cabría hablar de una gnosis Nueva Era
(o de la Nueva Era como gnosis contemporánea).

Sabemos que algunas caracterizaciones, clásicas ya, de la experiencia central de la gnosis serían ampliamente subrayadas por
buena parte de la Nueva Era. Pensemos, por ejemplo, en la caracterización que hace de ello una autoridad como H. Ch. Puech:

«Los análisis han permitido llegar a la conclusión de que la
gnosis es una experiencia o se refiere a una eventual experiencia interior, llamada a convertirse en un estado inadmisi-
ble [*sic*], en virtud de la cual, en el curso de una iluminación
que es regeneración y divinización, el hombre se reinstala en
su verdad, rememora y alcanza nuevamente conciencia de sí,
es decir, simultáneamente de su naturaleza y origen auténticos; así es como se conoce o se reconoce en Dios, conoce a

Dios y se aparece a sí mismo como emanado de Dios y extraño al mundo, adquiriendo de esta forma, con la posesión de su "yo" y condición verdaderos, la explicación de su destino y la certidumbre definitiva de su salvación, al descubrirse como ser –de derecho y desde toda la eternidad– salvado» [Puech, 1982:240-241].

Podría decirse que es más característico de la Nueva Era, que si bien se percibe la condición de "extranjero" en este mundo y de "exilio" respecto a su patria espiritual (¿acaso no es constitutivamente cristiano *estar* en el mundo sabiendo que no se *es* del mundo?), habiendo descubierto o habiendo llegado a tener fe en que nuestra alma espiritual, nuestro Yo superior, nuestra mónada, pertenece a esferas suprasensibles de las que ha descendido provisionalmente, eso no le lleva a un desprecio del mundo, a considerarlo un sueño o alucinación (algo que sí sucede en las versiones más radicales del acosmismo vedántico o incluso budista), sino que más bien desde una perspectiva emanatista tiende a concebir el mundo como expresión de lo Divino, como Madre naturaleza, templo por excelencia, cuerpo de lo Sagrado. Esto es lo que una "ecosofía" espiritual, esotérica podría aportar, como verdadero enfoque ecológico propio de la Nueva Era, más que una ecología profunda radical (a lo Arne Naës) con su "animalismo" y su "anti-antropocentrismo" que por comodidad, de cara a la más fácil crítica, algunos –como Introvigne– consideran que es la ecología más cercana a la Nueva Era. El respeto a la Naturaleza y la ética ecosófica de ahí derivada, una ética de la responsabilidad (no sólo con el presente, sino también con las generaciones futuras y con los vivientes no-humanos, incluso con Gaia como cuerpo del Logos planetario y Madre divina) y de la compasión (también hacia los animales, y hacia todo ser sintiente) serían, a mi entender, el más adecuado enfoque de la Nueva Era.

Un respeto que no deriva de un panteísmo craso, reduccionista, naturalista, spinoziano –otra de las más frecuentes y graves acusaciones a la Nueva Era–, sino de un *panenteísmo* bien entendido, que no anula ni rechaza la trascendencia de lo Divino (personal o transpersonal, luego diremos algo al respecto), sin por ello descuidar la inmanencia de éste. Ésta sería la cuarta acusación que tratamos de enfocar: la de *panteísmo*. Nos parece injustamente simplificador, si no manifiestamente falso, el planteamiento que hace Introvigne a este respecto, cuando exclama:

> «La idea de Dios que tiene la *New Age* no pasa desde ningún punto de vista el test de compatibilidad con lo que nosotros sabemos de Dios por la Escritura y por la Tradición cristiana: a pesar de los juegos de palabras y el empleo de diferentes terminologías filosóficas, se trata siempre, en último análisis, de una versión actualizada del viejo panteísmo de Spinoza, a quien los padres de la "ecología profunda" y los autores culturalmente más preparados de la Nueva Era se refieren deliberadamente» [Introvigne, 2005: 254-255].

En mi opinión es ésta una de las objeciones con menos peso y resulta fácil mostrar su inocuidad. En primer lugar, no hay una única interpretación del "viejo panteísmo de Spinoza" (no tan viejo, pues fue formulado hace poco más de dos siglos), pero puede aceptarse aquella –quizás la más divulgada– que ante la identificación explícita que parece suponer la fórmula *Deus sive Natura* (Dios o Naturaleza) como modo de referirse a la realidad única, opera una reducción de lo Divino a lo Natural concluyendo que para Spinoza no había más divinidad que la Naturaleza manifiesta y sus poderes. De este modo, suele decirse, queda rechazada toda Trascendencia y evitado el Dios personal. No es necesario rescatar interpretaciones menos reduccionistas del spinozismo, pues de lo que se trata es de ver que, así entendido, el panteísmo de ningún modo es la concepción dominante en la Nueva Era.

El problema se ha planteado, de manera similar, en muchas ocasiones, respecto al hinduismo, al hablar de éste como una

religión panteísta. Lejos de ello, desde los himnos fundacionales del *Rig-veda* hasta el propio Sri Aurobindo, pasando por
Râmânuja, la concepción de la relación entre lo Divino y el
Mundo que hallamos es la que viene mejor indicada a través
del término acuñado por K.Ch.F. Krause (1781-1832) de *panenteísmo*. Esta postura no opera reducción alguna de lo divino
a lo natural, ni limita la existencia de Aquello a algo meramente inmanente a la Naturaleza. La Naturaleza es, ciertamente, divina, pues todo lo que existe es un "atributo" o un "modo" de
lo Divino, una manifestación o emanación de Aquello inefable;
lo Divino se halla, pues, inmanente, latiendo en el interior de
todo lo existente como su corazón más propio; pero eso no impide la dimensión de Trascendencia, pues «las tres cuartas partes de Mi Mismo permanecen sin manifestar, trascendentes al
mundo» –por parafrasear el texto hindú–. Así pues, panenteísmo no significa que toda la naturaleza y sólo la naturaleza existe, aunque la denominemos divina (acepción con la que es habitual referirse al panteísmo de Spinoza), sino que «todas las
cosas están *en* Dios o lo Divino», y «Dios está en todas las cosas». Recuérdese el verso de la *Isha Upanishad* en el que se
afirma que la sabiduría consiste en ver "el *Âtman* en todas las
cosas y todas las cosas en el *âtman*".

Algo similar ocurre no ya en la mayoría de los autores de
la Nueva Era, al menos aquellos que comparten una concepción esotérica de la realidad, algo que hemos intentado mostrar que constituye el corazón de la Nueva Era, sino en algunos de los teólogos condenados por el cardenal Ratzinger,
como puede verse en la carta de este último fechada el 17 de
septiembre de 1987 a propósito del teólogo americano Matthew Fox (1940) y su obra *Original Blessing*. Ante la acusación de panteísmo, Fox respondió justamente que no era panteísta, sino panenteísta, insistiendo en que «para un cristiano
el panenteísmo es ortodoxo, tanto en el plano teórico como en
el práctico, gracias a la inserción de la pequeña sílaba griega
en». (Fox: 1995:112)

A finales de 1988, como consecuencia de aquella carta, el teólogo dominico aceptó un año de silencio público, no sin escribir doce duras páginas en las que trata a la Iglesia de "familia disfuncional" dominada por el modelo patriarcal y no duda en acusarla de fascista. Según Fox, el "paciente identificado" de la familia disfuncional que es la Iglesia sería el cardenal Joseph Ratzinger, a quien Fox recuerda que, según la psicología transpersonal, «el *senex* negativo –la persona anciana que ha perdido el contacto con su *puer*, o niño interior– proyecta su locura sobre los otros y no ofrece ni sabiduría ni esperanza para el futuro» (citado por Introvigne, 2005:234). Final que nos lleva a comprender por qué el texto antes citado de L. Boff llevaba por título «Joseph C. Ratzinger: ¿exterminador del futuro?». Algunos conservan la esperanza, pese a todo, de que el antes cardenal Ratzinger, hoy Papa Benedicto XVI, despierte un nuevo sentido de responsabilidad histórica que le ayude a mirar no tanto hacia el pasado de la cristiandad medieval como hacia el futuro de la cristianía supraconfesional... Algo que, a medida que pasa el tiempo, se muestra difícil.

La disputa sobre el panteísmo no es ajena a otra de las grandes "desviaciones" de la Nueva Era, a saber, la concepción "impersonalista" y "energeticista" de lo Divino. El documento del 3-2-2003 sobre la Nueva Era es claro al respecto: «Se habla de Dios, pero no es un Dios personal; el dios del que habla la *New Age* no es ni personal ni trascendente. Tampoco es el Creador y sostenedor del universo, sino una "energía impersonal" inmanente al mundo, con el que forma una "unidad cósmica": "Todo es uno". Esta unidad es monista, panteísta o, más precisamente, panenteísta. Dios es el "principio-vital", el "espíritu o alma del mundo", la suma total de las conciencias que existen en el mundo».

Hay que decir que los autores del texto –«Jesucristo, el portador del agua de vida: una reflexión cristiana sobre la Nueva Era»– son algo más cuidadosos y respetuosos que M. Introvigne –por no compararlos ya con M. Lacroix–. Vemos aquí la matización respecto al panenteísmo; sin embargo, pese a ello se dice que no es un Dios trascendente, contradiciendo así el reconocimiento de panenteísmo. Ahora bien, hay que reconocer que cierto impersonalismo sí que es una tendencia dominante en la Nueva Era, así como en las versiones más difundidas del *Vedânta* hindú. Lo mismo sucede con la noción ambigua de "Energía". La tendencia a hablar del Absoluto en términos de Energía (por tanto impersonales) ha de entenderse, claro está, como un rechazo al abuso antropomórfico llevado a cabo por las religiones teístas y especialmente monoteístas, que terminan transmitiendo la idea de un Dios demasiado "humano". Yo diría que hablar del Absoluto en términos de energeticismo impersonalista es una vulgarización análoga a la del concepto de Dios Personal como anciano con barbas, enfadado y castigador. Es decir, del mismo modo que todo teólogo judío, cristiano o musulmán, asume que el carácter personal de Dios no significa que tal Ser (el Ser) sea "humano" y distingue entre las personas humanas y la Persona divina, todo pensador sensato de la Nueva Era asume (¡o debería asumir!) –en cualquier caso pongo de manifiesto así mi propio pensamiento– que al preferir una noción impersonal se está apuntando hacia una realidad, la Realidad absoluta, que no podría hallarse por debajo de los atributos personales conocidos en los seres humanos (autoconciencia, inteligencia, voluntad, amor, compasión, misericordia, etc.) y que quizás por ello sería más conveniente denominar Suprapersonal o Transpersonal, mostrando que no es algo menos, sino más que lo "personal-humano".

Una vez más Hanegraaff resulta de gran precisión y oportunidad cuando, tras señalar la aversión de la Nueva Era a las definiciones rígidas y doctrinales de Dios, y aceptar que quizás la mayoría de *new agers* suele rechazar los términos personalistas afirma:

> «Aunque desde luego es cierto que ni siquiera la divinidad más personalizada de la Nueva Era es de tal naturaleza que

comprometa en una relación Yo-tú con los individuos humanos, describir el Dios de la Nueva Era como una mera "fuerza impersonal" es errar por completo. Mucho más representativa es la convicción de que la distinción misma
personal-impersonal se basa en un dualismo artificial. Dios
puede experimentarse como personal y como impersonal,
pero en realidad su ser trasciende tales distinciones limita-
das» [Hanegraaff, 1998:183-184].

Desde mi perspectiva, a menos que se corrija la ambigüedad (o
insuficiencia) de los términos "Energía" e "Impersonal" referi-
dos a lo Divino, me parece una deficiencia utilizarlos de manera
acrítica y sin matizarlos debidamente. Antes apuntaba lo que me
parece tan esencial como elemental: lo Absoluto en ningún caso
puede ser concebido correctamente como careciendo de los atributos de sus manifestaciones. También en el esoterismo teosófico hemos visto la noción, ciertamente más jerarquizada, de Logos planetario, Logos solar y Logos galáctico, como expresiones
(holones) parciales, todos ellos integrados en el Logos absoluto.
No cabe duda de que la noción de Logos aquí no remite a una
Razón impersonal (¿qué sería eso?), sino a una Inteligencia
transpersonal, como lo suponen también la noción de *Purusha*
en la India o la de *Megânthropos* en la tradición gnóstica y hermética occidental, en tanto que Gran Persona regente del macrocosmos. No obstante, vuelvo a reconocer que es una de las tendencias que no comparto y a la que me he opuesto en múltiples
ocasiones, a propósito sobre todo del Vedânta advaita y del budismo, a menos que éstos se interpreten de la manera que consi-
dero correctas, es decir, como enfatizando el rechazo a la imagen
antropomórfica que suele traducir el término persona, y no eli-
minando ninguno de los atributos positivos conocidos.

Varias de las críticas que venimos comentando hasta aquí
se hallaban ya apuntadas germinalmente en el texto del cardenal Ratzinger, al que hemos hecho referencia anteriormente,
titulado, «Relativismo: el problema central de la fe hoy en

día», procedente de una conferencia impartida en mayo de 1996 en Guadalajara, México, en el encuentro de la Congregación para la Doctrina de la Fe con los presidentes de las Comisiones Doctrinales de Conferencias de Arzobispos de Latinoamérica. En ella, después de recordar que actualmente uno de los mayores retos teológicos procedía de la unión de la teología de la liberación con la teología pluralista encabezada por J. Hick y P. Knitter, y poniendo de manifiesto el error "relativista" de estos últimos, llegando a cuestionar dogmas centrales como la Encarnación, dedica unas pocas palabras a la Nueva Era, a la que caracteriza del siguiente modo:

> «Para los partidarios de la Nueva Era, la solución al problema de la relatividad no ha de buscarse en un nuevo encuentro con otro u otros, sino superando el sujeto en un retorno extático a la danza cósmica. Como la vieja gnosis, este camino pretende estar totalmente en armonía con todos los resultados de la ciencia y basarse en todo tipo de conocimiento científico (biología, psicología, sociología, física). Pero, a partir de esta presuposición, ofrece al mismo tiempo un modelo de religión considerablemente anti-racionalista, una "mística" moderna: el Absoluto no ha de ser creído, sino experimentado. Dios no es una persona distinta del mundo, sino una energía espiritual presente en el universo. La religión significa armonía de mí mismo con la totalidad cósmica, la superación de toda separación» (Ratzinger, 1996)

Vemos cómo se reúnen las acusaciones de "relativismo", de "gnosticismo", de "anti-racionalismo", de "mística" –también esto parece ser un error o al menos un peligro, como ya sabemos y todavía veremos algo más detenidamente– y de "impersonalismo energeticista" que termina decapitando con herramientas postmodernas al sujeto.

En lo que respecta a la imagen del ser humano defendida por la Nueva Era, la acusación suele estar también relacionada con el panteísmo y el énfasis que suele hacerse en la naturaleza divina del ser humano. El documento de 2003 comete exageraciones poco dignas de un enfoque riguroso y respetuoso cuando afirma: «En algunos textos "clásicos" de la *New Age* resulta claro que los seres humanos son concebidos como dioses: esto está más plenamente desarrollado en unos que en otros. Dios no ha de buscarse ya más allá del mundo, sino en el propio interior». Y donde decía que me parece poco riguroso e injusto es cuando continúa afirmando: «Incluso cuando "Dios" es algo fuera de uno mismo, se halla allí para ser manipulado». Yo creo que es intolerable hacer afirmaciones de este tipo, aunque no falten actitudes erróneas o egoístas, quizás en la soberbia del poder de la *magia naturalis* o en otros campos. Pensemos hasta qué punto podría decirse lo mismo de muchas "oraciones cristianas" que no hacen sino expresar los deseos egoístas más mundanos de quien reza, esperando chantajear a Dios de un modo u otro. Y es que es un recurso demasiado fácil el exponer las manifestaciones más groseras de un movimiento o corriente para criticar su totalidad.

Otro asunto es, por supuesto, pues en ello hay gran parte de verdad, la tendencia de la Nueva Era a considerar al ser humano como una "parte de Dios", o incluso de manera más abierta, con atrevida expresión de Shirley MacLaine, «somos dioses» (MacLaine, 1988; 1989). En efecto, aquí no podemos negar que resulte algo bastante generalizado y que choca abiertamente tanto con la concepción naturalista hegemónica como con el cristianismo tradicional (y en general los monoteísmos) que ha acentuado la separación, si no la distancia ontológica abismal, entre el Creador y las creaturas. No obstante, el escándalo de tantos místicos, incluidos algunos de los más grandes en el seno de dichos monoteísmos, pasa justamente por la proclamación de afirmaciones semejantes. No negamos, pues, que esto es así, en gran medida, y de hecho hasta en el final mismo de nuestro ensayo citábamos las palabras de OMnia: «*tú eres, en estado de semilla, el Dios que yo amo y al que sirvo y que conozco en su estado plenamente expandido en el Cielo».* Aquí la "mística oriental", o las religiones orientales, construidas por el orientalismo incipiente como "místicas" frente al "profetismo" occidental, están más cerca de tales afirmaciones (desde el upanishádico *tat tvam asi*, tú –*âtman*– eres Eso –Brahman–, hasta el reconocimiento de nuestra naturaleza búddhica) y sin duda, históricamente, en la formación de la Nueva Era, su influencia ha sido determinante.

La actitud ante la mística es, justamente, uno de los puntos cruciales en la diferencia entre el cristianismo-católico-vaticanista (el romanismo, en expresión de Boff) y la Nueva Era. Recuérdese que el subtítulo de esta obra reza: «hacia una espiritualidad místico-esotérica». Creo que la dimensión esotérica de la Nueva Era ha quedado más clara que la dimensión mística. Quizás convendría dedicar algunas páginas a este particular, dado que del mismo modo que la noción de "religión" se fue imponiendo como una categoría específicamente cristiana que se aplicaba a las restantes tradiciones, con la idea de "mística" sucedió otro tanto. Con la modernidad, la noción de "mística" comenzó a contraponerse a la filosofía e incluso a la racionalidad en conjunto, de modo que quedaba minusvalorada y marginada. No había que dar más que un paso en la construcción "orientalista" del Oriente místico por parte de los occidentales ilustrados, para que Oriente fuese presentado como "el Otro" claramente inferior, entre otras razones porque frente a la racionalidad científica y filosófica, Oriente no pasaba de ser una religión natural y mística (irracional). Ha tratado recientemente estos mecanismos de poder en los que la religión se ha visto implicada, Richard King (2003), quien dice al respecto:

> «Las caracterizaciones de la "filosofía" exigen, desde luego, una categoría de lo "no-filosófico" mediante la cual puedan contrastarse y definirse. Del mismo modo que Occidente ha tendido a construir imágenes de la India como su "otro", la filosofía occidental moderna (mantenida como el ideal de racio-

nalidad universal y objetiva basada en la argumentación pura) ha construido una imagen inversa del "misticismo" como su sombra. De ahí que hayan sido precisamente los aspectos místicos y religiosos del pensamiento intelectual occidental los que han sido más sistemáticamente ignorados por los filósofos y los académicos desde el siglo XVII» [King, 2003:31].

Podría decirse, pues, que la filosofía occidental ha tendido a marginar la religión y ésta, a su vez, en Occidente, ha tenido problemas con la integración del misticismo. Sobre todo en las religiones más estructuradas y más jerarquizadas, en las cuales el carácter más indómito y difícilmente categorizable de la experiencia mística plantea con mayor facilidad problemas de ortodoxia. De nuevo sutiles cuestiones de poder intervienen en la construcción socio-religiosa de la noción de misticismo. Entonces, quién sea un verdadero místico y en qué consista la mística, qué experiencias puedan considerarse tales, depende de los intereses teológico-políticos de la cultura (religiosa) dominante. Así, por ejemplo, según las teologías abstractas y apofáticas al estilo de Meister Eckhart, san Juan de la Cruz, el Pseudo-Dionisos o *La nube del no-saber* –todas ellas exponentes de una mística fuertemente androcéntrica– las experiencias visionarias y las auditivas ocupan un nivel inferior de la mística. Ésta ha sido la tendencia dominante en los estudios cristianos sobre misticismo, como sucede en E. Underhill (1955), R. Otto (1932), Inge, Zaehner, o incluso en estudiosos ya no directamente cristianos como es el caso de W. T. Stace (1960).

Una interesante corrección de tales tendencias, incluyendo fenómenos místicos variados, sin reducir su importancia, así como un reflexivo planteamiento de una concepción intercultural de la mística (cosa que apenas eran los clásicos de W. James, Underhill, todavía demasiado etnocéntricos, Otto, Forman o incluso el de Stace) y una adecuada importancia concedida a la contextualización de cada experiencia mística, sin desembocar en un contextualismo extremo, la ha ofrecido

Hollenbach, en su obra *Mysticism: Experience, Response and Empowerment* (1996). Efectivamente, dicho autor utiliza un amplio *corpus* de literatura ignorada por la mayoría de los autores sobre misticismo: autobiografías y otros escritos de mediums, clarividentes y viajeros extracorpóreos de los siglos XIX y XX. En relación con esto, «este estudio –afirma Hollenbach– rechaza la idea de que las experiencias visionarias constituyen un tipo inferior de conciencia mística». Suele suponerse que las formas superiores de experiencia mística son anicónicas y acósmicas, carentes de imaginería sensorial y radicalmente negadoras-del-mundo. En lugar de eso, trata de mostrar la importancia no sólo de las formas de absorción yóguica o unión divina abstracta, sino también de las formas visionarias del misticismo con apariciones, potenciación supernormal de los sentidos, etcétera.

Es obvio que desde una perspectiva como la de Hollenbach, a mi entender fuertemente sugestiva y enriquecedora, la "mística de la Nueva Era" recibe una nueva luz. En efecto, fenómenos abundantes en la literatura *new age*, como experiencias extra-corpóreas (viajes fuera del cuerpo, a los que la Nueva Era concede una especial importancia), canalizaciones, visiones (de *devas*, ángeles, guías, maestros, etc.), audiciones, telepatía, clarividencia, etc. son mejor apreciados en esta concepción integral y actualizada del misticismo. El rechazo que produce la noción de "viajes astrales" tanto en la ciencia, como en la filosofía y en la religión cristiana, hace recomendable la lectura de Hollenbach, donde hallamos un buen resumen de multitud de experiencias seriamente analizadas de este tipo. No podemos aquí sino remitir a las obras de "místicos seculares" como Robert Monroe (1971), Sylvan Muldoon (1929), Matthew Manning, Oliver Fox, Eileen Garrett, Frederika Hauffe, todos ellos narrando sus "viajes astrales" y los fenómenos parapsicológicos vividos en ellos.

Teniendo en cuenta tales variantes, Hollenbach propone una amplia definición de misticismo, más cuidada de lo que puede parecer a primera vista y bien fundamentada en su extensa obra. Es la siguiente: «Llamo misticismo a la radical metamorfosis (amorfa, bien ordenada, históricamente condicionada y transensorial) de la conciencia vigílica producida por la concentración de la atención y el aquietamiento de la mente (ambas cosas simultáneamente), junto a las respuestas en pensamiento y acción que genera» (Hollenbach, 1996:1 y 130).

Es muy cómodo encasillar determinados fenómenos como "paranormales", otros como "ocultos", otros como "mágicos" y negarles su pertenencia al campo de la religión y de la mística. Sin embargo, los estudios de misticismo comparado muestran cada vez con mayor abundancia de datos que tales distinciones pueden ser útiles, pero están lejos de hallarse, en la realidad, claramente separados. Frente a ello, Hollenbach muestra suficientemente cómo el presupuesto que minimiza el valor de tales fenómenos posee un claro *sesgo etnocéntrico*. Los místicos de las sociedades tribales no realizan esa tajante distinción (mística/paranormal), incluso nunca se refieren a estados libres de intensa imaginería, locuciones, visiones (tipo conciencia pura), o no les dan tanta importancia. Por otra parte, ha mostrado también que la experiencia mística, de hecho, muy a menudo va acompañada de poderes y manifestaciones supranormales (Hollenbach, 1996: cap. 11-15).

Un excelente ejemplo de esta actualizada concepción de la mística, expuesta por un autor que reúne tanto una rica experiencia "mística" y "sutil" como una notable capacidad de conceptualización, es la de J. Heron, quien aboga por una investigación espiritual co-operativa en la que tanto la experiencia mística última como la investigación psíquica de los planos sutiles tengan cabida (Heron, 1998).

Si volvemos ahora, desde esta perspectiva propuesta, a los críticos católicos de la Nueva Era en su dimensión mística, comprobaremos que siguen aferrados a una estrecha noción de mística, terriblemente condicionada por la tradición cristiana, en la que siguen sonando los viejos clichés que hablan de mística de la naturaleza (o panteísta) y de mística monista como inferior a la mística teísta de unión amorosa con Dios, hasta el punto de que se habla de una fusión que provoca confusión y de una unión meramente virtual que desemboca en la insatisfacción. El problema, en este como en otros muchos casos referentes a la Nueva Era, sigue estando en la variedad de fenómenos y autores distintos que se engloban bajo tal etiqueta. Creemos que eso es lo que permite que incluso uno de los más finos y prestigiosos analistas cristiano-católicos del fenómeno religioso y de la mística siga generalizando de manera indebida cuando afirma:

> «Pero la experiencia que está en el centro del fenómeno místico y el mismo fenómeno místico en su conjunto tienen poco que ver con los hechos designados por los términos "ocultismo", "esoterismo", "cultivo de lo maravilloso", "recurso a lo mágico". No excluimos que algunos de esos hechos se inscriban en antiguas tradiciones herméticas, gnósticas, teosóficas, que han podido contener elementos de un cierto tipo de misticismo, crecido en el interior de algunas tradiciones religiosas: hinduismo, judaísmo, cristianismo, islamismo. Pero, justamente, ese parentesco con hechos remotos muestra, a mi entender, que los fenómenos en cuestión son más vestigios de un pasado emparentado con determinadas religiones, pero marginales en relación con lo religioso, que signos de la permanencia, la renovación y el futuro de la religión» [Martín Velasco, 1999:477].[59]

Un caso de condena vaticana igualmente penoso, a partir de su inapresable actitud mística, es el del jesuita indio Anthony

---

59. Es necesario celebrar, junto a la obra de J.J. Martín Velasco (1999), la última obra hasta el momento de R. Panikkar (2005), pues entre ambas el estudio de la mística alcanza en nuestro país cotas de altura internacional, algo poco habitual por estas latitudes. En el caso de Panikkar no estamos ya, como es bien sabido, ante una perspectiva católica-oficial, sino ante un pluralismo religioso agudamente autoconsciente, tal como hace décadas, de manera pionera,

de Mello (1931-1987). De nuevo la Congregación para la Doctrina de la Fe llegó a emitir un documento oficial difundido por el servicio de prensa del Vaticano el 22 de agosto de 1998. Ya en sus primeras obras estaba presente la espiritualidad budista y taoísta de un modo preocupante –para la jerarquía católica–, pero sería en sus obras posteriores, más conocidas, cuando sus referencias al vacío y su "apofatismo unilateral y exagerado" parecerían poco "católicos" al cardenal Ratzinger. Es triste y doloroso que un místico de nuestro tiempo, como Tony de Mello, que ha inspirado con sus textos y sus cursos a tantas personas, cristianos o no, un teólogo cristiano que ha manifestado abiertamente su adhesión personal a Cristo, que se ha declarado su discípulo, a quien afirma haber encontrado personalmente, y de quien declara que su presencia transfigura, sea condenado de esa manera, por su falta de "ortodoxia" en ciertas ideas. Sin duda, demasiado Oriente, demasiada libertad, para ser aceptado por la jerarquía vaticana.

Ni que decir tiene que abogar por una concepción más amplia de la mística, que no excluya el tipo de experiencias recogido por Hollenbach, así como otras manifestaciones que hemos analizado en la Nueva Era, no significa dar por válidas ni auténticas, de manera ingenua, cuantas manifestaciones "paranormales" se nos presenten. Al contrario, en este terreno tan resbaladizo, tan lejano a la posibilidad de verificación o refuta-

---

está siendo defendido por aquel que tanto ha hecho en nuestro país no sólo por la apertura de la teología cristiana (1989, 1999), sino más en general y desde distintos frentes, por la reflexión filosófica sobre el pluralismo religioso *–de iure* y no sólo *de facto–*, por el hinduismo (1977; 1981;1997; 2005) y por el budismo (1996). En su última obra entiende la mística como *la experiencia plena de la Vida*, al mismo tiempo que insiste en que no es una especialización, sino una dimensión constitutiva de todo ser humano. En su desarrollo vemos afluir los cuatro ríos que han vivificado esa caudalosa vida (la suya) en la que muchos nos hemos bañado: cristianismo, hinduismo, budismo y la tradición secular, cuatro lenguajes desde los que la experiencia mística nos habla.

ción definitiva, en el que cada caso es tan singular, la precaución –teórica y práctica– ha de ser extrema. Máxime cuando no estamos solamente analizando fríos razonamientos lógicos, sino que la participación en estos temas, de un modo u otro, suele ir unido, a un mayor o menor compromiso existencial. Así pues, quede claro que no estamos subscribiendo ni dando por buenas todas las manifestaciones de la Nueva Era, ni mucho menos. Pero tampoco hemos querido ofrecer un catálogo de "sectas" ni dar rienda suelta a sospechas más o menos fundadas acerca de cada una de las expresiones de la Nueva Era. La diferencia está en que la mayoría de las críticas consisten en descalificar globalmente fenómenos como la canalización, o los viajes fuera del cuerpo, o el encuentro con ángeles, o el contacto con maestros de sabiduría, etc. Por el contrario, desde la perspectiva esotérica que aquí he apoyado, tales fenómenos son aceptados como posibles (y como realmente existentes), y a partir de ahí comienza la necesaria discriminación del tipo de entidad que transmite los mensajes, o del plano o subplano en el que ha sucedido el desdoblamiento astral, o el nivel jerárquico de los ángeles encontrados, o la autenticidad de la presencia del maestro de sabiduría al que se hace referencia. Por ello sugiero que el primer requisito básico para emitir un juicio serio debería ser el haber realizado un seguimiento suficiente del pensamiento, de la obra y de la vida de cada exponente de la Nueva Era. Es decir, debería ser a todas luces insuficiente juzgar a Kryon o a Ramtha por la lectura precipitada de uno de sus libros, o rechazar de entrada la información de los presuntos Pleyadianos por la extrañeza de algunas de sus afirmaciones, o descartar el enfoque de J. Argüelles porque algunos eruditos del mundo maya no acepten sus conclusiones, etc. De ahí que la opción que hemos privilegiado se caracterice, en nuestro caso, por haber gozado de ese seguimiento, tanto en el caso de Sri Aurobindo o A. Bailey, como en el de V. Beltrán, como en el de OMnia, con el apoyo indirecto del resto de autores indicados en su momento que se han movido en la misma estela.

Pero esta incursión en el resbaladizo terreno de la mística nos ha alejado del análisis de las críticas católicas a la Nueva Era. Seleccionemos dos o tres más. Concretamente la astrología, la reencarnación y la meditación, sin duda tres temas omnipresentes en la Nueva Era.

Astrología y reencarnación suelen tratarse unidas en las críticas. Respecto a ello hay que decir que si bien es cierto que es frecuente en la Nueva Era aceptar ambas ideas y que la astrología actual suele ser una "astrología kármica y reencarnacionista", no necesariamente han de verse unidas y pueden funcionar –y a menudo lo hacen– de manera totalmente independiente, es decir, la creencia en la reencarnación no necesita de la astrología, ni ésta depende de aquélla para su desarrollo. Pero no es esto lo que nos interesa destacar, sino, ante todo, el error cometido cuando se tacha a ambas de "deterministas". Veamos cómo se apunta ya en el texto de 2003:

> «La identidad de cada ser humano se diluye en el ser universal y en el proceso de las reencarnaciones sucesivas. Las personas están sujetas a las influencias determinantes de las estrellas, pero pueden abrirse a la divinidad que vive en ellas, en su búsqueda continua (por medio de las técnicas apropiadas) de una armonía cada vez mayor entre el yo y la energía cósmica divina. No hay necesidad de Revelación o de Salvación que proceda del exterior, sino que todo lo que se necesita es experimentar la salvación oculta en el propio interior (autosalvación), dominando técnicas psico-físicas que conducen a la iluminación definitiva».

No vemos por qué las sucesivas reencarnaciones tendrían que diluir la identidad personal, al contrario, la suponen y la encaminan hacia una mayor auto-conciencia. Ya hemos señalado lo tendencioso y parcial de esa lectura "disolvente" de la concepción transpersonal o místico-oriental de la persona. Aquí el determinismo de las estrellas está apuntado de manera ambigua, para volver a la idea del energeticismo impersonalista y unirlo a una nueva falsedad, la que afirma que no hay necesidad de Revelación o Salvación (de un Salvador exterior al propio yo que ha salvarse). Quizás exagerando la influencia de un determinado modo de ver el budismo, se da a entender que no se cree en ninguna Revelación, cuando la Nueva Era está plagada de nuevas revelaciones, como hemos tenido ocasión de comprobar. Claro que los autores están pensando de antemano que sólo la Revelación cristiana es válida, o a lo sumo las revelaciones de las religiones premodernas, valor que tampoco es negado sin más, como haría una actitud positivista-naturalista. Tampoco es cierto que se rechace la presencia de Salvadores de naturaleza divina, como la doctrina de los *avatares* y más concretamente la espera de la reaparición de Cristo (o el Buda Maitreya,[60] o el Imam Madhi o el Kalki *avatâr* o Quetzalcoatl), algo tan central en la Nueva Era, ponen de manifiesto. Es cierto que las técnicas psico-físicas desempeñan un papel y que éste puede exagerarse en ocasiones, pero también aquí creemos que abundan críticas falseadoras de la realidad. Pronto volveremos a ello.

Introvigne vuelve a estar en un error, a ser injusto o expresarse con mala fe, cuando afirma tan abiertamente que la astrología y la reencarnación «ponen en peligro la noción auténtica de la libertad humana». Por más que a continuación introduzca algunas matizaciones, que no terminan de hacer justicia a la casi unánime defensa de la libertad en relación con ambas nociones, la impresión general que prevalece es radicalmente falsa. Veamos sus propias palabras: «En cuanto a la astrología […] la versión que ofrece de ella la Nueva Era es la de la astrología moderna, de carácter determinista, con las correcciones "humanistas" y "transpersonales" añadidas por Dane Rudhyar y otros que se inspiran

---

60.   Véase el interesante proyecto que desde el budismo tibetano se está llevando a cabo, denominado justamente Proyecto Maitreya (www.maitreyaproject.org).

en la psicología jungiana de las profundidades» (Introvigne, 2005:259). ¿Habrá leído Introvigne a D. Rudhyar, A. Ruperti, M. Edmund Jones, L. Greene, H. Saportas y tantos otros astrólogos influyentes en la Nueva Era? ¿Por qué no cita algún autor o escuela astrológica relevante a la que pueda calificarse de determinista y cuyo cuadro "parece incompatible con la doctrina católica sobre la libertad"? Cualquiera que se haya tomado mínimamente en serio el estudio de la astrología tenderá a ver con claridad tanto la fuerza que en ocasiones pueden llegar a tener determinados aspectos entre planetas o determinados tránsitos, como que todo ello en ningún caso anula la libertad esencial del ser humano, antes bien la contextualiza y da cuenta de sus condicionamientos. Tales condicionamientos sí que son aceptados por la astrología, pero no distinguir entre ellos y la determinación total de nuestras acciones por factores ajenos, tal como todo determinismo afirma, es un error cargado de consecuencias.

Baste citar esa excelente obra reciente sobre astrología, enmarcada en una amplia reflexión filosófica, que es la última de Richard Tarnas, desde su paradigma participativo, para mostrar que era en todo caso la astrología tradicional la que más frecuentemente defendía el determinismo, pero no así la actual astrología: que podemos asociar con la Nueva Era.

> «No cabe duda de que una parte sustancial de la tradición astrológica occidental apoyaba una interpretación relativamente determinista de la influencia cósmica (una tendencia más marcada incluso en la astrología india). Para muchas escuelas y teóricos de la astrología antigua y medieval, el horóscopo revelaba el destino determinado de una persona, y los poderes celestiales gobernaban las vidas humanas con una soberanía más o menos rígida. Ahora bien, la amplia re-aparición de la astrología occidental a lo largo del siglo XX, al surgir en un nuevo contexto y en un estadio diferente de la evolución cultural y psicológica de Occidente, aportó una visión profunda-

mente transformada tanto del yo humano como de la naturaleza de la predicción astrológica. La actitud más característica entre los astrólogos contemporáneos mantiene que el conocimiento astrológico es, en última instancia, emancipador más que limitador, aportando un incremento potencial de libertad y plenitud personal a través de una comprensión más amplia del yo y de su contexto cósmico» [Tarnas, 2006:78].[61]

También Introvigne expone, en el mismo punto, la idea de que «la reencarnación –pese a lo que puedan pensar ciertos autores que se dicen cristianos– es irreconciliable con la doctrina cristiana de la resurrección» (Introvigne, 2005:258). Sin duda, cada vez son más los autores (y muchos más los actores de la vida cotidiana, como las estadísticas muestran) que "se dicen" (y se piensan, se sienten y se quieren) cristianos y creen en la reencarnación. Y no sólo cristianos de andar por casa, sin formación teológica, sino pensadores de la talla de un John Hick, han reconocido la compatibilidad entre la reencarnación y el cristianismo. En una de sus obras maestras, en la cual el tema

61.　Es oportuno insistir sobre el alcance filosófico y cultural de esta obra maestra, esperando que sea traducida en nuestro país. R. Tarnas es autor de una célebre y original historia del pensamiento occidental, *The Passion of the Western Mind* (Tarnas, 1991), así como de un pionero e influyente estudio sobre el planeta Urano, comparándolo con el mítico Prometeo (Tarnas, 1995). Es uno de los formuladores de una visión participativa que está siendo desarrollada de manera brillante por Jorge F. Ferrer (2002). Merece la pena citar un texto más acerca de la cuestión determinismo/libre voluntad en la astrología: «Parece que es concretamente la multivalente potencialidad lo que resulta intrínseco a los arquetipos planetarios –su indeterminación dinámica–. Es esto lo que abre un espacio ontológico a la plena participación co-creativa del ser humano en el desarrollo de la vida individual, la historia y el proceso cósmico. Es justamente esta combinación de la multivalencia arquetípica con un yo autónomo participativo lo que genera la posibilidad de un universo auténticamente abierto. La meta-estructura cosmológica resultante es todavía pitagórico-platónica en modos esenciales, pero la relación del ser humano con los principios cósmicos ha sufrido una metamorfosis que refleja e integra plenamente los grandes desarrollos modernos y postmodernos» (Tarnas, 2006:87).

de la reencarnación recibe un tratamiento amplio, informado y respetuoso, Hick afirma, ya en 1976: «La reencarnación no es, y nunca ha sido, una creencia cristiana ortodoxa. Pero de ahí no se sigue que no pueda llegar a serlo. La historia del cristianismo muestra un número de casos de ideas importantes que en una época no formaron parte de las enseñanzas cristianas aceptadas, pero que en una época posterior fueron enseñadas, al menos en partes sustanciales de la cristiandad» (Hick, 1985:365). No es preciso detenernos más en ello. Sólo indicar –como hemos insinuado en otro lugar, de la mano de ciertos antropósofos o de Omram Mikaël, o hemos visto aquí en D. Melchizédek– que desde una perspectiva lógica ambas doctrinas no son incompatibles, sino complementarias, siendo la resurrección una posibilidad preparada a lo largo de vidas sucesivas de perfeccionamiento.

No cabe duda de que la práctica de la meditación es una de las herramientas más empleadas en la Nueva Era y que también ello, como expusimos al hablar de la herencia oriental en la *New Age*, se debe, en buena medida, a la influencia del *yoga* y del budismo. Pero nos gustaría abordar el problema de un modo algo más general, pues da la impresión de que para los críticos católicos el hecho mismo de hacer uso de ciertas técnicas psico-físicas para el auto-perfeccionamiento constituye ya un problema y motivo de crítica. Empecemos con la sofística argumentación de que el recurso a ellas se opone a la Gracia divina. Así se dice: «La Nueva Era implica una creencia fundamental en la perfectibilidad de la persona humana mediante una amplia variedad de técnicas y terapias (de manera opuesta a la visión cristiana de la co-operación con la gracia divina)» (Consejo Pontificio, 2003). ¿Por qué tendrían que oponerse? ¿Acaso el desarrollo de la psicología como ciencia en el mundo contemporáneo no podría ofrecer herramientas de trabajo interior perfectamente compatibles con la creencia en –y con la apertura a– la Gracia divina? También aquí podría aplicarse el antiguo refrán: «A Dios rogando y con el mazo dando». La falacia nos parece demasiado obvia como para necesitar más comentarios.

Más grave es, no obstante, esa malévola unión de aceptación de las técnicas psico-espirituales con el satanismo. ¿A qué viene establecer la siguiente relación, subliminalmente (por decirlo de algún modo) perversa? Escuchemos: «Las técnicas de expansión de la mente se supone que revelan a la gente su poder divino; mediante el empleo de este poder, la gente prepara el camino para la Era de la Iluminación. Esta exaltación de la humanidad subvierte la relación correcta entre el Creador y la criatura, y una de sus formas extremas es el satanismo. Satán se convierte en el símbolo de una rebelión contra las convenciones y las reglas, un símbolo que a menudo adopta formas agresivas, egoístas y violentas» (Consejo Pontificio, 2003). Resulta totalmente inaceptable ese rechazo irracional de las técnicas psico-físicas, su presunta oposición a la gracia divina y su desdichada relación con el satanismo.

En cuanto a la meditación, los críticos católicos se esfuerzan por distinguir entre ésta y la oración cristiana, afirmando, de manera ya tendenciosa, que esta última es un hablar con Dios, mientras que en aquélla no se trata sino de hablarse a sí mismo. Que la oración lleva a la contemplación del Amado, mientras que la meditación conduce a la vacuidad, estando movida además por la confianza en la propia habilidad para alcanzar lo divino, o incluso para convertirse en divino. Todo ello «muestra el egoísmo en el corazón de la Nueva Era». En fin, todos sabemos que muchos cristianos están descubriendo, sin que ello suponga problema alguno para su fe, sino al contrario, en muchas ocasiones, una profundización en ella, la autenticidad, la belleza y la profundidad de la meditación en sus múltiples modalidades, sea dentro del *yoga*, al modo Zen, o al estilo que podríamos llamar propiamente Nueva Era, en el cual la visualización creativa, confiando, es cierto, en el poder de la imaginación creadora, puede desempeñar un papel tan importante como la vivencia genuina del Silencio, un silencio que nos lleva más allá de lo psicológico y de los egoísmos particulares y nos introduce en una Luz, en un Amor, en un Gozo que todo aquel que lo ha experimentado preferirá, si no llamarlo divino, guardar silencio e integrarlo en su vida. En todo ello no es inhabitual que la invocación a lo Divino (concebido de manera personal o impersonal es secundario aquí) desempeñe también un papel importante.

Permítame el lector, para terminar unidos en el Silencio más allá de las palabras y las ideas que nos separan, que le invite a acompañarme en una meditación, al mismo tiempo que reflexionamos sobre ella, desde la humildad y con agradecimiento hacia lo Sagrado que trasciende todo nombre y toda forma.

¿En qué consiste la meditación? –podemos preguntarnos– ¿Qué sucede al meditar? ¿qué es meditar, qué sentido tiene, cuál es su finalidad? ¿Cómo se medita? Estas y otras preguntas similares pueden parecer obvias a quienes se encuentran en el mundo de la meditación, sin embargo, fuera de los ambientes propios de practicantes de tradiciones meditativas y contemplativas, las mismas cuestiones dejan de ser tan evidentes. Me gustaría compartir algunas experiencias y algunas reflexiones al respecto, con los lectores, saliendo al paso de la negativa visión que de ella se ofrece en el documento citado. Imaginemos que esto fuera un diálogo vivo. Que estamos juntos, compartiendo primero unos momentos de "meditación" y a continuación unos instantes de "reflexión" sobre el proceso de la meditación.

Comencemos por la meditación y para ello adoptaremos un estilo directo, como si nos hallásemos realmente practicando el siguiente ejercicio meditativo.

En primer lugar, adoptemos una postura cómoda, estable, pero que nos permita mantenernos despiertos. Nos importa más ahora el estado de la conciencia que el estado del cuerpo. Esto último ahora no es sino un medio para que la lucidez de la conciencia pueda intensificarse y la atención dirigirse allí donde nos propongamos. Una vez encontrada la postura correcta podemos llevar a cabo una breve relajación, revisando mentalmente las distintas partes del cuerpo para eliminar las tensiones innecesarias. El primer objetivo de nuestra práctica, y al mismo tiempo el primer criterio para evaluarla, será la relajación de nuestro sistema neuro-muscular. Aflojamos y relajamos las tensiones.

En segundo lugar llevamos la atención a la respiración. Estamos durante un tiempo observando cómo se produce sola. No se trata ahora de "hacer" nada, de imponer un ritmo respiratorio determinado. Nos convertimos en "testigos" de nuestra propia respiración. No nos interesa ahora ningún pensamiento, así que si nos distraemos mentalmente, nos damos cuenta de ello y volvemos a llevar la atención a la respiración. De este modo vamos viviendo el gozo de respirar, todo nuestro cuerpo se llena de energía, de vitalidad. Tenemos la sensación de ligereza, de limpieza interior. Nos sentimos una fuente de fuerza. Tomamos conciencia de nuestro "campo áurico-etérico" y tenemos la impresión de que es todo el cuerpo el que respira. La mente se va calmando y la respiración nos descubre sus secretos. Agradecemos esta agradable sensación de estar vivos, conscientemente vivos, respirando con plena conciencia. El segundo objetivo –y al tiempo criterio– es la armonía de la respiración y la sensación de revitalización, de energetización, de fuerza interior.

En tercer lugar llevamos tranquilamente la atención a la zona del corazón, como si nos situáramos ligeramente detrás de esa zona, como si respirásemos desde el corazón. El ritmo de la respiración nos ha conducido a la armonía del corazón. El corazón se amplía y se abre. Nos instalamos en una paz profunda que vamos descubriendo en nuestro interior. Si profundizamos en esa paz, se revela una felicidad serena, un gozo sutil, esa dicha de ser (*ânanda*) que no es construida, que no es respuesta a estímulo alguno, que se desvela como el sabor y la fragancia de nuestra naturaleza afectiva más profunda. Propongo dos visualizaciones. Una primera, al comienzo, consiste en visualizar nuestro corazón como una flor de loto (o una rosa) de doce pétalos que se va abriendo lentamente y exhalando su fragancia: paz, armonía, gozo. Una segunda, más tarde, consistente en visualizar que nuestro corazón abierto se convierte en un canal a través del cual fluye un torrente de amor, como si un precioso descenso de luz blanca, radiante, nos atravesara y nuestro corazón se convirtiese en un centro que irradia amor gozoso transpersonal. Nos mantenemos visualizando ese proceso. El objetivo y el criterio son claros: un cambio en nuestra sensibilidad afectiva, un aumento de la paz interior, la calma, el gozo, el sentimiento de amor profundo radiante, la apertura cardíaca, cordial.

En cuarto lugar llevamos la atención a la zona de la cabeza. Como si nos situásemos ligeramente detrás de la cabeza. No olvidemos que el cuerpo está en estado de relajación, la respiración sigue fluyendo de manera rítmica y armónica, el corazón permanece abierto y radiante. Ahora, la atención está focalizada en el campo mental. Pero no nos interesa observar los pensamientos, sino más bien contemplar el campo de luz en que percibimos que se ha convertido nuestra mente. Permanecemos en esa lucidez silenciosa que es la naturaleza propia de nuestra conciencia mental. Si la mente sigue su movimiento, si los pensamientos atraviesan el campo mental, mantenemos la actitud del observador imparcial: ni nos subimos al tren de los pensamientos de manera indulgente, ni realizamos un esfuerzo mental por detener los pensamientos, como si quisiéramos detener el tren poniéndonos delante de él. El simple hecho de observar con atención, de mantenernos vigilantes, en estado de "serena expectación", es suficiente para que suceda una sutil alquimia mental capaz de transmutar el plomo de nuestros pensamientos pesados y monótonos en el oro de la lucidez silenciosa. El objetivo y criterio es claro: silencio mental, lucidez silenciosa, amplitud y libertad en nuestra conciencia.

En quinto lugar vamos a dirigir el foco de nuestra atención

hacia lo Alto. Descubrimos que los límites de nuestra conciencia han desaparecido, nuestra lucidez no se ve limitada ni por el espacio intracraneal ni por el campo mental. Sabiéndonos ser más allá del cerebro y más allá de la mente, experimentando la libertad sin límites de la conciencia, percibimos que nuestro campo de conciencia se ha ampliado indefinidamente. Diríase que no tenemos cabeza ni mente. Han desaparecido en el espacio infinito de la conciencia. No obstante, a lo largo de todo el proceso mantenemos la lucidez y la Presencia de Ser. Objetivo y criterio: trascender los límites mentales y egoicos (al menos en cuanto descripción fenomenológica, sea cual sea la "interpretación" ontológica que luego hagamos de ello, sea cual sea nuestra opinión acerca de lo que "realmente" sucede) y gozar de la apertura constitutiva de nuestra conciencia.

En sexto lugar visualizo un Sol radiante allá en lo Alto. Y contemplo el descenso de una hermosa luz dorada que en forma de finas gotas de lluvia desciende hacia nuestro campo mental, iluminándolo, transformándolo, intensificando su lucidez. Todo mi campo mental resulta iluminado, luz que irradia a través del entrecejo. Luz dorada que continúa descendiendo e inundando mi campo afectivo, llenando mi corazón de un amor y un gozo que no proceden de mi pequeña personalidad y que irradia a través de mi centro cardíaco. La luz dorada sigue descendiendo y purificando toda mi zona vital, hasta que finalmente todo mi cuerpo y cada una de mis células resultan impregnadas de esa luz amorosa y gozosa. Visualizo mi cuerpo físico iluminado y permanezco respirando esa luz. El objetivo en este caso es integrar esos campos de conciencia-luz (*cit*), esas corrientes de energía sutil (*shakti*) que descienden desde elevadas zonas, bañándome y posibilitando una sutil transformación de mi mente, mi corazón y mi cuerpo.

En séptimo lugar vuelvo a tomar plena conciencia de mi respiración y de mi cuerpo físico. Me tomo mi tiempo, descubro mi propio ritmo, antes de volver a abrir los ojos y mover el cuerpo. La meditación no ha terminado. Quizás todavía no ha comenzado. Todo lo anterior era una especie de preparación para vivir la vida cotidiana a otra luz, desde otra actitud, después de haber experimentado algo de esa Belleza, de esa Libertad, de esa Trascendencia, de esa Luz, de ese Amor que hemos sentido palpitar en todo nuestro ser. El objetivo y el criterio es aquí la iluminación y transformación de nuestra vida cotidiana. Mente, corazón y cuerpo han vislumbrado una nueva conciencia, un nuevo estado, una nueva manera de ser. Ahora hay que integrar ese nuevo modo de ser en la vida cotidiana. Los frutos de la meditación deben poder saborearse asimismo en la vida cotidiana y además compartirlos con todos aquellos que la Vida ha puesto cerca de nosotros. No basta con que la meditación sea una dulzura para nosotros. Yo soy con-los-otros y gracias a los otros, también ellos, pues, deberían disfrutar del sabor de la meditación. Descubramos el poder contagioso del estado de meditación sin que el ego se apropie de ello y construya una máscara más, la del ego-de-meditador, ego-de-*yogui* que en lugar de abrirnos y unirnos a los demás nos separa y encierra en el orgullo egoico.

Frente al orgullo, humildad desde el comienzo. Humildad como actitud correcta para comenzar la meditación. La meditación no es tanto una técnica como una actitud. Actitud de apertura al Misterio. Y en ella todas las imágenes del ego han de quedar fuera del espacio sagrado que se crea en torno a la meditación. Humildad no significa decirse "no soy nada" y martirizarse o culpabilizarse por no se sabe qué "pecados". Humildad significa aceptación abierta de lo que uno es, transparencia al ser, sin pretensiones, sin máscaras. El acto de meditar no es posible sin la caída de las máscaras que llevamos puestas durante toda nuestra vida. Se trata de abrir la puerta del santuario interior y quedar a solas… con lo Sagrado. En esos momentos de nada sirve sentirse "grande" ni sentirse "pequeño". Al contrario, cualquier imagen impide la plenitud de la Presencia.

Pero meditar no significa quedar quieto en una especie de somnolencia, de oscuridad interior, de relax indiferenciado. Ni significa consentir cualquier ensoñación que nos asalte, ni dejar volar nuestra fantasía compensando las dificultades de la vida diaria con hermosos paisajes. Meditar no significa esforzarse por "dejar la mente en blanco". Además, hay que tener cuidado con las meditaciones que conducen a un estado de receptividad pasiva en el que se pierde la lucidez y el control de lo que está sucediendo. Al menos en los comienzos del aprendizaje de la meditación (unos comienzos cuya duración depende de cada uno y no puede generalizarse, como nada en la meditación), quizás el tipo de meditación más recomendable no sea justamente la meditación de total pasividad y receptividad. Y es que el acto de meditar constituye un gesto de apertura y ampliación de nuestra conciencia, y en ese caso nuestra vigilancia ha de ser extrema. Se trata de mantener una atención sin tensión, ciertamente, pero al mismo tiempo sin disminución de la conciencia. En efecto, el proceso de la meditación no puede ser un proceso de disminución de la conciencia, de descenso a penumbras de nuestro ser, como cuando caemos en un estado de somnolencia o de duermevela en el que el mundo psíquico se afloja y entramos en un estado de semiconsciencia y más tarde de inconsciencia total en el sueño. En ambos pasos de ese camino descendente hay actividad psíquica, imágenes y pensamientos, pero el sujeto autoconsciente, el meditador, no se halla presente o su presencia es débil e intermitente. Por el contrario, la meditación es una escalada, un ascenso en la escala de la conciencia, ascenso que viene caracterizado por un mayor grado de lucidez, de intensificación de la atención, de presencia ante sí mismo.

Mayor conciencia significa también mayor energía. No debemos olvidar el principio que dice: «la energía sigue al pensamiento». Al pensamiento o a la atención. De ahí que allí donde tengamos puesta la atención (con pensamiento o sin él), va a fluir la energía. Y si llevamos a cabo una apertura de nuestra conciencia y esto facilita el descenso de un mayor flujo de energía sutil, es importante vigilar qué sucede con nuestra atención y con nuestro pensamiento, ya que si nos dejamos enredar en alguno de nuestros problemas psicológicos, la meditación puede no hacer sino avivar el problema, recargándolo innecesariamente con una energía extra que no hará sino exacerbar la dificultad. Además, hay que tener en cuenta que en el estado de meditación estamos sintonizando nuestras antenas con aquellas "emisoras" afines a nuestra vibración sutil, de ahí que si nos abrimos indiscriminadamente a emisiones de baja calidad, pesadas, burdas, nuestra situación psíquica, atraerá, por afinidad, vibraciones de frecuencia similar que no harán sino agravar el problema.

El cuidado es, pues, esencial en el proceso de la meditación. Es preciso saber qué está haciendo uno y qué efectos se producirán. Conviene no ser ingenuos. La meditación es una "ciencia" exacta y un "arte" delicado. Frente a la actitud de la meditación puramente pasiva-receptiva, podría decirse que la meditación constituye una delicada operación quirúrgica. El bisturí de la atención ha de ser firmemente tomado por el meditador, sea cuando elabora una visualización, sea cuando permanece en un silencio lúcido sin perder la presencia.

Quisiera, precisamente, destacar la importancia de la "visualización activa", tanto como la del "silencio lúcido". La imaginación creadora es una herramienta preciosa en el proceso meditativo. Una imaginación con capacidad de crear imágenes, de visualizar, de configurar el espacio psíquico en el que se desarrolla la meditación. Además, hay que tener en cuenta que el "espacio psíquico" no es "mi" espacio corporal, no se halla encerrado en los límites de mi cuerpo, ni de mi mente-cerebral, sino que es un campo en el que participamos, un campo compartido, interpersonal (no necesariamente transpersonal, ya que puede perfectamente ser prepersonal, esto depende de dónde situemos nuestra conciencia y con qué zonas psíquicas sintonicemos, de ahí la importancia del cuidado vigilante). Por ello, un comienzo altamente recomendable, sobre todo en las meditaciones grupales, es aquel que invita a visualizar el grupo rodeado de un círculo de luz que genera y delimita "simbólicamente" el espacio-de-meditación. Mejor si hay una vela en el centro del grupo, o que el grupo visualice una columna de luz o de fuego en el centro, a modo de símbolo de comunicación entre el grupo y lo Superior –se conciba esto como se conciba–.

Siguiendo con la importancia de la visualización, en la meditación que hemos compartido empleábamos en varios momentos la imaginación creadora. Por ejemplo, al visualizar la apertura de la flor del corazón o el centro cardíaco como un centro radiante, ventana o canal, por el que fluye el Amor y la Compasión transpersonales –ahora sí–, o al imaginar un brillante Sol (símbolo de lo Divino, de lo Sagrado, del Sí-mismo, etc., en casi todas las tradiciones y tanto en los paradigmas supraconscientes como en los arquetipos del inconsciente colectivo de la humanidad) cuya luz desciende hacia nosotros y nos baña e impregna, desde nuestro campo mental (transfigurándolo) hasta nuestro cuerpo físico (iluminándolo), pasando por nuestro corazón (plenificándolo de amor gozoso). Pero el poder de la imaginación no debe verse sólo como un modo de utilizar el pensamiento positivo para soñar un rato, de manera meramente intra-subjetiva, que estamos iluminados, sino que además de sintonizar con y canalizar determinados tipos de conciencia-energía, ilustra lo que se da o puede darse en ese instante. Llega un momento en que el entrelazamiento y la interacción entre la visualización creativa y la percepción receptiva es tal que resultan indisociables. Se produce porque se visualiza y se visualiza porque se produce. Si alguien coordina la meditación en grupo y pone palabras al proceso, un proceso que se está (participativamente) viviendo, pensando y sintiendo, el poder del pensamiento y el poder de la palabra se ajustan al poder de la realidad que se está manifestando creativamente.

Conviene, no obstante, no abusar de la visualización, por el riesgo de caer en una actividad psíquica excesiva que no esté compensada por la experiencia del silencio luminoso. En la meditación propuesta y compartida al comienzo, habría un 50% de cada aspecto (mejor un 100% de cada uno). Es decir, que la visualización debe llevar al silencio y ocurrir en el silencio. En este sentido, el *tempo* de la meditación es de gran importancia. Los tiempos de silencio lúcido (como los "silencios" en la música) han de ser tan importantes, si no más, que la acción del bisturí de la conciencia atenta (como las notas que suenan en la música). Por tanto, es posible un tipo de meditación predominantemente visualizadora, así como es posible un tipo de meditación predominantemente silenciosa. Cada una tiene sus virtualidades, sus efectos, sus características. En la anterior propuesta –la cual no hace falta decir que no constituye sino un tipo determinado de meditación entre otros muchos posibles– no debe olvidarse que se tiende a una síntesis de ambos aspectos, en realidad pertenecientes a dos dimensiones distintas de nuestro ser, de esa realidad multidimensional que somos y cuya amplitud estamos recuperando. La meditación es una buena forma de llevarlo a cabo.

Quisiera destacar la relevancia de la actitud de "agradecimiento" en la meditación. Gratitud ante la presencia del Misterio, ante la posibilidad de experienciar zonas profundas del Ser y de la Conciencia que en la vida cotidiana y en la vida "profana" (antes de que la distinción entre lo sagrado y lo profano deje de tener sentido) no resultan fácilmente accesibles. Aunque quizás sea más importante el gesto de agradecimiento que el objeto/sujeto/término al que se dirija, según la preferencia "simbólica" de cada cual, no quedando excluida la posibilidad de "re-presentar" o hasta "personificar" al receptor del agradecimiento, sea "pensando con el corazón" en una figura como Cristo, el Buda, Krishna o en algún Maestro (conocido y amado o sólo intuido, encarnado o no, del pasado o del presente, poco importa todo ello) que para uno simbolice lo Sagrado, la Luz, el Amor. Cabe también invocar o evocar al Maestro interior, prescindiendo de sus representaciones, simbólicas o históricas. En cualquier caso comenzar con la humildad que abandona toda máscara y terminar con el agradecimiento que trasciende todo rostro. Si es así, ahí estará la Gracia.

EPÍLOGO

Ha llegado el momento de concluir, siquiera sea provisionalmente. Han desfilado por estas páginas muchos nombres, muchas ideas. También muchos tipos de lectores. Algunos no habrán llegado hasta el final. Quienes se encuentran satisfechos con sus creencias o sus dogmas, sean religiosos o anti-religiosos, científicos o filosóficos, habrán quedado desconcertados y probablemente habrán cerrado estas páginas ante las extravagantes ideas encontradas en ellas.

A lo largo del libro hemos intentado mostrar que si bien la alta cultura parecía estar dominada por el paradigma cientifista-materialista y los sepultureros de Dios entonaban cánticos de alegría por la muerte del tirano, en las últimas décadas y especialmente desde el último cuarto del siglo XX, se había producido un inesperado "retorno de lo Sagrado" con dos rostros bastante opuestos. En uno "la revancha de Dios" enarbolaba la bandera de la ortodoxia tradicionalista y suponía el resurgir, en ocasiones violento, de fundamentalismos e integrismos dogmáticos y fanáticos en buena parte de las grandes religiones. El otro rostro, "la conspiración de Acuario", cantaba la nueva aurora espiritual, el amanecer de una "Nueva Era" y manifestaba una efervescencia espiritual que se quiere libre de ataduras del pasado y de formas religiosas que parecen depender de una "vieja energía" y una "vieja conciencia": mítica, mágica, patriarcalista, androcéntrica, amante de las jerarquías de dominación, de las instituciones paternalistas, de los rituales vacíos de sentido, de los dogmas que ofrecen falsas seguridades y esclerotizan la conciencia.

Hemos sentido la llamada de la Nueva Era. Pero, muy pronto, las voces se han multiplicado y los coros –no siempre angélicos, no siempre sinfónicos, no siempre armónicos–, nos han confundido y desconcertado. Al entusiasmo juvenil sucedía la decepción y la desorientación. Ya no basta el estrecho paradigma materialista (todo aquel que se halle anclado en él no habrá podido resistir muchas páginas de este libro), resulta imposible volver a la religiosidad popular de una humanidad infantil fija en el pasado (quienes usen tales lentes habrán sufrido vértigo muy pronto), pero muchas veces falta una brújula que nos oriente ante la multitud de "nuevas" ideas, prácticas, doctrinas, escuelas, maestros, mensajes, terapias que se reclaman de la "nueva conciencia", del "nuevo mundo".

¿Cómo ordenar la abigarrada manifestación de nuevas enseñanzas? Si ya no son suficientes ni los dogmas religiosos ni las conclusiones de las comunidades de investigación científica ni la racionalidad puramente instrumental –ni siquiera la racionalidad metafísica-especulativa–, ¿hacia dónde dirigir nuestra mirada? ¿Hacia las nuevas revelaciones? ¿Hacia los mensajes canalizados? ¿Hacia los nuevos *gurus*? ¿Hacia los terapeutas carismáticos y sincréticos? –versión occidental diluida del maestro oriental–. ¿O acaso la actitud más genuinamente "Nueva Era" es la del despertar de la intuición, la confianza en uno mismo, la experimentación crítica, la reflexión abierta y cooperativa? ¿No consiste la nueva conciencia en despertar (a) nuestra propia divinidad interior (Alma, Yo superior, Ángel solar, mónada interdimensional, conciencia crística, naturaleza búdica, etc.) y aprender a confiar en la Vida (divina) y a discriminar con el poder de nuestra sabiduría anímica, "apoderándonos" de ella y "capacitándonos" (*empowerment*) para utilizarla correctamente? ¿No destaca, además, la necesidad de una confianza y una entrega al Espíritu, la *Shakti*, lo Divino, que puede expresarse a través de nosotros gracias a los "estados de conciencia transpersonales" que nos enseñan a vivir "más allá del ego"?

Efectivamente, una nueva Luz, una nueva Energía, una nueva Conciencia (acuariana, cósmica, supramental) diríase desciende a la Tierra y podemos gozar –quizás también sufrir, según las oposiciones y obstáculos que encuentre a su paso por los arcaicos hábitos de nuestra personalidad– una "infusión de luz" que nos permita descubrir nuevos niveles de una Iluminación siempre creciente, descubrir nuevas zonas del misterio de nuestra identidad escurridiza e inapresable. La aceleración afecta a todos los niveles, no sólo a los descubrimientos científicos y a los artefactos tecnológicos, también al vivir cotidiano, a la intensidad y a veces brevedad de nuestras relaciones, al derrumbamiento de viejos mecanismos e instituciones de poder y a tantas otras facetas de la existencia.

Pues bien, en medio de esta vorágine, que torna tan difícil la interpretación correcta de nuestro angustiado presente, aun dentro del paradigma de la Nueva Era –y quizás ahí más que en ningún otro lugar, pues justamente también los mecanismos tradicionales de autenticidad en la transmisión de las enseñanzas se han hecho añicos– resulta absolutamente necesario no caer en nuevos fundamentalismos, en nuevos dogmatismos, en nuevas ingenuidades que se pueden pagar caras, en nuevas fascinaciones hipnóticas que obnubilen nuestra lucidez. Pues, precisamente en tal visión, no es oro todo lo que reluce y es bien sabido que se nos ha advertido con frecuencia de falsos profetas y lobos con piel de cordero. Hay por tanto que discriminar, aunque sea exponiéndonos al ensayo y al error: con los maestros, con los mensajes canalizados, con las terapias alternativas, con las meditaciones, con las nuevas medicinas blandas (energéticas o vibracionales). No se trata ya de recibir pasivamente una enseñanza, una técnica, un medicamento, una terapia: se trata de co-crearla con el terapeuta, con el maestro, de convertirnos, simultáneamente, en terapeutas, en maestros, en investigadores de "una espiritualidad postmoderna", en buscadores permanentes (más que en creyentes), no porque no hayamos encontrado, sino porque sabemos ya que la Búsqueda no tiene fin, aunque se convierta en una búsqueda gozosa y creativa, solidaria y cooperativa.

Quizás una de las características de la Nueva Era sea que los marcos teóricos han de ser flexibles –de otro modo, cualquier doctrina rígida y sabihonda está llamada a quebrarse– y han de estar al servicio de la experiencia y de la acción, del movimiento hacia adelante. La vida se vuelve tan rica, tan compleja, tan cambiante, tan intensa, tan veloz, que hemos de filosofar sobre la marcha, durante el peregrinaje, incluso en los campos de batalla, junto a los lechos de los moribundos, junto a las cunas de los niños índigo o cristal, mientras miramos –quizás sólo de reojo– a nuestros seres amados y nos conformamos con un guiño de complicidad que alimenta nuestras almas.

El sano "enthusiasmo" (siempre de origen divino, maestro Platón), la esperanza lúcida, la confianza anímica, la paciencia infinita con los errores y defectos, propios y ajenos, la sinceridad, la buena voluntad, la sana alegría, el humor como complemento del amor, la integridad, la compasión activa, son algunas de las virtudes de hoy y de siempre. El temor, la angustia, la tristeza, la desesperanza, la falsedad, el abuso de poder, el engaño, la mentira, la crueldad, son puntos oscuros que hay que iluminar.

Hemos distinguido tres grandes campos en el horizonte de la espiritualidad místico-esotérica de la Nueva Era: la dimensión oriental, la dimensión psico-terapéutica y la dimensión esotérica. Hubiera sido más fácil, quizás, seleccionar un autor representativo de cada una y profundizar en su obra. En el caso de la influencia oriental, podría haber sido Sri Aurobindo y el *yoga* vedántico integral (algo que en parte hemos hecho, brevemente aquí, con mayor extensión en otros lugares, por ser el camino oriental con el que más he sintonizado), o cualquier otra de las grandes influencias, que sin duda podrían haberse elegido. En el caso del aspecto psico-terapéutico, el análisis de la obra de K. Wilber y la psicología transpersonal podría haberse ampliado de manera fructífera (estoy mostrando aquí de nuevo una preferencia ciertamente subjetiva). Y en lo que respecta a la dimensión esotérica, que la hemos presentado como el corazón oculto de la Nueva Era, sin la cual ésta no se entiende debidamente, podríamos haber ampliado el espacio dedicado a la obra de A. Bailey, tarea tentadora. En cuanto a las "canalizaciones" significativas –algo que hemos mostrado ha ido desempeñando un papel cada vez más importante en la Nueva Era–, por mi parte, como acaso puede sospecharse, hubiera elegido las enseñanzas de OMnia (G. Gualdi/Pastor). Estoy revelando, una vez más, obviamente, mis claves personales, aquellos centros de radiación espiritual que más me han iluminado personalmente y en los que más confianza tengo depositada. Aquellos ante cuya lectura (Sri Aurobindo, Bailey, Pastor) todo mi ser vibra con aceptación total, sin resquicios de duda. No siempre, entre todos los que he citado, sucede esto. Ni mucho menos. Supongo que no hace falta decir que la inclusión de muchos de los presentes en el texto no implica aceptación de sus doctrinas, ni que sus ideas formen parte de mis "creencias". Era de justicia dar cuenta de la riqueza de las enseñanzas que circulan en el mundo de la Nueva Era, aunque no se encuentren libres de duda, sin necesidad de estar emitiendo juicios subjetivos a cada instante, en buena medida porque ante muchos de estos casos resulta difícil aprobar o condenar la totalidad. En ocasiones hay una mezcla de atracción y de sospecha, al menos la transparencia en mi aceptación no es como en los casos reconocidos (y a los que podría unir, por lo vivido, otros como Blay, Beltrán, Klein, etc.), y por mucho que respete y trate de sintonizar con Ramtha, Kryon, Marciniak o los Prophet –por poner unos cuantos ejemplos– he de reconocer que mi aceptación no llega a ser tan íntegra como en los anteriores.

Así pues, no he limitado de este modo el campo de mi análisis, aunque quizás el resultado hubiera sido más claro, y el desfile ha incluido una mayor gama de ideas y autores. Eso ha producido, no obstante, como efecto indeseado, una excesiva brevedad en el tratamiento de autores, maestros o enseñanzas que, sin duda, merecen un estudio por sí solos, y muchos, ciertamente, lo han tenido. Otros, apenas mencionados, reclaman una presencia mayor y su ausencia me molesta. Pienso en la escuela tradicionalista de Guénon a Nasr, pasando por Coomaraswamy o Schuon, en cuanto esoterismo hostil a la Nueva Era. Pienso en R. Assagioli y la psicosíntesis, apenas mencionada, o en C. Naranjo, casi ausente, en lo que respecta a la dimensión psico-terapéutica. Pienso en la más reciente psicología transpersonal, crítica con el perennialismo de Wilber-Grof, concretamente en Almaas, Ferrer, Heron, cuyas obras me han despertado de algunos dogmas en los últimos años. En parte también J. Argüelles ha sido insuficientemente expuesto, teniendo en cuenta la riqueza de sus aportaciones en curso. En cuanto a las canalizaciones, con toda seguridad merece una presentación más amplia la figura de Kryon, todavía en plena productividad e influencia.

Creo que la "falsilla" utilizada para escribir este texto (reflejo, en parte, del texto de mi vida) ha quedado al descubierto. He intentado mostrar –en la línea de Hanegraaff y Heelas– que la Nueva Era no se comprende bien sin la referencia al esoterismo occidental tradicional –tal como Faivre nos ha ido mostrando– y muy especialmente al "esoterismo secularizado" de Blavatsky, Bailey, Steiner (la Nueva Era *sensu stricto*). Este último constituiría pues el corazón esotérico de la Nueva Era, en el que incluyo de manera especial como representantes más recientes a D. Spangler, V. Beltrán y Pastor. He empleado para ello, quizás excesivamente, la denominación de "esoterismo posteosófico", en reconocimiento a la polémica figura de Blavatsky y su obra, y he insinuado que a dicha "familia espiritual" pertenecen también nombres como Anne y Daniel Meurois-Givaudan, C. Scott, D. Spangler, D. Rudhyar y otros.

Buena parte del resto de autores que han desfilado en la dimensión esotérica de la Nueva Era lo serían en sentido amplio (*sensu lato*) y podría hablarse de un nivel "mesotérico" (entre el esotérico y el exotérico) o de una divulgación y popularización del corazón esotérico. Ahí incluiría a Mark y Elizabet C. Prophet, a Ramtha, a Kryon, a Seth, a Marciniak, a Hand Clow, etcétera.

Pero es totalmente secundario este intento clasificatorio que además tiene bastante de subjetivo. Diría que, más que eso, uno de los intentos del libro ha sido ofrecer una amplia representación de lo que en las últimas décadas ha circulado y lo hace todavía como Nueva Era, no sólo, ni tanto, como un ejercicio más o menos académico por analizar dicho campo, sino como una contribución que pueda dar qué pensar a aquellos que todavía no comparten el "nuevo paradigma" –en alguna de sus versiones– y siguen viendo todo esto como fantasías infantiles o como subproductos culturales económica y políticamente manipulados. Entre quienes rechazarán con más fuerza este libro creo que estarán, además de los dos grupos principales ya mencionados (los prisioneros del paradigma cientificista y los del paradigma religioso tradicional, en cualquiera de sus vertientes), los que se hallan obsesionados con el "método conspiranoico" y, azuzados por el temor de que la oscuridad se cuele en nuestras vidas y en nuestra historia sin darnos cuenta (peligro que no dejo de reconocer como parcialmente real, sin olvidar que "el diablo es el mejor iniciador"), desembocan en una lectura cuasi paranoica desde la que están prestos a denunciar y condenar como conspiración peligrosa cualquier manifestación sospechosa que no entre en sus esquemas (en ocasiones también "esotéricos"). Esto último, no obstante, es un extremo que no anula la necesidad, incluso la urgencia, de vigilar críticamente las manifestaciones esotéricas desviadas o pervertidas, dañinas y perjudiciales en un nivel individual, grupal o planetario.

En fin, contento quedaría si las páginas leídas sirvieran para despertar verdadero interés por la necesidad de una espiritualidad a la altura de nuestro tiempo y ayudara a algunos a dejar de adorar y someterse acríticamente a cualquiera de los modelos existentes y estimulara la búsqueda de la verdad y la investigación tanto teórica como práctica, intelectual como existencial, individual como colectiva.

Eco, he querido ser, de esa llamada escuchada que, a veces, portaba el nombre de "Nueva Era". ¿La has escuchado tú, querido lector? Sea como sea, permanezcamos a la escucha, pues en el Silencio interior hay una Belleza que no es ni nueva ni vieja, sino, igual que tu ser más íntimo, eterna. Que la Vida te bendiga.

BIBLIOGRAFÍA

Almaas, A.H. (1986). *The Void*. Berkeley (California): Diamond Books.
— (1986b). *Essence with the Elixir of Enlightenment*. Maine: York Beach.
Amritaswarupananda, Swami (2004). *Amma: la Madre de la Eterna Felicidad*. Kerala: Matta Amritanandamayee Misión Trust.
Ankerberg J. & J. Weldon (1996). *Enciclopedia of New Age Beliefs*. Oregon: Harvest House.
Samuel Weiser
— (1988) *The Pearl Beyond Price*. California: Diamond Books.
— (2001). *The Point of Existence*. Boston y Londres: Shambala.
— (2002). *Facetas de la unidad: el eneagrama de las ideas santas*. Barcelona: La Liebre de Marzo.
Argüelles, José (1992). *Cabalgando la ola de Zuvuya: Experiencias del viaje Interdimensional*. Madrid: Mirach.
— (1993). *El factor Maya*. México: Hoja Casa Editorial.
— (1996). *La sonda de Arcturus: relatos e informes de una investigación en curso,* sin ciudad y sin nombre apreciable de editorial.
Assagioli, Roberto (1984). *The Act of Will*. Wellingborough, Northamptonshire: Turnstone Press.
— (1996). *Psicosíntesis: Ser Transpersonal*. Madrid: Gaia.
Aurobindo, Sri (1972). *The Life Divine,* Pondicherry: Sri Aurobindo Ashram (SABCL). [Versión en castellano: *La vida divina*. Buenos Aires: Kierr, 3vols., 1971.]
— (1972b). *Letters on Yoga* (2 vols.). Pondicherry: Sri Aurobindo Ashram (SABCL).
— (1972c). *Future Poetry*. Pondicherry: Sri Aurobindo Ashram (SABCL).
— (1972d). *Synthesis of Yoga*. Pondicherry: Sri Aurobindo Ashram (SABCL). [Versión en castellano: *Síntesis del yoga*. Buenos Aires: Kierr, 3vols., 1972.]
— (1972e). *The Human Cycle*. Pondicherry: Sri Aurobindo Ashram (SABCL). [Versión en castellano: *El ciclo humano*. Barcelona: Plaza y Janés, 1991.]
— (1972f). *The Ideal of Human Unity*. Pondicherry: Sri Aurobindo Ashram (SABCL).

Bibliografía

Bailey, Alice Ann (1979). *Iniciación humana y solar*. Buenos Aires: Lucis-Trust/Kier.
— (1980). *Tratado sobre magia blanca*. Buenos Aires: Lucis Trust/Kier.
— (1983). *Tratado sobre fuego cósmico*. Buenos Aires: Lucis Trust/Kier.
— (1984). *Tratado de los siete rayos* (5 vols.). Buenos Aires: Lucis Trust/Kier.
— (1985). *El discipulado en la nueva era*. Buenos Aires: Lucis Trust/Kier.
— (1987). *La educación en la nueva era*. Buenos Aires: Lucis Trust/Kier.
— (1989). *La reaparición de Cristo*. Buenos Aires: Lucis Trust/Kier.
— (1990). *The Rays and the Initiations*. Londres: Lucis Trust.
Barker, Eileen (1992). *New Religious Movements: A Practical Introduction*. Londres: HMSO.
Barker, Eileen/ Magrit Warburg (dirs.) (1998). *New Religions and New Religiosity*. Aarhus-Londres: Aarhus University Press.
Bednarowsky, M.F. (1989). *New Religions and the Theological Imagination in America*. Indiana U.P.: Bloomington and Indianapolis.
Beltrán, Vicente (1974). *La Jerarquía, los ángeles solares y la humanidad*. Buenos Aires: Kier.
— (1976). *Los misterios del yoga*. Buenos Aires: Kier.
— (1980). *Conversaciones esotéricas*. Buenos Aires: Kier.
— (1981). *Introducción al Agni Yoga*. Madrid: Luis Cárcamo.
— (1982). *Mis experiencias espirituales*. Madrid: Luis Cárcamo.
— (1979-1984). *Un Tratado esotérico sobre los ángeles* (3 vols.):
— (1979) (vol.1). *Las fuerzas ocultas de la naturaleza*. Madrid: Eyras.
— (1982) (vol. 2). *La estructuración dévica de las formas*. Madrid: Eyras.
— (1984) (vol. 3). *Los ángeles en la vida social humana*. Barcelona: Noguera.
— (1986). *Los misterios de Shamballa*. Buenos Aires: Kier.
— (1987). *Magia organizada planetaria*. Barcelona: Arbor.
Besant, Annie (1970). *El gobierno interno del mundo*. México: Orion.
— (1973). *Cristianismo esotérico*. México: Orion.
Beuttenmüller, Alberto (2000). *2012 La Profecía Maya*. Madrid: Edaf.
— (2000b). *La serpiente emplumada: 2012: Nuevas revelaciones sobre la profecía maya. El próximo paso a la cuarta dimensión*. Madrid: Edaf.
Blay, Antonio (1969). *Plenitud en la vida cotidiana*. Barcelona: Cedel.
— (1973). *Caminos de autorrealización* (3 vols.). Barcelona: Cedel.
— (1978). *Los yogas*. Barcelona: Cedel.
— (1980). *Creatividad y plenitud de vida*. Barcelona: Iberia.
— (1986). *Tantra yoga*. Barcelona: Iberia.

—(1992). *Ser: curso de psicología de la autorrealización*. Barcelona: Índigo.

Blavatsky, H.P. (1954). *La clave de la teosofía*. Buenos Aires: Saros.

—(1974). *Isis sin velo* (4 vols.). Buenos Aires: Kier.

—(1976). *La doctrina secreta* (6 vols.). Buenos Aires: Kier.

Bloom, Harold (1997). *Presagios del milenio*. Barcelona: Anagrama.

Bluestone, Judith (2001). *Return of the Children of Light: Incan and Mayan Prophecies for a New World, Rochester*. Vermont: Bear & Company.

Boff, Leonardo (2003). *La voz del arco iris*. Madrid: Trotta.
«Joseph Card. Ratzinger: ¿exterminador del futuro?». Sobre la *Dominus Iesus* en http://www.leonardoboff.com.

Bohm, David (1980). *Wholeness and the Implicate Order*. Londres: Ark. [Versión en castellano: *La totalidad y el orden implicado*. Barcelona: Kairós, 1988.]

Bosch, Juan (1993). *Para conocer las sectas*. Estella: Editorial.

Bosch, J., J.C. Gil y J.A. Lobo (1995). *Nueva Era. Una expresión de lo religioso*. Salamanca: San Esteban.

Bromley, David, G. & Ph. Hammond (1987). *The Future of New Religious Movements*. Macon: Mecer University Press.

Burckhardt, Titus (1978). *Esoterismo islámico*. Madrid: Taurus.

—(1980). *Ciencia moderna y sabiduría tradicional*. Madrid: Taurus.

Burchill, John (1987). *The Enneagram and Prayer*. Denville: Dimension Books.

Calleman, Carl Johan (2004). *The Mayan Calendar and the Transformation of Consciousness*. Rochester, Vermont: Bear & Company.

Capra, Fritjof (1984). *El tao de la física*. Madrid: Luis Cárcamo.

—(1986). *The Turning Point*. Toronto: Bantam Books. [Versión en castellano: *El punto crucial*. Barcelona: Integral, 1985.]

Carey, Ken (1990). *Visión*. Málaga: Sirio.

Carroll, Lee/Kryon (1999). *La alquimia del espíritu humano; Una guía para la transición hacia la Nueva Era*. Barcelona: Obelisco.

—(2005). *Kryon X: Una nueva entrega: charla sencilla para tiempos confusos*. Barcelona: Obelisco.

Carroll, Lee & Jan Tober (2001). *Los niños índigo*. Barcelona: Obelisco.

Chandler, Russell (1988). *Understanding the New Age*. Waco: Word.

Childs, Gilbert (2000). *Rudolf Steiner, Vida y obra*. Buenos Aires: Ed. Antroposófica.

Chopra, Deepak (1989). *Curación cuántica*. Barcelona: Urano.

—(1999). *Cuerpos sin edad, mentes sin tiempo*. Buenos Aires: Ediciones B.

Coelho, Paulo (1990). *El alquimista*. Barcelona: Obelisco.

Bibliografía

Concilium n° 241 (1992). «El fundamentalismo en las grandes religiones».
Consejo Pontificio para la Cultura y Consejo Pontificio para el diálogo inter-religioso (2003). «Jesucristo, el portador del agua de vida: una reflexión cristiana sobre la Nueva Era», en www.vatican.va/roman_curia/pontifical_councils/interelg/documents/rc_pc_interelg_doc_200302 03_new-age_sp.html.
Coomaraswamy, A.K. (1934). *A New Approach to the Vedas*. Londres: Luzca & Co.
—(1956). *The Transformation of Nature in Art*. Nueva Cork: Dover.
—(1983). *Sobre la doctrina tradicional del arte*. Barcelona: Tradición Unánime.
Corbin, Henry (1971). *En Islam Iranien: Aspects spirituels et philosophiques* (7 vols.). París: Gallimard.
—(1993). *La imaginación creadora en el sufismo de Ibn 'Arabî*. Barcelona: Destino.
—(1995). *Avicena y el relato visionario*. Barcelona: Paidós.
Creme, Benjamin (1979). *The Reappearance of Christ and the Masters of Wisdom*. Londres: Tara Press. [Versión en castellano: *La reaparición del Cristo y los maestros de la sabiduría*. Barcelona: Índigo, 1994.]
—(1980-1982). *Messages from Maitreya the Christ*. Londres: Tara Press.
—(1983). *Transmission: A Meditation for the New Age*. Londres: Tara Press.
Cumbey, Constance (1983). *The Hidden Dangers of the Rainbow*. Lafayette, Louisiane: Huntington House.
Daneels, G. (1990). *Le Christ ou le Verseau?* París: Mechelen.
Daniélou, Alain (1992). *Mythes et Dieux de L'Inde*. París: Flammarion.
—(2006). *Shivaísmo y tradición primordial*. Barcelona: Kairós.
Daniels, Michael (2005). *Shadow, Self, Spirit: essays in transpersonal psychology*. Charlottesville: Imprint Academic.
Dhiravamsa (1991). *La vía del no-apego*. Barcelona: La Liebre de Marzo.
—(1992). *Retorno al origen*. Barcelona: La Liebre de Marzo.
Díaz Salazar, R., S. Giner y F. Velasco (eds.) (1994). *Formas modernas de religión*. Madrid: Alianza.
Díez de Velasco, F. (2000). *Las nuevas religiones*. Madrid: Ediciones del Orbe.
Djwal Khul / E. Clare Prophet (1996). *Activar los chakras*. Barcelona: Porcia.
Drouot, Patrick (1989). *Todos somos inmortales*. Madrid: Edaf.
—(1991). *De vidas anteriores*. Barcelona: Luciérnaga.
Dupuis, Jacques (2000). *Hacia una teología cristiana del pluralismo religioso*. Santander: Sal Terrae.

Elorza, Antonio (2002). *Umma: el integrismo en el Islam*. Madrid: Alianza.
En el templo del Espíritu Santo (1992) Lisboa, Centro Lusitano de Unificaçao Cultural.
Essene, Virginia (1995). *Enseignements nouveaux à une humanité qui s'éveille*. Québec (Canada): Ariane.
Estruch, Joan (ed.) (2001). *Les noves formes de religiositat*. Barcelona: Cruïlla.
—(y otros) (2004). *Les altres religions*. Barcelona: Meediterrània.
Faivre, Antoine (1996). *Accés de l'ésoterisme occidental*. París: Gallimard.
—(2002). *L'ésotérisme*. París: PUF.
—y Needleman, J. (comps.) (2000). *Espiritualidad de los movimientos esotéricos modernos*. Barcelona: Paidós.
Ferguson, Marilyn (1990). *La conspiración de Acuario*. Barcelona: Kairós.
Fericgla, Josep M.ª (2000). *Los chamanismos a revisión*. Barcelona: Kairós.
Ferrer, Jorge (2002). *Revisioning Transpersonal Theory*. Nueva York: SUNY. [Versión castellana: *Espiritualidad creativa*. Barcelona: Kairós, 2004.]
Flaquer, Jaume (1997). *Fonamentalisme: entre la perplexitat, la condemna y l'íntent de comprendre*. Barcelona: Cristianisme y Justicia.
Fortune, Dion (1981). *La doctrina cósmica*. Buenos Aires: Kier.
Fox, Matthew (1995). *La Grâce originelle. Introduction à la spiritualité de la création*. Montreal-París: Bellarmin/Deslée de Brouwer.
—(1998). *La llegada del Cristo cósmico: La sanación de la Tierra y el Renacimiento global*. Buenos Aires: Uriel Satori.
—(2003). *Espiritualidad de la creación: dones de liberación para los pueblos de la Tierra*. Buenos Aires: Uriel Satori.
Franck, Bernard (1994). *Diccionario de la Nueva Era*. Estella: Verbo Divino.
Garaudy, Roger (1995). *Los integrismos. Ensayo sobre los fundamentalismos en el mundo*. Barcelona.
Gawain, Shakti (1995). *Visualización creativa*. Málaga: Sirio.
Genel, Jean-Claude (1999). *Aurore spirituelle: le renversement de conscience,* Auxerre: Les Éditions des 3 Monts.
Gilis, Ch.-A. (1998). *L'Esprit universal de l'Islam*. Beirut-Líbano: Al-Bouraq.
—(2001). *Introduction à l'enseignement et au mystère de René Guénon*. París: Éditions Traditionnelles.
—(2002). *La profanation d'Israel selon le Droit sacré*. Paris: Dâr Ad-Dohâ.
Glock, Ch.Y. & R. Bellah (eds.) (1976). *The New Religious Consciousness*. Berkeley: University of California Press.
Godwin, Joscelyn (1994): *The Theosophical Enlightenment*. Nueva York: SUNY.

Bibliografía

Grace Diem, Andrea (1992): «Imagining India: The Influence of Hinduism on the New Age Movement», en Lewis & Melton (1992), págs. 48-58.

Grof, Stanislav (1988). *Psicología transpersonal*. Barcelona: Kairós.

—(1994). *La mente holotrópica*. Barcelona: Kairós.

—(1997). *La tormentosa búsqueda del ser*. Barcelona: La Liebre de Marzo.

—(2005). *Psicología del futuro*. Barcelona: La Liebre de Marzo.

Groothuis, Douglas (1986). *Unmasking the New Age: Is There a New Religious Movement Trying to Transform Society?* Downers Grobe: Inter-Varsity.

—(1988). *Confronting the New Age: How to Resist a Growing Religious Movement*. Downers Grobe: Inter-Varsity.

—(1990). *Revealing the New Age Jesus*. Downers Grobe: Inter-Varsity.

Guénon, René (1969). *Le théosophime: histoire d'une pseudo-religion*. París: Éditions Traditionnelles.

—(1969b). *Símbolos fundamentales de la ciencia sagrada*. Buenos Aires: Eudeba.

—(1974). *El reino de la cantidad y los signos de los tiempos*. Madrid: Ayuso.

—(1980). *El rey del mundo*. Barcelona: Obelisco.

—(1982): *La crisis del mundo moderno*. Barcelona: Obelisco.

—(1983). *Introduction Générale à l'étude des Doctrines Hindotes*. París: Vega.

—(1983b). *Sobre el esoterismo islámico y el taoísmo*. Barcelona: Obelisco.

—(1984). *L'homme et son devenir selon le Vedânta*. París: Éditions Traditionnelles.

—(1984b). *Les états multiples de l'être*. París: Vega.

—(1985). *Aperçus sur l'initiation*. París: Éditions Traditionnelles.

—(1986). *La Grande Triade*, París: Gallimard.

—(1988). *La Métaphisique orientale*. París: Éditions Traditionnelles.

Gurdjieff, G.I. (1976). *Relatos de Belcebú a su nieto*. Madrid: Hachette.

—(1977). *Perspectivas desde el mundo real*. Madrid: Hachette.

—(1982). *Encuentros con hombres notables*. Madrid: Hachette.

Halbfass, Wilhelm (1988). *India and Europe An Essay in Understanding*. Nueva York: SUNY.

Hand Clow, Barbara (1999). *Cosmología pleyadiana*. Barcelona: Obelisco.

Hanegraaff, W.J. (1998). *New Age Religion and Western Culture*. Nueva York: SUNY.

Harner, Michael (1980). *The Way of the Shaman*. San Francisco: Harper. [Versión en castellano: *La senda del chamán*. Madrid: Swan, 1986.]

Harvey, Andrew (1991). *Hidden Journey: A Spiritual Awakening*. Londres: Rider.

Hay, Louise L. (1984). *Usted puede sanar su vida*. Barcelona: Urano.

Heelas, P. (1996). *The New Age Movement*. Blackwell: Oxford.

Heim, S.M. (1989). *Is Christ the Only Way?* Philadelphia: Judson.

—(1995). *Salvations: Truth and Differences in Religión*. Nueva York: Orbis.

Heindel, Max (1977). *Temas rosacruces*. Buenos Aires: Kier.

—(1978). *Concepto rosacruz del cosmos*. Madrid: Luis Cárcamo.

Heron, J. (1998). *Sacred Sience: Person-centered Inquiry into the Spiritual and the Subtle*. Trowbridge: Wiltshire.

Hervieu-Leger, Danièle (1987). *Vers un nouveau christianisme?* París: Cerf.

Hexham, Irving (1992). «The Evangelical Response to the New Age», en Lewis & Melton (1992), págs. 152-164.

Hick, John (1985). *Death and Eternal Life*. Londres: MacMillan Press.

—(1989). *An Interpretation of Religión*. New Haven/Londres: Yale Univ. Press.

—(1995). *The Rainbow of Faiths*. Londres: SCM Press.

—(2004). *La metáfora de Dios encarnado*. Quito Ecuador: Abya Yala.

Hollenbach, Jess Byron (1996*). Mysticism: Experience, Response and Empowerment*. Penssylvania: The Pennsylvania State Universtiy Press.

Horowitz, L. (ed.) (1978). *Science, Sin and Scholarship. The Politics of Reverend Moon and the Unification Church*. Cambridge (Mass.): CUP.

Hunt, Dave (1983). *Peace, Prosperity and the Coming Holocaust: The New Age Movement in Prophecy*. Eugene: Harvest House.

Inden, Ronald B. (2000). *Imagining India*, Bloomington and Indianápolis: Indiana Univ. Press.

Introvigne, Máximo (1994). *Storia del New Age, 1962-1992*. Piazenca: Cristianità.

—(2005). *La New Age: des origines à nos tours*. París: Dervy. [Es la edición francesa del libro anterior, pero con una introducción del año 2004.]

Jenkins, John Major (1998). *Maya Cosmogenesis 2012*, Santa Fe: Bear and Co.

Jung, Carl Gustav (1977). *Psicología y alquimia*. Madrid: Plaza y Janés.

—(1981). *Símbolos de transformación*. Barcelona: Paidós.

—(1986). *Aión*. Barcelona: Paidós.

—(1989). *Recuerdos, sueños, pensamientos*. Barcelona: Seix Barral.

Katz, Steven T. (1978). «Language, Espistemology and Mysticism», en Katz (ed.). *Mysticism and Philosophical Análisis*. Oxford: NY, Oxford University Press, págs. 22-74.

Kehl, Medard (1990). *Nueva era frente al cristianismo*. Barcelona: Herder.

Bibliografía

Kepel, Gilles (1991). *La revancha de Dios: cristianos, judíos y musulmanes a la conquista del mundo*. Madrid: Anaya-Muchnik.

King, Richard (2003). *Orientalism and Religion: Postcolonial Theory, India and The Mystic East*. Londres y Nueva York: Routledge.

Klein, Jean (1968). *L'Ultime Realité*. París: Le Courrier du Livre.

—(1984). *La alegría sin objeto*. Madrid: Luis Cárcamo.

Klimo, Jon (1998). *Channeling: Investigations on receiving information from paranormal sources*. Berkeley, California: North Atlantic Books.

Knitter, Paul F. (1995). *One Earth, Many Religions*. Nueva York: Maryknoll.

Krishnamurti, Jiddu (1996). *La libertad primera y última*. Barcelona: Kairós.

—(1992). *Sobre la vida y la muerte*. Barcelona: Kairós.

—(1996). *El camino de la inteligencia..* Barcelona: Kairós.

—y D. Bohm (1996). *Más allá del tiempo*. Barcelona: Kairós.

Kumar, K. Parvathi (1993). *El maestro de Acuario*. Barcelona: Dhanishtha.

Koothoomi (1997). *Luces de lo oculto*. Lisboa: Centro Lusitano de Unificaçao Cultural.

Kuthumi (1996). El guru y el chela. Barcelona: Humanitas.

—(1989). *La sabiduría de las edades*. Buenos Aires: CS.

—L. Mark y Elizabet C. Prophet (1975). *Studies of the Human Aura*, Los Ángeles: Summit University Press.

Labonté, Marie Lise (2004). *Las familias de almas*. Barcelona: Luciérnaga.

Lacroix, Michel (1996). *L'idéologie du New Age*. París: Flammarion.

Laszlo, Ervin (2004). *La ciencia y el campo akásico: una teoría integral del todo*. Madrid: Nowtilus.

Lathuillière, P. (1995). *Le fondamentalisme catholique. Signification et eclésiologie*. París: Cerf.

Leadbeater, C.W. (1977). *El hombre visible e invisible*. Buenos Aires: Kier.

—(1979). *Los maestros y el sendero*. Buenos Aires: Kier.

—(1980). *El plano astral y el plano mental*. Buenos Aires: Kier.

L'Ecuyer, Suzanne (1996). *Nous somme tous ONA*. Québec: Marie-Lakshmi.

Leo, Alan (1980). *Astrología esotérica*. Barcelona: Visión Libros.

Lewis, J.R. (1999). *Peculiar Prophets: A Biographical Dictionary of New Religions*. St. Paul, Minnesota: Paragon House.

Lewis, J.R. & J. Gordon Melton (ed.) (1992). *Perspectives on the New Age*. Nueva York: SUNY.

Lorimer, David (ed.) (2004). *Más allá del cerebro*. Barcelona: Kairós.

Love Brown, Susan (1992). «Baby Boomers, American Character, and the New Age: A Synthesis», en Lewis & Melton (1992), págs. 87-96.

Luytens, Mary (2005). *Los años del despertar. Biografía de J. Krishnamurti*. Barcelona: Kairós.

—(2005). *Los años de plenitud. Biografía de J. Krishnamurti.* Barcelona: Kairós.

MacLaine, Shirley (1983). *Out of a Limb.* Toronto: Bantam Books.

—(1985). *Dancing in the Ligth.* Toronto: Bantam Books. [Versión en castellano: *Bailando en la luz.* Barcelona: Plaza y Janés, 1990.]

—(1987). *It's all in the playing.* Nueva York: Bantam Books. [Versión castellana: *Todo está en el juego.* Barcelona: Plaza y Janés.]

—(1989). *Going Within: A Guide for Inner Exploration.* Nueva York: Bantam Books.

—(1991). *Dance while you can.* Toronto: Bantam Books.

Maharishi Mahesh Yogi (1981). *La ciencia del ser y el arte de vivir.* Barcelona: Ediciones Era de la Iluminación.

Marciniak, Barbara (1998). *Mensajeros del Alba.* Barcelona: Obelisco.

—(1998b). *Tierra: las claves pleyadianas de la biblioteca viviente.* Barcelona: Obelisco.

—(2000). *Familia de luz.* Barcelona: Obelisco.

Mardones, J.M.ª (1994). *Las nuevas formas de la religión.* Estella: Verbo Divino.

—(dir.) (1999). *10 palabras clave sobre fundamentalismos.* Estella: Verbo Divino.

Martín Velasco, Juan (1997). *El malestar religioso de nuestra cultura.* Madrid: San Pablo.

—(1999): *El fenómeno místico.* Madrid: Trotta.

Marty, M. y R. Scott Appleby (1991). *Fundamentalism Observed. The fundamentalism Project* (6 vols.). Chicago: Chicago Univ. Press.

—(eds.) (1993). *Fundamentalism and Society.* Chicago.

Mayer, J.F. (1985). *Sectes nouvelles. Un regard neuf.* París.

—(1990). *Confessions d'un chasseur de sectes.* París.

Meera, Mother (1991). *Answers.* Ithaca, Nueva York: Meeramma.

Melchizédek, Drunvalo (2000-2001). *L'ancien secret de la Fleur de Vie* (2 vols.). Québec: Ariane.

Melton, J. Gordon (1990). *New Age Encyclopedia.* Chicago: Gale Research.

—(1998). *Finding enlightenment. Ramtha's School of Ancient Wisdom.* Oregon: Beyond Words Publishing.

—«New Thought and New Age», en Lewis & Melton (1992), págs. 15-29.

Méndez, Conny (1978). *Metafísica 4 en 1.* Buenos Aires: Kier.

Mère (Mirra Alfassa) (1978). *L'Agenda –de l'action supramentale sur la Terre.* París: Institut d'Investigations Evolutives.

Merkur, Dan (1993). *Gnosis: An Esoteric Tradition of Mystical Visions and Unions.* Nueva York: SUNY.

Merlo, Vicente (1994). *Experiencia yoguica y antropología filosófica.* Barcelona: Fundación Sri Aurobindo.

—(1996). *Siete ensayos sobre el hinduismo*. Barcelona: Fundación Sri Aurobindo.

—(1997). *Sabiduría y compasión: frutos de la meditación buddhista*.Barcelona: Fundación Sri Aurobindo.

—(1998). *Las enseñanzas de Sri Aurobindo*. Barcelona: Kairós.

—(1998b). *La reencarnación en la historia de las religiones y en la cultura actual*. Barcelona: Cims.

—(1999). *Simbolismo en el arte hindú*. Madrid: Biblioteca Nueva.

—(2001). *La autoluminosidad del âtman: Aproximación al pensamiento hindú clásico*. Madrid: Biblioteca Nueva.

—(2003). *La fascinación de Oriente: el silencio de la meditación*. Barcelona: Kairós.

—(2007). *La reencarnación: una clave para entender el sentido de la vida*. Málaga: Sirio.

Meurois-Givaudan, Anne y Daniel (1988). *Tierra de esmeralda*. Barcelona: Luciérnaga.

—(1989). *Vestidos de luz: lectura del aura y cuidados mediante el Espíritu*, Madrid: Mandala.

—(1990). *Viaje a Shambala*. Barcelona: Luciérnaga.

—(1992). *Wesak: la hora de la reconciliación*. Madrid: Mandala.

—(1992b). *Por el Espíritu del Sol*. Barcelona: Luciérnaga.

—(1993). *Los nueve peldaños*. Barcelona: Luciérnaga.

—(1994). *Memoria de esenio* (vol I): *Caminos de aquellos tiempos*. Madrid: Mandala.

—(1996). *El que viene*. Barcelona: Luciérnaga.

—(2003). *El no-deseado: encuentro con el niño que no pudo venir*. Barcelona: Luciérnaga.

Mikhaël Aïvanhov, Omraam (1983). *La galvanoplastie spirituelle et l'avenir de l'humanité*. Fréjus: Prosveta.

—(1986). *Acuario: llegada de la Edad de Oro*. Fréjus: Prosveta.

—(1988). *El egregor de la paloma o el reino de la paz*. Fréjus: Prosveta.

—(1989). *Navidad y Pascua en la tradición iniciática*. Fréjus: Prosveta.

—(1990). *La energía sexual o el dragón alado*. Fréjus: Prosveta.

—(1993). *El libro de la magia divina*. Fréjus: Prosveta.

Mische, Patricia (1988). *Toward a Global Spirituality*. Nueva York: Global Education Association.

Monroe, Robert (1971). *El viaje definitivo*. Barcelona: Luciérnaga.

Muktananda, Swami (1978). *Chitshakti Vilas: The Play of Consciousness*. Ganeshpuri: Gurudev Siddha Peeth.

—(1984). *Secret of the Sidas*. Ganeshpuri: Gurudev Siddha Peeth.

—(1993). *Where are you going*. Ganeshpuri: Gurumayi's Ashram.

Muldoon, Sylvan & Carrington, H. (1974; 1.ª ed. 1929). *The Projection of the Astral Body*. Nueva York: Samuel Weiser.

Murphy, Michael (1992). *The Future of the Body: Explorations into the Further Evolution of Human Nature*. Nueva York: Jeremy Tarcher.

Naranjo, Claudio (1996). *Carácter y neurosis: una visión integradora*. Vitoria: La Llave.

—(2003). *Entre meditación y psicoterapia*. Vitoria: La Llave.

Nasr, S.H., (1981). *Knowledge and the Sacred*. Nueva York: Crossroad.

—(1984). *Sufismo vivo: ensayos sobre la dimensión esotérica del Islam*. Barcelona: Herder.

—(1993). *The Need for a Sacred Science*. Albano, Nueva York: SUNY.

Nidle, Sheldan & V. Essene (1982). *You are becoming a Galactic Human*. Nueva York: Jeremy Tarcher.

North, Gary (1976). *None Dare Call It Whitchcraft*. Los Ángeles: Arlington House.

—(1988). *Unholy Spirits: Occultism and New Age Humanism*. Port Worth: Dominion Press.

Oken, Alan (1990). *Soul-Centered Astrology*. Nueva York: Bantam Books.

Orr, Leonard (1992). *El sentido común de la inmortalidad física*. Buenos Aires: CS.

—y Sondra Ray (1977). *Rebirthing in the New Age*. Millbrae, California: Celestial Arts.

Osho (1995). *Los misterios de la vida*. Madrid: Arcano.

—(2001). *Autobiografía de un místico espiritualmente incorrecto*. Barcelona: Kairós.

Otto, Rudolf (1932). *Mysticism East and West: A comparative analysis of the nature of mysticism*. Nueva York: MacMillan.

Palmer, S.J. & A. Sharma (1993). *The Rajneesh Papers: Studies in a New Religious Movement*. Delhi: Motilal Banarsidass.

Palmer, Helen (1989). *The Enneagram*. Nueva York: Harper & Row.

Pániker, Agustín (2001). *El jainismo*. Barcelona: Kairós.

—(2005). *Índika: una descolonización intelectual*. Barcelona, Kairós.

Panikkar, Raimon (1965). *Religión y religiones*. Madrid: Gredos.

—(1977). *The Vedic Experience: Mantramañjari*. Los Ángeles: Univ. of California Press.

—(1978). *The Intrareligious Dialogue*. Nueva York: Paulist Press.

—(1989). *La Trinidad y la experiencia religiosa*. Barcelona: Obelisco.

—(1996). *El silencio del Buddha*. Madrid: Siruela.

—(1997). *La experiencia filosófica de la India*. Madrid: Trotta.

—(1999). *La plenitud del hombre*. Madrid: Siruela.

—(2005). *Espiritualidad hindú*. Barcelona: Kairós.

—(2005). *De la mística: experiencia plena de la vida*. Barcelona: Herder.

Pascual, Roger (2003). *L'ombra de les sectes*. Barcelona: Llibres del Index.

Peat, F. David (1987). *Synchronicity: The Bridge between Matter and Mind*. Toronto: Bentam Books. [Versión en castellano: *Sincronicidad. Puente entre mente y materia*. Barcelona: Kairós, 1989.]

Peretti, Frank (1986). *This Present Darkness*. Ventura (California): Regal.

Prajñananda, Swami (1981). *En busca del ser: la vida de Swami Muktananda*. Ganeshpuri: Gurudev Siddha Peeth.

Prat, J. (1997). *El estigma del extraño: un ensayo antropológico sobre sectas religiosas*. Barcelona: Ariel.

Prophet, Mark L. y Elizabeth Clare (1979). *Climb the Highest Mountain*. Los Ángeles: Summjity University Press.

—(1994-1995). *Señores de los siete rayos* (2 vols.). Madrid: Cárcamo/ Humanitas.

Puech, Henri-Charles (1982). *En torno a la gnosis*. Madrid: Taurus.

Quan Yin, Amorah (1998). *Manual de ejercicios pleyadianos*. Barcelona: Obelisco.

Ram Dass (2001). *Still Here: embracing aging, changing and dying*, Nueva York: Riverhead.

Ratzinger, Joseph (1996). *Relativismo: el problema central de la fe hoy en día*. Guadalajara, México.

Redfield, James (1993). *Las nueve revelaciones*. Barcelona: Ediciones B.

Riso, Richard (1990). *Personality Types. Using the Enneagram ofr Self-Discovery*. Boston: Houghton Miflin.

Robbins, Th. & D. Anthony (1990). *In Gods we Trust, New Patterns of Religious Pluralism in America*. New Brunswick: Transaction Publishers.

Roberts, Jane (1998). *Habla Seth: La eterna validez del alma*. Barcelona: Luciérnaga.

—(2002). *Habla Seth II: La naturaleza de la realidad personal*. Barcelona: Luciérnaga.

Rodríguez, Pepe (1984). *Esclavos de un mesías. Sectas y lavado de cerebro*. Barcelona.

—(1987). *La conspiración Moon*. Barcelona: Bruguera

—(1989). *El poder de las sectas*. Barcelona.

Roso de Luna, Mario (1921). *Simbología arcaica*. Madrid: Pueyo.

—(1973). *H.P. Blavatsky, una mártir del siglo XIX*. Buenos Aires. Kier.

Rudhyar, Dane (1975). *Occult Preparations for a New Age*. Madras: Theosophical Pub. House.

—(1977). *The Planetarization of Consciousness*. Nueva York: ASI.

—(1980). *The Astrology of Transformation*. Madras: Theosophical Publ. House.

Russell, Peter (1984). *The Awakening Earth: The Global Brain*. Londres: Ark. [Versión en castellano: *La tierra inteligente*. Madrid: Gaia, 1993.]

Saint Germain (1991). *Estudios sobre la alquimia*. Barcelona: Edicomunicación.

—(1993). *Las enseñanzas de Saint Germain*. Chile: Galaxia del libro.

—A. Ramanda y C. Heartsong (1997). *Almas genelas y espíritus afines*. Madrid: Edaf.

—(2000) y los siete Arcángeles / E. Clare Prophet. *Mensajes para la era de Acuario*. Barcelona: Porcia.

Salarrullana, Pilar (1990). *Las sectas*. Madrid: Temas de Hoy.

Salvin (1983). *Pleins feux sur Agni Yoga*. Le Muy: Var.

Sarrazin, Claude-Gérard (1983). *Mère Meera ou le Cetana Yoga*. Ottawa: Mortagne.

Satprem (1977). *Mère* (3 vols.). París: Robert Laffont.

—(1981). *Le mental des cellules*, París: Robert Laffont. [Versión castellana: *La mente de las células*. Madrid: Edaf]

—(1983). *Sri Aurobindo o la aventura de la consciencia*. Barcelona: Obelisco.

—(1992). *Evolution II*. París: Robert Laffont.

—(2000). *La légende de l'avenir*. París: Robert Laffont. [Versión castellana: *La leyenda del futuro (2001)*. Madrid: Anaya/Oberón. Trad. y prólogo de V.Merlo]

Schipper, Kristopher (2003). *El cuerpo taoísta*. Barcelona: Paidós.

Schucman, Helene (1975). *A Course in Miracles*. Tiburón, Californie: Foundation for Inner Peace.

Scott, Cyril (1976). *Ocultismo contemporáneo*. Guayaquil (Quito, Bogotá): Ariel.

—(1979). *El iniciado*. Madrid: Luis Cárcamo.

—(1981). *El iniciado en el nuevo mundo*. Madrid: Luis Cárcamo.

Scott Peck, Morgan (1978). *The Road less traveled. A New Psychology of Love, Traditional Values and Spiritual Growth*. Nueva York: Simon & Schuster.

Sen, Amartya (2005). *The Argumentative Indian. Writtings in Indian History, Cultura and Identity*. Nueva York: Farrar, Straus and Giroux.

Serapis Bey / Mark L. Prophet (1979). *Dossier on the Ascensión*. Los Ángeles: Summit Univ. Press.

Sheldrake, Rupert (1989). *Una nueva ciencia de la vida: la hipótesis de la formación causativa*. Barcelona: Kairos.

—(1990). *The Presence of the Past: Morphic Resonance and the Habits of Nature*. Nueva York: Vintage Books. [Versión en castellano: *La presencia del pasado: resonancia mórfica y hábitos en la naturaleza*. Barcelona: Kairós, 1991.]

Shinoda Bolen, Jean (1993). *Las diosas de cada mujer*. Barcelona: Kairós.

Sitchin, Zecharia (2002). *El 12.º planeta*. Barcelona: Obelisco.

Spangler, David (1973). *The New Age Vision*. Forres, Escocia: Findhorn Foundation.

—(1988). *Channeling in the New Age*. Issaquah: Mornington Press. & Irving Thompson, W.

—(1991). *Emergencia. El nacimiento de lo sagrado*. Barcelona: Plaza y Janés.

—(1991b). *Reimagination of the World: A Critique of the New Age, Science, and Popular Cultura*. Santa Fe, Nuevo México: Bear & Co.

Stace, W.T. (1960). *Mysticism and Philosophy*. Los Ángeles: J.P. Tarcher.

Starhawk, (1979). *The Spiral Dance. A Rebirth of the Ancient Religion of the Great Goddess*. San Francisco: Harper.

—(2005). *The Earth Path*. San Francisco: Harper.

Steiner, Rudolf (1978). *La ciencia oculta*. Madrid: Ed. R. Steiner.

—(1978b). *Las jerarquías espirituales*. México: Antroposófica.

—(1979). *El evangelio según san Lucas*. Buenos Aires: Kier.

—(1981). *El evangelio de san Juan*. Buenos Aires: Kier.

—(1982). *Cómo se adquiere el conocimiento de los mundos superiores*. Buenos Aires: Dédalo.

—(1984). *De Jesús a Cristo*. Madrid: Antroposófica.

—(1992). *Contemplaciones esotéricas sobre las relaciones kármicas*. Buenos Aires: Epidauro.

—(2002). *Relaciones kármicas III*. Madrid: Ed. R. Steiner.

Stevenson, Ian (1992). *Veinte casos que hacen pensar en la reencarnación*. Madrid: Mirach.

Sudbrack, J. (1990). *La nueva religiosidad*. Paulinas: Madrid.

Talbot, Michael (1981). *Mysticism and the New Physics*. Londres: Routledge and Kegan Paul. [Versión en castellano: *Misticismo y física moderna*. Barcelona: Kairós, 1986.]

—(1991). *The Holographic Universe*. Londres: Grafton Books.

Tamayo, J.J. (2004). *Fundamentalismos y diálogo entre religiones*. Madrid: Trotta.

Tarnas, Richard (1991). *The Passion of the Western Mind*. Londres: Pimlico.

—(1995). *Prometheus the Awakener: An Essay on the Archetypal Meaning of the Planet Uranus*. Woodstock, Connecticut: Spring, Publ.

—(2006). *Cosmos and Psyche: Intimations of a New World View*. Nueva York: Viking.

Thompson, J. & P. Heelas (1986). *The Way of the Heart: The Rajneesh Movement*. Wellinborough.

Tich Nhat Hanh (1992). *Hacia la paz interior*. Madrid: Plaza y Janés.

—(2002). *La ira*. Barcelona: Oniro.

Trevelyan, George (1985). *Operation Redemption: A Vision of Hope in an Age of Turmoil*. Walpole: Stillpoint Publ.
—(1991). *Exploration into God*. Bath: Gateway Books.
Trigueirinho (1989). *Miz Tli Tlan: un mundo que despierta*. Buenos Aires: Kier.
—(1989b). *Aurora: esencia cósmica creativa*. Buenos Aires: Kier.
—(1991). *Puertas del cosmos*. Buenos Aires: Kier.
—(1993). *La voz de Amhaj*. Buenos Aires: Kier.
—(1996). *Más allá del karma*. Buenos Aires: Kier.
Turner, Bryan S. (2004). *Orientalism, Postmodernism and Globalism*. Londres y Nueva York: Routledge.
Underhill, Evelyn (1955). *Mysticism*. Nueva York: Meridian.
Urantia (El libro de), Chicago, 1996.
Urban, Hugo B. (2003). *Tantra: Sex, secrecy and Power in the Study of Religión*. California: Univ. of California Press.
van Vrekhen, George (2003). *Más allá del hombre*. Barcelona: Fundación Sri Aurobindo.
Vegas, José María (1994). *El desafío de la nueva era*. Madrid: Claretianas.
Wambach, Hélène (1991). *Vida antes de la vida*. Madrid: Edaf.
Washington, Peter (1995). *El mandril de Madame Blavatsky: historia de la teosofía y del gurú occidental*. Barcelona: Destino.
Watts, Alan (1973). *Psicoterapia del este, psicoterapia del oeste*. Barcelona: Kairós.
—(1982). *El futuro del éxtasis*. Barcelona: Kairós.
—(1990). *El camino del tao*. Barcelona: Kairós.
—(1993). *Budismo*. Barcelona: Kairós.
—(1999). *Mito y ritual en el cristianismo*. Barcelona: Kairós.
Weinberg, Steven Lee, Ramtha, Rainier (1986). *Sin Límites*. Ciudad: editorial.
Weor, Samuel Aun (1970). *Tratado esotérico de astrología hermética*. S.e.
—(1972). *Psicología revolucionaria*. S.e.
—(1973). *Las tres montañas*. S.e
Whi Kim, Young (1974). *El principio divino*. Madrid: Holy Spirit Asociation of the Unification of World Christianity.
White, John (1976).¿Qué es MT? Meditación Trascendental. Barcelona: Martínez Roca.
Wilber, Ken (1987). *La conciencia sin fronteras*. Barcelona: Kairós.
—(1988). *El proyecto Atman*. Barcelona: Kairós.
—(1990). *Los tres ojos del conocimiento*. Barcelona: Kairós.
—(1993). *Un Dios sociable*. Barcelona: Kairós.
—(1997). *Sexo, ecología y espiritualidad* (2 vols.). Madrid: Gaia.
—(2001). *Breve historia de todas las cosas*. Barcelona: Kairós.

Bibliografía

Wilson, B. (1976). *Contemporary Transformations of Religión*. Oxford: Oxford University Press.

Woolger, Roger (1991). *Otras vidas, otras identidades*. Barcelona: Martínez Roca.

—Jennifer y Roger (1987). *The Goddess Within: A Guide to the Eternal Myths that Shape Women's Lives*. Nueva York: Ballantine Books.

Zocatelli, PierLuigi (1997). *Il New Age*. Turín: Elle Di Ci.

Zuercher, Suzanne (1992). *Enneagram Spirituality*. Notre Dame (Indiana): Ave Maria Press.

Zukav, Gary (1989). *The Seat of the Soul*. Nueva York: Simon & Schuster. [Versión en castellano: *El lugar del alma*. Barcelona: Plaza y Janés, 1990.]

—(1991). *La danza de los maestros del Wu Li*. Madrid: Plaza y Janés.

Para cualquier comentario, sugerencia, observación o crítica acerca del libro, puede escribirse a vicmerlo@hotmail.com

ÍNDICE ONOMÁSTICO

Índice onomástico

Índice onomástico